D1697746

Buch-Updates
Registrieren Sie dieses Buch
auf unserer Verlagswebsite.
Sie erhalten dann
Buch-Updates und weitere,
exklusive Informationen
zum Thema.

Galileo
BUCH UPDATE

Und so geht's
> Einfach **www.galileodesign.de** aufrufen
<<< Auf das Logo **Buch-Updates** klicken
> Unten genannten **Zugangscode** eingeben

Ihr persönlicher Zugang
zu den Buch-Updates | 138856012346

Andrea Forst

Adobe InDesign CS4

Die Workshops für Einsteiger

Liebe Leserin, lieber Leser,

wenn ich InDesign heute noch einmal erlernen müsste, ich würde es mit diesem Buch tun. Denn anders als normale Software-Handbücher zeigt es die Funktionen und Werkzeuge nicht einfach nur theoretisch oder an kleinen Beispielen, sondern hier entstehen auf jeder Seite ganz konkrete InDesign-Projekte: Von der einfachen Visitenkarte über einen ansprechenden Aufkleber bis zum selbst gestalteten Wandkalender im Großformat – Andrea Forst stellt in diesem Buch die ganze Bandbreite der Möglichkeiten von InDesign vor und erklärt dabei jeden Schritt ausführlich.

Sie lernen, ein neues Dokument anzulegen, eine professionelle Einladung zu gestalten, mit Effekten zu arbeiten, sich mit Formaten die Arbeit zu erleichtern und noch vieles mehr! Denn während Sie die Workshops am Rechner selber nachvollziehen, setzen Sie nach und nach auch immer mehr Funktionen und Werkzeuge der Software ein. So werden Sie Schritt für Schritt zum InDesign-Profi und beherrschen am Ende auch fortgeschrittene Funktionen. Wichtiges Hintergrundwissen, das Sie für ein professionelles Arbeiten benötigen, vermittelt die Autorin in kurzen, präzisen Exkursen. So werden Sie während der Arbeit nicht mit lästiger Theorie aufgehalten, sondern können sich ganz auf das konzentrieren, worum es bei InDesign eigentlich geht: der Erstellung von ansprechenden und individuell gestalteten Druckerzeugnissen.

Alle Beispieldateien, die Sie für das Durcharbeiten der Workshops benötigen, finden Sie natürlich auf der DVD zum Buch. Dort liegt auch eine 30-Tage-Testversion von Adobe InDesign CS4 (Windows und Mac) für alle bereit, die die Software noch nicht besitzen.

Nun bleibt mir noch, Ihnen viel Spaß beim intuitiven Lernen von InDesign CS4 zu wünschen. Sollten Sie Anregungen, Fragen oder Kritik zum Buch haben, so freue ich mich über Ihre Mail.

Katharina Geißler
Lektorat Galileo Design

katharina.geissler@galileo-press.de
www.galileodesign.de

Galileo Press
Rheinwerkallee 4
53227 Bonn

Inhalt

1 InDesign CS4 entdecken

Der Arbeitsbereich 16
   Immer schön aufgeräumt

Zoom und Vorschau 19
   Schauen Sie genau hin!

Exkurs: QuarkXPress-Dateien öffnen 21
   Was Sie beim Konvertieren beachten sollten

Eine neue Seite einrichten 22
   Von der Briefmarke bis zum Poster

Lineale, Hilfslinien, Ränder 25
   Gestalten Sie millimetergenau.

Exkurs: Die Voreinstellungen 28
   Richten Sie das Programm individuell ein.

2 Gestalten Sie mit Text

InDesigns Rahmenkonzept 34
   Spielen Sie mit Rahmen und Bezugspunkten.

Text eingeben und formatieren 37
   Entwerfen Sie einen Briefbogen.

Die Arbeit mit Textrahmen 41
   Gestalten Sie eine Visitenkarte.

Exkurs: Normen für den Brief 44
   So erleichtern Sie sich das Leben.

Tabulator, Einzug und Abstand 46
   Gestalten Sie eine Speisekarte.

Textformatierung per Pipette 51
   Formatieren Sie Ihren Kalender.

Rund um die Farbe 53
   Holen Sie Farbe in Ihr Dokument.

Text und Farbe 57
   Eine farbige Anzeige entsteht.

Einen Brief aufs Papier bringen 60
   Lernen Sie bereits hier alles über den Ausdruck.

4 Inhalt

3 Einfach gestalten

Von Seiten und Doppelseiten 68
  Ab jetzt kommen Sie mit der Seiten-Palette zurecht.

Kommunikation per Postkarte 72
  Schreiben Sie mal wieder!

Gestalten mit Formen 76
  Erstellen Sie auf einfache Art ein Plakat.

Filtern mit dem Pathfinder 80
  Erstellen Sie außergewöhnliche Texteffekte.

Über Konturen und Ecken 84
  Setzen Sie Akzente mit einfachen Effekten.

Buntstift und Zeichenstift 89
  Zeichnen Sie ein Logo nach.

Hilfslinien und Ebenen 94
  Erstellen Sie ein CD-Cover.

Objekte ausrichten & verteilen 100
  Arbeiten Sie mit der Ausrichten-Palette.

Objekte einfügen 103
  Erstellen Sie in InDesign eine Musterfüllung.

Intelligente Transformation 107
  Gestalten Sie ein Logo.

4 Rund um das Bild

Bilder importieren 114
  Gestalten Sie eine Serviette.

Die Importoptionen 118
  Steuern Sie den Import!

Illustrator-Ebenen importieren 122
  Gestalten Sie das CD-Cover aus.

Mehrere Bilder importieren 124
  Nutzen Sie diese Funktion für einen schnelleren Workflow.

In Schwarz gestalten 128
  Erstellen Sie ein schwarz/schwarzes Bild.

Illustrator-Grafiken einfügen 132
  Bearbeiten Sie die Grafiken, und suchen Sie nach Farben.

Die Verknüpfungen-Palette 136
  Arbeiten Sie sicher und effizient.

| **Bilder spiegeln** | 140 |
Gestalten Sie ein Poster mit Hilfe der Spiegeln-Option.

Die Steuerung-Palette 144
Alles über die großen unbekannten Schaltflächen

5 Schneiden Sie frei

Die freigestellten Objekte 152
Erstellen Sie ein Citylight-Poster.

Automatisch freistellen 156
Lassen Sie nach Kanten suchen – schneller geht es nicht.

Freigestellte Bilder 160
Nutzen Sie die Vorteile der Adobe-Familie.

Den Pfad bearbeiten 163
Konvertieren Sie den Pfad in einen Rahmen.

6 Die Texteffekte

Die Konturenführung 170
Verdrängen Sie den Text, damit er das Bild nicht stört.

Die Konturenführung steuern 173
Lassen Sie sich durch die Konturenführung nicht einschränken.

Text mit einem Bild füllen 176
Gestalten Sie eine Weihnachtskarte.

Text in eine Form setzen 180
Gestalten Sie eine Anzeige.

Der Pfadtext 185
Gestalten Sie in Kurven.

Etikett mit gewölbtem Text 190
Simulieren Sie Aufkleber für Flaschen oder Dosen.

Text im Kreis 193
Entwerfen Sie einen Button.

7 Mit Effekten gestalten

Exkurs: Effekte und Transparenz 202
Setzen Sie Effekte sinnvoll ein.

Die Deckkraftreduzierung 204
Lassen Sie den Hintergrund durchscheinen.

Transparenz mit Schlagschatten 208
Den Schlagschatten einsetzen und variieren.

Ein Schatten nach innen 211
Lassen Sie die Flasche aus einem Objekt wachsen.

Das Relief 216
Fräsen Sie Schrift ins Holz.

Die Kanteneffekte 220
Soften Sie Kanten ab.

Effekte mixen 222
Gestalten Sie einen Bilderrahmen.

8 Setzen Sie auf Formate

Exkurs: Zeichen- und Absatzformat 228
Lernen Sie den Unterschied kennen.

Das Zeichenformat 230
Es ist nur für Buchstaben bestimmt.

Absatzformate einrichten 234
Formatieren Sie einen Zeitungsartikel.

Hierarchische Formate 239
Formate automatisiert anwenden

Formate verschachteln 242
Eine Anregung für einen Reisekatalog

Mit Objektstilen arbeiten 246
Gestalten Sie eine Textbox, und wenden Sie sie immer wieder an.

Eine Aufzählung anlegen 250
Mit drei Klicks haben Sie Bulletpoints erstellt.

Eine Nummerierung erstellen 253
Gestalten Sie nummerierte Listen.

Mit Stilen gestalten 258
Einfache Formatierung z. B. von AGBs

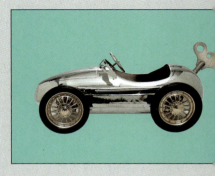

9 Tabellen gestalten

Eine Tabelle erstellen 268
Lernen Sie die Grundlagen von Tabellen kennen.

Die Tabellenoption einsetzen 274
Werten Sie Tabellen optisch auf.

Bilder in eine Tabelle integrieren 278
Gestalten Sie Ihre Tabelle mit einem Verlauf.

Eine Tabelle im Rahmen 281
Fügen Sie eine Tabelle in einen Grafikrahmen ein.

Kreativ arbeiten mit Tabellen 286
Erstellen Sie ein kariertes Muster.

Eine Tabelle importieren 290
Hier erstellen Sie Tabellen- und Zellenformate.

Tabellen verknüpfen 296
Nutzen Sie die Vorteile von Tabellen- und Zellenformaten.

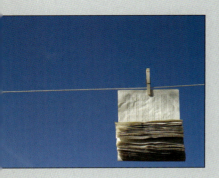

10 Lange Dokumente

Verankerte Objekte einsetzen 304
Lassen Sie Objekte im Text mitlaufen.

Arbeiten mit Mustervorlagen 310
Benutzen Sie die automatische Seitenzählung.

Fußnoten einsetzen 314
So gestalten Sie korrekte Verweise.

Eine Bibliothek einrichten 317
Für häufig verwendete Objekte ist dieses Tool sehr nützlich.

Die Buchfunktion verwenden 320
Hier setzen Sie zusammen, was zusammengehört.

Einen Index erstellen 324
Gönnen Sie dem Leser das schnelle Finden.

Das Inhaltsverzeichnis 330
Geben Sie dem Leser einen ersten Überblick.

11 Überprüfen und ausgeben

Der Preflight 340
Lassen Sie Ihre Dokumente prüfen.

Ein Dokument überprüfen 345
Separationsvorschau, Farbauftrag und Reduzierungsvorschau

Exkurs: Die Überfüllungen 349
Wer sich auskennt, darf hier steuern.

Exkurs: Farben verstehen 350
Was sind RGB und CMYK und woher kommen sie?

Das kleine Farbmanagement 352
Nehmen Sie die Farbeinstellungen vor.

Exkurs: Das Überdrucken 357
Wann ist es sinnvoll und wann nicht?

Exkurs: Offen und Geschlossen 358
Wie Sie Ihre Dokumente weitergeben können

Eine PDF-Datei erstellen 359
Der Export aus InDesign CS4

12 Werben und Präsentieren

Das personalisierte Anschreiben 368
In sechs Schritten sprechen Sie all Ihre Kunden an.

Einen Nutzenbogen erstellen 371
Datenzusammenführung für die Visitenkartenerstellung

Ein interaktives PDF gestalten 375
Bringen Sie Bewegung in Ihre Präsentation.

Ton und Film in PDF integrieren 379
Erweitern Sie Ihre Präsentation.

Anhang

Glossar 384

Bildnachweis & Dank 387

Die DVD zum Buch 389

Index 392

InDesign CS4 entdecken

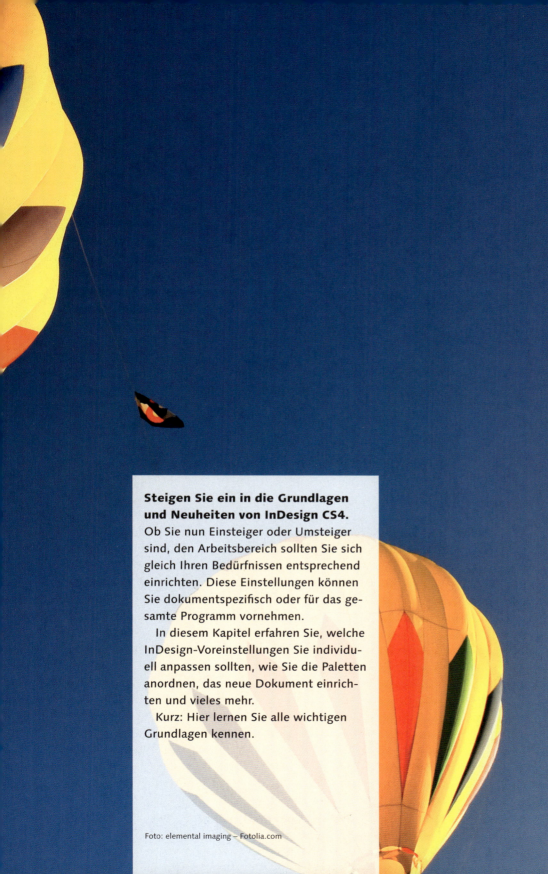

Steigen Sie ein in die Grundlagen und Neuheiten von InDesign CS4. Ob Sie nun Einsteiger oder Umsteiger sind, den Arbeitsbereich sollten Sie sich gleich Ihren Bedürfnissen entsprechend einrichten. Diese Einstellungen können Sie dokumentspezifisch oder für das gesamte Programm vornehmen.

In diesem Kapitel erfahren Sie, welche InDesign-Voreinstellungen Sie individuell anpassen sollten, wie Sie die Paletten anordnen, das neue Dokument einrichten und vieles mehr.

Kurz: Hier lernen Sie alle wichtigen Grundlagen kennen.

Foto: elemental imaging – Fotolia.com

InDesign CS4 entdecken

Der Arbeitsbereich 16
   Immer schön aufgeräumt

Zoom und Vorschau 19
   Schauen Sie genau hin!

Exkurs: QuarkXPress-Dateien öffnen 21
   Was Sie beim Konvertieren beachten sollten

Eine neue Seite einrichten 22
  Von der Briefmarke bis zum Poster

Lineale, Hilfslinien, Ränder 25
  Gestalten Sie millimetergenau.

Exkurs: Die Voreinstellungen 28
  Richten Sie das Programm individuell ein.

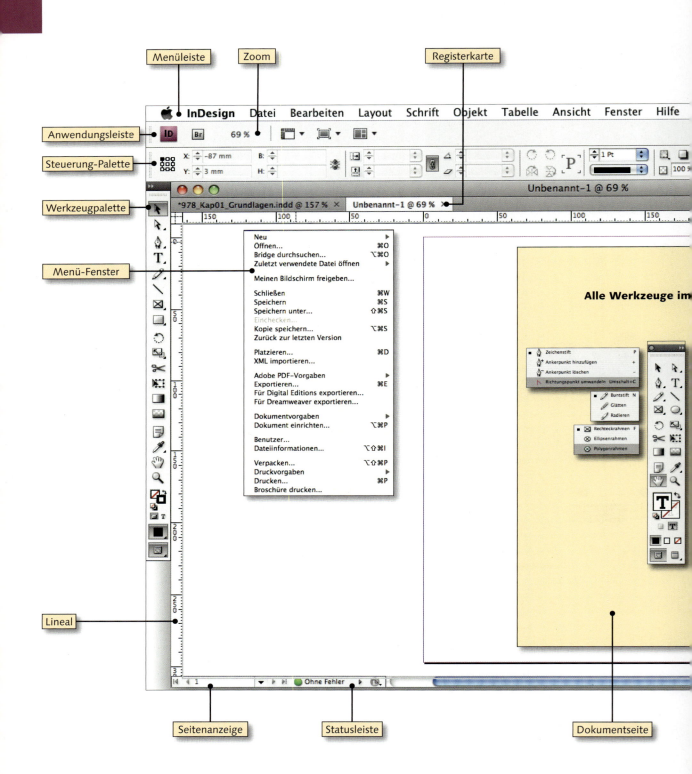

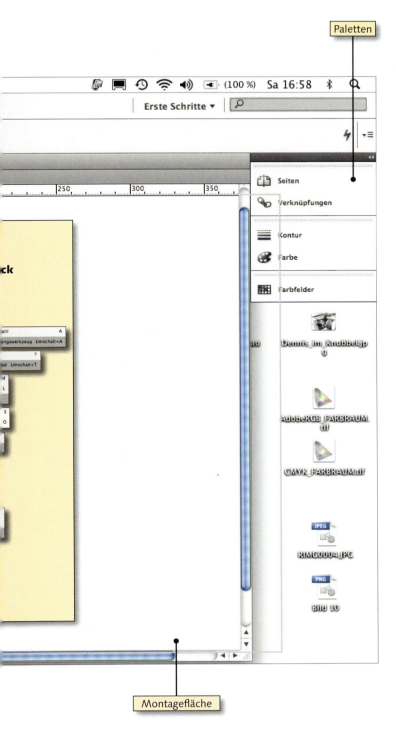

Die Arbeitsoberfläche ist die Schaltzentrale von InDesign CS4. Um effizient arbeiten zu können, sollten Sie Ihre Arbeitsumgebung gut kennen.

Dokumentseite und Montagefläche | Jede Dokumentseite hat rundherum eine Montagefläche zum Ablegen oder Konstruieren von Objekten. Bedenken Sie jedoch, dass die auf der Montagefläche abgelegten Objekte nicht gedruckt und nicht für die Weitergabe gesammelt werden.

Menüleiste | Hier finden Sie fast alle Funktionen, über die das Programm verfügt. Klicken Sie auf ein Menü, dann öffnet sich das dazugehörige Menü-Fenster.

Paletten | In den Paletten sind viele Funktionen thematisch sortiert. Wählen Sie die gewünschte Palette unter MENÜ • FENSTER. In der Version CS4 heißen die Paletten offiziell »Bedienfenster« – wir wollen aber den gängigen Namen verwenden.

Steuerung-Palette | In der Steuerung-Palette finden Sie kompakt zusammengestellt die wichtigsten Funktionen der einzelnen Paletten. Je nachdem, welches Werkzeug oder Objekt Sie ausgewählt haben, passt sie sich automatisch an.

Werkzeugpalette | Es ist immer ein Werkzeug aktiv. Sie bestimmen per Klick auf eines der Werkzeugsymbole, welchen Arbeitsschritt Sie als Nächstes durchführen möchten. Bleiben Sie einige Sekunden auf dem Werkzeug, so wird Ihnen nicht nur sein Name angezeigt, sondern auch das dazugehörige Kürzel.

Kapitel 1 | InDesign CS4 entdecken

Der Arbeitsbereich
Immer schön aufgeräumt

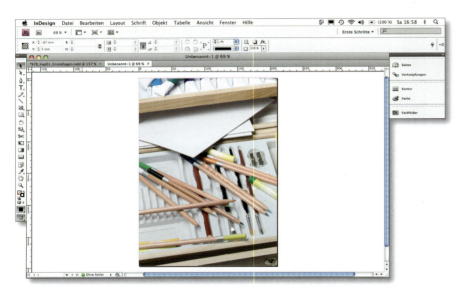

Neues Programm, neuer Look. Auch Adobe schreckt davor nicht zurück und hat das Erscheinungsbild und den Arbeitsbereich mit der neuen Version CS4 wieder verändert. Nach einer kurzen Eingewöhnungsphase entpuppt sich die Oberfläche aber als sehr anwenderfreundlich, und auch wenn Sie sich neu in InDesign CS4 einarbeiten, finden Sie sich bestimmt schnell zurecht.

Zielsetzung:
Den Arbeitsbereich für seine persönlichen Bedürfnisse oder Projekte einrichten

Fotos: Oliver Rösler – www.oro-photography.com

1 Paletten finden

Wenn Sie InDesign CS4 zum ersten Mal starten, haben Sie auf dem Bildschirm nur eine kleine Auswahl an Paletten zur Verfügung.

Im Menü FENSTER finden Sie alle Paletten, über die InDesign CS4 verfügt. Einige Paletten verstecken sich auch noch in einer Untergruppe, die Sie nur durch den Rechtspfeil ❶ öffnen können.

Wählen Sie die gewünschte Palette aus, wird sie auf dem Bildschirm angezeigt, und Sie können sofort die Funktionen nutzen.

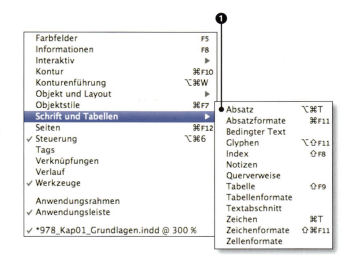

2 Paletten verschachteln

Die ausgewählten Paletten nehmen natürlich viel Platz auf dem Bildschirm ein. Daher bietet InDesign die Möglichkeit des Verschachtelns.

Greifen Sie dazu den »Reiter« der Palette, und ziehen Sie ihn mit gedrückter Maustaste an die Unterkante der Zielpalette.

Ziehen Sie so lange, bis ein blauer Balken ❷ erscheint, und lassen Sie erst dann die Maustaste los.

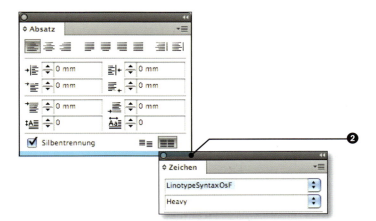

3 Paletten am Seitenrand andocken

Möchten Sie eine Palette am Bildschirmrand andocken, so müssen Sie den Reiter greifen und ihn an das untere Ende der übrigen Paletten schieben. Achten Sie darauf, dass Sie die kleine blaue Fläche erreichen ❸, ansonsten wird die Palette in eine zweite Spalte gesetzt.

Soll eine Palette in eine bestehende Gruppe eingefügt werden, dann ziehen Sie den Reiter in die Gruppe ❹. Die Palette legt sich dann automatisch dort ab.

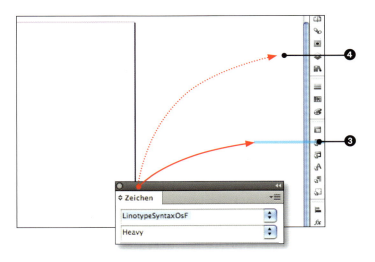

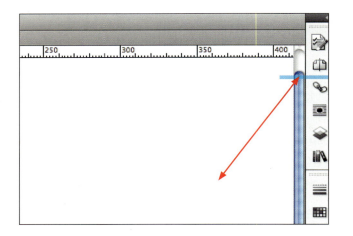

4 Paletten arrangieren

Sie sollten sich das Arbeiten mit den Paletten so einrichten, wie Sie selbst es für sinnvoll halten. Ich kann Ihnen dazu nur Tipps geben. Achten Sie in jedem Fall darauf, dass die langen Paletten (Seiten, Verknüpfungen, Ebenen) oben angeordnet sind und dass die Verlauf-Palette sich nicht in der gleichen Gruppe wie die Farbfelder-Palette befindet, da Sie häufig beide zusammen benutzen werden.

Durch einfaches Ziehen und Ablegen können Sie die Palettenanordnung verändern.

5 Den Arbeitsbereich speichern

Haben Sie die Paletten nach Ihren Wünschen eingerichtet, so können Sie diese Anordnung speichern.

Gehen Sie dazu in das Menü FENSTER • ARBEITSBEREICH • NEUER ARBEITSBEREICH, und sichern Sie Ihre Einstellungen. Ihre Anordnung finden Sie dann im Menü FENSTER • ARBEITSBEREICH • IHR EINGESTELLTER NAME wieder, wie hier in der Abbildung gezeigt.

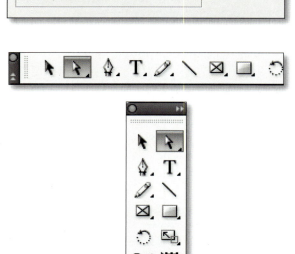

6 Die Werkzeugpalette

Auch die Werkzeugpalette können Sie nach Ihren persönlichen Wünschen und dem Platzangebot einrichten. Sie können sie einspaltig, zweispaltig oder in einer Zeile anzeigen lassen, indem Sie auf den Doppelpfeil oben in der Palette ❶ klicken.

Tipp: Verwenden Sie stets sinnvolle Namen, egal was Sie gerade speichern. Es erleichtert Ihnen später die Arbeit.

Zoom und Vorschau

Schauen Sie genau hin!

Eine vergrößerte Ansicht ist für viele Arbeiten nicht nur ein hilfreiches Tool, sie ist sogar oft unerlässlich. Ich möchte Ihnen daher in diesem Workshop zeigen, welche Möglichkeiten Sie haben, sich Ihr Dokument auf dem Bildschirm anzeigen zu lassen. Leider hat Adobe mit dieser Programmversion den Navigator entfernt, aber es bleiben Ihnen immer noch das Zoom und die Vorschau.

Zielsetzungen:
Ein- und auszoomen, navigieren und Vorschau nutzen
[Ordner 01_Zoom]

Fotos: Oliver Rösler – www.oro-photography.com, Andrea Forst

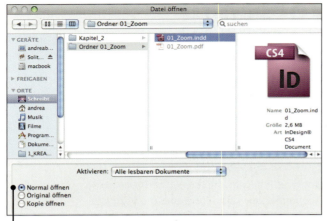

1 Ein Dokument öffnen

Öffnen Sie das Dokument »Zoom.indd« über das Menü Datei oder über den Shortcut ⌘ bzw. Strg + O.

Im folgenden Dialog werden Sie gefragt, ob Sie Normal (Standard) ❶, das Original oder eine Kopie öffnen möchten. Lassen Sie sich hier nicht verwirren, denn diese Befehle bedeuten nicht, dass mehrere Personen an einer Datei arbeiten können. Sie sind nur für Ihre interne Verwaltung gedacht.

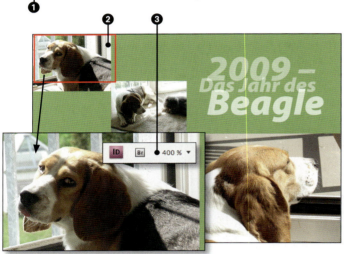

2 Ein- und auszoomen

Über das Tastaturkürzel ⌘ bzw. Strg + + oder - zoomen Sie noch immer in das Dokument hinein oder wieder hinaus.

Neu ist, dass auch über das Hand-Werkzeug gezoomt werden kann. Aktivieren Sie dafür das Werkzeug, und halten Sie die Maustaste gedrückt. Ein rotes Rechteck ❷ erscheint, das Ihnen den aktuellen Zoomfaktor ❸ anzeigt. Sie können es bei gedrückter Maustaste in jede Richtung, auch über mehrere Seiten hinweg verschieben oder über die Pfeiltasten auf Ihrer Tastatur vergrößern oder verkleinern.

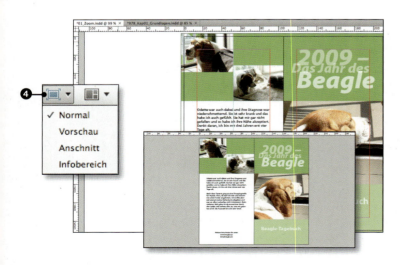

3 Der Vorschaumodus

Der Vorschaumodus ist eines der hilfreichsten Tools für das Layout und die Reinzeichnung. Durch Aktivieren der Vorschau in der Werkzeugpalette, durch Drücken der Taste W und seit Version CS4 auch über die Anwendungsleiste ❹ werden alle nicht druckbaren Objekte ausgeblendet. Das betrifft nicht nur Hilfslinien und Objekte, die auf »nicht drucken« gestellt wurden, sondern auch alle Objekte, die über den Seitenrand ragen oder gar daneben stehen.

QuarkXPress-Dateien öffnen
Was Sie beim Konvertieren beachten sollten

Ein XPress-Dokument öffnen

Es kann vorkommen, dass Sie QuarkXPress-Dateien in Adobe InDesign öffnen müssen. Dabei sollten Sie Folgendes bedenken: Eine 100%ige Übernahme ist nicht möglich, und Sie können nach der Konvertierung auf unerwartete Probleme stoßen. Außerdem ist immer manuelle Nacharbeit notwendig.

XPress-Dokumente öffnen | Sie müssen darauf achten, dass die XPress-Datei als QuarkXPress-Dokument 4.11 abgespeichert wurde.

Wählen Sie in InDesign CS4 die gewünschte Datei über DATEI • ÖFFNEN aus. Wurde die Datei konvertiert, öffnet sich ein Warnfenster, das Sie auf fehlende Schriften hinweist.

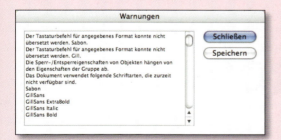

Sie fragen sich jetzt sicher, welche Elemente der Datei denn erhalten bleiben. Nun, Bilder und Text stehen zumindest an ihrer Position, und das Dokumentformat wurde übernommen. Zu den Problemen kommen wir aber jetzt.

Tipp: Exportieren Sie das Dokument in das InDesign-Austauschformat .inx, und öffnen Sie es dann erneut. Danach sollten Sie Abweichungen der Stilvorlagen und die Farben löschen können.

Die möglichen Probleme

Bei der Konvertierung treten immer Probleme auf, hier einige aus meinem letzten Projekt.

Platzierte EPS-Grafiken | In einer 60-seitigen Broschüre wurde mehr als die Hälfte der Grafiken automatisch auf NICHT DRUCKEN gestellt. Der Inhalt der Grafiken konnte nicht ausgetauscht werden, sie mussten erneut platziert werden. Auch wurden einige Grafiken auf Überdrucken gestellt, was zur Folge hatte, dass sich die Grafiken mit dem Hintergrund verbanden und so eine neue Farbe annahmen.

Stilvorlagen aus Quark | Auch wenn diese übernommen wurden, wiesen sie immer eine Abweichung, sprich eine Verletzung, auf und waren nicht zu löschen. Auch der Textumbruch und die manuelle Manipulation am Text machten nach der Konvertierung große Schwierigkeiten.

Sonderfarben | Hier bin ich auf das gleiche Problem wie bei den Stilvorlagen gestoßen. Die Farben waren nicht zu löschen. Ich musste das Dokument im InDesign-Austauschformat abspeichern, um die Farben verändern zu können.

Eine neue Seite einrichten

Von der Briefmarke bis zum Poster

Zum Erstellen eines Dokuments ist die Tastenkombination ⌘ bzw. Strg + N wohlbekannt. Wenn Sie das Programm zum ersten Mal öffnen oder aber mit den Grundeinstellungen arbeiten, erhalten Sie immer ein Dokument mit Doppelseiten und einem Rand, der auf 12,7 mm voreingestellt ist. Ärgerlich, oder? Lernen Sie hier, wie Sie eigene Formate speichern können.

Zielsetzungen:
Neue Seite einrichten
Eigenes Format speichern und aufrufen

VON GROSS ...

... nach klein

1 Das standardmäßige neue Dokument

Wählen Sie DATEI • NEU • DOKUMENT oder ⌘ bzw. [Strg] + [N], und schon öffnet sich der Dialog NEUES DOKUMENT.

InDesign CS4 bietet Ihnen hier die Doppelseite ❶ und einen Rand ❷ von 12,7 mm an. Auch das Seitenformat und die Ausrichtung sind bereits vorgegeben.

Wenn Sie diese Einstellungen nicht übernehmen möchten, dann deaktivieren Sie die Doppelseite und geben bei den Rändern das gewünschte Maß ein.

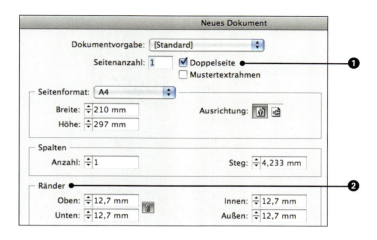

2 Eine Seite einrichten (CD-Cover)

Geben Sie in die Eingabefelder für Seitenformat ❺ »122 x 120 mm« für ein CD-Cover ein. Die Dokumentvorgabe ❸ wird Ihnen nun als »Benutzerdefiniert« angezeigt.

Mit der Schaltfläche MEHR OPTIONEN ❹ (hier bereits aktiviert) öffnen Sie die Eingabefelder für die Beschnittzugabe und den Infobereich ❻. Geben Sie hier zunächst keine Werte ein, denn dazu kommen wir im nächsten Workshop.

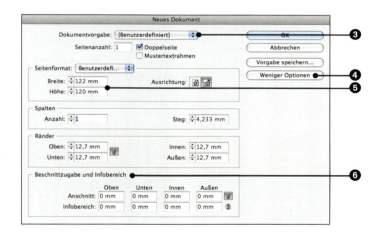

3 Ein eigenes Format speichern

Speichern Sie die Vorgabe ❼ unter einem sinnvollen Namen ab. Wählen Sie dazu den Button VORGABE SPEICHERN.

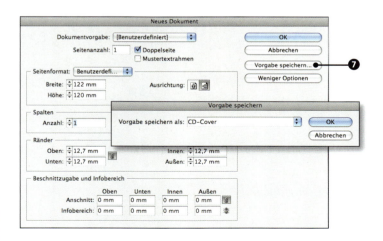

Tipp: Speichern Sie in jedem Fall oft wiederkehrende Dokumentformate, z. B. für Visitenkarten oder Postkarten, sowie das Format »DIN A4 hoch« als Dokumentvorgabe ab. Sie erleichtern sich damit die Arbeit erheblich.

Kapitel 1 | InDesign CS4 entdecken

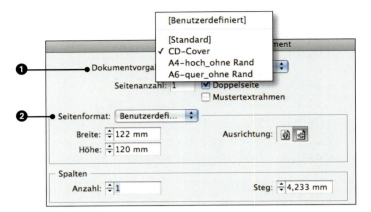

4 Die eigenen Vorgaben auswählen

Wenn Sie sich im Dialog NEUES DOKUMENT befinden, können Sie all Ihre individuell abgespeicherten Formate auswählen.

Gehen Sie dazu in das Popup-Fenster DOKUMENTVORGABE ❶, und wählen Sie das gewünschte Format aus.

Und noch ein Hinweis: Auch wenn Sie unter SEITENFORMAT ❷ viele Formate finden, so besitzen diese fast immer Seitenränder, mit denen wir Europäer nichts anfangen können.

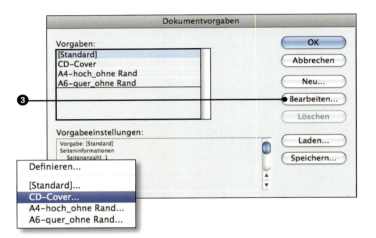

5 So ändern Sie Ihre eigenen Vorgaben

Müssen Sie eine Ihrer Vorgaben ändern, so ist das nicht im Dialog NEUES DOKUMENT möglich, denn hier können Sie nur neue Vorlagen erstellen. Sie müssen stattdessen DATEI • DOKUMENTVORGABEN • DEFINIEREN wählen.

Wählen Sie BEARBEITEN ❸, und suchen Sie die zu ändernde Vorgabe aus. Der gewohnte Dialog wird sofort geöffnet.

Nach der Änderung müssen Sie die Vorgabe unter einem anderen Namen abspeichern oder überschreiben.

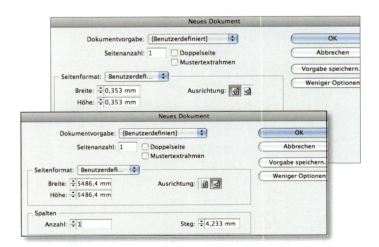

6 Wie groß darf meine Seite werden?

Sie dürfen ein Format von minimal 0,353 mm x 0,353 mm und maximal 5 486,4 mm x 5 486,4 mm einrichten.

Sprechen Sie sich bei Großformaten immer mit dem Druckdienstleister ab, denn meistens werden diese in einem verkleinerten Maßstab angelegt.

Lineale, Hilfslinien, Ränder

Gestalten Sie millimetergenau.

Lineale, Hilfslinien und Ränder sind als sinnvolle Helfer aus der Layoutarbeit nicht wegzudenken. In diesem Workshop möchte ich Ihnen die Organisationstalente daher eingehend vorstellen.

Zielsetzungen:
Lineale einstellen
Ränder einrichten
Messwerkzeug benutzen

Foto: Andrea Forst

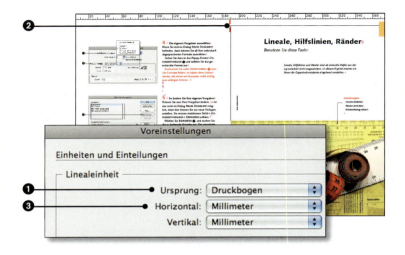

1 Die Lineale einrichten

Das horizontale Lineal beginnt aufgrund der InDesign-Voreinstellung unter URSPRUNG ❶ nicht auf jeder Seite eines Druckbogens bei null, sondern läuft über alle Seiten weiter.

Diese Einstellung können Sie ändern. Wählen Sie dazu InDesign bzw. BEARBEITEN • VOREINSTELLUNGEN • EINHEITEN & EINSTELLUNGEN, und stellen Sie die Vorgabe DRUCKBOGEN auf SEITE um. Jetzt beginnt jede Seite ❷ am Nullpunkt.

In diesem Fenster stellen Sie auch die Maßeinheiten ❸ für die Lineale ein.

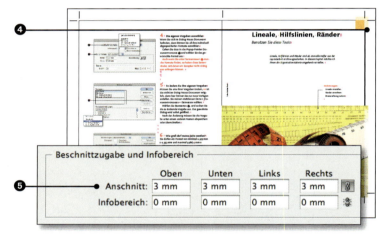

2 Die Beschnittzugabe

Wenn Ihr Layout an der Seitenkante angeschnitten werden soll, müssen Sie eine Beschnittzugabe von mindestens 3 mm einrichten. In der Abbildung habe ich den Anschnitt abgesoftet dargestellt ❹.

Öffnen Sie dazu über das Menü DATEI • DOKUMENT EINRICHTEN oder über ⌘ bzw. Strg + Alt + P den gleichnamigen Dialog, und wählen Sie MEHR OPTIONEN. Geben Sie dort in alle Eingabefelder unter ANSCHNITT ❺ einen Wert von »3 mm« ein.

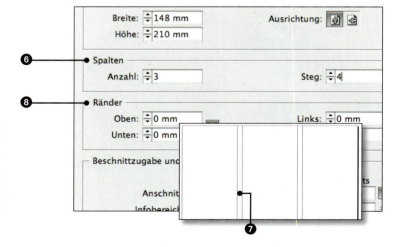

3 Ränder und Spalten einrichten

Erstellen Sie ein neues Dokument, z. B. über das Tastenkürzel ⌘ bzw. Strg + N. Ich würde DIN A5 quer (210 x 146 mm) vorschlagen. Geben Sie unter SPALTEN ❻ die gewünschte Anzahl ein. Wählen Sie für den Abstand der Spalten den Steg ❼ aus, und geben Sie auch hier einen Wert ein.

Um einen Abstand zwischen dem Seitenrand und Ihrem Layoutrahmen herzustellen, geben Sie unter RÄNDER ❽ Ihre Werte ein. Speichern Sie bitte das Dokument ab, und lassen sie es geöffnet, da wir es noch benötigen.

4 Ränder und Spalten ändern

Wir wollen nun aus dem dreispaltigen ein fünfspaltiges Layout machen.

Wählen Sie dazu einfach LAYOUT • RÄNDER UND SPALTEN, und geben Sie neue Werte ein. Um Hilfslinien anpassen und verschieben zu können, wählen Sie zunächst ANSICHT • RASTER UND HILFSLINIEN • SPALTENHILFSLINIEN, und deaktivieren Sie die Option SPERREN. Spalten können Sie mit der Auswahl verschieben, der Abstand des Stegs ist auf diese Weise allerdings nicht veränderbar.

5 Hilfslinien erstellen

Um eine Hilfslinie anzulegen, ziehen Sie sie mit gedrückter Maustaste einfach aus dem horizontalen oder vertikalen Lineal heraus.

Alternativ wählen Sie LAYOUT • HILFSLINIEN ERSTELLEN, und geben die gewünschte Anzahl und Stegbreite ein. Die Hilfslinien werden nun in regelmäßigen Abständen erstellt. Sie haben auf die Verteilung über den Dialog zunächst keinen Einfluss.

Leider können Sie in InDesign CS4, anders als in Illustrator, aus Rahmen keine Hilfslinien erstellen.

6 Hilfslinien positionieren

Haben Sie Hilfslinien erstellt, können Sie sie mit gedrückter Maustaste an die gewünschte Position bringen. Sind die Hilfslinien gesperrt, geht das natürlich nicht. Entsperrt bzw. gesperrt werden Hilfslinien über ANSICHT • RASTER & HILFSLINIEN • HILFSLINIEN SPERREN.

Wenn Sie besonders exakt arbeiten müssen, können Sie in der Steuerung-Palette auch genaue Koordinaten für Ihre Hilfslinien eingeben.

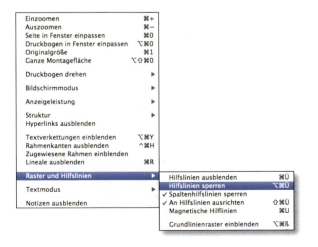

Kapitel 1 | InDesign CS4 entdecken **27**

GRUNDLAGENEXKURS

Die Voreinstellungen

Richten Sie das Programm individuell ein.

Voreinstellungen sind für ein komfortables Arbeiten wichtig. Einige sinnvolle Einstellungen möchte ich hier beschreiben, andere werden in den Workshops erklärt. Öffnen Sie das erste Voreinstellungsfenster über das Menü INDESIGN bzw. BEARBEITEN • VOREINSTELLUNGEN oder ⌘ bzw. Strg + K.

Allgemein | In diesem Fenster können Sie unter ANSICHT festlegen, ob Sie als Seitennummerierung eine absolute Nummerierung oder eine Abschnittsnummerierung bevorzugen.

Doch was bedeutet das? Absolut heißt, dass die Seitenzahlen von der ersten bis zur letzten Seite durchgezählt werden, bei der Abschnittsnummerierung können Sie innerhalb Ihres Dokuments Kapitelabschnitte einrichten (z. B. 1–8, 20–24).

Einheiten & Einteilungen | Hier bestimmen Sie, in welchen Schritten Sie mit den Pfeiltasten Ihrer Tastatur Objekte verschieben. Außerdem können Sie den Schriftgrad/Zeilenabstand, den Grundlinienversatz und das Kerning über die hier eingestellten Werte verändern. Sinnvoll sind Werte von »0,25 mm« und »1 pt«.

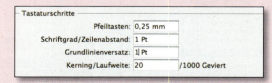

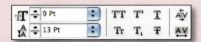

Hinweis: Um mit den Pfeiltasten arbeiten zu können, muss Ihr Cursor im gewünschten Eingabefeld, z. B. SCHRIFTGRAD, blinken. Mit der Tabulatortaste ⇥ können Sie sich durch die Eingabefelder klicken und über die Tasten ↑ bzw. ↓ den Schriftgrad vergrößern oder verkleinern.

Hilfslinien und Montagefläche | Hierunter verbirgt sich etwas ganz Interessantes:

Wenn Sie mit QuarkXPress gearbeitet haben, dann kennen Sie sicherlich das Problem, dass Ihnen XPress meldet, ein Objekt würde von der Seitenfläche verdrängt werden. InDesign ist es völlig egal, ob das Objekt über die Montagefläche hinausragt oder nicht. Doch damit nicht genug, Sie können sich in diesem Fenster auch die Höhe der Montagefläche einrichten.

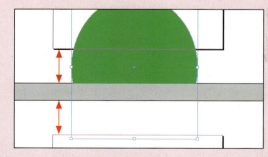

Wörterbuch | Haben Sie ein eigenes digitales Wörterbuch, wie z. B. den Duden, können Sie es über den Plus-Button ❶ für Ihre Dokumente einrichten. Legen Sie dafür das Wörterbuch auf Ihrer Festplatte ab.

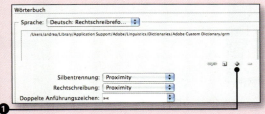

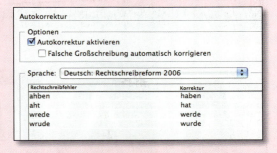

Hier können Sie auch die so genannten »99/66«-Anführungszeichen der deutschen Rechtschreibung einstellen oder die französischen Guillemets (» «) auswählen. Diese passen sich in einen Buchtext besser ein, da sie nicht über den Text hinauslaufen und somit die Lesbarkeit nicht behindern.

Anzeigeleistung | InDesign bietet Ihnen bereits eine sehr gute Vorschau für platzierte Bilder oder Grafiken an. Tun Sie sich einen Gefallen, und belassen Sie die Einstellungen, wie sie sind. Bei der Einstellung Hohe Qualität nehmen Sie sich sonst nur unnötig Rechnerleistung weg.

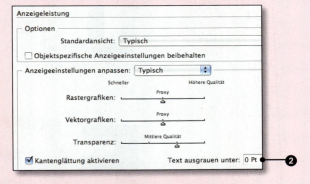

Rechtschreibung | Stellen Sie hier ein, nach welchen Fehlern InDesign suchen soll, nachdem Sie die Rechtschreibprüfung über Bearbeiten • Rechtschreibprüfung oder ⌘ bzw. Strg + I aktiviert haben.

Genial ist die Option Dynamische Rechtschreibprüfung: Jeder Fehler wird während der Texteingabe markiert.

Autokorrektur | Hier können Sie, wenn Sie über »zu schnelle Finger« verfügen, Ihre eigenen Fehler automatisch korrigieren lassen.

Wählen Sie dafür unter Optionen • Autokorrektur aktivieren, und geben Sie über die Schaltfläche Hinzufügen den Rechtschreibfehler und die Korrektur ein.

Wenn es Sie stört, dass Ihr Text ab einer gewissen Zoomgröße als grauer Balken dargestellt wird, dann geben Sie bei Text ausgrauen unter ❷ den Wert »0 pt« ein.

Dateihandhabung | Jetzt lachen Sie nicht, dieses Fenster ist häufig meine Rettung – ich vergesse nämlich regelmäßig das Speichern. InDesign speichert mir jedoch jede Minute eine Sicherheitskopie und öffnet diese auch, wenn das Programm oder der Rechner abstürzt.

Gestalten Sie mit Text

Normen sind wichtig. Insbesondere, wenn Sie einen Briefbogen gestalten möchten, sollten Sie einige Richtlinien beachten. Daher erfahren Sie auch in diesem Kapitel, wie man sich seine eigene Visitenkarte und einen Briefbogen nach DIN 676 erstellt.

Anhand dieser praktischen Beispiele werden Sie das Rahmenkonzept von InDesign CS4 verstehen lernen. Sie werden Ihren ersten Text in InDesign schreiben und typografisch korrekt gestalten. Anhand einer Speisekarte lernen Sie den Umgang mit Tabulatoren, Einzügen und Abständen. Und für die gelungene Gestaltung bringe ich noch Farbe ins Spiel und zeige Ihnen, wie Sie diese auf Text anwenden.

Foto: alphabet © Fotographix – Fotolia.com

Gestalten Sie mit Text

InDesigns Rahmenkonzept **34**
   Spielen Sie mit Rahmen und Bezugspunkten.

Text eingeben und formatieren **37**
   Entwerfen Sie einen Briefbogen.

Die Arbeit mit Textrahmen **41**
   Gestalten Sie eine Visitenkarte.

Exkurs: Normen für den Brief **44**
   So erleichtern Sie sich das Leben.

Tabulator, Einzug und Abstand **46**
   Gestalten Sie eine Speisekarte.

Textformatierung per Pipette 51
 Formatieren Sie Ihren Kalender.

Rund um die Farbe 53
 Holen Sie Farbe in Ihr Dokument.

Text und Farbe 57
 Eine farbige Anzeige entsteht.

Einen Brief aufs Papier bringen 60
 Lernen Sie bereits hier alles über den Ausdruck.

InDesigns Rahmenkonzept

Spielen Sie mit Rahmen und Bezugspunkten.

Wenn Sie mit InDesign CS4 arbeiten, werden Sie feststellen, dass Sie für alles einen Rahmen benötigen. Sei es für Text oder Bilder, ein Rahmen muss sein. Daher ist es wichtig, dass Sie das Rahmenkonzept von InDesign verinnerlichen.

Ich möchte auch Licht in das Dunkel der kleinen Ursprungsquadrate bringen, denn sie sind bei der täglichen Layoutarbeit nützliche Helfer.

Öffnen Sie für diesen Workshop das Dokument »Rahmen.indd« aus dem unten genannten Übungsordner.

Zielsetzungen:

Die unterschiedlichen Rahmen kennenlernen und verstehen

[Ordner 01_Rahmen]

Foto: Andrea Forst

1 Rahmen aufziehen

Wählen Sie aus der Werkzeugpalette den Rechteckrahmen ⊠ bzw. das Rechteck-Werkzeug ▢ aus, und ziehen Sie mit gedrückter Maustaste auf der Seite einen Rahmen auf.

Außer den beiden Werkzeugen für Rechteck bzw. Rechteckrahmen gibt es auch solche für Ellipse und Polygon. Um an diese Werkzeuge zu gelangen, verweilen Sie einige Sekunden mit gedrückter Maustaste auf dem jeweiligen Werkzeug. Ziehen Sie danach wie oben beschrieben das gewünschte Objekt auf.

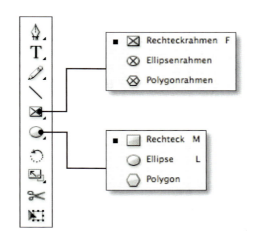

2 Der kleine Unterschied

Sie fragen sich bestimmt, warum es zum Erstellen von Rahmen zwei unterschiedliche Werkzeuge gibt.

Dieses Konzept hat Tradition. Platzhalter für Bilder bekamen früher ein Kreuz, für Text hat man einen leeren Platzhalter gewählt. Hieran hat sich bis heute nichts geändert, und der Grafiker weiß so, was er in welchen Rahmen eingeben soll.

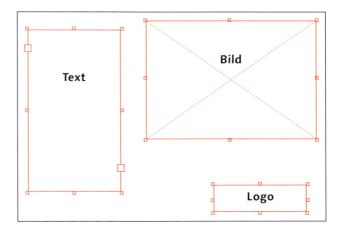

3 Rahmen per Klick aufziehen

Wenn Sie wissen, wie groß Ihr Rahmen genau werden soll, können Sie die Größe eingeben.

Doppelklicken Sie dazu auf das Rechteck ▢ oder den Rechteckrahmen ⊠ und danach auf das Dokument. Der dazugehörige Dialog öffnet sich. Geben Sie in die Eingabefelder Ihr Format ein, und bestätigen Sie die Eingabe.

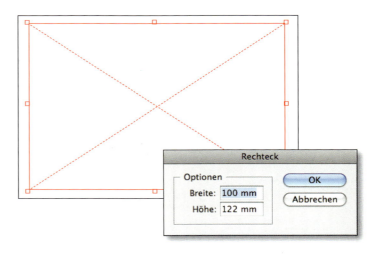

Tipp: Stellen Sie in der Werkzeugpalette den Rechteckrahmen und das Ellipse-Werkzeug in den Vordergrund. Das erspart unnötiges Suchen. Wählen Sie das Ellipse-Werkzeug aus, indem Sie die Maus gedrückt halten.

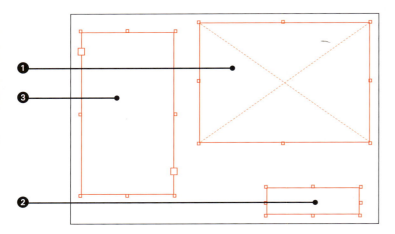

4   Die Rahmen verstehen

InDesign ist es grundsätzlich egal, was Sie in die verschiedenen Rahmenformen einfügen, d. h. in einen Grafikrahmen lässt sich auch Text eingeben und umgekehrt. Und doch haben alle Rahmen ihre Eigenarten:

Beim Rechteckrahmen ❶ ist ein Grafikinhalt voreingestellt. Das Rechteck ❷ wiederum hat keinen Inhalt. Der Textrahmen ❸ besitzt zusätzliche Symbole, die ich Ihnen im übernächsten Workshop zeigen werde.

Wählen Sie einfach auf Seite 1 mal jeden Rahmen mit dem Auswahl-Werkzeug aus.

5   Die zauberhaften Quadrate

Eines haben die Rahmen jedoch gemeinsam: Sie besitzen neun Anfasser, die sich als so genannte Bezugspunkte in der Steuerung-Palette ❹ wiederfinden.

Gehen Sie in der Beispieldatei »Rahmen.indd« auf Seite 2, und klicken Sie mit dem Auswahl-Werkzeug auf die Seite. Klicken Sie sich nun durch die Bezugspunkte, und lesen Sie dabei die X- und Y-Koordinaten in der Steuerung-Palette ab. Sie erkennen, dass sich mit jeder Veränderung des Bezugspunkts auch die Koordinaten ändern.

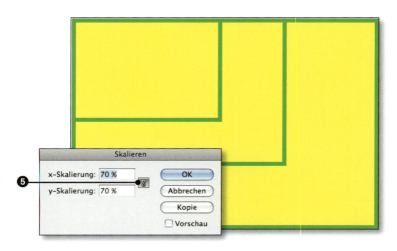

6   Mit Bezugspunkten arbeiten

Auf Seite 3 der Beispieldatei finden Sie einen einsamen Rahmen. Wählen Sie ihn aus, und setzen Sie den Bezugspunkt in die linke obere Ecke. Doppelklicken Sie auf das Skalieren-Werkzeug. Im Skalieren-Dialog geben Sie bei geschlossener Kette ❺ in ein beliebiges Feld »70 %« ein. Der Rahmen wird nun verkleinert am oberen linken Bezugspunkt ausgerichtet. Experimentieren Sie mit den Bezugspunkten, skalieren Sie dabei aber immer wieder neu. Die Veränderung des Bezugspunkts verändert auch die Transformation.

Text eingeben und formatieren

Entwerfen Sie einen Briefbogen.

Nun wollen wir zur Tat schreiten: Sie erstellen Ihren eigenen Briefbogen. Sie werden sehen, wie einfach das ist. Das Tippen muss ich Ihnen nicht erklären, doch wie Sie Text auswählen, die Schriftart und die Größe ändern, möchte ich Ihnen dann doch zeigen.

▶ **Video-Training**

Wie Sie Text platzieren und anpassen, erfahren Sie auch in Lektion 1.1 auf der Buch-DVD.

Zielsetzungen:
Text eingeben, Schriftart und Schriftgröße anwenden
[Ordner 02_Texteingabe]

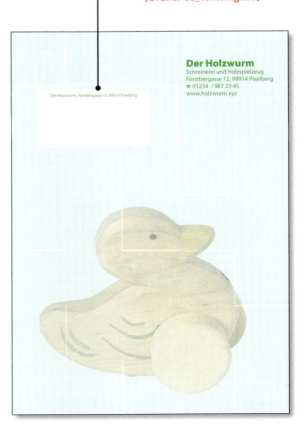

Kapitel 2 | Gestalten Sie mit Text 37

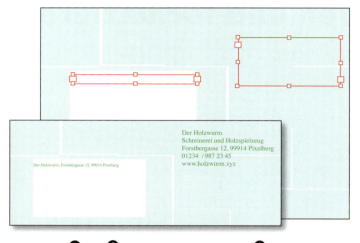

1 Text eingeben

In der Beispieldatei »Briefbogen.indd« habe ich für Sie zwei Textrahmen für Adressfelder eingerichtet. Wenn Sie Text ändern möchten, können Sie anders als im Textprogramm nicht sofort lostippen. Sie müssen vorher das Text-Werkzeug [T] aus der Werkzeugpalette auswählen und mit ihm in den Textrahmen klicken. Sobald das Texteingabe-Symbol [I] blinkt, können Sie Ihren Text schreiben.

Geben Sie in beide Rahmen jetzt Ihre Adressdaten ein.

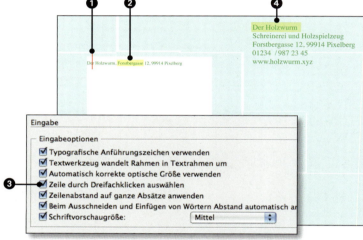

2 Den Text auswählen

Klicken Sie mit dem Text-Werkzeug [↖] nur einmal in ein Wort, dann blinkt das Texteingabe-Werkzeug ❶. Klicken Sie doppelt, wählen Sie das ganze Wort ❷ aus.

Haben Sie in den Voreinstellungen im Fenster EINGABE die Option ZEILE DURCH DREIFACHKLICKEN AUSWÄHLEN ❸ aktiviert, können Sie genau dies tun ❹. Mit einem Vierfachklick markieren Sie den Absatz, und anstelle des Fünffachklicks (der gesamte Textrahmen wird ausgewählt) empfehle ich Ihnen das Kürzel ⌘ bzw. Strg + A, das geht schneller.

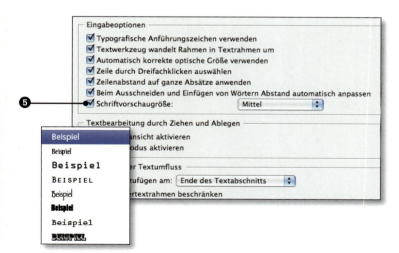

3 Die Schriftvorschau einstellen

Seit der Version CS2 können Sie sich das Aussehen der installierten Schriften in der Steuerung- bzw. Zeichen-Palette präsentieren lassen.

Wählen Sie dafür VOREINSTELLUNGEN • EINGABE oder ⌘ bzw. Strg + K. Im Fenster EINGABE finden Sie die SCHRIFTVORSCHAUGRÖSSE ❺ und ein dazugehöriges Popup-Fenster.

Hier können Sie einstellen, in welcher Größe Sie die Schriften angezeigt bekommen möchten.

4   Die Schriftart auswählen

Wählen Sie beide Textrahmen mit dem Auswahl-Werkzeug ▶ und gedrückter ⇧-Taste aus, und gehen Sie dann auf das Text-Werkzeug T in der Werkzeugpalette.

Mit der sich jetzt öffnenden Steuerung-Palette können Sie dem Briefbogen eine schönere Schrift geben, ohne den Text ausgewählt zu haben.

Wählen Sie in der Palette nun die Schrift »Myriad Pro« aus. Diese Schrift gehört zum Programm und sollte sich automatisch installiert haben.

5   Welche Schriftgruppe wählen?

Sie stehen vermutlich wie viele andere User vor der Frage: »Was ist ein TrueType-Font Tr ❻, ein PostScript-Font a ❼ oder ein OpenType-Font O ❽?«.

Machen Sie sich hierüber keine Gedanken, denn inzwischen können Sie in InDesign alle drei Schrifttechnologien ohne Probleme verwenden. Nur wenn Sie Ihre Dokumente Plattform übergreifend an Mac und PC verwenden, rate ich Ihnen zu OpenType. Hier haben Sie die Gewissheit, dass die Laufweite immer korrekt ist.

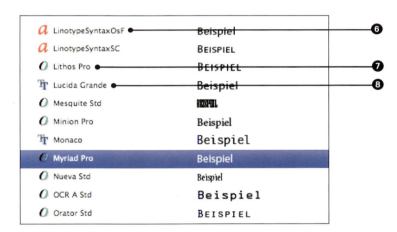

6   Der Schriftschnitt

Der Schriftschnitt beschreibt innerhalb einer Schriftfamilie die »Dickte« (Stärke) der Schrift und die Zeichenneigung, also nichts anderes als Light, Regular, Bold, Italic etc.

Einige Schriften besitzen nur einen Schnitt, andere, wie hier im Beispiel die Myriad, haben bis zu zwölf Schnitte.

Sie finden diese Schnitte, wenn vorhanden, im Popup-Menü unter der Schriftfamilie.

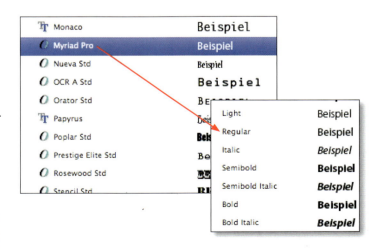

Tipp: Wenn Sie kein Dokument geöffnet haben, dann können Sie über die Steuerung-Palette bei ausgewähltem Text-Werkzeug Ihre eigene Schrift dauerhaft voreinstellen.

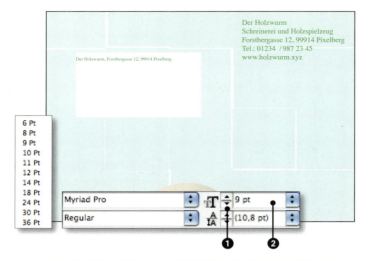

7 Die Schriftgröße einstellen

Stellen Sie jetzt die Schriftgröße per Auswahl ein. Wählen Sie dafür die zu ändernden Zeilen aus. In der Steuerung-Palette finden Sie mehrere Einstellmöglichkeiten.

Mit den Pfeilen ❶ vergrößern oder verkleinern Sie die Schriftgröße um je einen Punkt. Alternativ können Sie im Eingabefeld ❷ die Größe direkt eingeben.

Ich habe für die Absenderzeile »9 pt«, für den Firmennamen »22 pt« und für die übrigen Angaben »13 pt« gewählt.

8 Richten Sie den Text aus

Jetzt müssen nur noch der Zeilenabstand und die Ausrichtung eingestellt werden. Wählen Sie dafür die Absenderzeile aus, und stellen Sie diese über die Steuerung-Palette auf ZENTRIERT, der rechte Textblock darf linksbündig bleiben.

Damit der Absenderblock sich etwas absetzt, geben Sie unter der Zeile »Schreinerei und Holzspielzeug« eine Leerzeile ein.

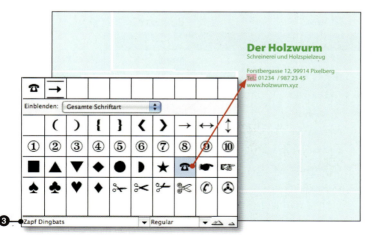

9 Die Glyphen-Palette verwenden

Lassen Sie sich mit der Glyphen-Palette alle Zeichen Ihrer ausgewählten Schrift anzeigen. Sie öffnen diese Palette über FENSTER • SCHRIFT & TABELLEN • GLYPHEN.

Wir wollen nun das Wort »Tel.:« durch ein Icon ersetzen. Wählen Sie das Text-Werkzeug. Gehen Sie in die Glyphen-Palette, und bestimmen Sie eine Schriftart ❸. Danach doppelklicken Sie auf das gewünschte Zeichen, und der Text wird ersetzt.

Die Arbeit mit Textrahmen

Gestalten Sie eine Visitenkarte.

Sie haben nun bereits Text eingegeben und auch formatiert. Jetzt ist es an der Zeit, dass ich Sie in das Geheimnis des Textrahmens einführe. Wie Sie bereits im ersten Workshop erfahren haben, unterscheidet er sich stark von den anderen Rahmen. Lassen Sie uns jetzt mit dem Textrahmen arbeiten: Verketten Sie Rahmen oder erstellen Sie Spalten.

Öffnen Sie für diesen Workshop die Beispieldatei »Visitenkarte.indd« aus dem unten genannten Ordner.

Zielsetzungen:
Textrahmen aufziehen und verstehen
Textrahmen verketten
Ränder und Spalten einsetzen
[Ordner 03_Textrahmen]

Kapitel 2 | Gestalten Sie mit Text **41**

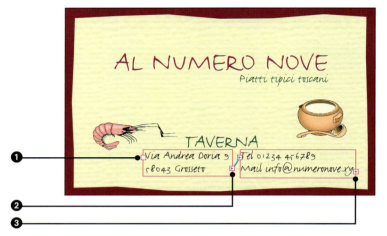

1 Den Textrahmen verstehen

Neben den Bezugspunkten besitzt der Textrahmen noch die Symbole für den Texteingang ☐ ❶, den Textausgang ▶ ❷ und den Textüberhang ⊞ ❸.

Diese drei Symbole sind für Ihre Arbeit sehr wichtig. Mit ihrer Hilfe können Sie leicht neue Textrahmen erstellen: Klicken Sie mit dem Auswahl-Werkzeug ▮ auf eines der Textausgangssymbole und anschließend auf die Zeichenfläche, so erzeugen Sie sofort einen neuen Textrahmen.

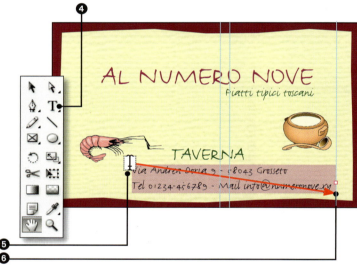

2 Einen Textrahmen aufziehen

Wählen Sie das Text-Werkzeug T ❹ aus. Am Cursor erscheint das Texteingabesymbol ▮ ❺. Wenn Sie den Cursor nun mit gedrückter Maustaste über die Seite ziehen, erstellen Sie einen Textrahmen, der sofort für die Texteingabe zur Verfügung steht.

Platzieren Sie dabei einen breiten Textrahmen an der Hilfslinie ganz rechts ❻, die ich bereits erstellt habe, und geben Sie Text ein. Als Schriftart können Sie eine Ihrer eigenen Schriften auswählen.

3 Die Textrahmen verketten

Ziehen Sie jetzt den Textrahmen mit dem Auswahl-Werkzeug ▮ schmaler, und zwar an die zweite Hilfslinie. Somit haben Sie einen Textüberhang erzeugt.

Klicken Sie mit dem Auswahl-Werkzeug ▮ auf das Textüberhang-Symbol ⊞ ❼. Ihr Cursor zeigt Ihnen mit dem Icon ▤ an, dass noch Text existiert, der nicht angezeigt werden kann. Ziehen Sie nun mit dem Cursor zwischen den benachbarten Hilfslinien einen neuen Textrahmen auf.

Tipp: Bei Textüberhang wählen Sie den gesamten Text aus, und lassen Sie sich über die Informationen-Palette die Menge an Übersatztext anzeigen.

4 Die Verkettung aufheben

Es kann natürlich auch vorkommen, dass Sie die Textrahmen-Verkettung wieder aufheben müssen.

Klicken Sie mit dem Auswahl-Werkzeug ▶ auf das Texteingangssymbol ▶ ❽ des zweiten Rahmens. Der Cursor zeigt Ihnen das Symbol der gesprengten Kette 🔗 an. Gehen Sie danach in den ersten Textrahmen und klicken Sie hinein. Die Verkettung ist somit aufgehoben.

5 Textspalten anwenden

Bleiben Sie auf dem Stand von Step 4, und ziehen Sie mit dem Auswahl-Werkzeug ▶ den Textrahmen an die linke Hilfslinie.

Wählen Sie anschließend den Rahmen aus. Aktivieren Sie das Text-Werkzeug T, und wählen Sie in der Steuerung-Palette die Absatzformatierung ¶. Hier finden Sie eine Einstellmöglichkeit für die Spaltenanzahl innerhalb des Textrahmens. Geben Sie in das Feld ❾ den Wert »2« ein.

6 Die Spalten und den Steg über die Textrahmenoptionen einstellen

Eine andere Art, Spalten einzustellen, finden Sie unter den Textrahmenoptionen.

Wählen Sie dazu das Menü OBJEKT • TEXT-RAHMENOPTIONEN oder ⌘ bzw. Strg + B aus. Im Bereich SPALTEN können Sie neben der Anzahl der Spalten auch ihre Breite und ihren Abstand untereinander (Steg) festlegen.

GRUNDLAGENEXKURS

Normen für den Brief
So erleichtern Sie sich das Leben.

Ich möchte Ihnen hier nicht diktieren, wie Sie zu gestalten haben, doch wenn Sie Ihr eigenes Briefpapier anlegen, sollten Sie sich an einige Richtlinien halten.

Die Normen für das Anschriftenfeld und die Falzmarken für Briefbögen sind z. B. in der DIN 676 festgelegt und bilden die Grundlage für alle übrigen Vordrucke (z. B. Rechnungen).

Darauf sollten Sie achten

Falzmarken | Sie sind die nützlichen Helfer am Rand Ihres Briefbogens. Ohne die Falzmarken müssten Sie beim Falten immer ein Lineal anlegen, wenn Sie das Anschriftenfeld in einen Fensterumschlag bringen wollen.

Setzen Sie die erste Marke ❶ auf die Position »105 mm« von oben. Sie dient dem Anschriftenfeld, damit es in das Fenster des Briefumschlags passt.

Die zweite Marke ❷ ist neben einer Falz- auch eine Lochmarke. Positionieren Sie Ihren Locher an der »148 mm-Marke«, dann ist die Lochung mittig zu der langen Kante eines DIN A4-Briefbogens.

Die letzte Marke ❸ bei »210 mm« zeigt den zweiten Falz an.

Anschriftenfeld | Es hört sich bürokratisch an und ist es auch: Unsere Post möchte gerne gut lesbare Schriften (Arial, Courier, Frutiger oder Helvetica) im Anschriftenfeld sehen, damit die Briefe maschinell lesbar sind. Es ginge dann schneller mit der Zustellung, sagt sie.

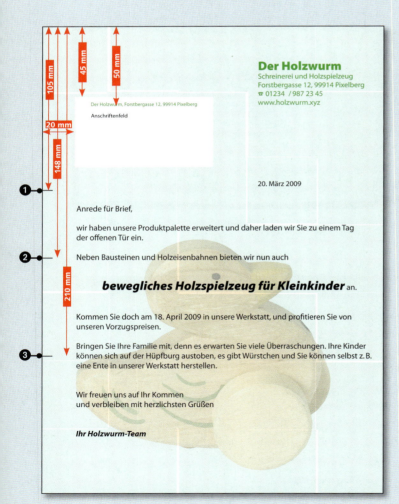

Richten Sie sich für das Anschriftenfenster mit dem Text-Werkzeug einen Rahmen mit den Maßen »85 x 45 mm« ein. Diese Größe entspricht dem Fenster eines Umschlags.

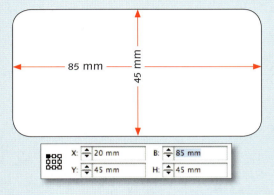

Positionieren Sie diesen Rahmen als eine Art »Hilfslinie« auf den Koordinaten »x = 20 mm« und »y = 45 mm«.

Fügen Sie den Text ca. 5 mm innerhalb der erstellten »Fensterhilfslinien« ein.

Absenderzeile | Die Absenderzeile im Fenster erspart Ihnen das zusätzliche Beschriften Ihres Briefumschlags.

Positionieren Sie Ihren Absender mit der Grundlinie bzw. Schriftunterkante 5 mm unterhalb der oberen Fensterhilfslinie.

Wählen Sie für Ihre Schrift eine nicht zu große Schriftgröße aus, denn Ihre Adresse soll als eine Zeile in das Fenster passen. Sinnvoll sind Größen zwischen 6 pt und 8 pt. Trennen Sie Ihre Adresse durch Kommata oder mittelstehende Punkte. Sie finden den Mittel-Punkt in der Glyphen-Palette, über das Menü Schrift • Sonderzeichen einfügen • Symbole • Aufzählungszeichen oder über das Kürzel Alt + 8.

Seitenrand | Damit Ihr Brieftext nicht durch die Löcher zum Abheften gestört wird, stellen Sie für Ihren Text einen linken Seitenrand von »20 mm« ein.

Druckerränder | Bei allen Einstellungen, die ich hier beschrieben habe, bin ich von meinem Drucker ausgegangen. Dieser ist in der Lage, randlos zu drucken, doch andere Drucker arbeiten mit einem Rand.

Was ich damit sagen möchte: Jeder Drucker arbeitet verschieden, und zudem kann es auch vorkommen, dass Ihr Drucker von einem Tag auf den anderen seine Ränder ändert. Ärgern Sie sich also nicht, es liegt nicht an Ihrer Arbeit!

Vorlage speichern | Speichern Sie, wenn Ihr Briefbogen in den Umschlag passt und Ihnen gefällt, diesen als Vorlage für weitere Briefe und z. B. Rechnungen oder Kostenvoranschläge ab.

Wählen Sie dafür das Menü Datei • Speichern unter, und geben Sie unter Format (bzw. unter Windows Dateityp) • InDesign CS4-Vorlage ein. Wenn Sie nun die Vorlage öffnen, können Sie sie zwar verändern, aber nicht überschreiben.

Tipp: Wenn Sie günstige Umschläge kaufen, ist die Position des Fensters nicht immer gewährleistet. Füllen Sie daher das Fenster mit einer Farbe, und drucken Sie den Briefbogenentwurf aus. Falten Sie den Ausdruck gemäß der Falzmarken, und prüfen Sie den Stand des Fensters. Ich persönlich kenne Differenzen von fast 3 mm.

Tabulator, Einzug und Abstand

Gestalten Sie eine Speisekarte.

Mancher Kunde denkt, eine Speisekarte könne innerhalb von 30 Minuten erstellt werden. Nun, dem ist nicht so. Auch solch eine Arbeit bedarf grundsätzlicher Überlegungen.

Sie müssen sich fragen, wohin der Tabulator gesetzt und welcher Abstand verwendet werden soll. Und was geschieht mit den Einzügen? Ich möchte gern auf diese Fragen eine Antwort geben.

Zu Beginn möchte ich Ihnen jedoch zeigen, wie ein Leporello überhaupt erstellt wird.

Zielsetzungen:
Mit Laufweite, Kerning, Tabulatoren und Abständen arbeiten
[Ordner 04_Tabulator]

Text: Andreas Kuhn

46 Kapitel 2 | Gestalten Sie mit Text

1 Wenn eine Schrift fehlt

Öffnen Sie eine Datei, die Sie nicht selbst erstellt haben, kann der Dialog FEHLENDE SCHRIFTARTEN erscheinen. Alle nicht auf Ihrem System installierten Schriften werden aufgelistet. Klicken Sie auf SCHRIFTART SUCHEN ❶, und es werden Ihnen alle fehlenden Schriften mit einem Warndreieck ⚠ angezeigt.

Wählen Sie eine fehlende Schrift ❷ aus und ersetzen sie durch eine auf Ihrem Rechner installierte Schrift ❸. Bedenken Sie jedoch, dass andere Schriften die Satzdatei komplett verändern. Klicken Sie dann auf ALLE ÄNDERN ❹.

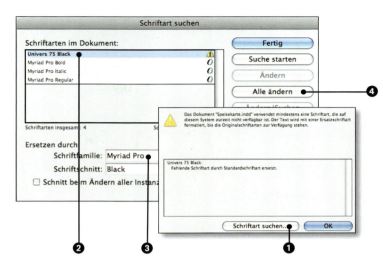

2 Die Leporello-Seiten einrichten

Gehen wir vom Format DIN A4 quer aus, so haben Sie 297 mm zur Verfügung. Jetzt könnte man meinen, man brauche die Länge des Flyers (297 mm) nur durch drei zu teilen. Doch so einfach ist es nicht: Die nach innen gefaltete Seite muss kürzer sein als die äußeren.

Öffnen Sie die Datei »Speisekarte.indd«. Ziehen Sie auf Seite 1 aus dem vertikalen Lineal ❹ die erste Hilfslinie auf 97 mm und die zweite auf 197 mm. Auf Seite 2 müssen Sie die Hilfslinien bei 100 mm und 200 mm festsetzen, damit sich beide Seiten decken.

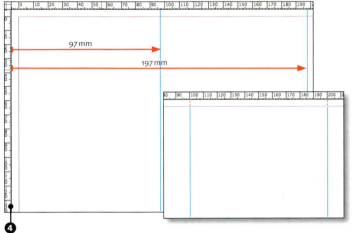

3 Hilfsmittel für die Weiterverarbeitung

Wir erstellen nun zwei Linien, die Ihnen helfen, das Papier zu falzen. Daher stehen sie außerhalb des Dokumentformats.

Ziehen Sie dazu mit dem Linienzeichner-Werkzeug ⟍ eine 5 mm lange vertikale Linie mit der Stärke »0,5 pt« auf. Wählen Sie diese mit dem Auswahl-Werkzeug ▶ aus, und stellen Sie sie auf die X/Y-Koordinaten »97 mm« und »–7 mm« ❺. Erstellen Sie anschließend eine weitere Linie, und positionieren Sie diese an der zweiten Hilfslinie.

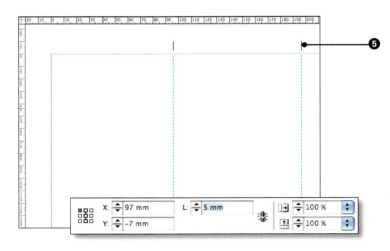

> **Fehlende Schriften?** Ist eine Schrift aus dem Beispielmaterial bei Ihnen nicht installiert, werden Sie im Ordner SCHRIFTEN auf der Buch-DVD fündig.

Kapitel 2 | Gestalten Sie mit Text

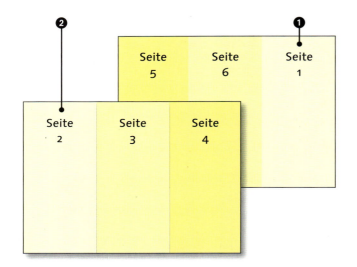

4 Welche Seite steht wo?

Ein Leporello faltet sich anders als eine 4-seitige Karte. Daher sollten Sie sich vor der Layoutarbeit Gedanken machen, welche Seite wo angelegt werden muss.

Falten Sie sich dafür ein Ausschießmuster (Dummie), und nummerieren Sie die Vorderseite ❶ sowie die Rückseite ❷ gemäß der nebenstehenden Abbildung.

Ausschießen bedeutet, einzelne Seiten in der richtigen Reihenfolge und Ausrichtung auf einem Druckbogen zu sortieren.

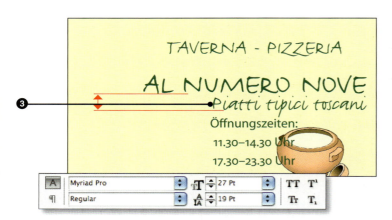

5 Der Zeilenabstand

Geben Sie Text ein und verändern den Zeilenabstand nicht, kann dieser je nach Schriftart zu groß oder zu klein sein.

Der so genannte automatische Zeilenabstand wird in der Steuerung-Palette in Klammern angezeigt. Sie können ihn jedoch beliebig ändern.

Gehen Sie auf Seite 2 und wählen die abgebildete Zeile ❸ mit einem Doppelklick aus. Geben Sie dann einen Wert, z. B. »19 pt«, in das Eingabefeld für Zeilenabstand ein.

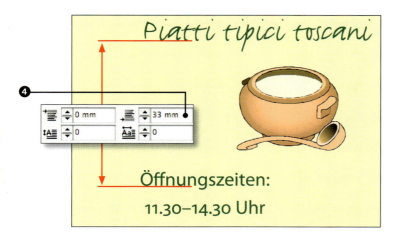

6 Abstand vor und Abstand nach

Sie können zwischen zwei Absätzen einen Abstand festlegen, ohne dass Sie dafür den Zeilenabstand verändern. Dafür empfehle ich Ihnen die Optionen ABSTAND VOR bzw. ABSTAND NACH, zu finden in der Steuerung-Palette ABSATZ und natürlich auch in der Absatz-Palette. Sie ersparen sich damit ein Formatieren mit Hilfe von Leerzeilen.

Wählen Sie die Zeile »Piatti tipici toscani« aus, und geben Sie als ABSTAND NACH ❹ »33 mm« in das Eingabefeld ein.

7 Die Laufweite

Mit der Laufweite erhöhen bzw. verringern Sie den Zeichenabstand eines oder mehrerer ausgewählter Wörter. Sie finden die Laufweite in der Steuerung-Palette ZEICHEN.

Wählen Sie nacheinander die Wörter »Pizze« und »Pasta« aus, und erhöhen Sie die Laufweite auf »40« ❺.

Beachten Sie bitte, dass InDesign mit 1000stel Geviert arbeitet. Wenn Sie vorher mit QuarkXPress gearbeitet haben, so müssen Sie die Laufweite mit 5 multiplizieren, da Quark mit 200stel Geviert arbeitet.

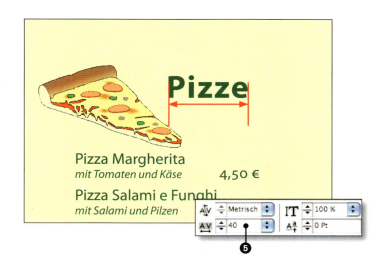

8 Das Kerning

Kerning bezeichnet den Ausgleich zwischen zwei Zeichen. Die meisten Schriften sind bereits gut ausgeglichen, aber z. B. bei Postleitzahlen, Telefonnummern und Bankverbindungen muss man doch manchmal eingreifen.

Setzen Sie Ihren Textcursor in die Telefonnummer auf der Speisekarte. Telefonnummern sollten von hinten in Zweiergruppen zusammengehalten werden. Übernehmen Sie die rot markierten Stellen aus der nebenstehenden Abbildung, und geben Sie anschließend bei Kerning »100« ❻ ein.

9 Der Tabulator

Für die Lesbarkeit einer solchen Satzarbeit sollten die Preise rechtsbündig stehen. Innerhalb eines Absatzes ist das über Tabulatoren gut zu organisieren.

Sie finden die Tabulatoren-Palette im Menü SCHRIFT • TABULATOREN. Wählen Sie die gewünschte Zeile ❼ aus. Stellen Sie den Tabulator auf rechts ❽, und klicken Sie in der Tabulator-Palette an die Position ❾, an der die Marke gesetzt werden soll.

Tipp: Schneller geht das Einstellen des Tabulators, wenn Sie nur den Textrahmen auswählen und über die Tabulator-Palette das Maß einstellen.

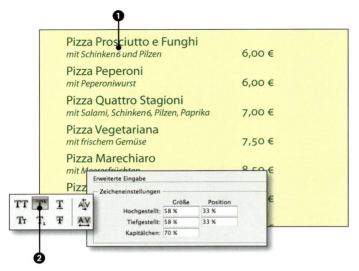

10 Hochgestellte Zeichen

Um auf eine Fußnote zu verweisen, nutzt man in der Regel hochgestellte Zeichen.

Wählen Sie dafür die Ziffer ❶ aus, und klicken Sie anschließend in der Steuerung-Palette ZEICHEN oder in der Zeichen-Palette auf HOCHGESTELLT ❷.

Unter VOREINSTELLUNGEN • ERWEITERTE EINGABE können Sie die Skalierung und Position der hochgestellten Zeichen beeinflussen. Verändern Sie aber nur dann etwas, wenn es sich nicht vermeiden lässt.

11 Der Einzug

Mithilfe eines Einzugs können Sie einen ausgewählten Absatz in einen Textrahmen hineinschieben. Es stehen Ihnen dabei zwei Einzug-Arten zur Verfügung: So kann entweder der ganze Absatz oder nur die erste Zeile eingezogen werden.

Wählen Sie in unserem Dokument jeweils die zweite Zeile (die mit den Beilagen) aus, und weisen Sie ihr einen EINZUG LINKS IN ERSTER ZEILE ❸ von »2 mm« zu (Steuerung-Palette ZEICHEN).

12 Die Kapitälchen

Wählen Sie mit dem Text-Werkzeug die Headlines »Pizze« und »Pasta« aus, und klicken Sie in der Steuerung-Palette ZEICHEN auf KAPITÄLCHEN ❹. Als Kapitälchen bezeichnet man Buchstaben, die zwar in Versalien gesetzt wurden, aber kleiner sind als der Großbuchstabe selbst. Wenn möglich, verwenden Sie nur Schrifttypen, die über »echte« Kapitälchen verfügen. Andernfalls werden die kleineren Zeichen um 30 % heruntersskaliert, die Zeichenstärke ist somit deutlich dünner.

Textformatierung per Pipette

Formatieren Sie Ihren Kalender.

Die Erstellung eines Kalenders ist reine Fleißarbeit. Monat, Wochentag und Datum müssen für 12 Monate Tag für Tag immer neu formatiert werden. In der Beispieldatei habe ich die Vorarbeiten für Sie schon erledigt. Mit der Pipette aber erleichtern Sie sich die Arbeit erheblich. Nur ein Monat wird formatiert und dann auf die restlichen übertragen – schneller geht es wirklich nicht.

Übungsbeispiel: Andrea Forst

Zielsetzungen:

Pipette auf Text anwenden

[Ordner 05_Pipette]

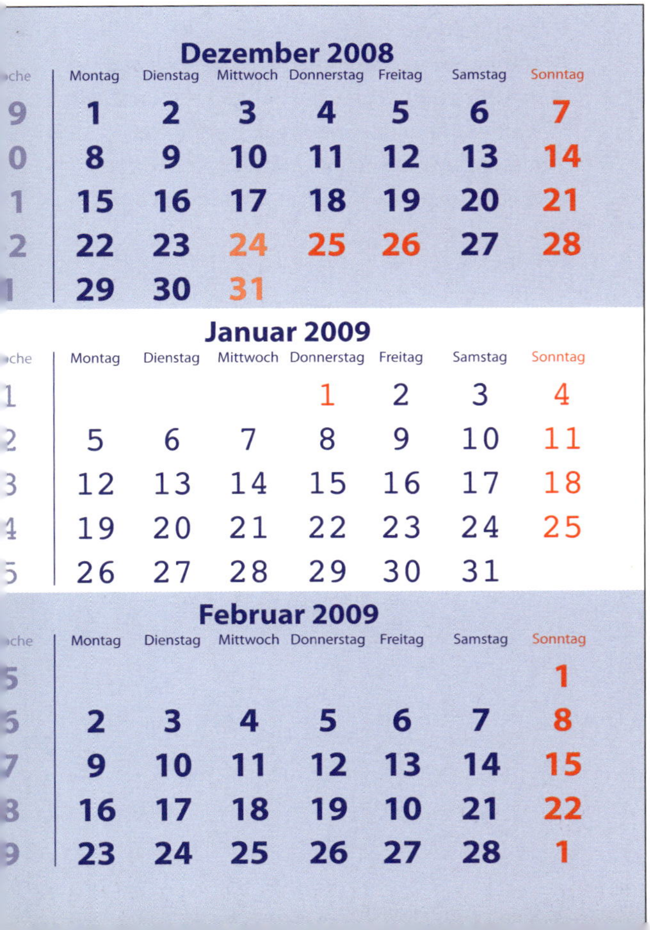

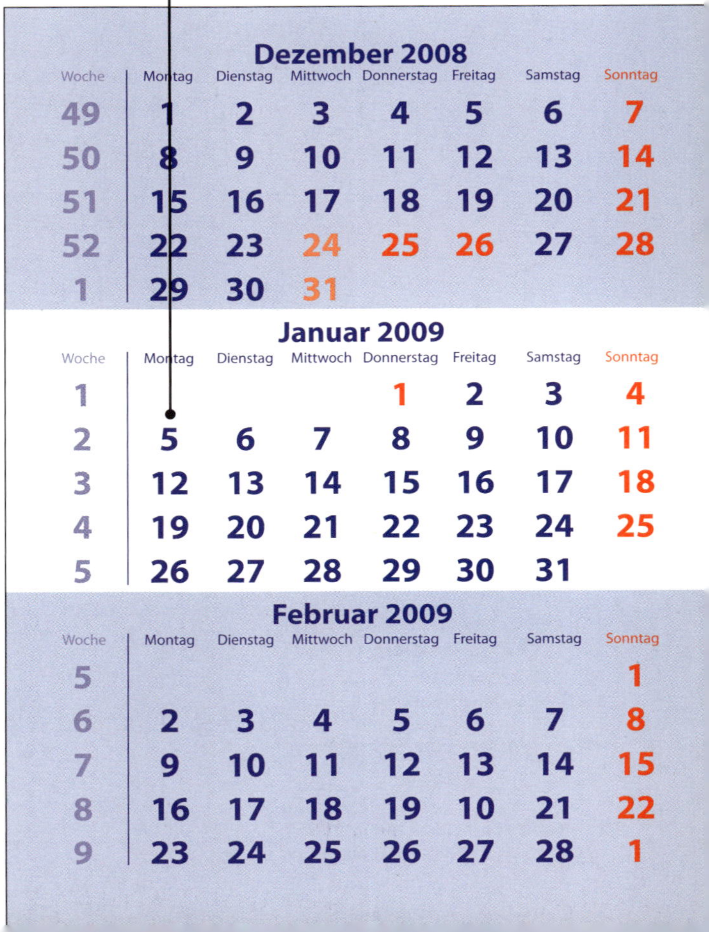

1 Die Optionen

Die Formatierung eines Kalenders bedarf einer grundlegenden Planung. Wo sollen Tag und Datum angeordnet sein, wie möchte ich sie formatieren? Haben Sie den Kalender dann grundsätzlich eingerichtet, können Sie mit der schnellen Formatierung beginnen.

Öffnen Sie die Datei »Kalender.indd«. Wenn Schriften fehlen, wissen Sie ja inzwischen, wie sie zu ersetzen sind. Doppelklicken Sie auf die Pipette , und stellen Sie in den Optionen ein, dass die Zeichen- und Absatzeinstellungen übernommen werden sollen.

2 Informationen aufnehmen und löschen

Ziehen Sie die Pipette mit gedrückter Maustaste über ein formatiertes Zeichen, z. B. über ein Datum am Sonntag .

Die Pipette hat sich jetzt gefüllt , und die aufgenommenen Informationen stehen zur Anwendung zur Verfügung.

Haben Sie versehentlich falsche Informationen in der Pipette – was schnell vorkommt –, dann können Sie die Pipette entleeren, ohne das Werkzeug zu verlassen, indem Sie mit gedrückter Alt -Taste auf die Zeichenfläche klicken.

3 Die Pipette anwenden

Die Informationen sind in der Pipette gespeichert .

Ziehen Sie die Pipette über das oder die Zeichen, die Sie formatieren möchten, und lassen Sie dann die Maustaste los. Wie von Zauberhand werden die Zeichen formatiert.

Tipp: Über die Pipette-Optionen KONTUREINSTELLUNGEN und FLÄCHENEINSTELLUNGEN können Sie mit der Pipette auch Farben und andere Einstellungen kopieren.

Rund um die Farbe

Holen Sie Farbe in Ihr Dokument.

Farbfelder, Farbe und Verlauf sind Ihnen bestimmt schon bekannt. Wenn nicht, erfahren Sie nun, wie leicht die Anwendung ist. Außerdem möchte ich Ihnen zeigen, wie Sie mit nur zwei Farben »bunt« werden können und wie Sie Ihre eigene Farbbibliothek erstellen.

Zielsetzungen:
Neues Farbfeld, Verlauf und
Mischdruckfarben einrichten

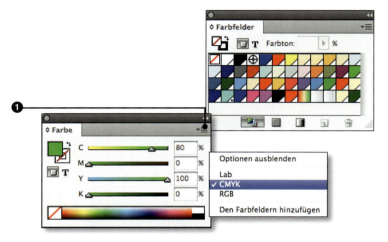

1 Die Farbe- und Farbfelder-Palette

Über das Menü FENSTER finden Sie die Paletten FARBFELDER [F5] und FARBE [F6].

In der Farbfelder-Palette werden alle Farben, auch neu angelegte, verwaltet.

Mit der Farbe-Palette können Sie eine Farbe selbst anmischen. Wählen Sie dafür aus dem Palettenmenü ❶ den gewünschten Farbraum aus, und ziehen Sie an den Schiebereglern. Wenn Sie die gewünschte Farbe gefunden haben, ergänzen Sie diese über die Option DEN FARBFELDERN HINZUFÜGEN aus dem Palettenmenü.

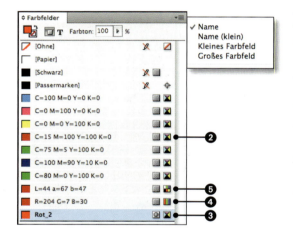

2 Die Zeichen der Farbfelder-Palette

Sie können sich die Farbfelder in einer Liste anzeigen lassen und dort viele Informationen ablesen. Wählen Sie dazu das Palettenmenü, und suchen Sie die Ansicht NAME aus, denn in dieser Ansicht finden Sie die meisten Informationen.

Das Zeichen ❷ steht für CMYK-Farben. Finden Sie davor einen ausgefüllten Punkt ❸, handelt es sich um eine Sonderfarbe. RGB wird durch drei Farben ❹ und LAB ❺ durch sechs Farben gekennzeichnet.

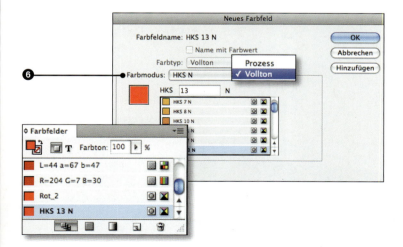

3 Neues Farbfeld

Öffnen Sie die Farbfelder-Palette, und wählen Sie im Palettenmenü NEUES FARBFELD. Es öffnet sich ein Dialog.

Über das Menü FARBMODUS ❻ können Sie neben den Modi RGB, CMYK und LAB auch die Farbbibliotheken HKS und Pantone einstellen. Wählen Sie die gewünschte Farbe, und bestätigen Sie mit OK. Wenn Sie mehrere Farben erstellen möchten, dann klicken Sie statt OK auf HINZUFÜGEN. Der Dialog steht Ihnen so weiterhin zur Verfügung.

4 Der Farbwähler

Einige von Ihnen kennen den Farbwähler sicher aus Photoshop und freuen sich, dass er auch in InDesign CS4 verfügbar ist.

Öffnen Sie den Farbwähler durch Doppelklick auf die Felder FLÄCHE oder KONTUR in der Werkzeugpalette. Standardmäßig fügen Sie ein RGB-Farbfeld hinzu ❼. Sie können jedoch eine CMYK-Farbe hinzufügen, wenn Sie in eines der CMYK-Eingabefelder ❽ klicken.

Bestätigen Sie nicht gleich mit OK, sondern fügen Sie das Farbfeld der Palette hinzu.

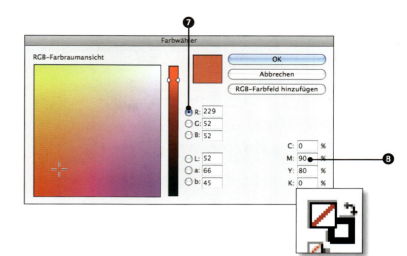

5 Das neue Verlaufsfeld

Wählen Sie aus dem Palettenmenü der Farbfelder-Palette NEUES VERLAUFSFELD.

Es öffnet sich ein Dialog. Im unteren Teil des Dialogs finden Sie den Verlaufsbalken mit zwei »Farbhäuschen« ❾, in der Adobe-Sprache »Farbregler« genannt. Klicken Sie auf einen der Farbregler, dann können Sie über REGLERFARBE eine neue Farbe aus der Farbfelder-Palette auswählen.

Ist der Verlauf fertig, fügen Sie ihn vor dem Bestätigen über den Button HINZUFÜGEN der Farbfelder-Palette hinzu.

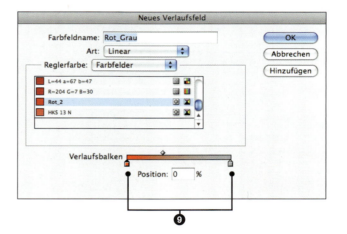

6 Die Verlauf-Palette

Sie finden die Palette im Menü FENSTER • VERLAUF. Hier stehen Ihnen weitere Optionen zur Verfügung. So können Sie den Winkel des Verlaufs einstellen und den Verlauf umkehren.

Um die Farben zu verändern, ziehen Sie eine Farbe aus den Farbfeldern auf den Farbregler. Möchten Sie eine Farbe hinzufügen, ziehen Sie die Farbe an den Verlaufsbalken.

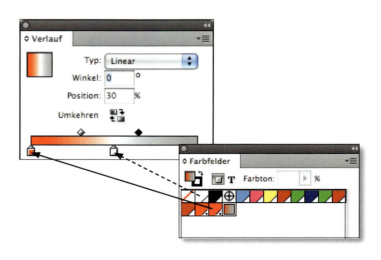

Tipp: Stellen Sie sicher, dass sich die Verlauf-Palette und die Farbfelder-Palette nicht in einer Palettengruppe befinden, da sie häufig parallel verwendet werden.

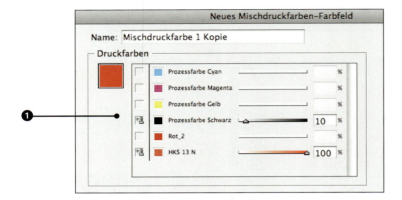

7 Die Mischdruckfarbe

Mit einer Mischdruckfarbe können Sie einen zweifarbigen Prospekt aufwerten, denn Sie erzeugen durch die Mischdruckfarbe theoretisch eine weitere Farbe.

Voraussetzung ist, dass Sie eine Schmuckfarbe (Sonderfarbe) ❶ geladen haben. Öffnen Sie das Palettenmenü der Farbfelder, und wählen Sie NEUE MISCHDRUCKFARBE.

Im folgenden Dialog aktivieren Sie die Schmuckfarbe und eine Farbe Ihrer Wahl. Mit Prozentwerten hinter den Farben mischen Sie nun ein neues Farbfeld.

8 Die Mischdruckfarben-Gruppe

Mit der Mischdruckfarben-Gruppe erstellen Sie nicht, wie oben beschrieben, nur eine zusätzliche Mischdruckfarbe, sondern gleich eine ganze Gruppe. Sie können so aus zwei Farben 90 neue Farbfelder generieren.

Wählen Sie wie oben beschrieben eine Schmuckfarbe und eine weitere Farbe aus.

Unter ANFANG ❷ bestimmen Sie den Farbton, mit dem die Farbe beginnen soll. Durch WIEDERHOLEN bestimmen Sie, wie oft sich die Farbe in den Prozentwerten bzw. Schritten weiter aufbauen soll.

9 Die eigene Bibliothek

Sie können Farbfelder (Sonder- und Prozessfarben) für den Austausch speichern und sie in fast allen Adobe-Anwendungen laden.

Wählen Sie dafür die gewünschten Farben in der Farbfelder-Palette aus, und klicken Sie anschließend im Palettenmenü auf die Option FARBFELDER SPEICHERN ❸. Es wird eine .ASE-Datei an dem von Ihnen gewählten Speicherort angelegt.

Um Farben in InDesign laden zu können, klicken Sie im Palettenmenü auf die Option FARBFELDER LADEN.

Text und Farbe

Eine farbige Anzeige entsteht.

Diese Anzeige sieht zwar ganz nett aus, doch fehlt Ihr etwas Farbe. Schließlich möchten Sie neue Kunden gewinnen. Was Sie über den Einsatz von Farbe in InDesign CS4 wissen müssen, habe ich Ihnen im vorangegangenen Workshop gezeigt. Diese Kenntnisse wollen wir jetzt anwenden. Darüber hinaus werden Sie bereits jetzt die Transparenz kennen lernen.

Zielsetzungen:
Verlauf auf Text
Farbe auf Text und Fläche
Deckkraft reduzieren
[Ordner 06_Textfarbe]

▶ **Video-Training**

Mehr über Texte mit Verlauf sehen Sie in der Videolektion 1.2 auf der Buch-DVD

Kapitel 2 | Gestalten Sie mit Text

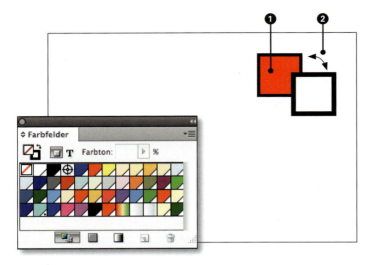

1 Die Werkzeuge für die Farbe

Sie finden in der Werkzeugpalette und in den Paletten FARBFELDER und FARBE die Werkzeuge für FLÄCHE und KONTUR. Bearbeiten können Sie immer nur das Werkzeug, das sich im Vordergrund befindet. Möchten Sie die Fläche ❶ bearbeiten, klicken Sie auf das Werkzeug, es wird dann in den Vordergrund geschoben und steht Ihnen zur Verfügung.

Es kommt sehr oft vor, dass Sie das falsche Werkzeug im Vordergrund haben und bearbeiten. Klicken Sie für den Austausch von Fläche und Kontur auf den Pfeil ❷.

2 Den Text einfärben

Öffnen Sie die Beispieldatei »AZ_4gewinnt.indd«. Verlauf und Farben sind hier bereits erstellt. Wählen Sie den Text rechts aus. Dafür haben Sie zwei Möglichkeiten: Sie können den Text über das Text-Werkzeug markieren, lassen dann den Textcursor blinken und wählen über ⌘ oder Strg + A alles aus. Alternativ wählen Sie den Textrahmen mit dem Auswahl-Werkzeug an und klicken auf das Zeichensymbol in der Farbfelder-Palette. Wählen Sie dann Pantone 355 v aus der Farbfelder-Palette aus.

3 Verlauf auf Text

Es ist kein Hexenwerk, einem Text einen Verlauf zu geben, doch sollten Sie Folgendes wissen, damit Sie nicht enttäuscht werden: Wählen Sie die Überschrift mit dem Text-Werkzeug aus, und wenden Sie den Verlauf wie ein gewöhnliches Farbfeld an. Sie werden sehen, dass der Verlauf nicht mit meinem Beispiel ❸ übereinstimmt. Das liegt daran, dass der Textrahmen deutlich größer ist als der eigentliche Text. Ziehen Sie den Textrahmen von rechts und links an den Text heran, dann verschiebt sich gleichzeitig auch der Verlauf.

4 Eine Ebene entsperren

Bevor wir uns mit Ebenen beschäftigen, hier bereits ein Ausblick darauf.

Sie finden die Ebenen-Palette unter dem Menü FENSTER • EBENEN oder öffnen sie mit F7. In der Palette sehen Sie, dass die Ebene »Fläche« ❹ gesperrt ist. Klicken Sie auf das Schloss, wird diese entsperrt.

Klicken Sie anschließend auf die Ebenen »Text« und »Bild« ❺, und sperren Sie diese beiden Ebenen.

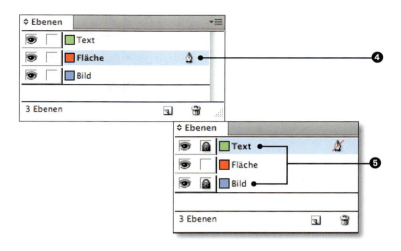

5 Flächen einfärben

Wählen Sie auf der Ebene »Fläche« die bereits erstellten Rahmen aus. Dafür ziehen Sie entweder mit dem Auswahl-Werkzeug über die Seite oder wählen das Kürzel ⌘ oder Strg + A.

Wenn Sie alles ausgewählt haben, geben Sie den Kugeln über die Farbfelder-Palette die Farbe »Rot«.

6 Die Deckkraft reduzieren

Jetzt haben wir schon so viel Herzblut in diese Anzeige gelegt, aber die roten Flecken stören mehr, als dass sie schön sind.

Wählen Sie die Flächen nochmals aus, und klicken Sie in der Steuerung-Palette auf das Symbol für die Effekte ❻. Im Menüfenster wählen Sie die Transparenz aus. Unter EINFACHES FÜLLEN stellen Sie bei MODUS • MULTIPLIZIEREN ❼ und unter DECKKRAFT ❽ den Wert »60 %« ein.

Jetzt sieht die rote Fläche fast nach einer roten Kugel aus.

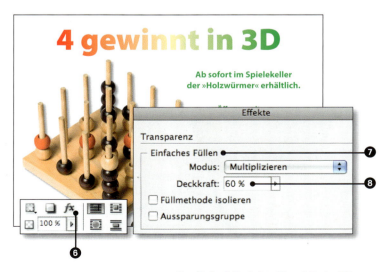

Kapitel 2 | Gestalten Sie mit Text

Einen Brief aufs Papier bringen

Lernen Sie bereits hier alles über den Ausdruck.

Ich stelle mir oft die Frage, warum der Ausdruck auf dem heimischen Tintenstrahl- oder Laserdrucker bei den meisten Büchern erst am Ende beschrieben wird. Will man doch seinen Briefbogen sofort ausdrucken! Geht es Ihnen auch so? Dann folgen Sie mir.

▶ **Video-Training**

Alles zum Druckdialog erfahren Sie auf der Buch-DVD in den Videolektionen 3.2 und 3.3.

Zielsetzungen:

Dokumente auf einem Laser- oder Tintenstrahldrucker ausgeben

1 Den Dialog öffnen

Über DATEI • DRUCKEN oder ⌘ bzw. Strg + P öffnen Sie den Drucken-Dialog.

Im Fenster ALLGEMEIN stellen Sie zunächst Ihren Drucker ein ❶. Auch die gewünschte Anzahl der Ausdrucke und welche der Seiten ❷ gedruckt werden sollen, können Sie hier bestimmen. Geben Sie dafür z. B. 1–8, 12, 15 in das Fenster ein. Durch den Bindestrich wird eine Seitenfolge ausgewählt und durch das Komma einzelne Seiten. Möchten Sie ein doppelseitiges Dokument ausgeben, müssen Sie DRUCKBÖGEN ❸ aktivieren.

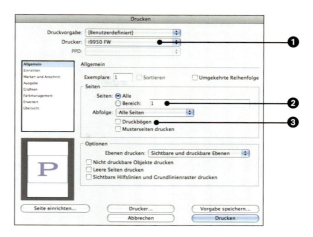

2 Die Konfiguration

Wählen Sie im Fenster EINRICHTEN das Papierformat und die Ausrichtung ❹ aus.

In der Rubrik OPTIONEN können Sie einstellen, ob das Papierformat proportional auf die Seitengröße skaliert werden soll ❺ und wo sich der Ausdruck auf der Seite befinden soll.

Die weiteren Optionen finden später ihren Einsatz.

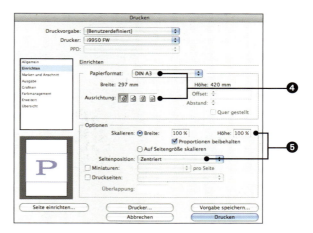

3 Die Marken und der Anschnitt

Wenn Ihr Dokument kleiner als die Seite ist, müssen Sie es ausschneiden. Da helfen natürlich Schnittmarken weiter.

Aktivieren Sie im Fenster MARKEN UND ANSCHNITT die Option SCHNITTMARKEN ❻ und, wie Sie bereits gelernt haben, auch die Beschnittzugabe ❼. So vermeiden Sie einen störenden Rand an der Seitenkante und dürfen sich auch ein klein wenig verschneiden.

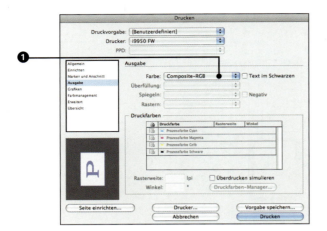

4 Die Ausgabe

Dieses Fenster ist nicht von Relevanz. Lassen Sie es einfach so, wie es ist. Ihr Schreibtischdrucker übernimmt alle Aufgaben.

Als Einziges ist hier für Sie interessant: Falls Ihr Ducker über diese Funktion verfügt, so können Sie hier über Farbe ❶ einstellen, ob in Bunt oder in Graustufen ausgedruckt werden soll.

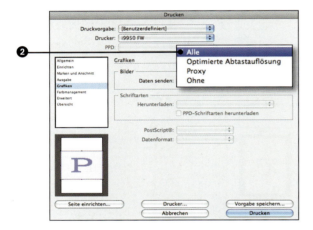

5 Die Grafiken

Kennen Sie das auch? Sie drucken morgens und nachmittags das gleiche Dokument, und es sieht anders aus, ohne dass Sie etwas verändert haben. Das liegt daran, wie viele Daten Ihr Drucker gerade verarbeiten kann.

Wenn Sie beispielsweise den Datenversand der Bilder auf Alle ❷ stellen, zwingen Sie Ihren Drucker, die Daten anzunehmen, ob er will oder nicht. Bedenken Sie jedoch, dass der Druckvorgang bei hochaufgelösten Bildern sehr lange dauern kann. Es wird wirklich jedes Pixel an den Drucker geschickt.

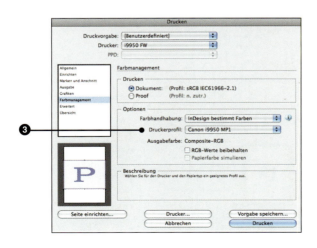

6 Das Farbmanagement

Dieses Fenster verändert sich abhängig vom von Ihnen eingestellten Farbmanagement.

Wenn Ihr Drucker über Profile verfügt oder Sie selbst ein Profil hinterlegt haben, dann können Sie hier ein eigenes Druckerprofil ❸ anwählen.

Probieren Sie hier einige Einstellungen aus, vielleicht besitzt Ihr Drucker ein Ausgabeprofil, das Ihren Ansprüchen gerecht wird.

7   Die erweiterten Optionen

Auch dieses Fenster erkläre ich in einem späteren Kapitel. Es ist für Tintenstrahl- oder Laserdrucker nicht von Bedeutung.

Seien Sie jedoch beruhigt, ich komme auf das Thema »Transparenzreduzierung« garantiert noch zu sprechen.

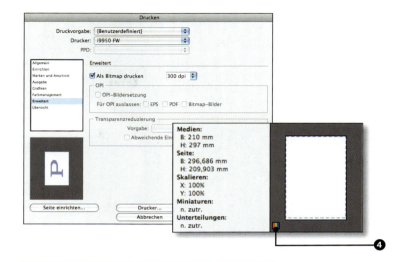

8   Die Übersicht

Hier können Sie die gerade vorgenommenen Einstellungen ablesen. Es ist außerdem möglich, diese Übersicht abzuspeichern.

InDesign archiviert allerdings diese Informationen auch automatisch im Dokument, um sie beim erneuten Drucken des Dokuments wiederzuverwenden.

Die Übersicht selbst ist ein Textdokument und kann nur nachgelesen werden. Nach einem Klick auf ÜBERSICHT SPEICHERN werden Sie auch nach dem gewünschten Speicherort für die Übersichtsdatei gefragt.

9   Als Vorgabe speichern

Haben Sie umfangreiche Einstellungen vorgenommen, so sollten Sie diese als Druckvorgabe ❺ speichern.

Sie können die Einstellungen so immer wieder aufrufen und einsetzen.

Über das Menü DATEI • DRUCKVORGABEN • DEFINIEREN können Sie Ihre Vorgaben ändern und erneut speichern.

> **Tipp:** Klicken Sie einmal auf die Miniatur links im Drucken-Dialog. Sie springt um und zeigt Ihnen alternativ eine Text-Ansicht oder eine Ansicht für benutzerdefinierte Seiten. Es wird Ihnen ein kleines Icon ❹ angezeigt, das Auskunft über den Ausgabemodus gibt.

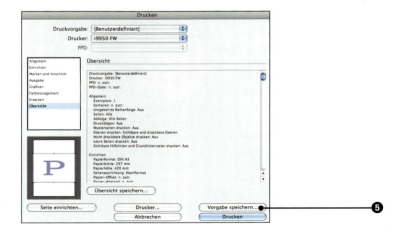

Kapitel 2 | Gestalten Sie mit Text   **63**

Einfach gestalten

Gestalten Sie mit einfachen Hilfsmitteln anspruchsvolle Karten, Flyer und Anzeigen. Sie können dann für das Business oder privat eingesetzt werden.

In diesem Kapitel zeige ich Ihnen, wie Sie mit der Seitenverwaltung arbeiten, was Sie beim Erstellen einer Postkarte berücksichtigen müssen und wie Sie sich Hilfsmittel zunutze machen, um einfacher eine gute Gestaltung zu erreichen.

Lassen Sie sich inspirieren und werden Sie selbst kreativ!

Foto: Scatterly – Fotolia.com

Einfach gestalten

Von Seiten und Doppelseiten **68**
   Ab jetzt kommen Sie mit der Seiten-Palette zurecht.

Kommunikation per Postkarte **72**
   Schreiben Sie mal wieder!

Gestalten mit Formen **76**
   Erstellen Sie auf einfache Art ein Plakat.

Filtern mit dem Pathfinder **80**
   Erstellen Sie außergewöhnliche Texteffekte.

Über Konturen und Ecken **84**
   Setzen Sie Akzente mit einfachen Effekten.

Buntstift und Zeichenstift 89
Zeichnen Sie ein Logo nach.

Hilfslinien und Ebenen 94
Erstellen Sie ein CD-Cover.

Objekte ausrichten & verteilen 100
Arbeiten Sie mit der Ausrichten-Palette.

Objekte einfügen 103
Erstellen Sie in InDesign eine Musterfüllung.

Intelligente Transformation 107
Gestalten Sie ein Logo.

Kapitel 3 | Einfach gestalten **67**

Von Seiten und Doppelseiten
Ab jetzt kommen Sie mit der Seiten-Palette zurecht.

Ich zeigen Ihnen hier den Unterschied zwischen Doppel- und Einzelseiten und erkläre, wie Sie Seiten aus anderen InDesign-Dokumenten in das aktuelle Dokument holen können. In InDesign ist es außerdem nicht einfach, Doppelseiten links zu beginnen. Ich fände es sogar geradezu umständlich, gäbe es als Lösung nicht einen feinen Trick.

Zielsetzungen:
Die Seiten und
die Seiten-Palette verstehen
[Ordner 01_Seiten]

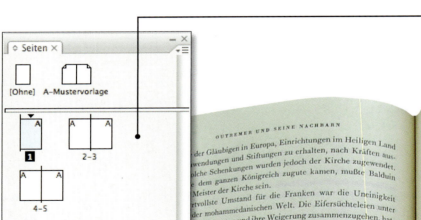

1 Die Seiten-Palette

Die Seiten-Palette zeigt Ihnen Thumbnails ❶ mit vielen Informationen und einer Vorschau Ihrer Seiten an.

An den oberen Ecken ❷ wird die verwendete Mustervorlage in Form eines Präfixes angezeigt, und Sie erhalten eine Info ❸, ob auf dieser Seite Transparenzen angewendet wurden oder nicht.

Über das Palettenmenü ❹ können Sie die Ansicht der Seiten-Palette einrichten. Deaktivieren Sie dort die vertikale Ansicht, so werden Ihnen die Seiten horizontal angezeigt.

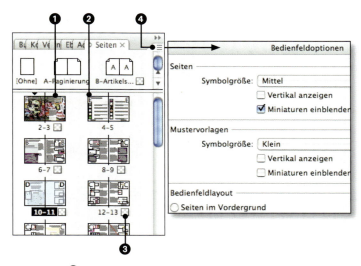

2 Seiten einfügen

Sie können auf unterschiedliche Weise Seiten in Ihr Dokument einfügen.

Ziehen Sie aus den MUSTERVORLAGEN ❺ eine oder mehrere Seiten in die Seiten-Palette. Alternativ wählen Sie im Palettenmenü SEITEN EINFÜGEN. Hier können Sie die gewünschte Seitenzahl bestimmen und festlegen, ob die Seiten vor oder nach der aktuellen Seite eingefügt werden sollen.

Über den Button NEUE SEITEN ERSTELLEN ❻ unten in der Seiten-Palette fügen Sie bei jedem Klick eine Seite hinzu.

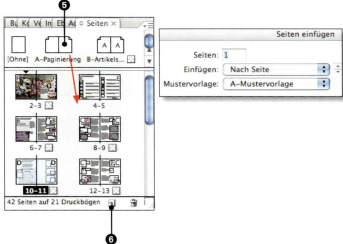

3 Seiten aus anderen Dokumenten einfügen

Sie können Seiten aus anderen InDesign-Dokumenten in Ihr aktuelles Dokument einfügen. Öffnen Sie dazu beide Dokumente, und ordnen Sie sie über FENSTER • ANORDNEN • NEBENEINANDER an.

Wählen Sie die gewünschte Seite per Doppelklick aus, und ziehen Sie sie in Ihr aktuelles Dokument. Die Seite wird an das Ende Ihres Dokuments eingesetzt. Alle Inhalte und Verknüpfungen werden dabei übernommen und bleiben bearbeitbar.

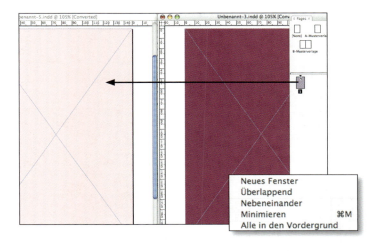

Tipp: Mehr zur Seiten-Palette erfahren Sie in der Videolektion 2.1 auf der Buch-DVD.

4 Seiten platzieren

Eine andere Variante ist, Seiten aus anderen Dokumenten zu platzieren. Sie erstellen dabei eine Verknüpfung zum Originaldokument, so dass sich die Inhalte nicht verändern lassen, sondern im Original bearbeitet werden müssen.

Wählen Sie dafür Datei • Platzieren oder ⌘ bzw. Strg + D, und rufen Sie die Datei »Seiten_aus_InDesign.indd« auf. Aktivieren Sie Importoptionen anzeigen ❶. Es öffnet sich ein weiterer Dialog, in dem Sie die gewünschten Seiten auswählen können.

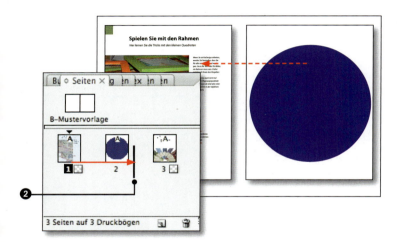

5 Seiten verschieben

Öffnen Sie die Datei »Seiten.indd« aus dem Übungsordner 01_Seiten.

Wählen Sie dort eine Seite über die Seiten-Palette aus und ziehen sie mit gedrückter Maustaste an die gewünschte Position. Lassen Sie die Maustaste los, wenn Sie eine schwarze Linie sehen ❷. Die Seite wird nun an der entsprechenden Position eingefügt.

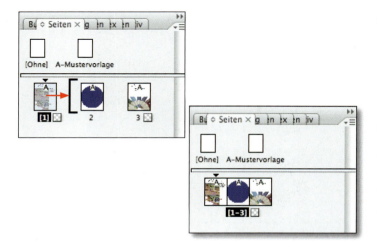

6 Druckbogen erstellen

Haben Sie ein Dokument mit Einzelseiten eingerichtet und möchten nun Seiten nebeneinander stellen, müssen Sie eine Seite in einen Druckbogen umwandeln. Wählen Sie dazu die Seite aus und deaktivieren im Palettenmenü den Befehl Neue Druckbogenanordnung zulassen. Wundern Sie sich nicht über die unlogische Bezeichnung! Ziehen Sie jetzt mit gedrückter Maustaste eine Seite an eine andere Seite, bis eine dicke eckige Klammer erscheint. Sie können so auch drei oder mehr Seiten als Druckbogen anordnen.

7 Druckbogen über Mustervorlage

Ist Ihnen diese Variante zu umständlich, dann können Sie einen Druckbogen auch über eine neue Mustervorlage erstellen.

Wählen Sie dazu im Palettenmenü NEUE MUSTERVORLAGE aus, und geben Sie dann die gewünschte Seitenzahl ❸ ein. Ziehen Sie anschließend die ausgewählte Doppelseite in die Seiten-Palette.

Mehr zu den Mustervorlagen finden Sie in Kapitel 10.

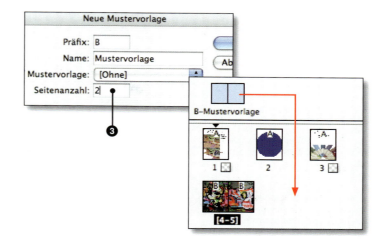

8 Die Doppelseite

Möchten Sie ein Dokument mit mehr als vier Seiten erstellen, dann ist es natürlich am einfachsten, es im Dialog NEUES DOKUMENT gleich mit Doppelseiten ❹ einzurichten.

Diese Dokumente haben ihre Vor- und Nachteile. Ein Nachteil ist, dass Sie nur mit einer rechten Seite beginnen können. Ein Vorteil wäre, dass Sie die Möglichkeit haben, Ihre Objekte am Rücken auszurichten. Doch dazu lesen Sie mehr in Kapitel 10.

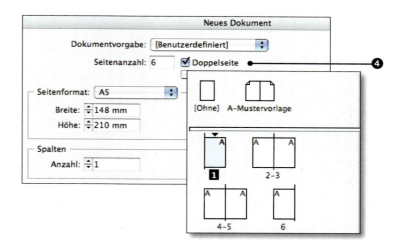

9 Doppelseite links beginnen

Und nun der versprochene Trick: Haben Sie sich für das Anlegen von Doppelseiten über den Dialog NEUES DOKUMENT entschieden, stehen Sie möglicherweise vor dem Problem, dass Sie die erste und letzte Seite nebeneinander setzen möchten.

Layouten Sie dazu wie gewohnt. Beginnen Sie jedoch auf Seite 2. Die fertig bearbeiteten Seiten wählen Sie anschließend aus und halten sie über das Palettenmenü als Druckbogen zusammen ❺. Löschen Sie anschließend die erste Seite.

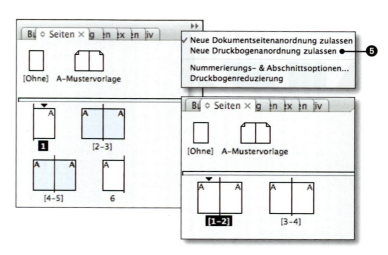

Kapitel 3 | Einfach gestalten **71**

Kommunikation per Postkarte

Schreiben Sie mal wieder!

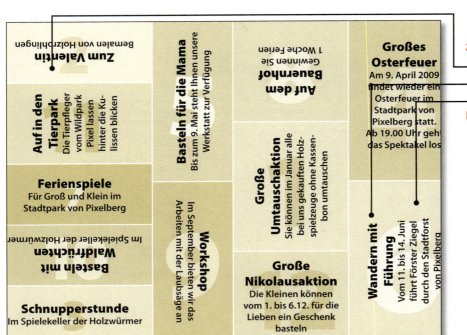

Postkarte – bäh!? Nichts liegt mir ferner, als Sie mit diesem Workshop an das lästige Schreiben von Urlaubskarten zu erinnern. Nutzen Sie dieses günstige Kommunikationsmittel anstelle einer E-Mail – es ist persönlicher und wird Aufmerksamkeit erregen.

Ich zeige Ihnen in diesem Workshop, welches Format Sie für eine Postkarte anlegen müssen und auf was Sie achten sollten. Des Weiteren drehen Sie am Rahmen und schrauben am Farbton und zwei Neuheiten von InDesign CS4 sind auch noch drin.

Zielsetzungen:
- Rahmen duplizieren
- Rahmen drehen
- Farbton einstellen

[Ordner 02_Postkarte]

1 Das Format einer Postkarte

Eine Postkarte hat ein festgelegtes Format. Stellen Sie dafür im Dialog NEUES DOKUMENT ein SEITENFORMAT ❶ von »148 x 105 mm« ein.

Bedenken Sie: spezielle Formate, z. B. quadratische, oder Übergrößen können unter Umständen höhere Kosten verursachen.

Da eine Postkarte fast immer eine Rückseite hat, legen Sie eine SEITENZAHL ❷ von »2« fest.

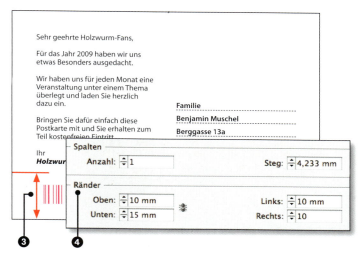

2 Die Rückseite einer Postkarte

Für den Strichcode ❸ der Post müssen Sie auf der Rückseite unten einen 15 mm breiten Rand freilassen. Stellen Sie daher unter RÄNDER ❹ bei UNTEN den Wert »15 mm« ein. Lösen Sie nun die Verkettung, und geben Sie für die übrigen Ränder je »10 mm« ein. Klicken Sie auf OK. Die Post kann bei Nichteinhaltung den Versand verweigern, da die Vorgaben für die Maschinenlesbarkeit nicht eingehalten wurden. Dies gilt jedoch nur bei einem Massenversand, nicht für Ihre Urlaubskarten.

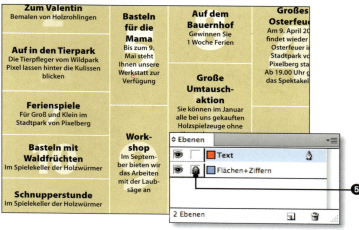

3 Die braunen Rahmen auswählen

Kommen wir nun zu unserer Postkarte. Öffnen Sie die Beispieldatei »Postkarte.indd« über DATEI • ÖFFNEN oder über das Kürzel ⌘ bzw. Strg + O . Um mit der Arbeit beginnen zu können, müssen Sie die Ebenen-Palette über FENSTER • EBENEN oder F7 bereitstellen.

Wählen Sie in der Palette die Ebene »Flächen+Ziffern«, und entsperren Sie diese, indem Sie auf das Schloss ❺ klicken.

Tipp: Seitenformate werden grundsätzlich in Breite x Höhe angegeben. In unserem Fall haben wir somit ein Querformat erstellt.

Kapitel 3 | Einfach gestalten

4 Den Farbton ändern

Behalten Sie die Ebene »Flächen+Ziffern« in der Auswahl, und wählen Sie nun mit dem Auswahl-Werkzeug nacheinander die verschiedenen Rahmen ❶ aus, und stellen Sie über die Farbfelder-Palette einen FARBTON ❷ von z. B. 30 % für sie ein.

Es kann passieren, dass Sie bei der Markierung eines Rechtecks erst die Text-Ebene auswählen. Klicken Sie dann mit gedrückter ⌘ bzw. Strg-Taste erneut auf den Rahmen, wählen Sie automatisch das darunter liegende Objekt aus.

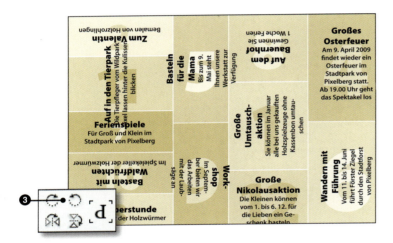

5 Die Textrahmen drehen

Wählen Sie mit dem Auswahl-Werkzeug nacheinander die Textrahmen aus.

In der Steuerung-Palette finden Sie zwei Drehen-Icons ❸. Mit jedem Klick auf eines der Icons drehen Sie das ausgewählte Objekt im 90°-Winkel entweder im Uhrzeigersinn oder gegen den Uhrzeigersinn. Klicken Sie z. B. zwei Mal, dann stellen Sie das Objekt auf den Kopf.

Ignorieren Sie in diesem Step, dass die Textrahmen zum Teil über die Flächen hinaus ragen. Das korrigieren wir später.

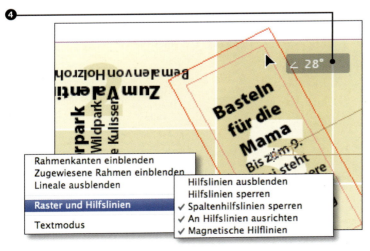

6 Die magnetischen Hilfslinien

Alternativ können Sie ein Objekt natürlich mit dem Drehen-Werkzeug drehen. Achten Sie in beiden Fällen darauf, dass der Bezugspunkt in der Steuerung-Palette in der Mitte steht.

Seit InDesign CS4 wird Ihnen der Drehwinkel in einem kleinen Fenster am Cursor angezeigt ❹. Dies müssen Sie jedoch über das Menü ANSICHT • RASTER UND HILFSLINIEN • MAGNETISCHE HILFSLINIEN aktivieren.

7   Die Textrahmen anpassen

Wählen Sie mit dem Auswahl-Werkzeug nach und nach die gedrehten Textrahmen, und ziehen Sie an jedem Rahmen, bis dieser wieder auf den Hintergrund passt.

Achten Sie darauf, dass Sie immer den mittleren Anfasser ❺ benutzen.

Schnell drückt man noch zusätzliche Tasten. Nehmen Sie einfach die linke Hand von der Tastatur, denn zusätzliche Tasten können zu unerwünschten Ergebnissen führen.

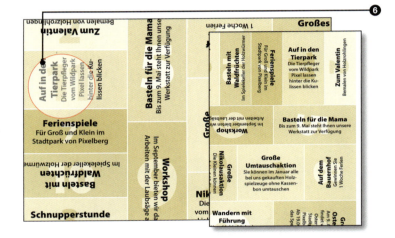

8   Die Seitenansicht drehen

Nachdem Sie die Textrahmen angepasst haben, stellen Sie fest, dass so mancher Zeilenlauf ❻ nicht schön ist. Nun können Sie Ihren Kopf um 90° oder 180° drehen, doch das geht irgendwann auf die Gesundheit.

Seit InDesign CS4 können Sie die Seite oder den Druckbogen in der Ansicht drehen. Wählen Sie dafür aus dem Palettenmenü der Seiten-Palette DRUCKBOGENANSICHT DREHEN, und drehen Sie die Seite Ihren Wünschen gemäß.

9   Der Powerzoom

Ich habe das neue Tool »Powerzoom« bereits sehr zu schätzen gelernt und bin überzeugt, dass auch Sie es lieben werden.

Halten Sie die Leertaste und gleichzeitig die Maustaste gedrückt. Es wird Ihnen der aktuelle Zoomfaktor angezeigt.

Lassen Sie die Maustaste los, und benutzen Sie die Pfeiltaste oben oder links zum Vergrößern der Ansicht bzw. unten oder rechts zum Verkleinern.

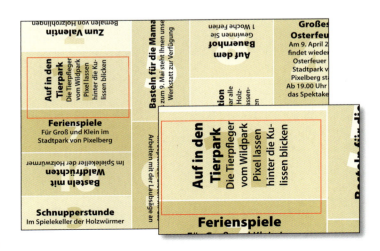

Tipp: Wenn Sie das Text-Werkzeug aktiviert haben und möchten ein Kürzel anwenden, das auch ein Zeichen ist, drücken Sie die Alt-Taste.

Kapitel 3 | Einfach gestalten   **75**

Gestalten mit Formen

Erstellen Sie auf einfache Art ein Plakat.

Sie brauchen für diesen Workshop keine grafischen Kenntnisse, sondern etwas Fantasie, denn dann können Sie mit einfachen Mitteln Ihr erstes Grafikobjekt gestalten. Sie werden sehen, einfacher geht es wirklich nicht. Ich lade Sie nun zum Spiel mit Formen und Farben ein.

Zielsetzungen:
Mit Rahmen gestalten
Formen konvertieren
Objekte ausrichten
[Ordner 03_Formen]

1 Den Hintergrund einrichten

Öffnen Sie die Datei »Kids-Radio.indd«. Wählen Sie das Rechteckrahmen-Werkzeug ⊠, und ziehen Sie mit gedrückter Maustaste ein Rechteck in der Größe der Seite auf. Anschließend gehen Sie in die Farbfelder-Palette und weisen der Fläche ❶ die Farbe »Grün« zu. Dann stellen Sie noch unter FARBTON den Wert »30 %« ❷ ein. Erstellen Sie jetzt ein Quadrat von »200 x 200 mm«. Ziehen Sie dafür mit gedrückter ⇧-Taste einen Rahmen auf. InDesign zeigt Ihnen die aktuelle Größe ❸ an. Färben Sie das Quadrat gelb ein.

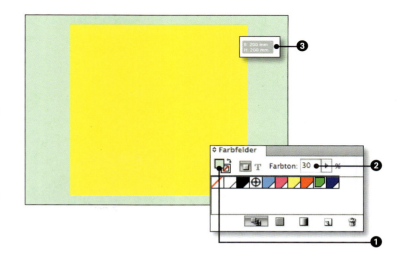

2 Ein Polygon erstellen

Halten Sie die Maustaste auf dem Rechteckrahmen-Werkzeug ⊠ gedrückt, bis die verborgenen Werkzeuge angezeigt werden ❹. Wählen Sie das Polygonrahmen-Werkzeug ⬡ aus. Klicken Sie nun auf die Seite, damit sich der Polygon-Dialog öffnet. Geben Sie für die POLYGONBREITE »297 mm« und für die POLYGONHÖHE »125 mm« ein. Unter ANZAHL DER SEITEN geben Sie »6« und unter STERNFORM »0 %« ein. Danach färben Sie die Fläche des Polygons noch mit der Farbe »Blau« ein.

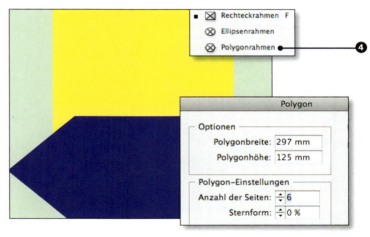

3 Duplizieren mit der Maus

Wählen Sie das gelbe Quadrat mit dem Auswahl-Werkzeug ▶ aus, und drücken Sie die Alt-Taste. An Ihrem Cursor erscheint nun ein Doppelpfeil ▶ ❺, der Ihnen anzeigt, dass Sie ein Objekt duplizieren. Ziehen Sie das ausgewählte Objekt über die Seite.

Dem Duplikat weisen Sie für die Fläche die Farbe »Grün« zu und stellen über die Steuerung-Palette für BREITE und HÖHE je »100 mm« ein.

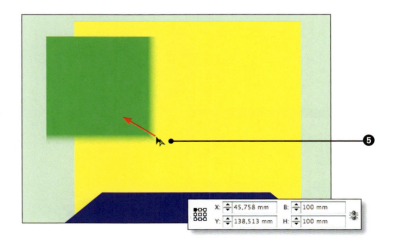

Kapitel 3 | Einfach gestalten **77**

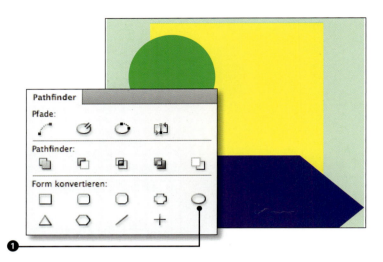

4 In Form konvertieren

Sie können jeden in InDesign erstellten Rahmen in eine andere Form umwandeln.

Wählen Sie dafür das grüne Quadrat aus, und gehen Sie in die Pathfinder-Palette. Dort finden Sie die Rubrik FORM KONVERTIEREN.

Klicken Sie hier auf die Schaltfläche KONVERTIERT EINE FORM IN EINE ELLIPSE ❶. Haben Sie wie in unserem Beispiel ein Quadrat angelegt, dann wird Ihnen auf diese Weise ein Kreis erstellt. Andere Formen erzeugen Ovale gemäß der Breite und Höhe der Form.

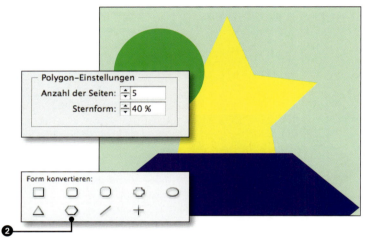

5 Voreinstellungen für das Konvertieren

Sie können für die meisten Formen eine Voreinstellung definieren. Wir möchten hier die Einstellungen für das Polygon anlegen, bevor wir das gelbe Quadrat konvertieren.

Doppelklicken Sie dafür auf das Polygonrahmen-Werkzeug. Stellen Sie im Dialog POLYGON-EINSTELLUNGEN die Werte der nebenstehenden Abbildung ein. Diese Werte bleiben Ihnen erhalten, bis Sie sie wieder ändern. Nehmen Sie jetzt das gelbe Quadrat in die Auswahl, und klicken Sie in der Pathfinder-Palette auf den Polygon-Button ❷.

6 Die Formen positionieren

Wählen Sie mit dem Auswahl-Werkzeug und gedrückter ⇧-Taste gleichzeitig den grünen Kreis, den gelben Stern und das blaue Polygon aus. Öffnen Sie danach über FENSTER • OBJEKT UND LAYOUT • AUSRICHTEN die Ausrichten-Palette. Klicken Sie unter OBJEKTE AUSRICHTEN auf AN HORIZONTALER MITTELACHSE AUSRICHTEN ❸.

Wählen Sie nacheinander den Stern und den Kreis aus und stellen diese über das Menü OBJEKT • ANORDNEN • IN DEN VORDERGRUND nach vorne.

7 Der Grafik ein Gesicht geben

Wählen Sie das Ellipsenrahmen-Werkzeug ⊗ aus, und ziehen Sie damit zwei kleine Kreise über dem Kopf auf, die die Augen darstellen sollen. Geben Sie beiden Kreisen die Flächenfarbe »Weiß«. Als Nächstes ziehen Sie ein flaches Oval für den Mund auf und wechseln zum Direktauswahl-Werkzeug ▶. Klicken Sie auf den oberen Ankerpunkt ❹, und ziehen Sie ihn nach unten – halten Sie dabei ⇧ gedrückt, damit Sie den Kreis nicht verzerren. Füllen Sie auch diese Form mit Weiß. Jetzt sollte Ihre Grafik lächeln.

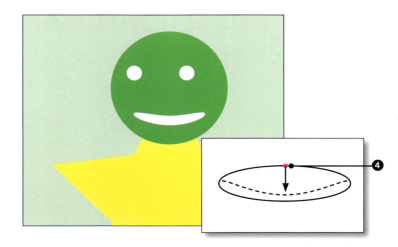

8 Einen Eckeneffekt einsetzen

Klicken Sie einmal auf die Montagefläche, damit kein Objekt ausgewählt ist. Gehen Sie in das Menü Objekt • Eckenoptionen, wählen Sie unter Effekt • Abgerundet ❺ und geben unter Grösse »5 mm« ein. Ziehen Sie mit dem Rechteckrahmen-Werkzeug ▭ zwei Rechtecke in einer Breite von »17 mm« und einer Höhe von »32 mm« auf, die die Knöpfe darstellen sollen, und geben Sie ihnen die Flächenfarbe »Rot«. Wählen Sie beide nacheinander aus, und klicken Sie in der Pathfinder-Palette auf Abgerundetes Rechteck ❻.

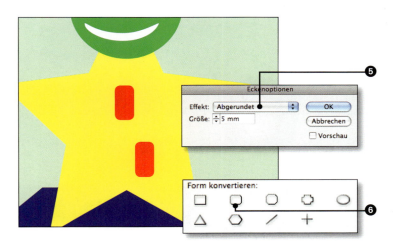

9 Die Objekte ausrichten

Wählen Sie mit dem Auswahl-Werkzeug ▶ und gedrückter ⇧-Taste die Augen aus, und gruppieren Sie diese über ⌘ bzw. Strg + G. Danach wählen Sie alles über ⌘ bzw. Strg + A aus und klicken nochmals in der Ausrichten-Palette auf das Icon An horizontaler Mittelachse ausrichten ❸.

Tipp: Die Gruppierung ist notwendig, weil die Ausrichten-Palette nur ein Objekt oder eine Gruppe erkennen kann.

Filtern mit dem Pathfinder

Erstellen Sie außergewöhnliche Texteffekte.

Adobe hat sich vermutlich den Pathfinder weit über das Jahr 3000 als Patent sichern lassen. Gut für uns: Wir benutzen das geniale Werkzeug für ansprechende Effekte.

Öffnen Sie für diesen Workshop die Datei »Pathfinder.indd« aus dem Übungsordner 04_Pathfinder. Dort habe ich die Abbildungen aus dem Buch für Sie zum Testen bereitgestellt.

Zielsetzungen:
Objekte addieren, ausstanzen, Pfade verknüpfen und Verknüpfung lösen
[Ordner 04_Pathfinder]

1 Der unkomplizierte Filter: Addieren

Sie erstellen eine Wolke oder eine Baumkrone, indem Sie mehrere Ovale wild übereinanderlegen und danach alle auswählen und addieren.

Öffnen Sie die Datei »Pathfinder.indd«, und gehen Sie auf die Seite 1. Nun wählen Sie Fenster • Objekt & Layout • Pathfinder und klicken auf das Icon Addieren ❶. Eine Wolke ist entstanden. Sichern Sie sie, wir werden sie später noch bearbeiten.

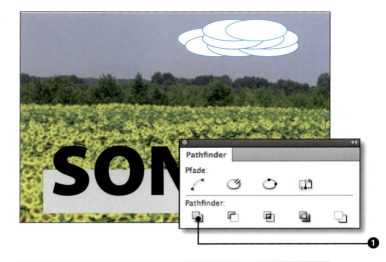

2 Das Subtrahieren

Mit diesem Filter stanzen Sie das obere aus dem unteren Objekt aus, wobei auch hier alle Objekte ausgewählt sein müssen.

Wenn Sie diesen Filter in Verbindung mit Schrift anwenden möchten, dann müssen Sie diese vorher in Pfade umwandeln. Markieren Sie dafür den Textrahmen auf Seite 2 der Übungsdatei und wählen unter Schrift • in Pfade umwandeln.

Wählen Sie die Schrift und den Rahmen aus, und klicken Sie auf die Schaltfläche Subtrahieren ❷ in der Pathfinder-Palette.

3 Die Schnittmenge

Überlappen sich zwei Objekte, dann können Sie über die Pathfinder-Palette ein neues Objekt erstellen.

Wählen Sie auf Seite 3 die zwei Kreise aus, und klicken Sie auf Schnittmenge bilden ❸.

Beachten Sie dabei, dass immer die Vordergrundfarbe übernommen wird.

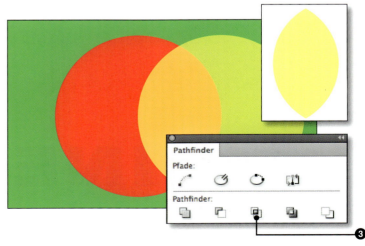

Kapitel 3 | Einfach gestalten

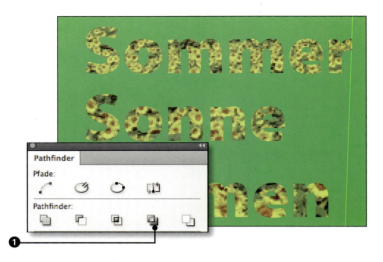

4 Die Überlappung ausschließen

Im Beispiel auf Seite 4 gleicht der Filter ÜBERLAPPUNG AUSSCHLIESSEN dem Subtrahieren. Objekte, die sich überlappen, werden ausgeschlossen.

Wählen Sie die Schrift und den Hintergrund aus, und klicken Sie anschließend auf die Schaltfläche ÜBERLAPPUNG AUSSCHLIESSEN ❶. Die Schrift wird dadurch ausgestanzt und der Hintergrund, in diesem Fall das platzierte Bild, scheint durch. Erschrecken Sie nicht, dass der Filter Ihnen nun eine grüne Fläche erstellt hat. Sie können die Farbe wie gewohnt ändern.

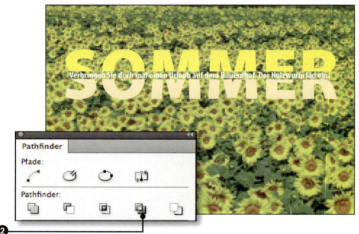

5 Das hintere Objekt abziehen

Wählen Sie auf Seite 5 Rahmen und Schrift aus und kopieren sie. Löschen Sie das untere Rechteck, behalten Sie aber alle Objekte in der Auswahl. Klicken Sie auf die Schaltfläche HINTERES OBJEKT ABZIEHEN ❷. Fügen Sie nun die Kopie über Alt + ⇧ + ⌘ + V bzw. Alt + ⇧ + Strg + V an der Originalposition ein, und löschen Sie das obere Rechteck. Wählen Sie das untere Rechteck und die Schrift aus, und klicken Sie erneut auf ❷. Nun schieben Sie die geteilte Schrift per Pfeiltaste nach oben und unten auseinander.

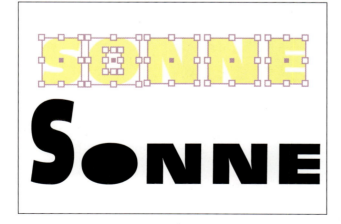

6 Verknüpfung aufheben

Wenn Sie Schrift in Pfade umwandeln, erstellt InDesign automatisch eine Pfadverknüpfung. Nun kann es vorkommen, dass Sie diese aufheben müssen, z. B. weil Sie einen der Buchstaben modifizieren möchten.

Wählen Sie auf Seite 6 das obere Wort »Sonne« aus und dann OBJEKT • PFADE • VERKNÜPFTEN PFAD LÖSEN bzw. Alt + ⇧ + ⌘ + 8 oder Alt + ⇧ + Strg + 8.

Danach können Sie die einzelnen Buchstaben bearbeiten.

7 Verknüpfen und wieder verknüpfen

In diesem Beispiel habe ich den unteren Teil der Schrift ausgestanzt.

Da jedoch die Pfadverknüpfung ❸ aufgehoben wurde, müssen zuvor alle Einzelteile in unteren Beispiel ausgewählt und erneut verknüpft werden. Das geht über OBJEKT • PFADE • VERKNÜPFTEN PFAD ERSTELLEN oder auch über ⌘ bzw. Strg + 8.

Wählen Sie anschließend das Rechteck und die Verknüpfung ❹ aus, und verknüpfen Sie beide Objekte erneut.

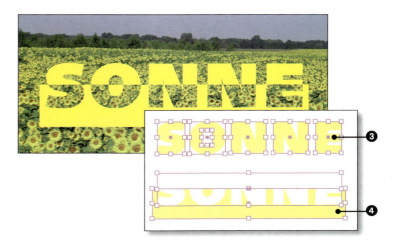

8 Den Pfad umkehren

Es kann vorkommen, dass InDesign bei der Pfadverknüpfung einen Pfad umkehrt ❺ und diesen nicht ausstanzt.

Wählen Sie in diesem Fall den Pfad mit der Direktauswahl aus, und klicken Sie anschließend die Schaltfläche PFAD UMKEHREN ❻ in der Pathfinder-Palette an.

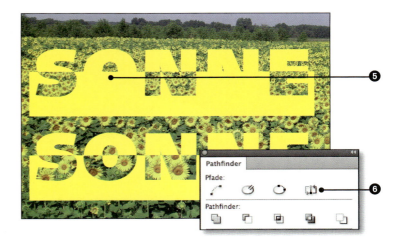

9 Der Wolke etwas Dynamik geben

Nun folgt bereits ein kleiner Vorgeschmack auf die Arbeit mit Effekten:

Wählen Sie die Wolke aus dem ersten Beispiel aus, und klicken Sie in der Steuerung-Palette auf das Effekte-Symbol ❼. Wählen Sie DIREKTIONALE WEICHE KANTE aus. Es öffnet sich das Dialogfenster EFFEKTE. Geben Sie unter BREITE DER WEICHEN KANTEN ❽ für alle Kanten den Wert »1 mm« ein, nur für die rechte Kante geben Sie »4 mm« ein. Damit Sie unterschiedliche Maße eingeben können, entsperren Sie zunächst die Kette ❾.

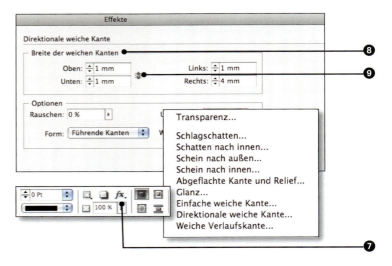

Über Konturen und Ecken

Setzen Sie Akzente mit einfachen Effekten.

Gehen Sie dem Rahmen an die Kontur und an die Ecke!

In diesem Workshop zeige ich Ihnen, wie Sie eine Kontur um einen Rahmen erstellen und diese ausrichten. Sie stellen die Eckeneffekte ein und wenden sie dann auf einen Rahmen an. Damit wir gemeinsam arbeiten können, öffnen Sie die Datei »Kontur.indd« aus dem Übungsordner 05_Kontur.

Zielsetzungen:
Kontur einrichten,
Eckeneffekt anwenden
[Ordner 05_Kontur]

Illustration: Andrea Forst

1 Kontur anwenden

Sie können auf jeden Rahmen und jede Linie eine Kontur anwenden. Wählen Sie den Rahmen der Beispieldatei »Kontur.indd« mit dem Auswahl-Werkzeug aus, und gehen Sie in die Kontur-Palette. Unter STÄRKE ❶ können Sie einen Wert in der Maßeinheit Punkt einstellen, wählen Sie »8 pt«. Andere Maßeinheiten sind auch möglich, InDesign rechnet diese automatisch in Punkt um. Standardmäßig wird eine schwarze Kontur erstellt, ich habe die Farbe über die Farbfelder-Palette und bei eingestelltem Kontur-Icon geändert.

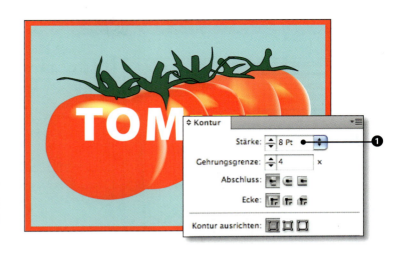

2 Konturtyp auswählen

InDesign bietet Ihnen bereits viele vorgefertigte Konturtypen an. Über das Popup-Menü TYP ❷ gelangen Sie zum Angebot.

Der Typ GESTRICHELT (3 UND 2) ❸ erzeugt eine gestrichelte Linie mit einem kleineren Abstand zwischen den Strichen, wogegen der Typ GESTRICHELT (4 UND 4) die Länge, die auch der Strich hat, für die Lücke einsetzt.

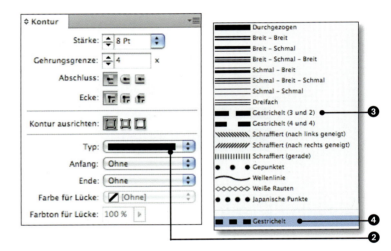

3 Gestrichelte Kontur bearbeiten

Wählen Sie den Rahmen aus, und stellen Sie unter TYP • GESTRICHELT ❹ ein.

Die Kontur-Palette erweitert sich jetzt um die Einstellung von STRICH und LÜCKE ❺. Geben Sie hier die Werte »16 pt«, »6 pt«, »8 pt« und »6 pt« ein. So können Sie eine unregelmäßige gestrichelte Linie erzeugen. Ist das Objekt ausgewählt, so können Sie die Veränderung gleich sehen.

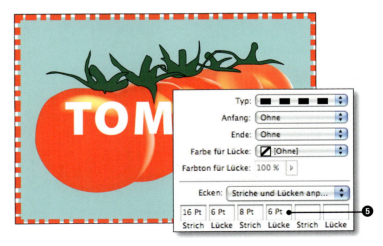

Tipp: Bevor Sie mit dem Workshop beginnen, stellen Sie in der Werkzeugpalette die Kontur in den Vordergrund.

Kapitel 3 | Einfach gestalten

4 Den Konturenstil bearbeiten

Sie können eigene Konturenstile erstellen oder auch einige der vorgefertigten Konturenstile bearbeiten.

Wählen Sie dazu im Palettenmenü der Kontur-Palette die Option KONTURENSTILE aus. Es öffnet sich ein Dialog, in dem Sie den Stil auswählen können, den Sie verändern möchten, oder über NEU einen eigenen Stil anlegen.

Haben Sie einen vorgefertigten Stil ausgewählt, dann können Sie diesen nur über die Schaltfläche NEU ❶ bearbeiten, selbst angelegte Stile verändern Sie über BEARBEITEN ❷.

5 Einen eigenen Stil erstellen

Egal, ob Sie einen bestehenden Stil bearbeiten oder einen neuen Stil erstellen – der Dialog verändert sich kaum. Sie können unter ART zwischen STREIFEN, GEPUNKTET oder STRICH wählen.

Klicken Sie in das mittlere Fenster ❸, so erzeugen Sie eine weitere Linie. Sie müssen ANFANG und BREITE ❹ der neuen Linie über Prozentwerte einrichten. Wählen Sie dazu die Linie aus, und stellen Sie die Werte ein.

Bestätigen Sie den neuen Konturenstil mit der Schaltfläche HINZUFÜGEN.

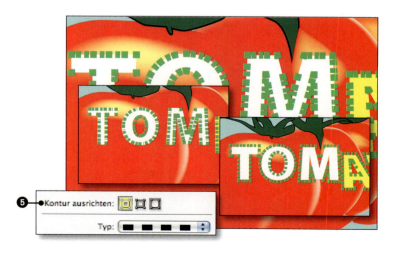

6 Kontur ausrichten

Ich hoffe, Sie haben die Übungsdatei noch geöffnet. Stellen Sie den Konturentyp z. B. auf GESTRICHELT, denn dies zeigt Ihnen deutlich an, wie die Kontur ausgerichtet wird.

Standardmäßig wird die Kontur zentriert zur Rahmenkante ausgerichtet. Wählen Sie die Schaltfläche KONTUR AUSRICHTEN ❺, und klicken Sie nacheinander die drei Buttons an. Der Unterschied wird schnell deutlich, oder?

Tipp: Sie können einen Konturenstil auch auf Text anwenden. Diesen müssen Sie jedoch vorher über ⌘ bzw. Strg + O in Pfade umwandeln.

7 Die Kontur genau positionieren

Standardmäßig nimmt InDesign die Rahmenkante ohne die Kontur als Abmessung für die Positionierung. Sprich: 50 % der Kontur ❻ werden nicht eingerechnet.

Möchten Sie die Kontur ❼ mit einrechnen, aktivieren Sie im Palettenmenü der Steuerung-Palette die Option ABMESSUNGEN ENTHALTEN KONTURENSTÄRKE.

8 Farbe für Kontur und Lücke

Genug der Theorie. Wählen Sie den äußeren Rahmen aus, und weisen Sie ihm in der Kontur-Palette unter TYP • GESTRICHELT zu.

Gehen Sie anschließend in die Farbfelder-Palette und weisen der Kontur die Farbe »Rot« zu. Danach gehen Sie wieder in die Kontur-Palette und wählen unter FARBE FÜR LÜCKE ❽ die Farbe »Gelb« aus.

Spielen Sie mit den unterschiedlichen Konturtypen, z. B. mit einer gepunkteten Linie. Es können dabei interessante Varianten entstehen.

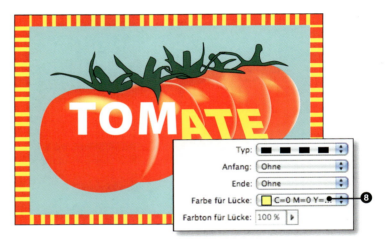

9 Eckenoptionen-Menü

Wählen Sie OBJEKT • ECKENOPTIONEN • EFFEKT • ABGERUNDET, und stellen Sie unter GRÖSSE den Wert »6 mm« ein. Bestätigen Sie danach den Dialog.

Haben Sie dabei keinen Rahmen ausgewählt, dann haben Sie für die Eckenoptionen eine Voreinstellung festgelegt.

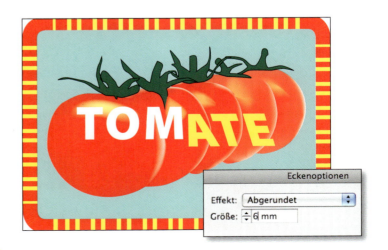

Tipp: Stellen Sie eine gepunktete Linie in der Papierfarbe ein, so simulieren Sie eine Perforation.

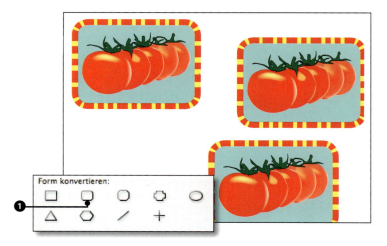

10 — Eckeneffekt anwenden

Nachdem Sie den Eckeneffekt und die Größe voreingestellt haben, können Sie über die Pathfinder-Palette jeden rechteckigen Rahmen mit einheitlichen Eckeneffekten versehen, denn die Voreinstellungen des Menüs werden übernommen.

Wählen Sie auf Seite 2 der Beispieldatei die Rahmen aus, und klicken Sie danach auf die Schaltfläche ABGERUNDETES RECHTECK ❶. So haben Sie mit einem Klick allen Ecken einen Effekt zugewiesen.

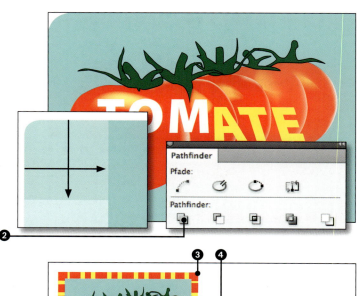

11 — Nur eine Ecke abrunden

Gehen Sie auf Seite 3 der Beispieldatei, und wählen Sie den Hintergrund aus. Kopieren Sie ihn in die Zwischenablage und fügen ihn über BEARBEITEN • AN ORIGINALPOSITION EINFÜGEN ein. Ziehen Sie nun über den oberen Anfasser den Rahmen etwas schmaler. Danach fügen Sie den Hintergrund nochmals ein und ziehen ihn nach rechts etwas schmaler.

Weisen Sie dem hinteren Rahmen den Eckeneffekt ABGERUNDET zu, und wählen Sie alle Rahmen aus. Gehen Sie in die Pathfinder-Palette, und klicken Sie auf ADDIEREN ❷.

12 — Konturen genau übereinanderlegen

Wählen Sie auf Seite 4 den linken Rahmen aus, und stellen Sie den Bezugspunkt an die rechte obere Ecke ❸. Kopieren Sie den Wert der x-Koordinate in die Zwischenablage. Wählen Sie dann den rechten Rahmen aus, und stellen Sie den Bezugspunkt an die linke obere Ecke ❹. Jetzt müssen Sie nur noch den kopierten Wert in das Eingabefeld der x-Koordinate einfügen, und schon liegen die Rahmen übereinander.

> **Tipp:** Sollten die Rahmen nicht übereinander liegen, müssen Sie zuvor über das Palettenmenü der Steuerung-Palette ABMESSUNGEN ENTHALTEN KONTURENSTÄRKE deaktivieren.

Buntstift und Zeichenstift

Zeichnen Sie ein Logo nach.

Erlernen Sie das Schreiben neu. Versuchen Sie einmal, Ihren Namen mit dem Buntstift zu schreiben. Ich zeige Ihnen dann, wie Sie das Ergebnis bereinigen können. Klicken Sie mit dem Zeichenstift, und ich zeige Ihnen, wie sich seine Funktionen nutzen lassen.

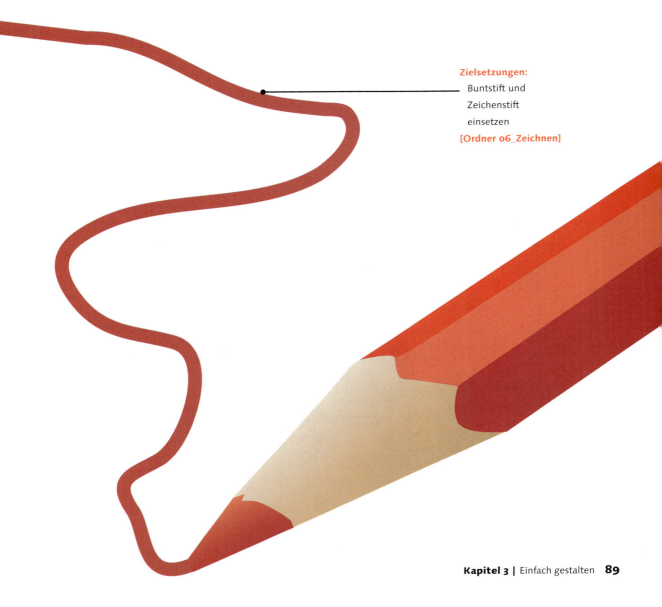

Zielsetzungen:
Buntstift und Zeichenstift einsetzen
[Ordner 06_Zeichnen]

Illustration: Andrea Forst

Kapitel 3 | Einfach gestalten

1 Der Buntstift

Versuchen Sie einmal, mit dem Buntstift und der Maus Ihren Namen zu schreiben. Sie werden sehr schnell feststellen, dass dies eine fast unlösbare Aufgabe ist, denn Sie halten ja keinen Stift in Händen, sondern den Finger auf der Maustaste.

Einfacher haben Sie es da mit einem Grafiktablett. Hier arbeiten Sie mit einem Stift und können schwungvoll schreiben.

Öffnen Sie die Datei »Zeichnen.indd«. Benutzen Sie Seite 1 für die Übungen.

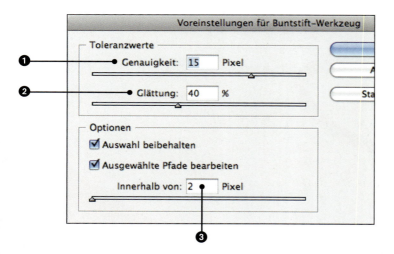

2 Voreinstellungen für den Buntstift

Doppelklicken Sie auf den Buntstift ✏ in der Werkzeugpalette, und stellen Sie im Dialog die Toleranzwerte die GENAUIGKEIT auf »15 px« ❶ und für GLÄTTUNG auf »40 %« ❷, damit InDesign weichere Kurven zeichnet. Standardmäßig finden Sie hier 2,5 Pixel und eine Glättung von 0 %.

Stellen Sie den Pixelwert für AUSGEWÄHLTE PFADE BEARBEITEN auf »2 px« ❸. Alles, was nun innerhalb der 2 Pixel erstellt wird, verändert den ausgewählten Pfad. Dabei kann es vorkommen, dass dieser gelöscht wird.

3 Buntstift-Kontur bearbeiten

Nachdem Sie Ihren Namen oder eine Kontur gezeichnet haben (alternativ habe ich dieses Beispiel auch auf Seite 2 der Beispieldatei für Sie bereitgelegt), können Sie mit dem Glätten-Werkzeug ✏ unerwünschte Ecken aus dem Pfad entfernen. Ziehen Sie dafür das Werkzeug am Pfad entlang.

Mit dem Radieren-Werkzeug ✏ können Sie Ihre beim Zeichnen entstandenen Ausrutscher löschen. Ziehen Sie dafür den Radiergummi über den Pfad. Der markierte Bereich wird anschließend gelöscht.

4 Die Linie abschließen

Wenn Sie mit dem Buntstift eine Linie gezogen haben, können Sie dieser in der Kontur-Palette einen Abschluss zuweisen. Wählen Sie die Linien unter der Schrift auf Seite 2 der Beispieldatei aus, und gehen Sie in die Kontur-Palette. Klicken Sie auf den abgerundeten Abschluss ❹.

Um auch die Ecken runder zu bekommen, klicken Sie anschließend unter ECKE auf ABGERUNDETE ECKEN ❺. Nun sieht das Gekrakel etwas schöner aus.

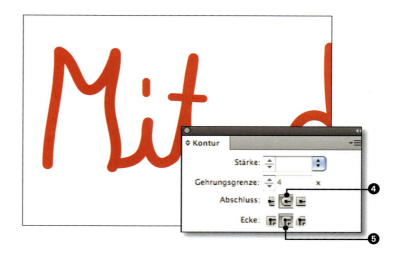

5 Der Anfang und das Ende einer Linie

Sie können Ihre Linien auch mit einem Anfang und einem Ende ❻ belegen. InDesign bietet Ihnen hier einige Gestaltungselemente an:

Wählen Sie mit dem Direktauswahl-Werkzeug die gezeichnete Linie unter der Schrift aus. Wählen Sie anschließend bei ANFANG ❼ und ENDE ein entsprechendes Symbol.

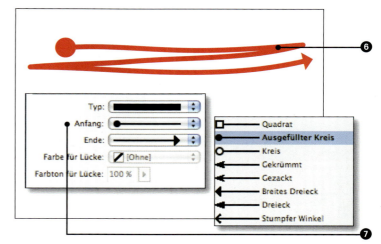

6 Einfach mal losklicken

Sie werden lachen, doch wir zeichnen jetzt das Haus vom Nikolaus. Benutzen Sie dafür den Zeichenstift. Klicken Sie jetzt das Haus zusammen, Sie werden sehen, dass es krumm und schief aussieht.

Um das zu vermeiden, ziehen Sie sich Hilfslinien in Form eines Quadrats auf. Zeichnen Sie nun das Haus mit Hilfe der ⇧-Taste. Die Winkel Ihrer Zeichnung werden dadurch auf 45°- bzw. 90°-Winkel beschränkt.

Kapitel 3 | Einfach gestalten

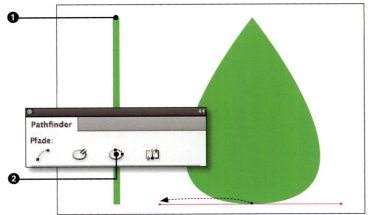

7   Den Ankerpunkt umwandeln

Auf Seite 3 der Beispieldatei finden Sie eine Linie. Diese hat eine Besonderheit, denn sie ist ein Pfad und zwei verbundene Linien liegen übereinander. Wählen Sie das obere Ende der Linie ❶ mit dem Auswahl-Werkzeug aus, und klicken Sie in der Pathfinder-Palette auf PFAD SCHLIESSEN ❷.

Wählen Sie anschließend das Werkzeug RICHTUNGSPUNKT UMWANDELN aus, und ziehen Sie am unteren Punkt. Halten Sie dabei die ⇧-Taste gedrückt, so erhalten Sie z. B. einen gleichmäßigen Tropfen.

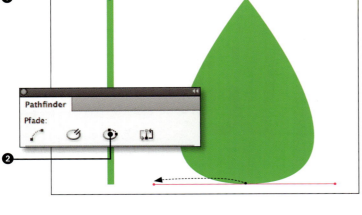

8   Den Tropfen optisch aufwerten

Behalten Sie den erstellten Tropfen in der Auswahl, oder wählen Sie ihn mit dem Auswahl-Werkzeug erneut aus.

Klicken Sie anschließend in der Farbfelder-Palette auf den erstellten grünen Verlauf ❸.

Da der Verlauf so nicht richtig passt, ziehen Sie das Verlauf-Werkzeug über den Tropfen. Der Glanzpunkt sollte unten rechts sein.

9   Mit dem Zeichenstift zeichnen

Auf Seite 4 der Beispieldatei finden Sie ein Logo, das mit dem Zeichenstift nachgezeichnet werden soll. Dafür klicken Sie mit dem Zeichenstift an die rote Kleeblatt-Linie. Setzen Sie per Klick einen weiteren Ankerpunkt. Halten Sie die Maustaste aber gedrückt, und ziehen Sie die Grifflinien heraus, bis der Pfad der Form des Kleeblatts entspricht. Klicken und ziehen Sie sich nun auf diese Weise am Kleeblatt entlang.

Tipp: Es ist sinnvoll, für Ankerpunkte an den Kurven weite Abstände zu wählen. Ziehen Sie dafür mit dem Klick die Kurve weich.

10 Die Zeichnung korrigieren

Wenn Sie mit dem Zeichenstift an den Pfad stoßen, dann wechselt der Zeichenstift zum Ankerpunkt-hinzufügen-Werkzeug ❹. Berühren Sie einen Ankerpunkt, wechselt der Zeichenstift zum Ankerpunkt-löschen-Werkzeug ❺. Drücken Sie gleichzeitig die ⌥Alt⌥-Taste, erscheint das Richtungspunkt-umwandeln-Werkzeug ❻.

Drücken und halten Sie die ⌘ bzw. Strg-Taste, dann können Sie während der Arbeit einen einzelnen Ankerpunkt ❼ auswählen und bearbeiten.

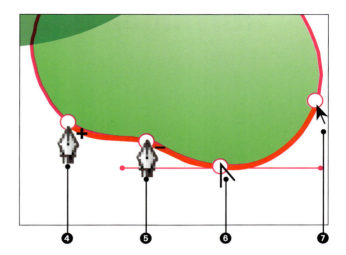

11 Verlauf auf Kontur

Sie können jeder Kontur und auch der Schrift-Kontur einen Verlauf zuweisen.

Wählen Sie in diesem Beispiel das »Kleeblatt« auf Seite 4 aus, und achten Sie darauf, dass Sie in der Werkzeugpalette die Kontur im Vordergrund haben.

Verändern Sie nun die rote Kontur auf den Wert von »4 pt« und wählen den Verlauf aus Schritt 8 aus.

Diesen verändern Sie aber in der Verlauf-Palette über Typ in Linear ❽.

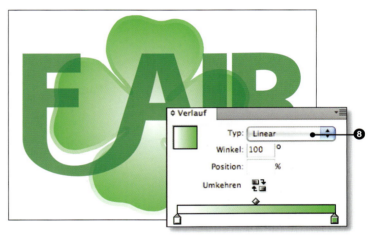

12 Den Verlaufswinkel einstellen

In Schritt 8 haben Sie den Winkel für den Verlauf mit dem Verlauf-Werkzeug verschoben.

Hier wollen wir den Winkel über die Verlauf-Palette verändern. Behalten Sie dafür das Kleeblatt in der Auswahl und stellen unter Winkel den Wert »150°« ❾ ein.

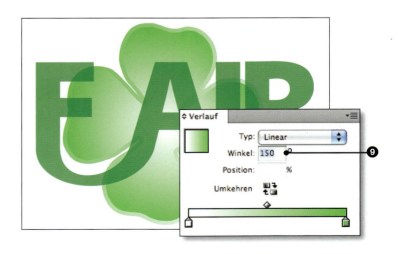

Tipp: Sie können nur in InDesign einen Verlauf auf eine Kontur anwenden.

Kapitel 3 | Einfach gestalten

Hilfslinien und Ebenen

Erstellen Sie ein CD-Cover.

Im Print-Workflow ist eine Stanze relativ teuer, aber für Sie habe ich hier eine gute Idee. Erstellen Sie eine Stanzkontur, und basteln Sie Ihr eigenes CD-Cover.

Arbeiten Sie anschließend mit den Ebenen, und setzen Sie Farben ein. Platzieren Sie dann noch Text, und formatieren Sie ihn.

Am Ende werden Sie ein ansprechendes CD-Cover erstellt haben und begeistern damit bestimmt Ihre Freunde oder Geschäftspartner.

Zielsetzungen:
Stanzkontur einrichten
Dummy erstellen
Objekte einfärben
Text platzieren
[Ordner 07_CD-Cover]

Idee: Andrea Forst

1 Was brauchen Sie?

Für diesen Workshop benötigen Sie ein Dokument im Querformat. Erstellen Sie ein neues Dokument über ⌘ bzw. Strg + N , und geben Sie unter SEITENFORMAT ❶ eine BREITE von »411 mm« und eine HÖHE von »135 mm« ein. Unter BESCHNITTZUGABE UND INFOBEREICH über MEHR OPTIONEN ❷ geben Sie bei ANSCHNITT für UNTEN, LINKS UND RECHTS je den Wert »10 mm« ein.

Die Einstellung DOPPELSEITE sollten Sie deaktivieren.

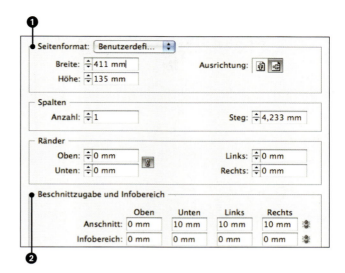

2 Erstellen Sie die benötigten Hilfslinien

Erstellen Sie drei vertikale Hilfslinien, indem Sie sie aus dem linken Lineal herausziehen. Erzeugen Sie die Hilfslinien auf den in der Abbildung angegebenen Positionen.

Bereiten Sie für die Stanzkontur eine eigene Farbe vor, und erstellen Sie über das Palettenmenü der Farbfelder-Palette ein neues Farbfeld. Stellen Sie unter FARBTYP • VOLLTON ❸ ein, und geben Sie der Farbe den Namen »! Stanzkontur_druckt nicht« ❹. Als Farbe wählen Sie »100 % Magenta« aus.

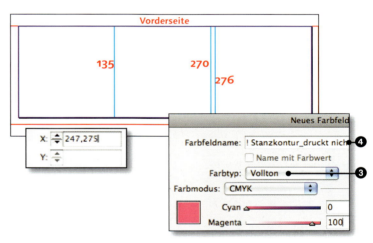

3 Eine Stanzkontur anlegen

Wählen Sie das Zeichenstift-Werkzeug aus und klicken an die obere linke Ecke des Seitenrands. Halten Sie die ⇧-Taste gedrückt, damit der Pfad im 90°-Winkel angelegt wird, und erstellen einen Pfad gemäß der nebenstehenden Abbildung, und zwar an den Seitenrändern ❺ und an den Anschnitt-Hilfslinien ❻. Für die Klebelaschen, die sich außerhalb des Seitenformats befinden, klicken Sie schräg an die Hilfslinie für den Anschnitt. Setzen Sie dann den Pfad weiter fort, bis Sie das Pfadschließen-Symbol am Cursor sehen.

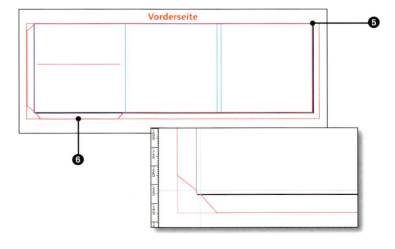

Kapitel 3 | Einfach gestalten

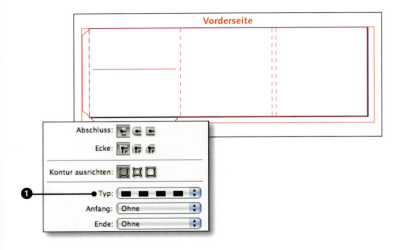

4 Erstellen Sie den Falz

Wählen Sie das Linienzeichner-Werkzeug aus, und ziehen Sie an den vertikalen Hilfslinien mit gedrückter ⇧-Taste vier Linien mit einer Stärke von »0,5 pt« auf.

Wählen Sie anschließend die Linien aus, und stellen Sie über die Kontur-Palette unter Typ ❶ eine gestrichelte Linie ein. Diese symbolisiert in einer Stanzkontur den Falz.

Wählen Sie jetzt alles über ⌘ bzw. Strg + A aus, und geben Sie allen Objekten für die Kontur die Farbe »! Stanzkontur_druckt nicht« aus der Farbfelder-Palette.

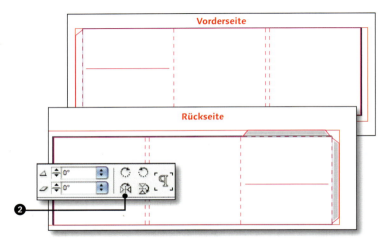

5 Spiegeln Sie nun alle Objekte

Kopieren Sie danach die Stanzkontur, die Flächen und die Falzmarken über ⌘ bzw. Strg + C in die Zwischenablage, und fügen Sie sie auf der Seite 2 über Bearbeiten • An Originalposition einfügen wieder ein.

Behalten Sie die Objekte in der Auswahl, und gehen Sie in der Steuerung-Palette auf die Schaltfläche Horizontal spiegeln ❷.

Achten Sie beim Spiegeln darauf, dass der Bezugspunkt in der Mitte steht.

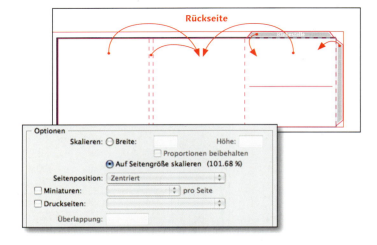

6 Bauen Sie einen Dummy

Bevor Sie mit der eigentlichen Gestaltung beginnen, sollten Sie die Stanzkontur ausdrucken und ausschneiden. Da es sich hier um ein so genanntes Weißmuster handelt, spielt es keine Rolle, ob Sie es als »100 %« ausdrucken. Wählen Sie im Druckdialog unter Einrichten • Optionen • Auf Seitengrösse skalieren. Schneiden Sie danach die Stanzkontur aus, und falzen Sie das Papier wie in der nebenstehenden Abbildung.

Tipp: Der Hersteller der Stanzkontur erkennt später an den unterschiedlichen Linienarten, wo gestanzt oder gefalzt werden soll. Eine durchgezogene Linie steht z. B. für das Stanzen.

7 Legen Sie die Seitenzahlen fest

Zum Schluss nummerieren Sie den Dummy noch durch, so wie ich es in den nebenstehenden Abbildungen zeige.

Ziehen Sie auf den Seiten 1 bis 4 jeweils einen Rahmen mit dem Rechteckrahmen-Werkzeug ⊠ auf.

Speichern Sie die Datei unter einem Namen Ihrer Wahl in den Übungsordner 07_CD-COVER ab, denn in einem späteren Workshop wollen wir das Cover mit Bildern ausstatten.

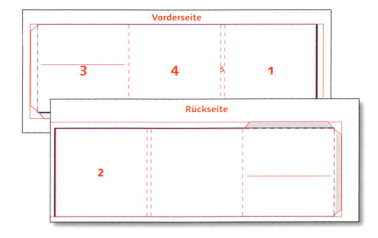

8 Erstellen Sie die Falzmarken

Wählen Sie auf der Vorderseite die linke gestrichelte Linie aus und positionieren sie auf der Y-Koordinate »–7 mm« aus dem Layout nach oben heraus. Verringern Sie dann ihre Länge, indem Sie die Länge auf »5 mm« einstellen. Behalten Sie die Linie weiter in der Auswahl, und duplizieren Sie sie mit gedrückter ⇧ + Alt -Taste auf die Y-Koordinate »137 mm« unterhalb der Seitenkante. Das wiederholen Sie mit allen gestrichelten Linien, damit sie aus dem eigentlichen Layout verschwinden.

9 Wählen Sie Farben aus

In diesem Beispiel erstellen wir ein Cover für eine Musik-CD, daher können wir von den Farben her etwas verspielter sein.

Wählen Sie über das Palettenmenü der Farbfelder-Palette NEUES FARBFELD aus, und stellen Sie unter FARBMODUS • HKS K PROCESS ein. Entscheiden Sie sich dann im unteren Bereich für unterschiedliche Farben, ich habe Violett, Gelb, Blau und Grün gewählt.

Wenden Sie anschließend die ausgesuchten Farben auf die erstellten Rechteckrahmen an.

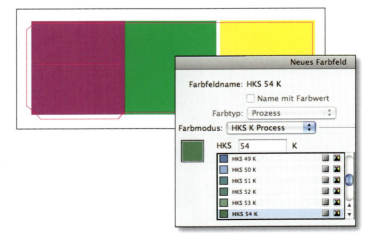

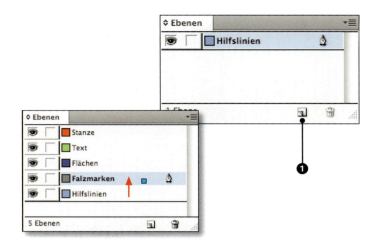

10 Arbeiten Sie mit Ebenen

Doppelklicken Sie in der Ebenen-Palette auf die Ebene 1, und geben Sie ihr den Namen »Hilfslinien«. Erstellen Sie anschließend über NEUE EBENE ❶ unten in der Ebenen-Palette vier weitere Ebenen, und benennen Sie sie per Doppelklick wie in der Abbildung.

Wählen Sie alle erstellten Falzmarken auf Seite 1 mit der ⌂-Taste aus, und ziehen Sie sie über die Ebenen-Palette auf die Ebene »Falzmarken«. Verfahren Sie mit den anderen Objekten entsprechend. So vermeiden Sie, dass Sie z. B. in die Flächen Text eingeben.

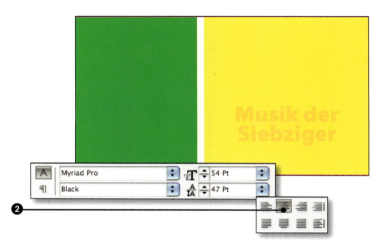

11 Gestalten Sie den Titel

Gehen Sie auf die Seite, die bei Ihrem späteren Cover das Deckblatt werden soll (Seite 1 auf Ihrem Dummy). Wählen Sie eine Schriftart Ihrer Wahl aus, und geben Sie Text Ihrer Wahl ein. Natürlich können Sie auch meinen Beispieltext übernehmen.

Anschließend markieren Sie den gesamten Text mit dem Text-Werkzeug T, und zentrieren ❷ ihn über die Steuerung-Palette.

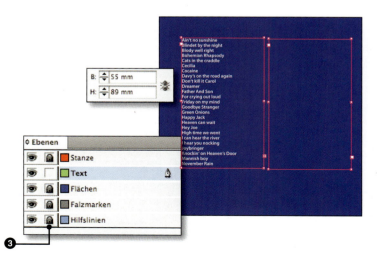

12 Text platzieren

Ziehen Sie auf Seite 2 mit dem Text-Werkzeug T zwei Textrahmen mit den Maßen »55 x 89 mm« auf. Achten Sie darauf, dass Sie sich dafür auf der Text-Ebene befinden und alle anderen Ebenen gesperrt sind. Sie sperren die Ebenen, indem Sie rechts neben dem Auge in das Feld ❸ klicken.

Gehen Sie danach in das Menü DATEI • PLATZIEREN, und wählen Sie aus dem Übungsordner die Datei »CD-Text.rtf«.

13 Verketten Sie Textrahmen

Klicken Sie mit dem Auswahl-Werkzeug auf das Textüberhangsymbol ❹, und gehen Sie in den benachbarten Textrahmen auf der gleichen Seite. An Ihrem Cursor erscheint das Text-verketten-Symbol. Klicken Sie in den Textrahmen. Wählen Sie danach das nächste Textüberhangsymbol aus, und gehen Sie auf die mit 4 nummerierte Seite. Hier ziehen Sie mit dem Cursor einen Textrahmen auf.

Wählen Sie nun den gesamten Text über ⌘ bzw. Strg + A aus, und stellen Sie eine Schriftgröße ein.

14 Positionieren Sie den Textrahmen

Ziehen Sie auf Seite 1 für den CD-Rücken einen Textrahmen der Größe »6×135 mm« auf, und geben Sie dort erneut Ihren CD-Titel ein. Zentrieren Sie den Text, den Sie noch in der Auswahl haben sollten, über die Steuerung-Palette. Danach wechseln Sie in das Auswahl-Werkzeug und wählen erneut den Textrahmen an. Öffnen Sie OBJEKT • TEXTRAHMENOPTIONEN, und wählen Sie unter VERTIKALE AUSRICHTUNG • ZENTRIEREN aus ❺. Jetzt drehen Sie den Textrahmen noch um »90°« gegen den Uhrzeigersinn.

15 Der Druck via A4-Drucker

Wenn Sie keinen A3-Drucker besitzen, müssen Sie die Seiten geteilt ausdrucken. Gehen Sie dazu über ⌘ bzw. Strg + P in den Druckdialog, und aktivieren Sie im Fenster MARKEN UND ANSCHNITT die SCHNITTMARKEN ❻.

Danach gehen Sie in das Fenster EINRICHTEN und stellen unter PAPIERFORMAT »DIN A4« ein.

In der Rubrik OPTIONEN aktivieren Sie DRUCKSEITEN ❼. Da der voreingestellte Wert zu groß ist, stellen Sie bei ÜBERLAPPUNG den Wert »20 mm« ❽ ein.

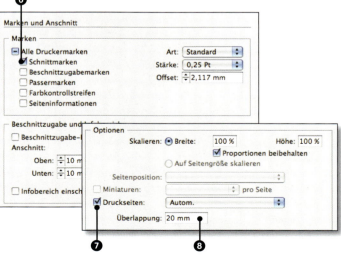

Objekte ausrichten & verteilen

Arbeiten Sie mit der Ausrichten-Palette.

Bringen Sie mit der Ausrichten-Palette Ordnung in Ihre Layoutarbeit. Es ist nicht einfach, Objekte ohne Hilfslinien sauber anzuordnen. Aber bei der Arbeit mit Hilfslinien kann es vorkommen, dass Sie bald vor lauter Hilfslinien nichts mehr sehen können. Benutzen Sie daher besser die Ausrichten-Palette, oder wenden Sie einmal die neuen Funktionen an.

Zielsetzungen:
Objekte ausrichten und verteilen
[Ordner 08_Ausrichten]

1 Richten Sie die Objekte aus

Sie können mit der Ausrichten-Palette Objekte vertikal oder horizontal ausrichten. Öffnen Sie die Datei »Memory.indd«. Dort habe ich auf den Seiten 1 und 2 unterschiedliche Situationen erstellt.

Wählen Sie die linken drei Memorykärtchen aus, und klicken Sie in der Steuerung-Palette auf die Schaltfläche AN HORIZONTALER MITTELACHSE AUSRICHTEN ❶. Daneben habe ich die Kärtchen für AN VERTIKALER MITTELACHSE AUSRICHTEN ❷ bereitgestellt. Beachten Sie dabei die unteren, einzelnen Memorykarten nicht.

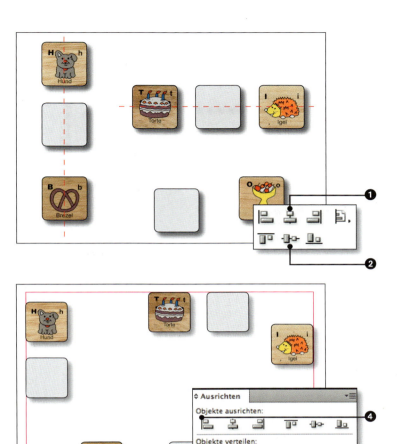

2 An Seite oder Rändern ausrichten

Eine andere Variante ist das Ausrichten an der Seite oder den Rändern.

Wählen Sie den Hund und die verdeckte Karte darunter aus, und gehen Sie in der Ausrichten-Palette unter OBJEKTE VERTEILEN in das Popup-Fenster. Wählen Sie AN RÄNDERN AUSRICHTEN ❸. Klicken Sie anschließend unter OBJEKTE AUSRICHTEN auf die Schaltfläche LINKE KANTE AUSRICHTEN ❹. Beide Objekte werden so an den von mir erstellten Rand geschoben.

Spielen Sie nacheinander mit einem Pärchen, und wählen Sie andere Richtungen aus.

3 Verteilen Sie die Objekte

Auf Seite 2 der Beispieldatei wählen Sie mit dem Auswahl-Werkzeug die oberen vier Quadrate aus, indem Sie die Maus einfach darüberziehen. Gehen Sie dann in die Ausrichten-Palette und aktivieren unter OBJEKTE VERTEILEN die Option ABSTAND VERWENDEN ❺.

Um Objekte mit einem Abstand zu verteilen, müssen Sie darauf achten, dass Sie die Größe des ersten Objekts einberechnen. Wollen Sie also einen Abstand von »5 mm« erreichen, so müssen Sie den Wert »25 mm« eingeben, da die Objekte 20 mm breit sind.

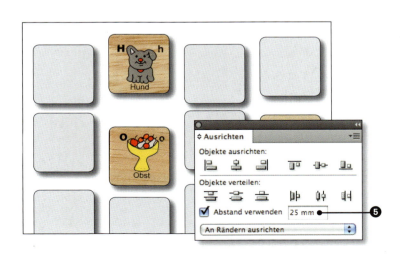

Kapitel 3 | Einfach gestalten

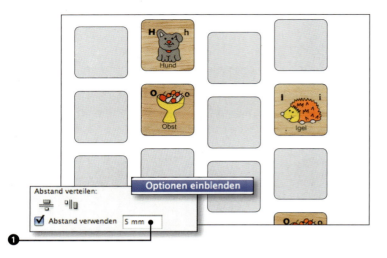

4   Den Abstand verteilen

Einfacher geht es, wenn Sie die Option Abstand verteilen einsetzen, dann müssen Sie kein Objekt in den Abstand einberechnen.

Wählen Sie über das Palettenmenü Optionen einblenden, und stellen Sie unter Abstand verteilen • Abstand verwenden den Wert »5 mm« ❶ ein.

Mit dem Auswahl-Werkzeug wählen Sie nun die Zeilen und anschließend die Spalten aus und klicken auf die Schaltflächen Horizontal verteilen bzw. Vertikal verteilen.

5   Das intelligente Ausrichten ist neu

Aktivieren Sie zu Beginn Ansicht • Hilfslinien und Raster • Magnetische Hilfslinien ❷, und lassen Sie sich überraschen.

Wählen Sie auf Seite 3 den oberen Hund bzw. das zweite Bild aus, und ziehen Sie es langsam nach unten. Sobald Sie an die Kanten des ersten grauen Quadrats kommen, erscheinen automatisch Hilfslinien ❸. Diese zeigen Ihnen an, dass das Bild ausgerichtet ist.

Wirklich eine praktische Funktion, die Sie weiter ausprobieren sollten.

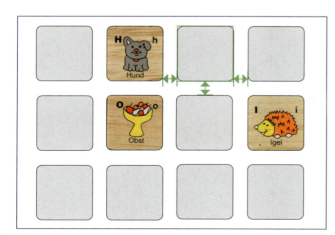

6   Den Abstand intelligent anwenden

Dies ist auch eine nette Neuheit, wenn Sie nicht absolut exakt arbeiten müssen.

Wählen Sie erneut den oberen Hund mit dem Auswahl-Werkzeug aus, und ziehen Sie ihn mit gedrückter -Taste etwas nach links. Lassen Sie dann die Maustaste los.

Die magnetischen Hilflinien merken sich nun diesen Abstand und wenden ihn auf alle weiteren Objekte an.

Probieren Sie es an den übrigen Bildern aus.

Objekte einfügen

Erstellen Sie in InDesign eine Musterfüllung.

Sie können Objekte einfach nur einfügen – oder Sie fügen nach Wunsch ein. Ich zeige Ihnen hier, wie Sie Einfluss auf den Einfügeort nehmen. Dabei lernen Sie auch gleich noch, wie Sie mit InDesign maskieren können. Öffnen Sie für diesen Workshop die Datei »Einfügen.indd« aus dem Übungsordner 09_Einfuegen.

Zielsetzungen:
Objekte ineinander einfügen
[Ordner 09_Einfuegen]

Kapitel 3 | Einfach gestalten

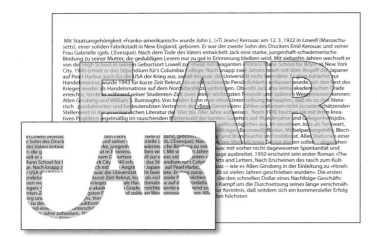

1   In die Auswahl einfügen

Sie können Objekte in ein Objekt einfügen. Öffnen Sie die Übungsdatei »Einfuegen.indd«, und wählen Sie den Textrahmen auf Seite 1 aus. Schneiden Sie ihn über ⌘ bzw. Strg + X aus, womit Sie ihn in die Zwischenablage kopieren. Markieren Sie anschließend das Zielobjekt »F_AIR« mit dem Auswahl-Werkzeug .

Fügen Sie das kopierte Objekt über BEARBEITEN • IN DIE AUSWAHL EINFÜGEN ein.

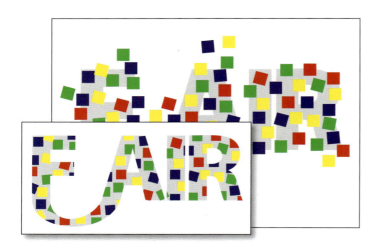

2   Mehrere Objekte einfügen

Wenn Sie mehr als ein Objekt in die Auswahl einfügen möchten, müssen Sie die Objekte zuvor gruppieren. Wählen Sie dazu die Objektgruppen auf Seite 2 mit gedrückter ⇧-Taste aus, und gruppieren Sie sie über OBJEKT • GRUPPIEREN oder ⌘ bzw. Strg + G.

Fügen Sie die Gruppe über Alt + ⌘ / Strg + V in das ausgewählte Objekt auf Seite 3 ein.

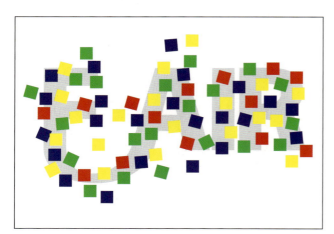

3   Wie habe ich das Muster erstellt?

In InDesign können Sie keine Musterfüllungen erstellen, wie Sie es vielleicht von Illustrator her gewohnt sind. Es ist allerdings möglich, Mustereffekte zu simulieren.

Erstellen Sie ein Quadrat, und duplizieren Sie es mit der Maus und gedrückter Alt-Taste ohne erkennbare Ordnung auf Ihrem Zielobjekt.

Wenn Sie genügend Duplikate angelegt haben, wählen Sie das Drehen-Werkzeug und drehen den Großteil der Quadrate. Färben Sie sie anschließend unterschiedlich ein.

Tipp: So erstellen Sie schnell einen Formsatz, wenn der Text nicht lesbar sein muss.

4 Objekte in einer Gruppe bearbeiten

Sie können mit den Auswahl-Buttons in der Steuerung-Palette einzelne Objekte innerhalb einer Gruppe auswählen.

Wählen Sie mit dem Direktauswahl-Werkzeug ein Quadrat aus, und klicken Sie auf die Schaltfläche CONTAINER AUSWÄHLEN ❶. Dadurch wählen Sie die Gruppe aus. Klicken Sie sich anschließend mit den Schaltflächen NÄCHSTES ❷ bzw. VORHERIGES OBJEKT IN DER GRUPPE AUSWÄHLEN ❸ durch die verschiedenen Gruppen.

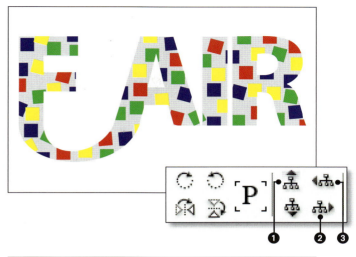

5 Einzelne Objekte verschieben

Möchten Sie die Position einzelner Objekte in einer Gruppe verändern, dann wählen Sie das gewünschte Objekt mit dem Direktauswahl-Werkzeug aus.

Um das Objekt verschieben zu können, müssen jedoch alle seine Ankerpunkte ausgewählt sein. Wenn Sie in das kleine Quadrat in der Mitte klicken, werden alle Ankerpunkte gleichzeitig ausgewählt, und Sie können das Objekt über die Pfeiltasten verschieben.

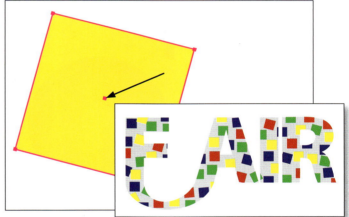

6 Den eingefügten Inhalt bearbeiten

Wählen Sie es mit dem Auswahl-Werkzeug aus, und klicken Sie auf die Schaltfläche INHALT AUSWÄHLEN ❹. Jetzt haben Sie den Inhalt in der Auswahl und können ihn bearbeiten. Klicken Sie nochmals auf die Schaltfläche, und gehen Sie in die nächste Gruppe. Über die Schaltfläche NÄCHSTES OBJEKT AUSWÄHLEN ❺ klicken Sie sich jetzt durch die Farben.

Ich habe für dieses Beispiel zuvor jede Farbe separat gruppiert und kann nun schneller die Farben ändern.

Tipp: Wenn Sie die Quadrate noch dichter legen, so simulieren sie ein klassisches Mosaik.

7   An Originalposition einfügen

Wenn Sie Kopieren und Einfügen, werden die Objekte von InDesign CS4 immer in der Mitte Ihres Monitors eingefügt. Das kann manchmal lästig werden.

Kopieren Sie die Objekte, die sich in der Beispieldatei auf Seite 4 befinden, über ⌘ bzw. Strg + C in die Zwischenablage und fügen sie auf Seite 5 über das Menü BEARBEITEN • AN ORIGINALPOSITION EINFÜGEN wieder ein. Beobachten Sie dabei vor dem Kopieren und nach dem Einfügen die X- und Y-Koordinaten.

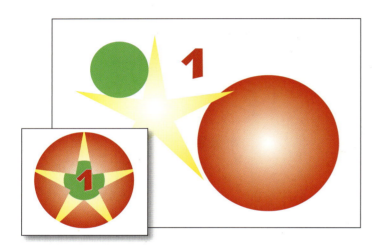

8   Immer wieder einfügen

Das Einfügen von Objekten in eine Auswahl können Sie beliebig wiederholen.

Wählen Sie den Stern auf Seite 4 mit dem Auswahl-Werkzeug aus, und fügen Sie ihn in den roten Kreis ein. Fügen Sie anschließend den grünen Kreis in den Stern ein und danach die Ziffer in den kleinen Kreis.

Die eingefügten Objekte wählen Sie mit dem Direktauswahl-Werkzeug aus. Erst dann können Sie weiter einfügen.

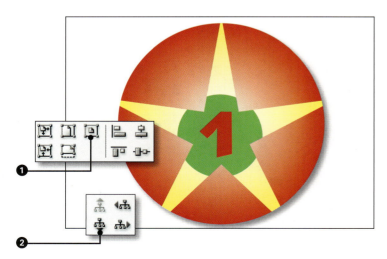

9   Die eingefügen Objekte zentrieren

Fügen Sie den Stern wie in Schritt 8 beschrieben ein, behalten Sie ihn jedoch in der Auswahl und klicken auf die Schaltfläche INHALT ZENTRIEREN ❶ in der Steuerung-Palette.

Fügen Sie danach alle weiteren Objekte ineinander ein. Klicken Sie sich über die Schaltfläche NÄCHSTES OBJEKT AUSWÄHLEN ❷ durch die eingefügten Objekte, und verschieben Sie diese mit den Pfeiltasten, bis sie eine zentrierte Position erreicht haben.

Tipp: Das Einfügen an Originalposition funktioniert auch dokumentübergreifend, sofern die Dokumente das gleiche Seitenformat besitzen.

Intelligente Transformation
Gestalten Sie ein Logo.

Wir gestalten hier ein Logo für ein Holzgeschäft, nämlich einen Holzwurm. Der Wurm wird mit Hilfe einer Abfolge von Transformationen erstellt, die wir aufnehmen und abspielen, wie mit einem Kassettenrekorder.

Das Logo soll anschließend als Stickerei auf ein T-Shirt aufgebracht werden.

Zielsetzungen:
Erneut transformieren
[Ordner 10_Transformieren]

Kapitel 3 | Einfach gestalten

1 Bei einer Stickerei ist zu bedenken
Wenn Sie eine Stickerei planen, müssen Sie eine Schrift verwenden, die beim Aufsticken dicker werden kann und dennoch lesbar bleibt. Schriften mit Serifen oder sehr feine Schriften können die Lesbarkeit aber einbüßen. Auch feine Linien stellen ein großes Problem dar und sollten vermieden werden.

Müssen Sie unbedingt eine Schrift mit Serifen benutzen, wählen Sie die Schrift mit dem Text-Werkzeug [T] aus und geben ihr eine leichte Kontur (ca. 0,5 pt) ❶. So bricht beim Sticken die Serife nicht weg.

2 Deaktivieren der Konturskalierung
Öffnen Sie die Datei »Poloshirt.indd«, und ziehen Sie mit dem Ellipse-Werkzeug [○] und gedrückter [⇧]-Taste einen Kreis von »5 × 5 mm« an den angegebenen Hilfslinien auf. Bleiben Sie dabei auf der Ebene »Hilfslinien«.

Danach geben Sie dem Kreis eine grüne Farbe mit einer Konturstärke von »1 pt« und der Konturfarbe »Schwarz« ❷.

Zuletzt gehen Sie ins Palettenmenü der Steuerung-Palette und deaktivieren die Option Konturstärke bei Skalierung anpassen.

3 Die Transformation aufnehmen
Nehmen Sie nun die Transformation auf. Es funktioniert wirklich fast wie bei einem Kassettenrekorder:

Zu Beginn doppelklicken Sie auf das Skalieren-Werkzeug [⌸], geben den Wert »108 %« in beide Felder ein und bestätigen diesen Dialog nicht über OK, sondern mit Kopie. Wählen Sie nun Objekt • Transformieren • Verschieben und geben dort unter Position für Horizontal »−1,5 mm« und für Vertikal »−0,7 mm« ein. Bestätigen Sie mit OK.

Tipp: Sprechen Sie mit Ihrem Hersteller, und klären Sie die minimale Strichstärke vorher ab.

4   Die Transformationsabfolge abspielen

Sie können einzelne Transformationen, wie z. B. Skalieren, immer wieder mit dem Kürzel `Alt` + `⌘` bzw. `Strg` + `3` anwenden ❸.

In unserem Beispiel haben wir jedoch zwei Transformationen, sprich eine Abfolge, aufgenommen. Durch das Drücken des Buttons Kopie haben wir praktisch eine Aufnahme gestartet.

Wählen Sie für unseren Holzwurm sieben Mal Objekt • Erneut transformieren • Erneut transformieren – Abfolge ❹ oder das Kürzel `Alt` + `⌘` bzw. `Strg` + `4`.

5   Objekte verschieben

Der Holzwurm sieht bis jetzt noch nicht überzeugend aus. Daher wollen wir ihn verbessern.

Wählen Sie das Auswahl-Werkzeug aus, und verschieben Sie die Kreise mit den Pfeiltasten nach oben oder unten. Die genaue Platzierung können Sie selbst bestimmen, spielen Sie einfach mit den Pfeiltasten und schieben die Wurmelemente in alle Richtungen. Irgendwann wird ein Wurm herauskommen.

6   Dem Holzwurm ein Gesicht geben

Nun soll der Holzwurm noch sehen und lachen können. Für die Fühler benutzen Sie das Zeichenstift-Werkzeug, einen abgerundeten Kontur-Abschluss und eine Konturstärke von »1 pt«.

Für die Augen verwenden Sie das Ellipse-Werkzeug und ziehen ein Oval mit einer Kontur von »1 pt« und einer weißen Fläche auf. Die Pupille gestalten Sie mit dem gleichen Werkzeug, jedoch ohne Kontur und in Schwarz.

Rund um das Bild

Arbeiten Sie kreativ mit Bildern.
Ich zeige Ihnen in diesem Kapitel, wie Sie Ihren Bild-Workflow beschleunigen können.

Mit ein paar Klicks importieren Sie mehrere Bilder oder Seiten in Ihr Dokument. Auch der Import von Illustrator-Ebenen und -Grafiken wird Ihnen hier erklärt. Tauschen Sie anschließend die importierten Bilder über die Verknüpfungen-Palette aus, und halten Sie ihnen den Spiegel vor.

Zu guter Letzt werde ich Ihnen noch einige der unscheinbaren Schaltflächen der Steuerung-Palette vorstellen, mit denen Sie Ihre Arbeit deutlich erleichtern können.

Foto: Thomas Hebestreit

Rund um das Bild

Bilder importieren 114
    Gestalten Sie eine Serviette.

Die Importoptionen 118
    Steuern Sie den Import!

Illustrator-Ebenen importieren 122
    Gestalten Sie das CD-Cover aus.

Mehrere Bilder importieren 124
    Nutzen Sie diese Funktion für einen schnelleren Workflow.

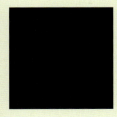

In Schwarz gestalten 128
    Erstellen Sie ein schwarz/schwarzes Bild.

Illustrator-Grafiken einfügen **132**
　　Bearbeiten Sie die Grafiken, und suchen Sie nach Farben.

Die Verknüpfungen-Palette **136**
　　Arbeiten Sie sicher und effizient.

Bilder spiegeln **140**
　　Gestalten Sie ein Poster mit Hilfe der Spiegeln-Option.

Die Steuerung-Palette **144**
　　Alles über die großen unbekannten Schaltflächen

Bilder importieren

Gestalten Sie eine Serviette.

In diesem Workshop zeige ich Ihnen endlich, wie Sie Bilder platzieren können.

Sie werden mit mir eine Serviette gestalten. Dabei platzieren Sie einen Hintergrund, die Fotografie eines Flugzeugs und ein Logo. Verwenden Sie die Datei »Serviette.indd«, in der ich den Text bereits eingegeben habe, und blicken Sie über InDesigns Tellerrand hinaus. Denn wir werden hier auch das Programm Bridge einsetzen. Doch keine Panik, sollten Sie das Programm nicht besitzen: Es geht auch ohne.

Zielsetzungen:
Bild einfügen
Inhalt auswählen
Inhalt bearbeiten
[Ordner 01_Import]

▶ **Video-Training**

Sehen Sie sich auch die Video-Lektion 1.3, »Bilder platzieren«, an.

1 Hilfslinien für den Falz erstellen

Wenn Sie eine Hilfslinie aus dem Lineal ziehen und sich dabei mit der Maus außerhalb der Seite befinden, dann wird die Hilfslinie über die gesamte Montagefläche ❶ gezogen.

Erstellen Sie zwei vertikale Hilfslinien auf den Positionen »110 mm« und »220 mm« und eine horizontale auf der Position »165 mm«.

Achten Sie darauf, dass Sie sich dabei auf der Ebene HILFSLINIEN ❷ befinden.

Öffnen Sie nun noch die Übungsdatei »Serviette.indd«.

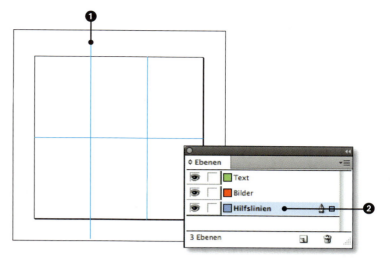

2 Lassen Sie sich den Import anzeigen

InDesign bietet Ihnen an, sich eine Miniatur der gewählten Datei am Cursor anzeigen zu lassen.

Da wir diese Funktion später brauchen werden, wählen Sie InDesign • Voreinstellungen • Benutzeroberfläche bzw. unter Windows Bearbeiten • Voreinstellungen • Benutzeroberfläche (oder ⌘ bzw. Strg + K), und aktivieren Sie die Option Beim Platzieren Miniaturen einblenden ❸.

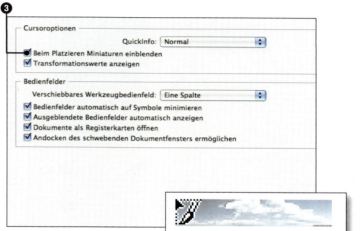

3 Ein Bild importieren

Um ein Bild in InDesign importieren zu können, müssen Sie nicht unbedingt einen Grafikrahmen erstellt haben. InDesign erstellt automatisch einen Rahmen in den Abmessungen der ausgewählten Grafik. Wählen Sie Datei • Platzieren ❹ oder ⌘ bzw. Strg + D und dann in dem Ordner Serviette_Bilder die Datei »F-Air_Flieger.psd«, und klicken Sie auf die Dokumentseite.

4 Der Import über die Bridge

Einen alternativen Weg zum Import einer Datei gehen Sie über Adobe Bridge. Öffnen Sie das Programm Bridge über das Bridge-Icon [Br] in der Anwendungsleiste von InDesign CS4. Wählen Sie dort den Übungsordner 01_IMPORT von der Buch-DVD aus.

Aktivieren Sie die Datei »himmel_cmyk.psd« mit einem Klick auf das Bild, und gehen Sie anschließend in das Menü DATEI • PLATZIEREN • IN INDESIGN ❶.

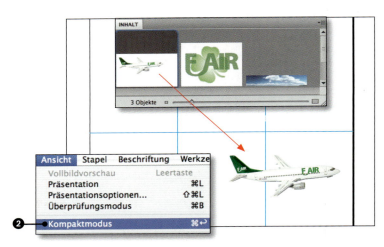

5 Per Drag & Drop aus der Bridge

Eine dritte Importmöglichkeit möchte ich Ihnen zeigen: Einfacher geht das Platzieren aus der Bridge über Drag & Drop aus dem Kompaktmodus ❷ des Programms heraus. Sie erreichen ihn über ANSICHT • KOMPAKTMODUS oder über ⌘ bzw. Strg + ↵.

Wählen Sie »F-Air_Flieger.psd« aus, und ziehen Sie die Datei in Ihr InDesign-Dokument. Positionieren Sie die Datei an den Koordinaten »X = 50« und »Y = 165«, sonst wird die Datei dort eingefügt, wo sich Ihr Cursor gerade befindet.

6 In einen Rahmen platzieren

Möchten Sie ein Bild in einen vorhandenen Rahmen ❸ einfügen, können Sie dafür alle vorgenannten Möglichkeiten nutzen.

Erstellen Sie dazu auf der Ebene »Bilder« an den X- und Y-Koordinaten »0« einen Rahmen in der Größe von »130 x 130 mm«. Behalten Sie den Rahmen in der Auswahl.

Platzieren Sie nun die Datei »himmel_cmyk.psd« in den Rahmen. Die Datei wird Ihnen in der tatsächlichen Bildgröße (diese können Sie in Photoshop über BILD • BILDGRÖSSE ablesen) in den Rahmen eingesetzt.

7 Wählen Sie den Inhalt aus

Seit InDesign CS4 können Sie mit dem Auswahl-Werkzeug ▶ durch Klicks auf das Objekt den Rahmen und den Inhalt auswählen, ohne das Werkzeug zu verlassen.

Klicken Sie drei Mal in den Himmel, bis sich der Cursor in eine 🖑 ❹ verändert hat. Wenn Sie die Hand sehen, dann gehen Sie in die Steuerung-Palette und klicken auf das Icon Rahmen proportional füllen ❺.

Gefällt Ihnen der Bildausschnitt nicht, so können Sie ihn jederzeit mit dem Direktauswahl-Werkzeug ▶ verändern.

8 In den Hintergrund stellen

Wählen Sie abschließend mit dem Auswahl-Werkzeug ▶ den Himmel aus. Gehen Sie in das Menü Objekt • Anordnen • In den Hintergrund bzw. klicken Sie ⇧ + ⌘ bzw. Strg + Ö. So stellen Sie den Himmel nach hinten, und der Flieger wird wieder sichtbar.

Platzieren Sie den Flieger so, dass er nicht über die rechte vertikale Hilfslinie hinausragt.

9 Das Logo platzieren

Zu guter Letzt platzieren Sie noch die Datei »F-Air_Logo.eps« aus dem Ordner und positionieren es rechts unten auf der Seite.

Wählen Sie dann das Skalieren-Werkzeug aus, und skalieren Sie das Logo auf den Wert von »40 %«.

Die Importoptionen

Steuern Sie den Import!

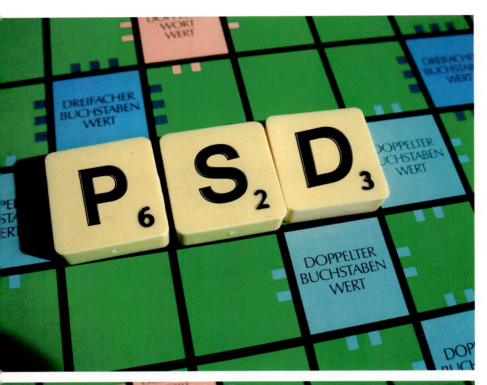

Mit den Importoptionen können Sie schon vor dem Einfügen Ihrer Grafik den Import steuern.

Es ist auch möglich, nur bestimmte Ebenen aus einer Photoshop-Datei zu importieren. Dann ersparen Sie sich für die Layoutarbeit unnötigen Datenmüll auf Ihrem Rechner.

Außerdem können Sie ausgewählte Seiten aus einem PDF oder einem InDesign-Dokument importieren.

Zielsetzungen:
Importoptionen einblenden
Objektebenen steuern
[Ordner 02_Importoptionen]

Foto: vapetrac – Fotolia.com

1 Die Importoptionen aktivieren

Öffnen Sie die Datei »Import+Ebenen.indd« und anschließend den Platzieren-Dialog über DATEI • PLATZIEREN oder ⌘ / Strg + D.

In diesem Dialog finden Sie die Option IMPORTOPTIONEN ANZEIGEN ❶.

Aktivieren Sie diese Option, wird Ihnen von nun an vor jedem Import der Importoptionen-Dialog ❷ angezeigt.

2 Die Optionen für ein Bild

Nachdem Sie in Schritt 1 die Importoptionen aktiviert haben, wählen Sie anschließend die Datei »TIFF.tif« aus, und klicken Sie auf ÖFFNEN. Es öffnet sich das Fenster BILD-IMPORTOPTIONEN.

In den Reitern für BILD und FARBE finden Sie, sofern in der Originaldatei angewendet, Einstellmöglichkeiten für Beschneidungspfade und Farbprofile.

Auf beide Themen werden wir in späteren Kapiteln näher eingehen.

3 Mehrseitiges PDF importieren

Sie können eine oder mehrere Seiten einer PDF-Datei in den Importoptionen auswählen und in Ihrem InDesign-Dokument platzieren.

Wählen Sie jetzt die Datei »PDF.pdf«, und suchen Sie sich die gewünschte Seite mit Hilfe der Pfeile ❸ aus.

Möchten Sie mehrere Seiten gleichzeitig platzieren, geben Sie im Eingabefeld unter BEREICH ❹ z. B. »1–2, 4« ein. Die Seiten 1, 2 und 4 werden eingefügt. Wenn Sie die Eingabe mit OK bestätigen, platzieren Sie jetzt mit jedem Klick auf Ihr Dokument eine PDF-Seite.

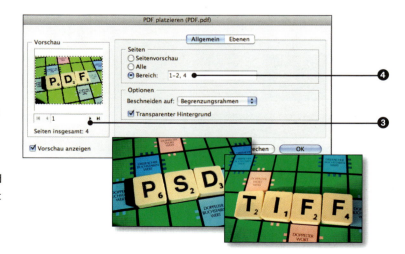

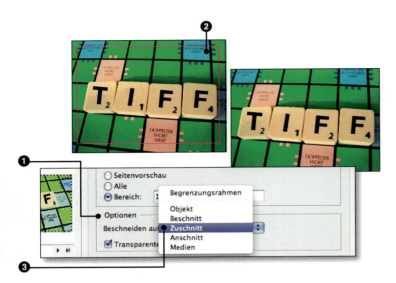

4 Schneiden Sie Ihr PDF zurecht

Erwarten Sie bei der Option BESCHNEIDEN AUF ❶ nicht zu viel. Sie können das PDF nur eingeschränkt beschneiden, was aber oft dennoch hilfreich sein kann.

Wählen Sie die Option BEGRENZUNGSRAHMEN, so platzieren Sie das PDF mit allen Marken ❷. Klicken Sie auf ZUSCHNITT ❸, dann platzieren Sie das PDF in der Originalgröße ohne weiteren Zusatz. Das sind die beiden wichtigsten Optionen.

5 Den Hintergrund einstellen

Aktivieren Sie die Option TRANSPARENTER HINTERGRUND ❹, können Sie z. B. ein aus InDesign erstelltes PDF wie eine freigestellte Bilddatei platzieren.

Deaktivieren Sie diese Option, wird Ihnen das PDF automatisch mit einem weißen Hintergrund ❺ eingefügt.

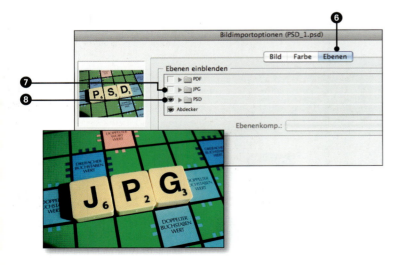

6 Optionen für eine Photoshop-Datei

Öffnen Sie die Importoptionen für die Datei »PSD_1.psd«, und wählen Sie den Reiter EBENEN ❻.

Hier werden alle Ebenen der Photoshop-Datei angezeigt. Ein Auge vor jeder Ebene zeigt an, dass diese in Photoshop eingeblendet war.

Aktivieren Sie jetzt die Ebene »JPG« ❼. Anschließend sollten Sie die Ebene »PDF« ❽ mit einem Klick auf das Auge deaktivieren. Bestätigen Sie mit OK, und nur die Ebene »JPG« wird eingefügt.

7 Ebenen aus InDesign-Seiten

Den gleichen Ebenen-Dialog erhalten Sie auch, wenn Sie InDesign-Seiten mit Ebenen platzieren. Auch wenn diese Datei wie ein Bild aussieht, verfügt sie doch über alle angelegten Bestandteile.

Platzieren Sie mit aktivierter Importoptionen-Funktion die Datei »ID_Ebenen.indd« aus dem Übungsordner, und deaktivieren Sie über das Auge die Ebene 2.

8 Ebenen aus TIFF-Bildern

Nun haben wir alle wichtigen Importoptionen durchgespielt, so dass ich Ihnen im Anschluss noch zwei Hinweise liefern möchte.

Seit Photoshop CS2 können Sie auch TIFF-Dateien mit Ebenen speichern (siehe die Beispieldatei »Ebenen_ID.tif«. Leider werden diese Ebenen aber nicht von InDesign unterstützt. Sie müssen die TIFF-Datei zuerst in Photoshop als PSD mit Ebenen abspeichern, dann klappt der Import der Ebenen.

9 Ein Tipp zum Schluss

Die automatische Anzeige der Importoptionen ist manchmal praktisch, kann aber auch auf die Nerven gehen, wenn man den Dialog gar nicht benötigt, denn er erscheint ja bei jedem Import.

Wollen Sie nicht bei jedem Import die Optionen angezeigt bekommen, deaktivieren Sie IMPORTOPTIONEN ANZEIGEN ❾ wieder. Wenn Sie die Optionen benötigen, können Sie sie für ein ausgewähltes Bild separat aktivieren: Halten Sie dazu beim Öffnen der Datei ⇧ gedrückt, und bestätigen Sie mit OK.

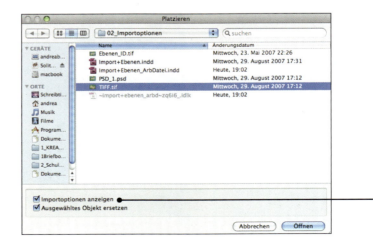

Kapitel 4 | Rund um das Bild **121**

Illustrator-Ebenen importieren

Gestalten Sie das CD-Cover aus.

Wir haben in Kapitel 3 ein CD-Cover erstellt. Nun wollen wir dem Cover noch Grafiken hinzufügen. Das wäre ja einfach, wenn da nicht ein Hintergrund wäre, der nicht gelöscht werden könnte. In diesem Workshop zeige ich Ihnen, wie Sie Illustrator-Ebenen in InDesign ausblenden können. Dies ist wichtig, da beide vom Aufbau her unterschiedlich strukturiert sind.

Zielsetzungen:
Illustrator-Datei als
PDF speichern
PDF-Ebenen einsetzen
[Ordner 03_Illustratorebene]

1 Die kleine Umleitung

Öffnen Sie die Datei »Button.ai« in Illustrator, und speichern Sie sie erneut. Wählen Sie dabei jedoch das Dateiformat »Adobe PDF«, und stellen Sie unter KOMPATIBILITÄT ❶ mindestens »Acrobat 7 (PDF 1.6)« ein.

In dieser Programmversion müssen Sie AUS OBEREN EBENEN ACROBAT-EBENEN ERSTELLEN ❷ auswählen.

2 Die Objektebenenoptionen

Öffnen Sie nun Ihr bereits erstelltes CD-Cover, oder benutzen Sie die Datei »CD-Cover_Grafiken.indd«, und platzieren Sie auf den Seiten 1 und 3, gemäß der Stanzkontur aus Kapitel 3, das in Schritt 1 erstellte PDF.

Wählen Sie anschließend die Grafik auf Seite 1 und danach das Menü OBJEKT • OBJEKTEBENENOPTIONEN aus. In diesem Dialog blenden Sie nun die Ebenen »Stern_Abdecker« und »Hintergrund_Button Kopie« aus, indem Sie auf das Auge ❸ klicken.

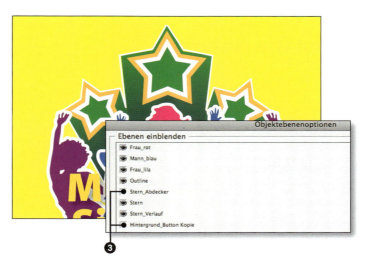

3 Zwei hilfreiche Tipps

Damit Ihre eigene Ebeneneinstellung bei der Aktualisierung der Verknüpfung nicht verloren geht, achten Sie darauf, dass Sie die BENUTZERDEFINIERTE EBENENSICHTBARKEIT BEIBEHALTEN ❹.

Egal ob PDF oder PSD, Sie können diese Dateien ohne Bedenken weitergeben. Als PSD sind die Dateien zwar sehr groß, aber auch sie lassen sich weiterverarbeiten.

Befragen Sie dennoch vorher stets Ihren Druckdienstleister. Alternativ könnten Sie auch eine TIFF-Datei verwenden.

Mehrere Bilder importieren

Nutzen Sie diese Funktion für einen schnelleren Workflow.

Adobe hat sich bei der Weiterentwicklung seiner Programme einmal mehr mächtig ins Zeug gelegt und sich verstärkt um die Anwenderwünsche gekümmert. Zwei der interessanten neuen Funktionen werden hier angewendet.

Für das Erstellen einer Katalogseite mit immer gleichen Proportionen sind diese Funktionen ausgesprochen praktisch.

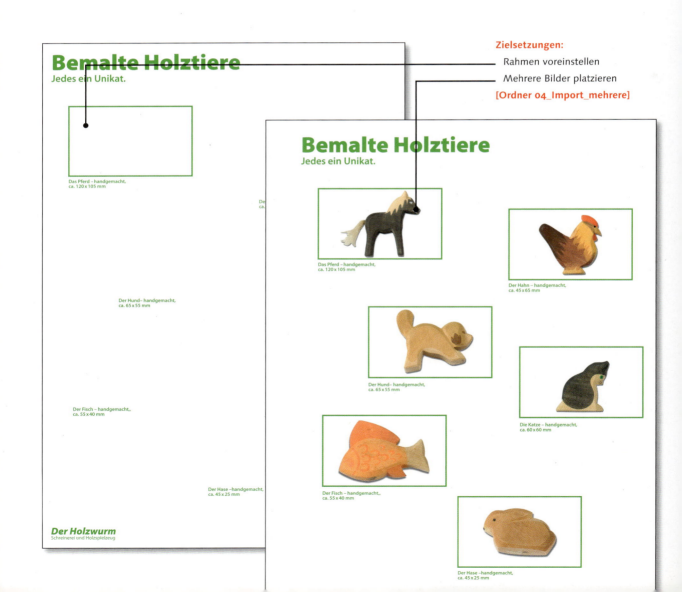

Zielsetzungen:
Rahmen voreinstellen
Mehrere Bilder platzieren
[Ordner 04_Import_mehrere]

1 Den Bildrahmen duplizieren

Öffnen Sie die Datei »Katalogseite.indd«. Wählen Sie dann zunächst das Menü Ansicht • Raster und Hilfslinien, und aktivieren Sie Magnetische Hilfslinien ❶.

Wählen Sie den Grafikrahmen aus und duplizieren ihn mittels gedrückter Alt-Taste sechs Mal. Ziehen Sie das Duplikat immer an einen der Textrahmen heran. InDesign zeigt Ihnen dabei Positionshilfslinien an ❷, die sich an den erstellten Textrahmen orientieren.

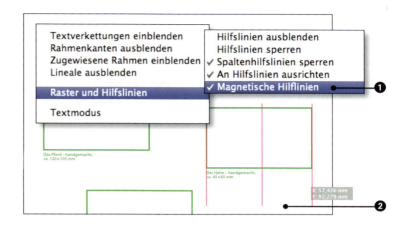

2 Die automatischen Abstände

Wählen Sie nun den ersten Grafikrahmen mit dem Auswahl-Werkzeug aus. Verändern Sie durch Ziehen nach oben den Abstand zwischen Rahmen und Text.

Aktivieren Sie danach den nächsten Grafikrahmen, und ziehen Sie ihn wieder etwas nach oben. InDesign versucht jetzt, den Abstand anzupassen. Dies wird Ihnen durch vertikale Pfeile ❸ angezeigt.

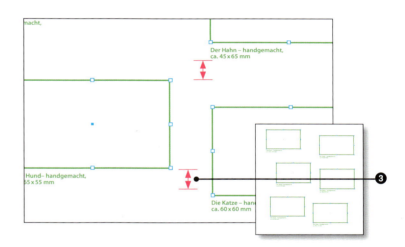

3 Den Rahmen eine Anweisung geben

Wählen Sie mit dem Auswahl-Werkzeug und gedrückter -Taste alle sechs Grafikrahmen aus. Im Anschluss versehen Sie alle mit einer grünen Kontur der Stärke »1 pt«.

Behalten Sie die Grafikrahmen in der Auswahl, und gehen Sie in das Menü Objekt • Anpassen • Rahmeneinpassungsoptionen ❹.

Hier können Sie bestimmen, wie die Bilder in die leeren Rahmen eingepasst werden sollen. Wählen Sie den Bezugspunkt Zentriert ❺ und die Option Inhalt proportional anpassen ❻.

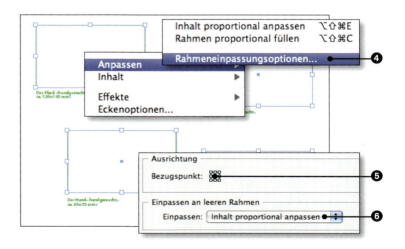

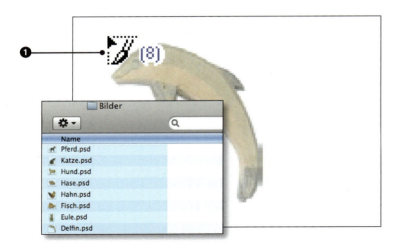

4 Mehrere Bilder platzieren

Sind die Grafikrahmen und die Rahmenoptionen erstellt, dann platzieren Sie über das Menü Datei • Platzieren alle Bilder, indem Sie sie im Ordner Bilder mit gedrückter ⇧-Taste gleichzeitig auswählen.

An Ihrem Cursor ❶ wird Ihnen angezeigt, dass nun acht Bilder platziert werden möchten.

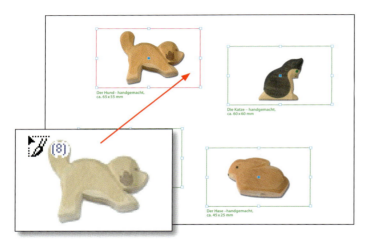

5 Die Bilder in die Rahmen einfügen

Nun können Sie die Bilder in die Rahmen einfügen. Doch ganz einfach mache ich es Ihnen nicht: Die Bilder hängen nicht in der Reihenfolge der Textrahmen an Ihrem Cursor. Mit den Pfeiltasten auf Ihrer Tastatur können Sie sich aber durch die Bilder hangeln und das entsprechende Bild auswählen.

Haben Sie das Bild zur jeweiligen Bildunterschrift gefunden, so klicken Sie einfach in den Rahmen und fügen dadurch das Bild ein.

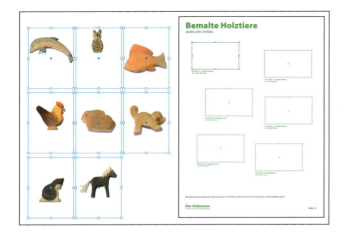

6 Alle Bilder gleichzeitig platzieren

Sie können alternativ mit einem Klick alle ausgewählten Dateien platzieren.

Haben Sie die Dateien, wie in Schritt 4 beschrieben, ausgewählt und halten beim Klick die Tasten ⇧ + ⌘ bzw. Strg gedrückt, werden alle Dateien gleichzeitig in Ihr Dokument importiert.

Alle ausgewählten Bilder werden mit einem Klick entweder auf der Montagefläche oder in das Dokument, und zwar skaliert, eingefügt.

Tipp: Drücken Sie die Esc -Taste, wird die Datei an Ihrem Cursor gelöscht.

7   Das proportionale Platzieren

Sie haben in Schritt 1 bereits zwei Vorzüge der magnetischen Hilfslinien kennengelernt, und zwar, wie es Adobe nennt, das »intelligente Ausrichten« und die »intelligenten Abstände«.

In den nächsten Schritten möchte ich Ihnen zwei weitere Vorzüge der magnetischen Hilfslinien vorstellen: Es sind die »intelligenten Abmessungen« und der »intelligente Cursor«.

Eines ist gewiss, diese Funktionen erleichtern und beschleunigen Ihre Arbeit deutlich.

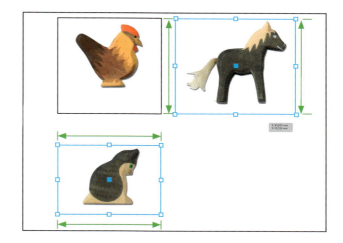

8   Die intelligenten Abmessungen

Ich bleibe der Einfachheit halber bei der Bezeichnung »proportionales Platzieren«.

Gehen Sie auf Seite 2, und wählen Sie erneut alle Bilder der Beispieldatei aus. Ziehen Sie anschließend eines der Bilder auf. An Ihrem Cursor erscheint ein kleines Fenster ❷, das Ihnen die Prozentwerte des Bilds anzeigt. Lassen Sie die Maustaste los, wenn in dem kleinen Fenster »X: 100 %« und »Y: 100 %« erscheint.

9   Der intelligente Cursor

InDesign benutzt das erste platzierte Bild als Referenz und übernimmt seine Abmessungen für alle weiteren Rahmen, die Sie aufziehen.

Ziehen Sie nun ein weiteres Bild auf, bis an beiden Rahmen Maßlinien ❸ erscheinen, und lassen Sie die Maustaste los. Jetzt haben Sie ein weiteres Bild platziert, dessen Abmessungen identisch sind.

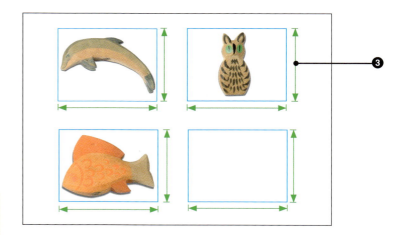

Tipp: Achten Sie darauf, dass die geladenen Bilder entweder im Quer- oder Hochformat vorliegen. Ein Mix aus beiden Formaten wird Sie schnell enttäuschen, da InDesign sich entscheiden müsste, ob es die Breite oder die Höhe übernehmen soll.

In Schwarz gestalten

Erstellen Sie ein schwarz/schwarzes Bild.

Schwarz auf Schwarz – diese Gestaltungsform ist derzeit in Mode. Ich möchte Ihnen deshalb zeigen, wie Sie ein tiefes Schwarz einrichten und wie Sie ein Photoshop-Bild in InDesign einfärben können.

Zielsetzungen:
Graustufen-Bild erstellen
Graustufen-Bild einfärben
[Ordner 05_Schwarz]

Grafik: Andrea Forst

1 Graustufen in Photoshop vorbereiten
Öffnen Sie das Bild »Sessel.tif« in Photoshop. Falls Sie kein Photoshop auf Ihrem Rechner installiert haben, können Sie gleich zu Schritt 4 übergehen.

Wählen Sie in Photoshop das Menü BILD • KORREKTUREN • SCHWARZWEISS ❶. Auf diese Weise erstellen Sie bessere Graustufenbilder als über andere Wege, da die Farbkanäle eingerechnet werden.

Bestätigen Sie den Dialog ohne weitere Einstellungen mit »OK« ❷.

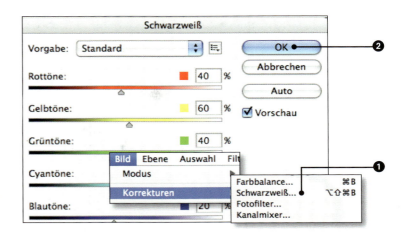

2 Verwerfen Sie alle Farben
Damit Sie das Bild später in InDesign einfärben können, müssen Sie es vorher umwandeln.

Gehen Sie dafür auf das Menü BILD • MODUS • GRAUSTUFEN. Der nachfolgende Dialog ist etwas verwirrend, aber er besagt nur, dass Sie alle Farbinformationen im Bild löschen möchten. Bestätigen Sie daher den Dialog durch einen Klick auf die Schaltfläche LÖSCHEN ❸.

3 Das Bild speichern
Wichtig für die Weiterverarbeitung in InDesign ist, dass Sie das Bild vor dem Speichern über das Palettenmenü der Ebenen-Palette auf die Hintergrundebene reduziert haben. In Photoshop erstellte Ebenen lassen für diesen Zweck keine Bearbeitung zu.

Speichern Sie danach die Datei in dem Format »Tiff« ab, und vermeiden Sie auch eine Bildkompimierung, indem Sie auf OHNE klicken ❹.

Tipp: Sie können in Photoshop nur dann die Funktion SCHWARZWEISS anwenden, wenn sich das Bild im RGB-Modus befindet.

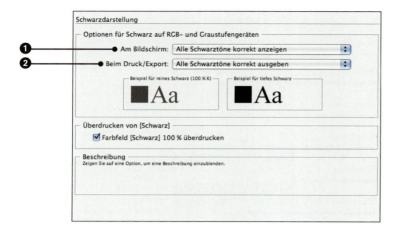

4 Die Schwarzdarstellung

Öffnen Sie die Datei »Duplex.indd« aus dem Ordner 05_SCHWARZ. Hier habe ich bereits eine Einladungskarte für Sie vorbereitet.

Damit Sie die nun folgende Bearbeitung deutlich sehen können, sollten Sie in den Voreinstellungen die Schwarzdarstellung einstellen. Wählen Sie dafür über INDESIGN bzw. BEARBEITEN • VOREINSTELLUNGEN • SCHWARZDARSTELLUNG für die Ausgabe AM BILDSCHIRM ❶ und BEIM DRUCK/EXPORT ❷ jeweils ALLE SCHWARZTÖNE KORREKT ANZEIGEN/AUSGEBEN aus.

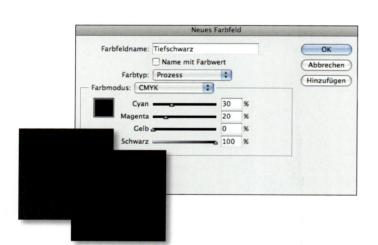

5 Ein tiefes Schwarz mischen

Verwenden Sie für ein tiefes Schwarz nie die Farbe »Passkreuze«, denn hier werden alle Farben zu 100 % übereinandergedruckt.

Besser ist es, wenn Sie sich ein tiefes Schwarz selbst anmischen. Gehen Sie dafür in das Palettenmenü der Farbfelder-Palette und wählen NEUES FARBFELD. Stellen Sie unter Cyan »30 %«, Magenta »20 %« und unter Schwarz »100 %« ein. Gelb bleibt bei »0 %«.

6 Das Bild platzieren

Platzieren Sie nun den von Ihnen in Photoshop erstellten Sessel, oder wählen Sie »Sessel_Graustufen.tif« von Seite 1 der mitgelieferten Beispieldatei. Achten Sie dabei darauf, dass Sie keinen Rahmen ausgewählt haben. Klicken Sie dafür einfach mit dem Auswahl-Werkzeug auf die Montagefläche, denn so heben Sie die Auswahl aller Rahmen auf.

Tipp: Wenn Sie »30 % Cyan« und »100 % Schwarz« mischen, erhalten Sie ein brillantes Schwarz.

7 Das Bild einfärben

Auch wenn ich mich wiederhole, die Voreinstellung für die Schwarzdarstellung müssen Sie einstellen, damit Sie den folgenden Effekt sehen können.

Mit dem Auswahl-Werkzeug ▶ wählen Sie die hellen Bereiche ❸ im Bild aus. Färben Sie diese anschließend mit der Farbe SCHWARZ ein. Mit dem Direktauswahl-Werkzeug ▶ erreichen Sie die dunkleren Farben ❹ und vergeben hier die Farbe TIEFSCHWARZ. Diese hatten Sie ja zuvor erstellt.

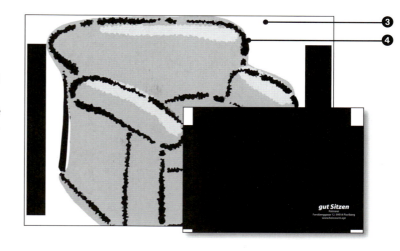

8 Das Bild positionieren

Mit den Tasten ⌘ bzw. Strg + ⇧ verkleinern Sie nun das Bild über eine der vier äußeren Ecken auf eine Größe von ca. »77 x 70 mm«. Die Größe können Sie während des Ziehens an Ihrem Cursor ablesen, wenn Sie in den Voreinstellungen unter BENUTZEROBERFLÄCHE • CURSOROPTIONEN die Rubrik TRANSFORMATIONSWERTE ANZEIGEN ❺ aktiviert haben.

Danach duplizieren Sie das Bild mit gedrückter Alt -Taste und positionieren es so, dass sich die Bilder nicht überlappen.

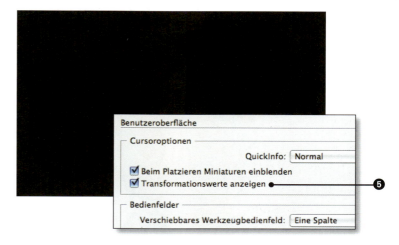

9 Für die Druckerei

Fragen Sie Ihren Druckdienstleister in jedem Fall, ob das tiefe Schwarz mit der Papierqualität harmoniert. Alternativ schauen Sie in Kapitel 11 nach, dort wird der Farbauftrag näher beschrieben.

Auf Seite 1 der Beispieldatei erstellen Sie nun noch die Falzmarken. Ziehen Sie dafür mit dem Linienzeichner-Werkzeug ↘ zwei kurze horizontale Linien auf, und zwar auf der X-Achse ❻ außerhalb des Dokumentformats bei 210 mm.

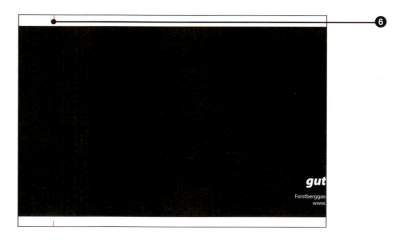

Illustrator-Grafiken einfügen

Bearbeiten Sie die Grafiken, und suchen Sie nach Farben.

In diesem Workshop möchte ich Ihnen eine Funktion vorstellen, die Sie zumindest bei einfarbigen Logos immer einsetzen sollten. Mit ihrer Hilfe ersparen Sie sich bei der Arbeit mit einem Kundenlogo die vielen Farbvarianten auf Ihrem Rechner. Sprich: Sie halten nur noch das schwarze Logo auf Ihrem Rechner vor und erledigen alles andere in InDesign.

Des Weiteren zeige ich Ihnen in diesem Workshop, wie Sie Farben suchen und ersetzen können.

Zielsetzungen:
Grafiken aus Illustrator bearbeiten
[Ordner 06_Grafik]

1 Die Voreinstellung in Illustrator

Um Grafiken aus Illustrator bearbeiten zu können, müssen Sie in den Illustrator-Voreinstellungen unter DATEIEN VERARBEITEN UND ZWISCHENABLAGE die Option AICB (Adobe Illustrator ClipBoard) ❶ einstellen. Sie erhalten dadurch die in Illustrator erstellten Pfade und Flächen.

Öffnen Sie die Datei »Schmetterling.ai« in Illustrator, und stellen Sie also in den Voreinstellungen die Option AICB ein.

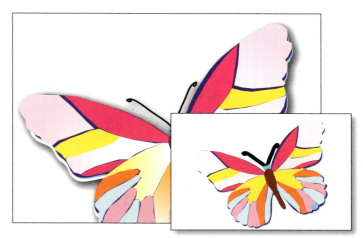

2 Was nicht geht

Nachdem Sie diese wichtige Einstellung getätigt haben, können Sie die Illustrator-Grafik in InDesign einfügen.

Eine Einschränkung gibt es jedoch: Transparenzen und Verläufe können Sie auf diesem Weg nicht transportieren. Diese müssen Sie ganz normal platzieren.

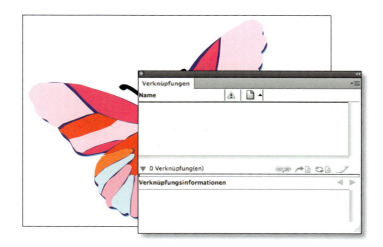

3 Das Einfügen

Kopieren Sie den Schmetterling in Illustrator über ⌘/Strg + C, und fügen Sie ihn in ein neu erstelltes InDesign-Dokument ein. Wählen Sie als Format DIN A6.

Die Grafik ist jetzt ein Bestandteil von InDesign und steht zur weiteren Bearbeitung zur Verfügung.

Hinweis: Da die Grafik eingefügt wurde, gibt es keine Verknüpfung zum Original. Aktualisierungen der Grafik werden somit nicht automatisch übernommen.

Kapitel 4 | Rund um das Bild

4   Der alte Weg

Bereits seit der Version 1 von InDesign können Sie Grafiken aus Illustrator einfügen und bearbeiten.

Damals wie heute können Sie dafür das Direktauswahl-Werkzeug verwenden und sich zur Auswahl der Flächen mit gedrückter ⇧-Taste durch das Objekt klicken, um z. B. die Farbigkeit zu ändern.

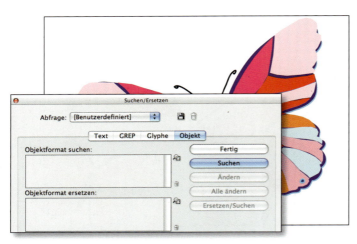

5   Der neue Weg

Wenn Sie bisher die Funktion SUCHEN/ERSETZEN verwendet haben, dann wahrscheinlich nur für das Ersetzen von Text.

Seit InDesign CS3 ist die Funktion sehr stark erweitert worden. Sie können innerhalb eines Dokuments seitdem auch nach Farben suchen und diese ersetzen lassen.

Ich hoffe, Sie haben den Schmetterling bereits in ein neues Dokument eingefügt. Öffnen Sie über ⌘ bzw. Strg + F jetzt den Suchen/Ersetzen-Dialog.

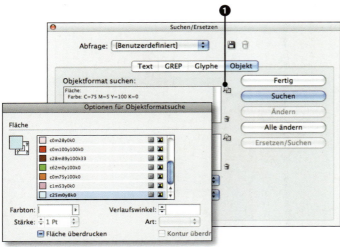

6   Die Objektformatsuche

Da hat Adobe sich aber eine hübsche Vokabel einfallen lassen, finden Sie nicht auch?

Klicken Sie im Reiter OBJEKT auf SUCHATTRIBUTE ANGEBEN ❶, und wählen Sie im Reiter FLÄCHE eine Flächenfarbe aus – hier z. B. »c25m0y8k0«. Bestätigen Sie die Auswahl mit OK.

Tipp: InDesign ist hier sehr genau. Farben, die nicht in der Farbfelder-Palette aufgelistet sind, können auch nicht ersetzt werden. Deshalb sollten Sie immer Ihre selbst gemischten Farben in der Farbfelder-Palette abspeichern.

7 Die Objektformatersetzung

Auch nett, oder? Es bedeutet nichts anderes, als dass Sie hier die Änderungseinstellungen vornehmen können. Öffnen Sie den Dialog durch Klick auf ÄNDERUNGSATTRIBUTE ANGEBEN ❷. Wählen Sie als Ersatzfarbe einen Grünwert aus, und bestätigen Sie den Vorgang mit OK.

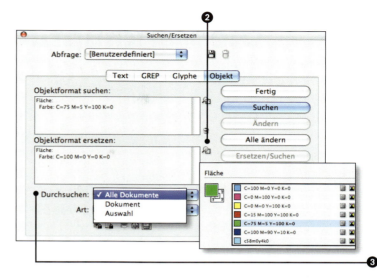

8 Die Farbe ersetzen

Wählen Sie im Suchen/Ersetzen-Dialog SUCHEN ❹ und klicken anschließend auf ALLE ÄNDERN ❺.

InDesign meldet Ihnen in einem neuen Fenster, wie viele Objekte gefunden und ersetzt wurden. Schließen Sie dieses Fenster durch einen Klick auf OK, und beenden Sie den Dialog mit einem Klick auf FERTIG.

9 Wenn das Ersetzen nicht funktioniert

Sollte das Ersetzen der Farbe nicht funktioniert haben, verrate ich Ihnen nun noch einen Trick, damit Sie nicht verzweifeln:

Achten Sie darauf, dass Sie kein Objekt ausgewählt haben. Nur dann sucht InDesign nach allen Objekten mit der eingestellten Farbe.

Haben Sie aber ein Objekt ausgewählt, müssen Sie den Ersetzen-Vorgang immer wieder neu anwenden.

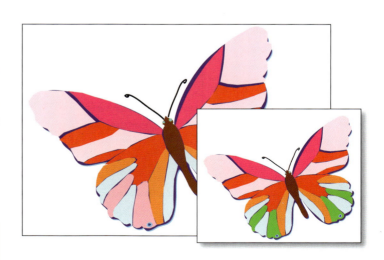

Tipp: Die Suche muss nicht auf Ihre Auswahl oder das Dokument beschränkt werden. Wählten Sie unter DURCHSUCHEN ❸ ALLE DOKUMENTE aus, würden alle geöffneten Dokumente einbezogen.

Kapitel 4 | Rund um das Bild   **135**

Die Verknüpfungen-Palette

Arbeiten Sie sicher und effizient.

In diesem Workshop möchte ich Sie mit der Verknüpfungen-Palette vertraut machen und Ihnen zeigen, wie Sie damit Verknüpfungen sicher aktualisieren und erneuern können.

Außerdem präsentiere ich Ihnen eine Neuheit, und zwar die grandiose Preflight-Palette. Wie konnte man bis heute ohne sie auskommen?

Zielsetzungen:
Geänderte Bilder anzeigen, Fehlende Verknüpfung erneuern, Verknüpfung aktualisieren

[Ordner 07_Verknuepfungen]

1 Die Situation: Fehlende Bilder

Öffnen Sie ein fremdes Dokument, dann sehen Sie oft einen Warndialog, der Ihnen sagt, dass Verknüpfungen fehlen oder geändert wurden. Es könnte Ihnen in den Fingern kribbeln, und Sie wählten VERKNÜPFUNGEN AKTUALISIEREN ❶, doch dann haben Sie keine Kontrolle über den Vorgang.

Öffnen Sie die Datei »Verknuepfungen.indd«. Ich habe Ihnen hier diese alltägliche Situation simuliert: die Verknüpfungen fehlen.

2 Die Verknüpfungen fehlen

Nachdem Sie das Dokument geöffnet haben, folgen Sie der Empfehlung von InDesign und klicken auf die Schaltfläche VERKNÜPFUNGEN NICHT AKTUALISIEREN ❷.

Die Preflight-Palette ❸ öffnet sich automatisch, sobald eines der platzierten Bilder nicht zur Verfügung steht oder geändert wurde. Sie öffnet sich allerdings so kurz, dass Sie es kaum sehen können. Daher zeige ich Ihnen im nächsten Schritt diese neue Palette von InDesign CS4 ausführlich.

3 Die Preflight-Palette

Sie finden die Palette über FENSTER • AUSGABE • PREFLIGHT.

Unten in der Palette sehen Sie sofort anhand des roten Punktes ❹, dass drei Fehler im Dokument vorhanden sind. Wenn Sie nun oben in der Palette unter FEHLER auf den Pfeil für »Verknüpfungen« ❺ klicken und danach auf die darunter liegenden Pfeile, werden Ihnen die Fehler aufgezeigt ❻.

Haben Sie einen Fehler ❼ ausgewählt, können Sie unter INFORMATIONEN ❽ detaillierte Erläuterungen ablesen.

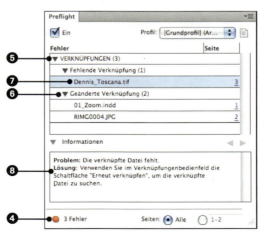

Tipp: Intensiv beschäftigt sich auch die Video-Lektion 2.3 mit der Verknüpfungen-Palette.

4 Die fehlende Verknüpfung

Wählen Sie die fehlende Verknüpfung »Dennis_Toscana.tif« ❶ in der Verknüpfungen-Palette aus, und klicken Sie anschließend auf ERNEUT VERKNÜPFEN ❷. Im sich öffnenden Dialog wählen Sie im Übungsordner 07_VERKNUEPFUNGEN die Datei »Dennis_Italien.tif« ❸ aus.

Bestätigen Sie jetzt mit OK, so wird die Verknüpfung ausgetauscht.

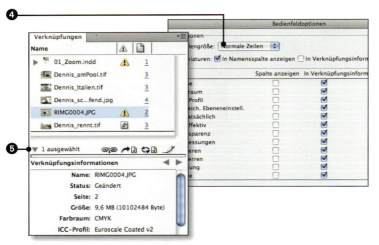

5 Die Optionen der Verknüpfungen

Gehen wir wieder zur Verknüpfungen-Palette zurück.

Wählen Sie dort im Palettenmenü ❹ die BEDIENFELDOPTIONEN. Hier können Sie einstellen, welche Informationen Sie in der Verknüpfungen-Palette unter VERKNÜPFUNGSINFORMATIONEN ❺ angezeigt haben möchten.

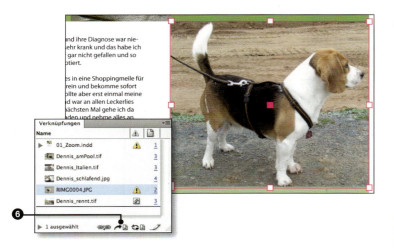

6 Gehen Sie zur Verknüpfung

Bei einer Aktualisierung ist es wichtig, dass Sie sich das ausgewählte Bild vor der Aktualisierung anzeigen lassen. Sie schützen sich dadurch vor fatalen Fehlern.

Wählen Sie das Bild »RIMG004.jpg« aus, und gehen Sie zur Verknüpfung ❻.

Das Bild wird automatisch ausgewählt. So können Sie die Veränderung sofort sehen und gegebenenfalls mit ⌘ bzw. Strg + Z gegensteuern.

Tipp: Wenn Sie ein fehlendes Bild in einem Ordner aktivieren, müssen Sie alle weiteren fehlenden Bilder auch aktivieren. Fatal finde ich die Lösung, dass Sie noch nicht einmal ABBRECHEN wählen können.

7   Die Verknüpfung aktualisieren

Unten in der Verknüpfungen-Palette finden Sie VERKNÜPFUNG AKTUALISIEREN ❼.

Wählen Sie nochmals die Verknüpfung »RIMG004.jpg« aus, klicken Sie auf VERKNÜPFUNG AKTUALISIEREN.

Ich habe das Bild modifiziert, so dass Sie nach der Aktualisierung die Veränderung sehen können.

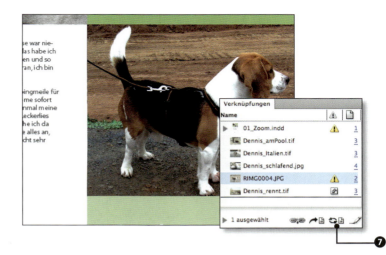

8   Die Datei einbetten

Haben Sie in Ihrem Dokument nur wenige und kleine Dateien verknüpft, können Sie diese in Ihr Dokument einbetten.

Markieren Sie dazu die Verknüpfung und wählen im Palettenmenü VERKNÜPFUNG EINBETTEN ❽. Die Verknüpfung ist nun Bestandteil Ihres Dokuments, und die Datei kann nicht mehr automatisch aktualisiert werden.

Sie sollten jedoch beachten, dass Ihr Dokument sich um die eingebettete Datei vergrößert und schnell riesige Ausmaße annehmen kann.

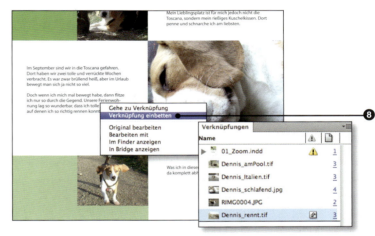

9   Seiten aus InDesign-Dokumenten

Wählen Sie in unserer Übungsdatei die Seite 1 und anschließend das Bild aus. Die platzierte Seite sieht aus wie ein JPG oder TIFF. In der Verknüpfungen-Palette sehen Sie aber, dass Sie eine InDesign-Seite ❾ platziert haben und dass diese selbst auch über Verknüpfungen verfügt.

Tipp: Ändern Sie in diesem Fall etwas an der InDesign-Originaldatei, z. B. die Verknüpfung, so ändert sich auch die Anzeige in der Verknüpfungen-Palette.

Bilder spiegeln

Gestalten Sie ein Poster mit Hilfe der Spiegeln-Option.

Spiegeln Sie doch einmal ein Bild, denn mit dieser Technik können Sie auf einfache Weise z. B. ein außergewöhnliches Plakat erstellen.

In diesem Workshop zeige ich Ihnen deshalb, wie Sie ein Bild oder alternativ nur den Inhalt oder doch nur den Rahmen spiegeln können. Wir werden gemeinsam alle Varianten durchgehen.

Zum Schluss erhalten Sie noch einige wichtige Tipps rund um das Thema Plakate.

Zielsetzungen:
Richtig spiegeln
[Ordner 08_Spiegeln]

1 Der Bezugspunkt

Beim Spiegeln ist es besonders wichtig, dass Sie an die richtige Einstellung beim Bezugspunkt ▦ in der Steuerung-Palette denken.

Haben Sie den Bezugspunkt z. B. in der oberen linken Ecke ❶ platziert, so spiegeln Sie das Bild gegebenenfalls über ein anderes Objekt oder aus der Seite heraus.

Stellen Sie daher den Bezugspunkt immer in das Zentrum ❷, damit die Transformation für Sie sichtbar bleibt.

2 Das Spiegeln von Objekten

Öffnen Sie die Datei »Spiegeln.indd«.

Wählen Sie das Bild auf Seite 1 mit dem Auswahl-Werkzeug ▸ aus, und gehen Sie anschließend in die Steuerung-Palette. Klicken Sie auf HORIZONTAL SPIEGELN ❸. Achten Sie dabei auf das Symbol SPIEGELUNGSSTATUS ❹ neben den Buttons: InDesign CS4 zeigt Ihnen hier an, wie das Objekt gerade platziert ist, d. h. ob es und besonders wie es gespiegelt wurde.

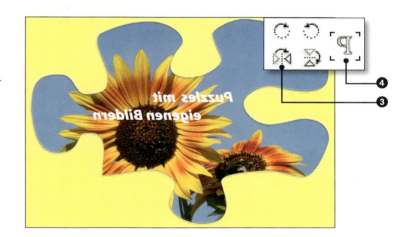

3 Spiegeln Sie mehrfach

Behalten Sie das Bild in der Auswahl bzw. wählen Sie es erneut aus, und klicken Sie nun zusätzlich auf VERTIKAL SPIEGELN ❺.

In der Steuerung-Palette im Feld SPIEGELUNGSSTATUS ❻ sehen Sie, dass das Bild horizontal und vertikal gespiegelt wurde.

4 Die Spiegelung aufheben

Haben Sie einen Rahmen oder einen Rahmeninhalt gespiegelt, merkt sich der Rahmen diese Transformation. Das bedeutet: Alles, was Sie jetzt in den Rahmen einfügen, wird ebenfalls gespiegelt.

Wählen Sie das Bild aus, und klicken Sie sich durch die Buttons Horizontal Spiegeln und Vertikal Spiegeln, bis das Symbol unter Spiegelstatus ❶ wieder in der ursprünglichen Position angezeigt wird.

5 Nur den Inhalt spiegeln

Sie können nicht nur einen Rahmen mit Inhalt spiegeln, sondern auch den Inhalt allein. Dies ist sinnvoll, wenn Sie mit einem Freiformrahmen arbeiten. In unserer Übungsdatei ist das Puzzle so ein Fall.

Wählen Sie mit dem Direktauswahl-Werkzeug den Inhalt des Puzzles aus, und spiegeln Sie nur den Inhalt.

6 Nur den Rahmen spiegeln

So wie Sie Rahmen inklusive Inhalt oder nur den Inhalt spiegeln können, ist es natürlich auch möglich, nur den Rahmen zu spiegeln.

Bei Rechteckrahmen ist das nicht sinnvoll, aber in unserem Fall beim Puzzle schon. Wählen Sie mit dem Direktauswahl-Werkzeug den Pfad des Puzzles aus, und klicken Sie auf den mittleren Ankerpunkt ❷. So aktivieren Sie alle Ankerpunkte. Spiegeln Sie nun den Rahmen horizontal.

> **Tipp:** Achten Sie hier ganz besonders auf den Bezugspunkt, denn steht dieser nicht im Zentrum, spiegeln Sie aus dem Rahmen hinaus.

7 Drehen ohne Eingabe

Stellen Sie sich einmal folgende Situation vor: Sie möchten ein Objekt um 90° nach rechts drehen. Was müssen Sie in die Eingabefelder eingeben: –90° oder vielleicht doch 90°? Ich persönlich muss zunächst immer überlegen.

Doch das lässt sich vermeiden: Arbeiten Sie mit den zwei Buttons ❸ für das Drehen, dann müssen auch Sie sich keine Gedanken mehr um die Eingabe machen.

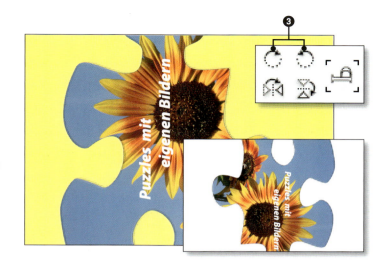

8 Ein Insidertipp

Hier haben wir absichtlich an einem Megaposter gearbeitet. Die so genannten 18/1-Großflächenplakate werden im Maßstab von 1:4 angelegt, d. h. die Datei muss während der Ausgabe vergrößert werden.

Kommen nun noch gespiegelte und gedrehte Bilder hinzu, kann die Ausgabe sehr lange Zeit in Anspruch nehmen. Das können Sie vermeiden: Layouten Sie wie hier beschrieben, und wenn Sie produzieren möchten, dann spiegeln Sie die Bilder im Originalprogramm, z. B. Photoshop.

9 Erstellen Sie Ihr eigenes Poster

Ich habe in der Datei »Dateivorlage_GF_6tlg.pdf« einige wichtige Informationen über Poster und deren Formate bereitgestellt.

Dabei möchte ich Sie auf eine Besonderheit hinweisen: 18/1-Poster werden geteilt gedruckt und dann zusammengeklebt. Nun liegt es am Augenmaß des Plakatklebers, wie gut Ihr Poster ankommt. Um ihn zu unterstützen, ist es sinnvoll, dass Sie im Vorfeld bei der Gestaltung kritische Bereiche, z. B. Text an den Nahtstellen ❹, vermeiden.

Die Steuerung-Palette

Alles über die großen unbekannten Schaltflächen

Sie finden in der Steuerung-Palette Schaltflächen, die sich nicht selbst erschließen und die Sie ohne diesen Workshop möglicherweise nie benutzen würden. Nach diesem Workshop werden Sie die Funktionen aber nicht mehr missen wollen. Des Weiteren zeige ich Ihnen auch noch, wie nützlich die Gruppierung sein kann.

Zielsetzungen:
Einweisung in die
unbekannten Buttons
[Ordner 09_Steuerung]

1 Wechsel zwischen Rahmen und Inhalt

Öffnen Sie die Datei »Steuerung-Palette.indd«.

In der Steuerung-Palette finden Sie diverse Schaltflächen mit merkwürdigen Symbolen. Haben Sie das Bild auf Seite 1 mit dem Auswahl-Werkzeug aktiviert, können Sie seinen Inhalt mit Hilfe der Schaltfläche INHALT AUSWÄHLEN ❶ markieren. Über CONTAINER AUSWÄHLEN ❷ wechseln Sie wieder zurück zum Rahmen. INHALT AUSWÄHLEN entspricht dabei der Funktion des Direktauswahl-Werkzeugs.

2 Den Inhalt an den Rahmen anpassen

Wählen Sie auf Seite 2 den für Sie vorgefertigten Rahmen aus, und platzieren Sie in den Rahmen die Grafik »Steuerung-Palette.eps«.

Behalten Sie den Rahmen mit der Grafik in der Auswahl, und klicken Sie anschließend auf INHALT AN RAHMEN ANPASSEN ❸. Alternativ können Sie das Kürzel [Alt] + [⌘] / [Strg] + [E] verwenden.

Sie erkennen es vielleicht nicht sofort, aber der Inhalt wird verzerrt ❹ in den Rahmen eingepasst. In Schritt 4 zeige ich Ihnen, wie Sie die Verzerrung vermeiden können.

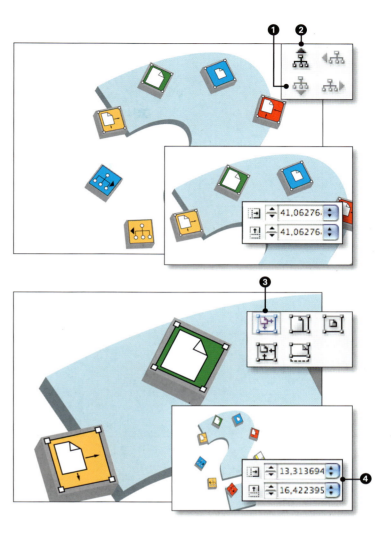

3 Den Rahmen an den Inhalt anpassen

Fügen Sie ein kleineres Bild in einen Rahmen ein, können Sie den Rahmen manuell anpassen oder auch den entsprechenden Button anwählen.

Aktivieren Sie das Bild auf Seite 3 und gehen in der Steuerung-Palette auf RAHMEN AN INHALT ANPASSEN ❺. Die Funktion verbirgt sich auch hinter dem Tastenkürzel [Alt] + [⌘] / [Strg] + [C].

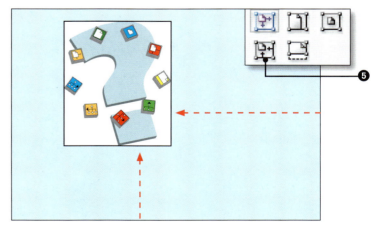

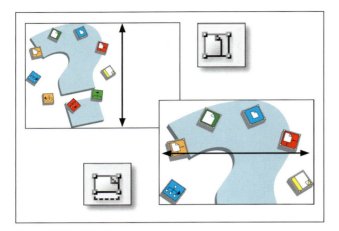

4 Passen Sie proportional ein

Neben den Schaltflächen, die verzerrte Anpassungen vornehmen, sind natürlich die Schaltflächen für die proportionale Anpassung sinnvoll.

Klicken Sie auf INHALT PROPORTIONAL ANPASSEN, wird das Bild vertikal in den Rahmen angepasst. Wählen Sie RAHMEN PROPORTIONAL FÜLLEN, wird das Bild horizontal in den Rahmen eingepasst.

Experimentieren Sie doch einmal mit diesen Schaltflächen, denn sie entpuppen sich als nützliche Helfer.

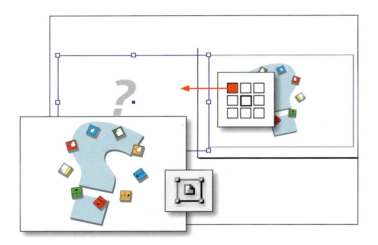

5 Den Inhalt zentrieren

Sie haben den Inhalt eines Bildes gespiegelt, den Bezugspunkt vergessen und das Bild ist nicht mehr sichtbar? Das kann passieren, doch keine Panik:

Gehen Sie in der Übungsdatei auf Seite 4 und wählen den vermeintlich leeren Bildrahmen mit dem Auswahl-Werkzeug aus. Ich habe ihn gelb markiert.

Klicken Sie auf INHALT ZENTRIEREN. Der Inhalt wird nun wieder im Rahmen angezeigt.

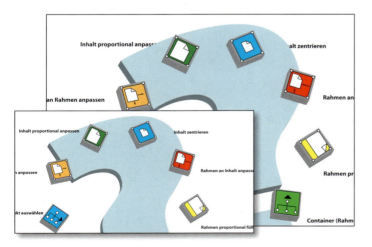

6 Die Hierarchie der Objekte

Jedes Objekt, das Sie in Ihr Dokument einfügen, wird immer im Vordergrund eingefügt. Sie verändern die Reihenfolge für ein unten liegendes Objekt, indem Sie es auswählen und über OBJEKT • ANORDNEN • IN DEN VORDERGRUND bzw. ⇧ + ⌘ bzw. Strg + Ä nach oben verschieben.

Wählen Sie die Grafik auf Seite 5 mit dem Auswahl-Werkzeug aus, und stellen Sie diese über OBJEKT • ANORDNEN • IN DEN HINTERGRUND oder ⇧ + ⌘ bzw. Strg + Ö nach hinten.

7 Der Nutzen einer Gruppe

Durch das Gruppieren haben Sie einen schnellen Zugriff auf Objekte gleicher Art und können diese gemeinsam ändern.

Wählen Sie alle Textrahmen auf Seite 5 mit gedrückter ⇧-Taste und dem Auswahl-Werkzeug ▶ aus, und gruppieren Sie diese über ⌘ bzw. Strg + G. Alternativ verwenden Sie das Menü Objekt • Gruppieren.

Die Gruppe wird Ihnen mit einer gestrichelten Umrandung ❶ angezeigt, wenn Sie sie auswählen.

8 Durch die Gruppe klicken

Wählen Sie zunächst die Gruppe aus, und klicken Sie dann auf Inhalt auswählen ❷. Das erste Objekt der Gruppe wird ausgewählt. Mit Hilfe von Nächstes Objekt auswählen ❸ klicken Sie nun innerhalb der Gruppe von Objekt zu Objekt. Mit den Pfeiltasten können Sie die Rahmen positionieren.

Über Fenster • Schrift und Tabellen • Absatz öffnen Sie die Absatz-Palette. Hier können Sie jeden einzelnen ausgewählten Textrahmen schnell über die Schaltflächen unter ❹ links- bzw. rechtsbündig ausrichten.

9 Eine weitere Gruppe bilden

Erstellen Sie aus der bestehenden Gruppe und der Grafik eine neue Gruppe. Kopieren Sie diese Gruppe über ⌘ bzw. Strg + C, und fügen Sie sie auf Seite 5 neben dem Text ein.

Ziehen Sie anschließend mit gedrückter ⇧ + ⌘ bzw. Strg -Taste am oberen linken Eckpunkt, und passen Sie so die Größe an die vorgefertigten Hilfslinien an.

Behalten Sie die Gruppe in der Auswahl, und öffnen Sie die Konturenführung-Palette. Klicken Sie dort auf Konturenführung um Begrenzungsrahmen ❺.

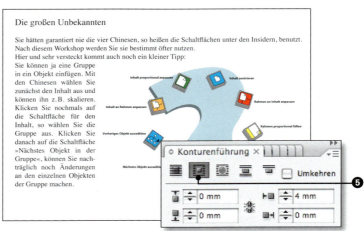

Die großen Unbekannten

Sie hätten garantiert nie die vier Chinesen, so heißen die Schaltflächen unter den Insidern, benutzt. Nach diesem Workshop werden Sie sie bestimmt öfter nutzen.

Hier und sehr versteckt kommt auch noch ein kleiner Tipp: Sie können ja eine Gruppe in ein Objekt einfügen. Mit den Chinesen wählen Sie zunächst den Inhalt aus und können ihn z.B. skalieren. Klicken Sie nochmals auf die Schaltfläche für den Inhalt, so wählen Sie die Gruppe aus. Klicken Sie danach auf die Schaltfläche »Nächstes Objekt in der Gruppe«, können Sie nachträglich noch Änderungen an den einzelnen Objekten der Gruppe machen.

Schneiden Sie frei

Sie kennen den Freisteller vermutlich bisher nur in Verbindung mit EPS. Mit InDesign dürfen Sie globaler denken: Sie können den Freistellpfad in den Formaten PSD, TIF, PDF, JPG, EPS und DCS speichern. InDesign unterstützt all diese Formate.

InDesign kennt jedoch noch mehr Möglichkeiten, ein Objekt freizustellen, und diese möchte ich Ihnen in diesem Kapitel zeigen.

Fotos: Thomas Hebestreit, Ramona Heim – Fotolia.com

Schneiden Sie frei

Die freigestellten Objekte 152
   Erstellen Sie ein Citylight-Poster.

Automatisch freistellen 156
   Lassen Sie nach Kanten suchen – schneller geht es nicht.

Freigestellte Bilder **160**
   Nutzen Sie die Vorteile der Adobe-Familie.

Den Pfad bearbeiten **163**
   Konvertieren Sie den Pfad in einen Rahmen.

Die freigestellten Objekte

Erstellen Sie ein Citylight-Poster.

Objekte werden mit Hilfe eines »Beschneidungpfads« freigestellt. Ich zeige Ihnen hier die übliche Vorgehensweise: Es ist das Auswählen von in Photoshop erstellten Pfaden, die von InDesign angewendet werden. Als Dateiformate können Sie unter anderem TIF, PDF und PSD nutzen.

Zielsetzungen:
Beschneidungspfad anwenden
Deckkraft reduzieren
[Ordner 01_Beschneidungspfad]

1 Das Citylight-Poster

Citylight-Poster werden in eine Art Bilderrahmen eingespannt und sind meistens beleuchtet. Bei der Erstellung eines solchen Posters muss daher die Größe des Leuchtkastens bedacht werden, da Elemente sonst möglicherweise durch den Rahmen verdeckt würden.

Ich habe Ihnen die Vorgaben der Firma Ströer AG für ein Citylight-Poster als Datei »Dateivorlage_CLP.pdf« auf der Buch-DVD bereitgestellt. CLP steht hier für Citylight-Poster. Sie können die Datei als Muster für alle anderen Poster verwenden.

2 Erstellen Sie ein CLP

Richten Sie ein Dokument mit den Maßen »260 x 382 mm« ein. Erstellen Sie diverse Rahmen, z. B. in der Größe »86 x 58 mm«, und verteilen Sie diese auf der Seite.

Alternativ öffnen Sie meine Beispieldatei »CLP_Aqua.indd«. Dort habe ich bereits das Dokument eingerichtet und drei Ebenen vorbereitet.

3 Das Plakat vorbereiten

Wenn Sie Ihr eigenes Plakat verwenden möchten, sollten Sie zu Beginn eine weitere Ebene für den Hintergrund einrichten. Wenn Sie meine Beispieldatei benutzen, können Sie gleich loslegen.

Auf der Ebene »Hintergrund« ❶ wählen Sie den erstellten Rahmen aus und färben seine Fläche gelb ein. Damit die Farbe nicht zu dominant wirkt, stellen Sie den FARBTON ❷ auf »40 %«. So kann man später das Hintergrundbild noch erkennen.

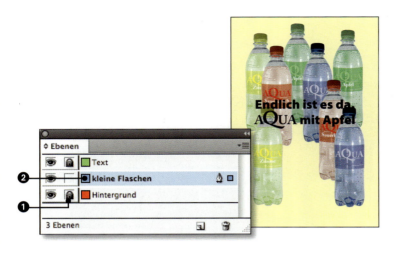

4 Das Bild platzieren

Bevor Sie das Bild platzieren, sollten Sie die Hintergrundebene über das Schloss ❶ sperren.

Auf der Ebene »kleine Flaschen« ❷ platzieren Sie nun das Bild »CityLight_Aqua_Flaschen.psd«.

Ich habe das Bild in der passenden Größe angelegt, daher können Sie das Bild einfach in der oberen linken Ecke platzieren.

5 Importoptionen für dieses Bild

Wenn Sie das Bild mit gedrückter ⇧-Taste öffnen, können Sie im Reiter BILD ❸ ablesen, dass der Beschneidungspfad angewendet wird, dem ist hier aber leider nicht so. Lesen Sie mehr zu diesem fortgeschrittenen Problem im dritten Workshop dieses Kapitels.

Ich habe in unserem jetzigen Fall die Flaschen in Photoshop so freigestellt, dass sie auf einem transparenten Hintergrund stehen, daher können Sie die Datei ohne Weiteres importieren. Bestätigen Sie die Bildimportoptionen einfach mit OK.

6 Die Ebene duplizieren

Sie könnten nun eine neue Ebene einrichten und das Bild »CityLight_Aqua_Flaschen.psd« erneut platzieren.

Das Duplizieren der Ebene hat aber einen Vorteil: Auf diesem Weg stehen die Objekte exakt an der gleichen Stelle wie auf der ursprünglichen Ebene. Ziehen Sie zum Duplizieren die Ebene »kleine Flaschen« einfach nach unten auf das Symbol NEUE EBENE ERSTELLEN, und geben Sie der Ebene mittels Doppelklick auf den Ebenennamen einen aussagekräftigen Namen ❹.

7 Beschneidungspfad aus dem Menü

Sperren Sie jetzt die Ebene »kleine Flaschen«, und aktivieren Sie das duplizierte Objekt auf der neu erstellten Ebene.

Danach gehen Sie in das Menü OBJEKT • BESCHNEIDUNGSPFAD • OPTIONEN und stellen dort im Popup-Menü ART ❻ den Photoshop-Pfad ein. Unter PFAD wählen Sie dann den Pfad »Flasche_grün« ❼ aus und bestätigen die Eingaben mit OK.

Zum Schluss wählen Sie mit dem Auswahl-Werkzeug die Flasche aus und schieben sie nach unten auf die freie Fläche.

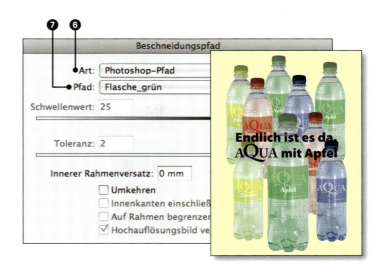

8 Störende Bildteile entfernen

Behalten Sie die Flasche in der Auswahl, und ziehen Sie sie mit dem Auswahl-Werkzeug und den Tasten ⇧ + ⌘ bzw. Strg etwas größer. In meiner Beispieldatei ziehen Sie einfach bis zur Hilfslinie.

Danach gehen Sie in das Menü OBJEKT • OBJEKTEBENENOPTIONEN und deaktivieren über das Auge alle Objektebenen bis auf »Ebene 3 Kopie«.

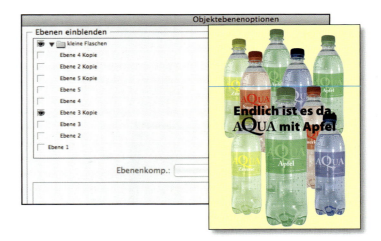

9 Die Deckkraft reduzieren

Entsperren Sie nun die Ebene »kleine Flaschen«, und wählen Sie sie mit dem Auswahl-Werkzeug aus.

Öffnen Sie über FENSTER • EFFEKTE die Effekte-Palette. Hier wählen Sie über das Popup-Fenster als Füllmethode MULTIPLIZIEREN ❽. Damit man die große Flasche und den Text besser erkennen kann, reduzieren Sie die DECKKRAFT auf »40 %« ❾.

So schnell wie in diesem Beispiel geht die Arbeit natürlich sonst nicht. Das Freistellen müssen Sie in jedem Fall erledigen.

Automatisch freistellen

Lassen Sie nach Kanten suchen – schneller geht es nicht.

Meine Überschrift ist kein Witz. Sie können tatsächlich nach Objektkanten suchen lassen, vorausgesetzt, das Objekt steht auf einem hellen Hintergrund. Diesen »Freisteller« können Sie bis in die Druckerei weitergeben. Ich zeige Ihnen in diesem Workshop, wie Sie mit den Beschneidungsoptionen arbeiten und ein Objekt damit freistellen. Als Bonbons verzerren wir noch einen Textrahmen, damit er optisch passt, und ich zeige Ihnen eine weitere Werbeidee.

Zielsetzungen:
Kanten suchen und
Textrahmen verzerren
[Ordner 02_Kanten]

1 Ein Bild in einen Rahmen einfügen

In diesem Workshop möchte ich Ihnen mit dem so genannten »Aufsteller« eine weitere Werbeform vorstellen.

Öffnen Sie die Datei »Aufsteller.indd«, und platzieren Sie das Bild »Aufsteller.tif« in den voreingestellten Rahmen.

Klicken Sie anschließend in der Steuerung-Palette auf den Button INHALT ZENTRIEREN.

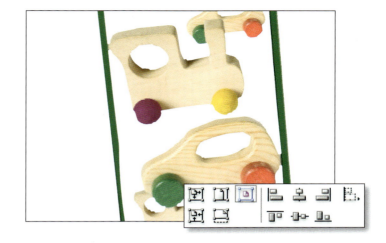

2 Geben Sie dem Rahmen eine Farbe

Wählen Sie den Grafikrahmen aus (nicht den Bilderrahmen), und geben Sie ihm eine Farbe, z. B. Cyan.

Ich möchte Sie hier nicht dazu anregen, mit Farben zu arbeiten, sondern Ihnen einen kleinen Trick zeigen. Mit Hilfe der Hintergrundfarbe werden Sie in den nächsten Schritten sofort die Auswirkungen der Beschneidungspfadoptionen erkennen.

Zoomen Sie für eine bessere Beurteilung mit dem Zoom-Werkzeug möglichst dicht an eine Rahmenkante heran ❶.

3 Lassen Sie nach Kanten suchen

Wählen Sie das Bild mit dem Auswahl-Werkzeug aus und gehen in das Menü OBJEKT • BESCHNEIDUNGSPFAD • OPTIONEN. Alternativ öffnen sich die Optionen über ⇧ + Alt + ⌘/Strg + K. Stellen Sie unter ART • KANTEN SUCHEN ein.

Bestätigen Sie den Dialog bitte nicht gleich mit OK, denn wir wollen in Schritt 4 die Kanten noch sauberer einstellen.

Aktivieren Sie hier stets die Vorschau ❷, damit Sie die Auswirkung Ihrer Einstellungen immer gleich vor Augen haben ❸.

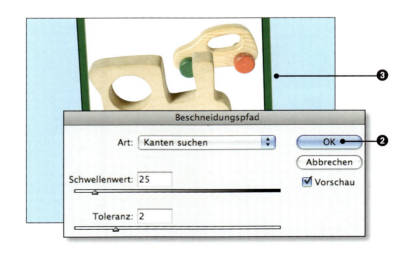

Kapitel 5 | Schneiden Sie frei **157**

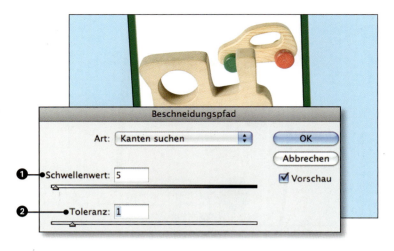

4 Kanten suchen – das Finetuning

Durch den SCHWELLENWERT ❶ bestimmen Sie, nach welcher Grau- bzw. Weißstufe InDesign suchen soll. Wenn Sie sicher sind, dass der Hintergrund reines Weiß ist, dann können Sie den Schieberegler ganz nach links ziehen. In den meisten Fällen reicht jedoch der Wert »10« vollkommen aus.

Mit der TOLERANZ ❷ bestimmen Sie, wie genau InDesign die Kante erkennen soll. Doch Vorsicht: Bei niedrigen Werten werden unnötig viele Ankerpunkte gesetzt.

5 Innenkanten einschließen

Ich hoffe, Sie haben den Beschneidungspfad-Dialog noch nicht geschlossen, denn wir wollen den Innenraum des Bildrahmens auch noch schnell freistellen.

»Schnell« meine ich hier wörtlich. Haben Sie den Dialog noch oder wieder geöffnet, wählen Sie INNENKANTEN EINSCHLIESSEN ❸. Jetzt werden alle Pixel, die durch den Schwellenwert ❹ definiert wurden, ausgewählt.

Bestätigen Sie den Arbeitsvorgang nun mit OK.

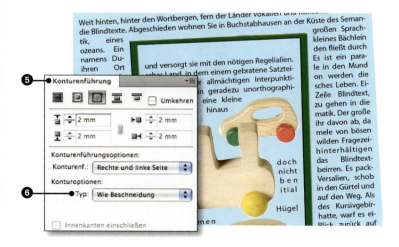

6 Hinweis

Haben Sie die Innenkanten eingeschlossen und möchten, dass das Bild einen Text verdrängt, wird die Innenkante mit berücksichtigt: Der Text würde dann in das Bild hineinfließen. Möchten Sie das vermeiden, müssen Sie über [Alt] + [⌘]/[Strg] + [W] die Konturenführung-Palette ❺ öffnen und im Popup-Fenster KONTUROPTIONEN den TYP ❻ ändern, z. B. auf WIE BESCHNEIDUNG.

Lesen Sie mehr über die Konturenführung in Kapitel 6.

7 Die hässlichen Blitzer entfernen

Weder Ihnen noch dem Kunden werden die weißen Ränder um das Bild herum gefallen ❼.

Adobe hat auch hier für Abhilfe gesorgt. Sie können mit INNERER RAHMENVERSATZ den Beschneidungspfad in das Bild versetzen lassen.

Öffnen Sie nochmals den Dialog BESCHNEIDUNGSOPTIONEN für das ausgewählte Bild, und stellen Sie einen inneren Rahmenversatz ein. Werte zwischen 0,1 bis 0,5 mm sind kaum sichtbar und können ohne Weiteres angewendet werden.

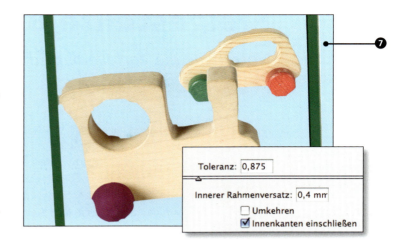

8 Den Text eingeben

Ziehen Sie mit dem Text-Werkzeug [T] einen Textrahmen innerhalb des Bilderrahmens ❽ auf. Geben Sie in den Textrahmen einen beliebigen Text ein.

Wechseln Sie danach zum Auswahl-Werkzeug, und wählen Sie damit den Textrahmen aus.

Stellen Sie den Bezugspunkt in die Mitte und wählen in der Werkzeugpalette das Verbiegen-Werkzeug aus. Ziehen Sie jetzt die rechte Kante nach oben.

9 Ist es wirklich die schnelle Lösung?

KANTEN SUCHEN funktioniert nur dann, wenn das Bild und der Hintergrund sich deutlich voneinander unterscheiden, und dies kommt wirklich nur selten vor.

Ich habe Ihnen für diese Übung in Photoshop eine perfekte Datei erstellt, doch selbst hier waren die Ergebnisse mangelhaft. Das haben Sie sicher auch bemerkt.

Tipp: Erstellen Sie besser einen Beschneidungspfad in Photoshop. Auch dieser kann nachträglich bearbeitet werden.

Freigestellte Bilder

Nutzen Sie die Vorteile der Adobe-Familie.

Ich habe Ihnen in den vorangegangenen Workshops gezeigt, wie Sie Beschneidungspfade aus Photoshop benutzen und Photoshop-Ebenen ein- und ausblenden. Das Problem hierbei ist: Die Verwendung vieler Ebenen erzeugt große Dateien.

In diesem Workshop gehen wir einen anderen Weg: Sie verwenden Bilder, ohne dass Sie auch nur einen Pfad erstellt haben. Und gestalten dabei noch ein großes Plakat für eine Litfasssäule.

Zielsetzungen:
Einen transparenten Hintergrund aus Photoshop nutzen
[Ordner 03_Freigestellte_Bilder]

1 Ebeneneinstellung in Photoshop

Wenn Sie kein Photoshop installiert haben, verwenden Sie die von mir vorbereitete Datei »Litfass_Aqua_Flaschen_frei.psd«. Ansonsten öffnen Sie die Datei »Litfass_Aqua_Flaschen.psd« in Photoshop.

Damit Sie später einen transparenten Hintergrund erhalten, müssen Sie die Hintergrundebene in eine freie Ebene umwandeln. Doppelklicken Sie dafür in der Ebenen-Palette auf die Ebene »Hintergrund« ❶. Im Dialogfenster NEUE EBENE geben Sie unter NAME ❷ »kleine Flaschen« ein und bestätigen mit »OK«.

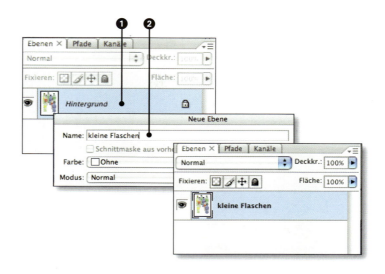

2 Den Hintergrund löschen

Wählen Sie anschließend den Zauberstab in der Werkzeugpalette aus, und klicken Sie mit ihm auf den weißen Hintergrund.

Über das Menü BEARBEITEN • AUSSCHNEIDEN ❸ oder über ⌘ bzw. Strg + X löschen Sie den Hintergrund. Jetzt sehen Sie ein graues Schachbrettmuster, das Ihnen anzeigt, dass der Hintergrund transparent ist.

3 Die Datei speichern

Beim Speichern müssen Sie zwei Dinge beachten: das richtige Format und den korrekten Umgang mit den Ebenen.

Wählen Sie im Speichern-Dialog unter FORMAT die Einträge PHOTOSHOP oder TIFF ❹ aus. Unter SPEICHERN aktivieren Sie die Option EBENEN ❺.

Geben Sie der Datei noch einen anderen Namen, und klicken Sie anschließend auf SPEICHERN.

4 Das zweite Bild vorbereiten

Sie finden im Übungsordner eine weitere Datei, die ebenfalls in Photoshop vorbereitet werden muss. Sollten Sie kein Photoshop installiert haben, verwenden Sie die Datei »Flasche Grün_frei.psd«.

Öffnen Sie die Datei »Flasche Grün.psd«, und wiederholen Sie die Schritte 1 bis 3.

Die Flasche sollte jetzt auch auf einem transparenten Hintergrund ❶ stehen, d.h. Sie sollten das Schachbrettmuster sehen.

5 Das erste Bild einsetzen

Öffnen Sie die Datei »Litfass_Aqua.indd«

Platzieren Sie auf der Ebene »kleine Flaschen« die von Ihnen erstellte Datei mit den kleinen Flaschen. Doppelklicken Sie anschließend auf das Skalieren-Werkzeug und skalieren das Bild gleichmäßig auf »50 %« ❷. Positionieren Sie das Bild in die Mitte der Seite, und reduzieren Sie anschließend die Deckkraft auf »40 %«. Dazu gehen Sie in die Effekte-Palette und wählen im Pop-up-Fenster als Füllmethode MULTIPLIZIEREN.

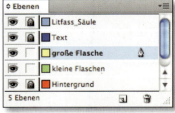

6 Die Arbeit fertigstellen

Auf der Ebenen »große Flasche« platzieren Sie die von Ihnen erstellte Datei »große Flasche« und skalieren diese gleich auf »69 %«. Positionieren Sie sie auch auf die Mitte der Seite.

Sie haben jetzt Bilder in InDesign eingesetzt, ohne auch nur einen Pfad erstellt zu haben. Die Voraussetzung dafür ist jedoch, dass die Objekte und der Hintergrund ausreichend kontrastreich sind, damit der Zauberstab genau arbeiten kann.

Den Pfad bearbeiten

Konvertieren Sie den Pfad in einen Rahmen.

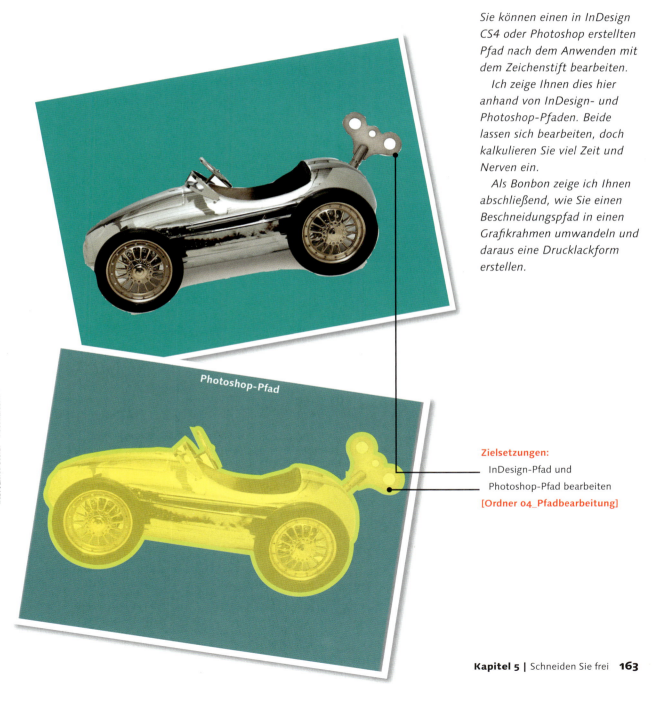

Sie können einen in InDesign CS4 oder Photoshop erstellten Pfad nach dem Anwenden mit dem Zeichenstift bearbeiten.

Ich zeige Ihnen dies hier anhand von InDesign- und Photoshop-Pfaden. Beide lassen sich bearbeiten, doch kalkulieren Sie viel Zeit und Nerven ein.

Als Bonbon zeige ich Ihnen abschließend, wie Sie einen Beschneidungspfad in einen Grafikrahmen umwandeln und daraus eine Drucklackform erstellen.

Zielsetzungen:
InDesign-Pfad und
Photoshop-Pfad bearbeiten
[Ordner 04_Pfadbearbeitung]

1 Die Sisyphus-Arbeit

Mit viel Geduld können Sie einen Beschneidungspfad bearbeiten.

Öffnen Sie die Datei »Pfad_bearbeiten.indd«. Wählen Sie das Auto auf Seite 1 mit dem Direktauswahl-Werkzeug [ ] aus, und bearbeiten Sie die sichtbar gewordenen Ankerpunkte anschließend mit den Zeichenstift-Werkzeugen [ ], wie Sie es in Kapitel 3 gelernt haben. Sie werden schnell bemerken, dass Sie hier vor eine unlösbare Aufgabe gestellt wurden und kaum einen zufriedenstellenden Pfad erhalten können.

2 Einfacher ist das Bearbeiten des Photoshop-Pfads

Glauben Sie mir, Sie haben in Photoshop schneller einen Freistellpfad erstellt als den Pfad in InDesign CS4 bearbeitet.

Wählen Sie das Auto auf Seite 2 mit dem Direktauswahl-Werkzeug [ ] aus, und erstellen Sie einen oder mehrere Ankerpunkte. In den Optionen des Beschneidungspfads ([⇧] + [Alt] + [⌘]/[Strg] + [K]) können Sie ablesen, dass der Pfad in InDesign geändert wurde ❶. Der Originalpfad ist von dieser Änderung nicht betroffen.

3 Eine Alternative könnte der innere Rahmenversatz sein

Allerdings werden dabei innenliegende Pfade wie hier beim Lenkrad ❷ nicht unterstützt und gehen daher verloren.

Für unsere Arbeit benötigen wir sie aber. Gehen Sie daher nochmals in die Optionen des Beschneidungspfads und wählen unter Art den Photoshop-Pfad und unter Pfad den Freisteller2 aus.

Danach stellen Sie bei Innerer Rahmenversatz ❸ den Wert »0,3 mm« ein.

Tipp: Der Originalpfad aus Photoshop ist von dieser Änderung nicht betroffen.

4 Ein Tipp vorweg

Ziel unserer Arbeit ist das Erstellen einer Drucklackform, weil diese das Bild schützen oder veredeln soll.

Damit das Bild jedoch weiterhin separat existiert, müssen Sie die Ebene duplizieren. Gehen Sie dafür in das Palettenmenü der Ebenen-Palette und wählen dort EBENE »BILD« DUPLIZIEREN.

Geben Sie der Ebene unter NAME den Namen »Lackform«, und wählen Sie unter FARBE »Grün«.

5 Den Pfad in einen Rahmen umwandeln

Sie können in InDesign jeden Beschneidungspfad in einen Grafikrahmen umwandeln.

Wählen Sie das Auto auf der Ebene »Lackform« mit dem Auswahl-Werkzeug aus, und gehen Sie anschließend auf OBJEKT • BESCHNEIDUNGSPFAD • BESCHNEIDUNGSPFAD IN RAHMEN KONVERTIEREN.

Geben Sie nun dem Bild eine Kontur mit einer Farbe. So können Sie bereits die Veränderung erkennen.

6 Die Drucklackform erstellen

Zu Beginn löschen Sie den Inhalt aus dem erstellten Grafikrahmen. Benutzen Sie dafür das Direktauswahl-Werkzeug, und löschen Sie das Bild über die Taste ← aus dem Rahmen.

Danach erstellen Sie für den Druckereibetrieb eine Sonderfarbe mit einem sprechenden Namen ❹ in Vollton ❺, damit dieser sie erkennt. Ich habe dafür die Farbe »Gelb« gewählt. In der Regel steht die Farbe »Grün« für den Drucklack.

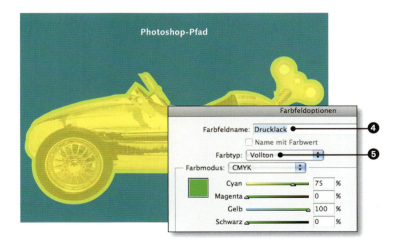

Tipp: Meine Kontur ist sehr groß. Für Ihre Arbeit sollten Sie ca. 4 bis 6 pt wählen.

Die Texteffekte

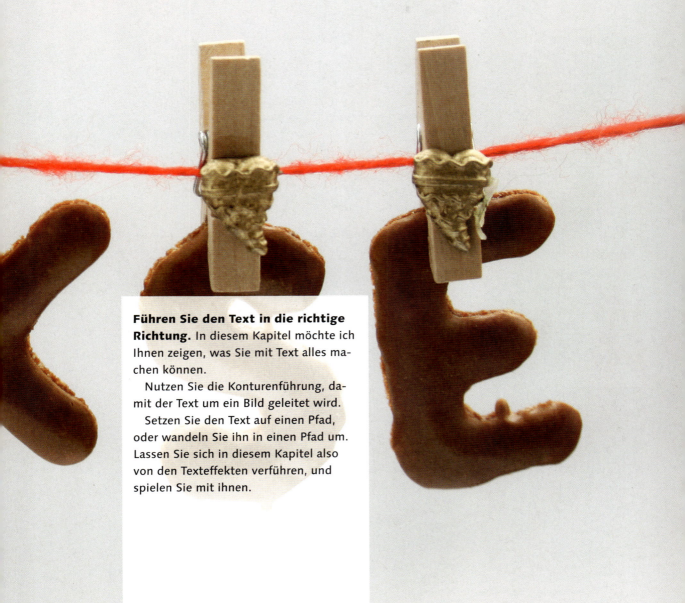

Führen Sie den Text in die richtige Richtung. In diesem Kapitel möchte ich Ihnen zeigen, was Sie mit Text alles machen können.

Nutzen Sie die Konturenführung, damit der Text um ein Bild geleitet wird.

Setzen Sie den Text auf einen Pfad, oder wandeln Sie ihn in einen Pfad um. Lassen Sie sich in diesem Kapitel also von den Texteffekten verführen, und spielen Sie mit ihnen.

Foto: Sandra Zuerlein – Fotolia.com

Die Texteffekte

Die Konturenführung **170**
Verdrängen Sie den Text, damit er das Bild nicht stört.

Die Konturenführung steuern **173**
Lassen Sie sich durch die Konturenführung nicht einschränken.

Text mit einem Bild füllen **176**
Gestalten Sie eine Weihnachtskarte.

Text in eine Form setzen **180**
Gestalten Sie eine Anzeige.

Der Pfadtext **185**
  Gestalten Sie in Kurven.

Etikett mit gewölbtem Text **190**
  Simulieren Sie Aufkleber für Flaschen oder Dosen.

Text im Kreis **193**
  Entwerfen Sie einen Button.

Die Konturenführung

Verdrängen Sie den Text, damit er das Bild nicht stört.

Mit Hilfe der Konturenführung können Sie Text um ein Objekt fließen lassen.

In diesem Workshop möchte ich Sie mit der Konturenführung-Palette vertraut machen.

Gehen Sie mit mir die unterschiedlichen Schaltflächen durch, und setzen Sie diese auch gleich ein.

Zielsetzungen:
Mit der Konturenführung-Palette arbeiten
Text um Objekt fließen lassen
[Ordner 01_Konturenfuehrung]

Foto: Thomas Hebestreit

1 Grundlagen der Konturenführung

Haben Sie einem Objekt eine Konturenführungsoption zugewiesen, wird Text durch dieses Objekt verdrängt.

In den VOREINSTELLUNGEN unter SATZ können Sie bestimmen, wie die Konturenführung arbeitet: Aktivieren Sie hier nicht die Option KONTURENFÜHRUNG WIRKT SICH NUR AUF TEXT UNTERHALB AUS ❶, denn dadurch schränken Sie die Konturenführung sehr ein und müssen immer darauf achten, ob das verdrängende Objekt im Vorder- oder Hintergrund liegt.

2 Um den Begrenzungsrahmen herum

Öffnen Sie die Datei »Konturenführung.indd«, und wählen Sie auf Seite 1 den magentafarbenen Rahmen aus. Öffnen Sie über FENSTER • KONTURENFÜHRUNG bzw. ⌘ bzw. Strg + Alt + W die Konturenführung-Palette und klicken auf KONTURENFÜHRUNG UM BEGRENZUNGSRAHMEN ❷. Der Text läuft um den Bildrahmen herum. Über die Eingabefelder ❸ können Sie einen Abstand zwischen Objekt und Text einstellen.

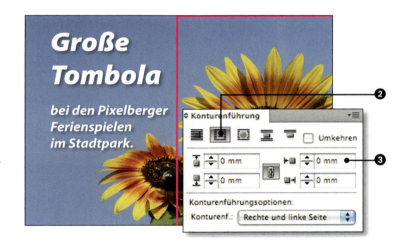

3 An der Objektform entlang

Wählen Sie auf Seite 2 den für Sie erstellten Pfad mit dem Auswahl-Werkzeug aus.

Klicken Sie anschließend auf KONTURENFÜHRUNG UM OBJEKTFORM ❹. Der Text läuft nun um die Objektform herum.

Bei dieser Konturenführung können Sie auch einen Abstand einstellen, jedoch nur einen gleichmäßigen Abstand ❺.

Tipp: Die beschriebenen Schaltflächen gibt es auch in der Steuerung-Palette. Doch Vorsicht! Hier nehmen Sie eine Voreinstellung vor, wenn Sie kein Objekt ausgewählt haben. Danach hat jeder Rahmen eine Konturenführung!

4 Über das Objekt springen

Wählen Sie auf Seite 3 den Rahmen aus, und klicken Sie in der Konturenführung-Palette auf OBJEKT ÜBERSPRINGEN ❶.

Jetzt wird der Text seitlich des Objekts verdrängt und läuft nur ober- und unterhalb des Bildrahmens.

Diese Funktion wird z. B. in den redaktionellen Teilen eines Magazins angewendet.

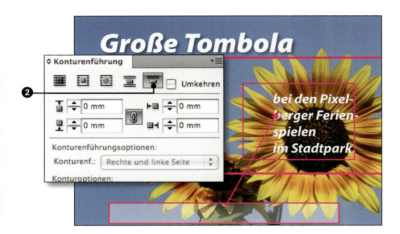

5 In die nächste Spalte springen

Wählen Sie noch einmal den Rahmen aus, und klicken Sie dann auf die Schaltfläche IN NÄCHSTE SPALTE SPRINGEN ❷. Der Text läuft nun wie von Zauberhand in den nächsten Textrahmen.

6 Die Konturenführung umkehren

Selbstverständlich ist es auch möglich, die Konturenführung umzukehren. Der betroffene Text wird nun in die Konturenführung, sprich in das Objekt, eingefügt. Ich persönlich benutze für diese Funktion jedoch lieber einen eigens dafür erstellten Textrahmen.

Gehen Sie noch einmal auf Seite 2, und wählen KONTURENFÜHRUNG UM OBJEKTFORM ❸. Aktivieren Sie dann die Option UMKEHREN ❹.

Tipp: Sie müssen, um in die nächste Spalte zu springen, zuvor den Textrahmen mit einem zweiten Rahmen verketten.

Die Konturenführung steuern

Lassen Sie sich durch die Konturenführung nicht einschränken.

In diesem Workshop möchte ich Ihnen zeigen, wie Sie noch flexibler mit der Konturenführung umgehen können. In unserem Beispiel soll ein Teil des Textes keine Konturenführung erhalten, ein anderer Text soll sauber um eine Grafik laufen. Wie Sie das bewerkstelligen, beschreibe ich hier.

Zielsetzungen:

Saubere Konturenführung und Konturenführung unterdrücken

[Ordner 02_Konturen-fuehrung_steuern]

1 Die Konturenführung in Form bringen

Wenden Sie die Funktion KONTURENFÜHRUNG UM OBJEKTFORM an, kann die Ausrichtung des Textes sehr unruhig wirken ❶.

Eine harmonische Konturenführung um ein Objekt erreichen Sie, indem Sie einen Kreis um das Objekt ziehen.

Öffnen Sie die Datei »Konturenführung_steuern.indd«, und wählen Sie das Ellipse-Werkzeug ⬤ aus. Ziehen Sie mit der ⇧-Taste einen Kreis ❷ um das Kleeblatt.

2 Die Konturenführung zuweisen

Wählen Sie dann den Kreis aus, und weisen Sie ihm die Option KONTURENFÜHRUNG UM OBJEKTFORM ❸ zu. Das Ergebnis ist überzeugend.

Allerdings möchten Sie den Kreis wahrscheinlich nicht sehen. Daher löschen Sie alle Farbattribute (Fläche bzw. Kontur) des Kreises. Wählen Sie diese dafür mit dem Auswahl-Werkzeug ▶ aus, und geben Sie der Kontur über die Farbfelder-Palette keine Farbe.

3 Die Konturenführung unterdrücken

Bildunterschriften sollten sich möglichst dicht beim Bild befinden ❹. Sie haben jedoch dem Kleeblatt eine Konturenführung zugewiesen, und somit wird jeder Text verdrängt.

Wählen Sie den Textrahmen der Bildunterschrift aus, und gehen Sie anschließend in das Menü OBJEKT • TEXTRAHMENOPTIONEN (auch zu erreichen über ⌘ bzw. Strg + B). Hier aktivieren Sie die Option KEINE KONTURENFÜHRUNG ❺ und bestätigen den Dialog.

4 Den Textrahmen drehen

Wählen Sie die Bildunterschrift nochmals mit dem Auswahl-Werkzeug aus, und drehen Sie den Textrahmen um »90°«.

Klicken Sie dafür in der Steuerung-Palette auf UM 90° DREHEN (GEGEN DEN UHRZEIGERSINN) ❻.

Positionieren Sie danach die Bildunterschrift an der rechten Seite des Logos.

Anschließend wählen Sie mit dem Auswahl-Werkzeug den Kreis aus und erhöhen den Abstand zwischen Logo und Text, indem Sie in das Eingabefeld ❼ »5 mm« eingeben.

5 Die Objekte positionieren

Damit Sie den nächsten Schritt durchführen können, müssen Sie die Objekte zunächst an eine andere Position verschieben.

Hier bietet sich das Gruppieren der Objekte an. Wählen Sie daher das Kleeblatt, den Kreis und die Bildunterschrift aus, und gehen Sie in das Menü OBJEKT • GRUPPIEREN (alternativ auch ⌘ bzw. Strg + G).

Verschieben Sie anschließend die Gruppe mithilfe des Auswahl-Werkzeugs in die Mitte der Textspalte.

6 Text neben dem Objekt ausrichten

Nun, ich gebe zu, der Text links des Kleeblatts sieht noch nicht wie ein Kreis aus. Das müssen wir noch ändern.

Gehen Sie dafür in das Menü VOREINSTELLUNGEN • SATZ • KONTURENFÜHRUNG. Aktivieren Sie hier die Option TEXT NEBEN OBJEKT AUSRICHTEN ❽. Das bedeutet: Jetzt wird der Text links des Objekts als Blocksatz ausgerichtet, obwohl die eigentliche Textspalte auf linksbündig steht.

Kapitel 6 | Die Texteffekte **175**

Text mit einem Bild füllen

Gestalten Sie eine Weihnachtskarte.

Weihnachten ist gerade vorbei und steht doch wieder vor der Tür. In diesem Workshop präsentiere ich Ihnen eine Idee für eine Weihnachtskarte.

Meine Vorarbeit war, die Folie eines Schoko-Weihnachtsmanns einzuscannen. Es muss aber nicht unbedingt eine Folie sein, es eignen sich auch andere Materialien, z. B. Strukturkarton.

In diesem Workshop erfahren Sie, wie Sie Text in Pfade umwandeln und wie Sie mit der Pfadverknüpfung umgehen. Danach füllen Sie den Text mit einem Bild und fertig ist eine originelle Weihnachtskarte.

Zielsetzungen:
Text in Pfade umwandeln
Pfadverknüpfung lösen
Bild einfügen
[Ordner 03_Text_als_Pfad]

Foto: Andrea Forst

1   Was passiert bei der Umwandlung?

Wandeln Sie eine Schrift in Pfade um, dann können Sie keine Textkorrekturen mehr daran vornehmen. Außerdem berauben Sie die Schrift vieler Funktionen, die der Schriftgestalter eingebaut hat: Eine solche Funktion kann z. B. die Serifenbreite sein, die sich je nach Schriftgröße verändert.

Und Vorsicht: Die Lizenzrechte des Herstellers bleiben auch bestehen, wenn Sie die Schrift in einen Pfad umgewandelt haben. Setzen Sie daher nur gekaufte Schriften ein!

2   Text in Pfade umwandeln

Öffnen Sie die Übungsdatei »Weihnachtskarte.indd«.

Ich habe bereits den Text eingegeben. Wählen Sie den Textrahmen ❶ mit dem Auswahl-Werkzeug aus. Gehen Sie anschließend in das Menü SCHRIFT • IN PFADE UMWANDELN ❷, und wandeln Sie den Text um. Die Funktion erreichen Sie auch über ⇧ + ⌘ bzw. Strg + O.

3   Die Zeilen trennen

Durch die Umwandlung in Pfade erstellt InDesign automatisch eine Gruppe. Sie erkennen Sie Gruppierung an der gestrichelten Linie ❸.

Heben Sie die Gruppierung über das Menü OBJEKT • GRUPPIERUNG AUFHEBEN oder über ⇧ + ⌘ / Strg + G auf.

Kapitel 6 | Die Texteffekte

4 Die Schrift auf eine Breite anpassen

Ich habe Ihnen in der Datei Hilfslinien angelegt.

Wählen Sie jetzt jeden Rahmen separat mit dem Auswahl-Werkzeug ▶ aus. Gehen Sie dann an die untere rechte Ecke ❶, und ziehen Sie den Rahmen mit gedrückter ⇧-Taste an die rechte Hilfslinie.

Positionieren Sie anschließend die Zeilen auch an der oberen und der unteren Hilfslinie und die mittlere Zeile optisch auf Mitte.

5 Die Pfadverknüpfung lösen

Aussparungen in Buchstaben, wie z. B. beim R und beim O, nennt man Punzen. In der oberen Zeile soll das »O« keine Punze haben, damit wir hier ein Bild hineinlegen können. Dafür müssen Sie die Pfadverknüpfung lösen. Wählen Sie dazu die Zeile mit dem Auswahl-Werkzeug ▶ aus, und gehen Sie in das Menü Objekt • Pfade • Verknüpften Pfad lösen.

Dadurch werden jedoch alle Verknüpfungen gelöst ❷, auch die des R. Ich habe die betroffenen Verknüpfungen für Sie rot markiert.

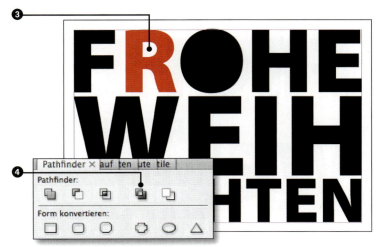

6 Die Punzen wiederherstellen

Für den Buchstaben »R« soll die Aussparung ❸ also wiederhergestellt werden.

Wählen Sie die Flächen des »R« aus, und rufen Sie die Pathfinder-Palette aus dem Menü Fenster • Objekt & Layout • Pathfinder auf. Klicken Sie hier auf Überlappung ausschliessen ❹.

Anschließend wählen Sie die Punze des »O« aus und löschen sie mit der ⌫-Taste.

Tipp: Mein »R« ist rot, weil ich die Aussparung rot eingefärbt habe. Der Pathfinder übernimmt in diesem Fall immer die Vordergrundfarbe.

7 Eine Pfadverknüpfung herstellen

Um später alle Zeilen mit einem Bild füllen zu können, müssen diese zu einem Objekt vereint werden.

Dazu benutzt man in InDesign die Funktion VERKNÜPFTE PFADE ERSTELLEN. Wählen Sie zu Beginn die Buchstaben des Wortes »FROHE« mit gedrückter ⇧-Taste aus, und gehen Sie in das Menü OBJEKT • PFADE • VERKNÜPFTEN PFAD ERSTELLEN (⌘ bzw. Strg + 8).

Danach wählen Sie alle drei Zeilen aus und wenden die Funktion nochmals an.

8 Ein Bild in die Schrift platzieren

Machen Sie jetzt in der Ebenen-Palette die Ebene »Bild« ❺ sichtbar, und entsperren Sie sie.

Wählen Sie mit dem Direktauswahl-Werkzeug auf dieser Ebene das Bild aus, und kopieren Sie es in die Zwischenablage. Danach wählen Sie mit dem Auswahl-Werkzeug die Schrift auf der Text-Ebene aus und fügen das Bild über das Menü BEARBEITEN • IN DIE AUSWAHL EINFÜGEN oder über Alt + ⌘ bzw. Strg + V ein.

9 Hintergrundbild abblenden

Schön sieht die Karte allerdings noch nicht aus. Ich habe der Schrift, damit Sie das Einfügen erkennen können, kurzer Hand eine Kontur gegeben.

Gehen Sie auf die Bild-Ebene, und wählen Sie das Bild aus. Danach gehen Sie in die Effekte-Palette und geben dort unter DECKKRAFT den Wert »30 %« ❻ ein.

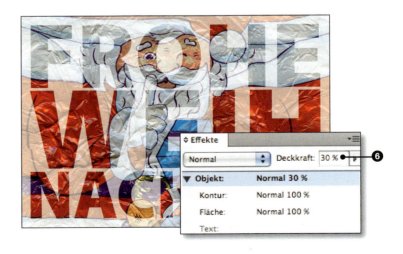

Text in eine Form setzen

Gestalten Sie eine Anzeige.

In diesem Workshop gestalten wir eine Anzeige mit einer Größe von einer Viertel-Seite. Sie soll in einem bekannten Magazin erscheinen. Dabei werden wir die Kundenwünsche und die Vorgaben des Verlags berücksichtigen.

Wir werden Text in eine Objektform einfügen, ihn so bearbeiten, dass er sich optimal an die Form anpasst, und über die Transparenz das Logo mit dem Hintergrund verbinden.

Zielsetzungen:

Text in ein Objekt einfügen

Zwei Transparenz-Effekte anwenden

[Ordner 04_Formsatz]

1   Die Anzeige

Ich habe hier als Anzeigenformat eine Viertel-Seite in einer Zeitschrift gewählt.

Da sich jedoch die Anzeigenformate von Zeitschrift zu Zeitschrift stark unterscheiden, möchte ich Ihnen raten, sich unbedingt beim Verlag zu erkundigen, welche Anzeigengröße Sie verwenden können, welchen Anschnitt Sie einstellen sollen und welches PDF der Verlag haben möchte.

2   Den Text einfügen

Öffnen Sie die Datei »FAir-Anzeige.indd« aus dem Übungsordner.

Hier habe ich bereits Einiges für Sie vorbereitet, denken Sie aber dennoch nicht, dass wir vor leichter Kost stehen.

Wählen Sie den auf Seite 2 abgelegten Text mit dem Text-Werkzeug [T] aus, und kopieren Sie ihn. Klicken Sie danach mit dem Text-Werkzeug [T] in das Kleeblatt auf Seite 1. Sobald der Textcursor blinkt, fügen Sie den Text in das Kleeblatt ❶ ein.

3   Einen Teil des Logos unterdrücken

Es käme einer Strafarbeit gleich, wenn der Stängel des Kleeblatts auch Text enthalten sollte. Daher unterdrücken Sie dies, indem Sie mit dem Zeichenstift [✎] einen Pfad ❷ um den Stängel ziehen. Danach wählen Sie in der Konturenführung-Palette oder der Steuerung-Palette KONTURENFÜHRUNG UM OBJEKTFORM ❸. So fließt kein Text mehr ein.

Achten Sie aber darauf, dass der Pfad keine Kontur oder Fläche enthält, wie ich es hier abgebildet habe.

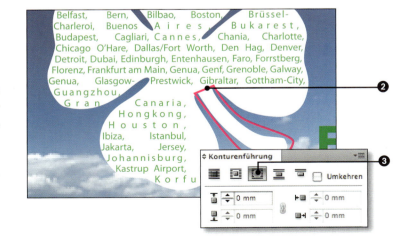

Kapitel 6 | Die Texteffekte   **181**

4 Eine kleine Manipulation

Da der Text nicht ausreicht, es aber keine weiteren Flugziele mehr gibt, muss ein Trick her. Am einfachsten ist es, den Text wiederholt einzugeben.

Warum, werden Sie sich fragen, der Text reicht doch aus? Das tut er nicht, denn die Schriftgröße ist noch zu groß, da die Schrift sich nicht ausreichend gut an den Rahmen anpassen kann.

5 Den Text formatieren

Ich habe Ihnen bereits die Schriftart voreingestellt, doch die Schrift ist zu groß.

Wählen Sie den Text mit dem Text-Werkzeug T aus, und stellen Sie die Schriftgröße ❸ auf den Wert »6 pt« und den Zeilenabstand ❹ auf den Wert »7 pt«.

Den Übersatztext ignorieren Sie zunächst.

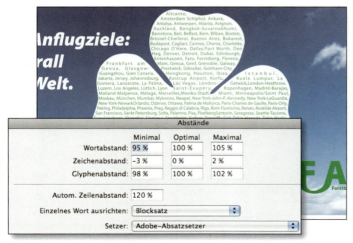

6 Die Abstände

Ein Problem beim Formsatz sind die großen Löcher zwischen den Wörtern.

Um dies zu beheben, wählen Sie den Text aus und öffnen über das Palettenmenü der Absatz-Palette den Dialog ABSTÄNDE. Stellen Sie hier mit Hilfe der Abstände für Wort, Zeichen und Glyphen unter MINIMAL und MAXIMAL andere Werte ein. Aktivieren Sie dabei die Vorschau, damit Sie das Ergebnis gleich testen können.

Tipp: Eine sinnvolle Einstellung kann ich nicht nennen, denn die Einstellungen hängen von Ihrer gewählten Schriftart und Schriftgröße ab.

7 Die Silbentrennung

Namen und Städte sollten in der Regel nicht getrennt werden und daran wollen wir uns auch hier halten. Daher sollten Sie, wenn nicht bereits geschehen, die Silbentrennung ausschalten. InDesign bietet Ihnen hierfür drei Möglichkeiten an: Am schnellsten wählen Sie die Steuerung-Palette für Absätze und deaktivieren die Silbentrennung ❺. Außerdem können Sie die Einstellung direkt in der Absatz-Palette oder – noch detaillierter – über das Palettenmenü der Absatz-Palette vornehmen.

8 Der innere Rahmenversatz

Wir wollen den Text nun etwas in das Logo hineinschieben ❻. Dazu wählen Sie das Logo mit dem Auswahl-Werkzeug aus und öffnen über das Menü OBJEKT oder ⌘ bzw. Strg + B die Textrahmenoptionen. Unter VERSATZABSTAND • INNERER VERSATZ ❼ stellen Sie den Wert »1mm« ein. Anmerkung: Da es sich um eine Objektform handelt, können Sie nur einen gleichmäßigen Versatz einstellen.

9 Den Übersatztext löschen

Jede Druckerei oder auch der PDF-Export meckert Ihnen Übersatztext an.

Die einfachste Lösung ist, dass Sie einen weiteren Textrahmen aufziehen und das Kleeblatt, das ja jetzt ein Textrahmen ist, mit ihm verknüpfen. Klicken Sie dafür auf das Textausgangssymbol des Kleeblatts und danach in den neu erstellten Textrahmen.

Danach löschen Sie den Text aus dem Textrahmen, wozu sie ihn aber vorher mit dem Text-Werkzeug T auswählen müssen.

Hinweis: Leider wird das Fenster TEXT-RAHMENOPTIONEN nicht richtig angezeigt, daher können Sie den »inneren Versatz« nicht richtig lesen.

10 Noch eine kleine Manipulation

Da sich der Text leider nicht so richtig in die Rundungen des Logos einpasst, müssen wir noch etwas tricksen.

Wählen Sie mit dem Direktauswahl-Werkzeug einzelne Ankerpunkte aus, und verschieben Sie diese vorsichtig, bis sich der Text in die Rundung einfügen. Seien Sie bei der Manipulation sehr behutsam, damit der Kunde unseren Trick nicht bemerkt.

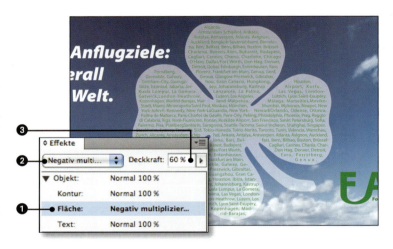

11 Transparenten Himmel hinterlegen

Das Kleeblatt mit der weißen Fläche sieht auf dem Himmel nun wirklich nicht schön aus. Lassen Sie es uns mit dem Himmel verbinden.

Wählen Sie das Kleeblatt aus, und öffnen Sie die Effekte-Palette. Wählen Sie zuerst unter OBJEKT • FLÄCHE ❶. Danach wählen Sie als Füllmethode aus dem Popup-Menü NEGATIV MULTIPLIZIEREN ❷ und stellen unter DECKKRAFT den Wert »60 %« ❸ ein. Jetzt scheint der Himmel durch das Logo.

12 Eine weiche Kante für das Logo

Wählen Sie das Logo aus, und doppelklicken Sie in der Effekte-Palette auf FLÄCHE. Es öffnet sich der Effekte-Dialog. Er hat allerdings seine Tücken: Aktivieren Sie mit dem Haken unter TRANSPARENZ den Eintrag EINFACHE WEICHE KANTE ❹, dann passiert nichts. Sie müssen zusätzlich auch noch daneben auf das Wort EINFACHE WEICHE KANTE ❺ klicken. Danach stellen Sie unter OPTIONEN • BREITE DER WEICHEN KANTE ❻ den Wert »2 mm« ein.

Der Pfadtext

Gestalten Sie in Kurven.

Für den Text auf Pfad brauchen Sie typografische Kenntnisse, daher hoffe ich, Sie haben das Kapitel 2 genau durchgelesen.
Wir fangen hier erst einmal mit leichter Kost an und steigern uns innerhalb des Workshops langsam. Glauben Sie mir, danach werden enge Kurven für Sie kein Problem mehr darstellen.

Zielsetzungen:
Text auf den Pfad setzen und
Schrift manuell ausgleichen
[Ordner 05_Pfadtext]

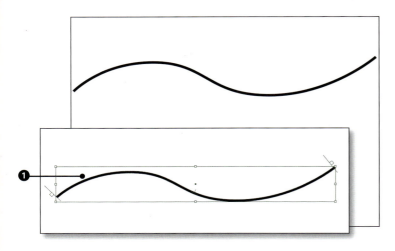

1 Den Pfad umwandeln

Öffnen Sie die Übungsdatei »Pfadtext_Hand.indd«.

Zeichnen Sie auf Seite 1 mit dem Zeichenstift ✒ oder Buntstift ✏ eine gewellte Linie, oder verwenden Sie meinen bereits erstellten Pfad.

Wählen Sie in der Werkzeugpalette das Text-auf-Pfad-Werkzeug ✐ aus, indem Sie die gedrückte Maustaste einige Zeit auf das Text-Werkzeug halten, und klicken Sie auf den Pfad. Der Pfad wird so in einen Textpfad ❶ umgewandelt.

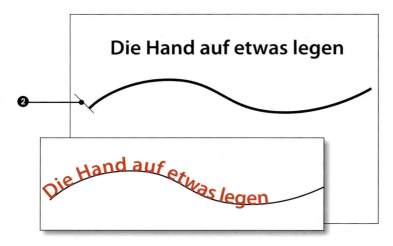

2 Text auf den Pfad setzen

Nachdem Sie den Pfad in einen Textpfad umgewandelt haben, blinkt der Cursor am Anfangspunkt des Pfads ❷.

Geben Sie nun mit aktivem Text-auf-Pfad-Werkzeug ✐ z. B. den Beispieltext »Die Hand auf etwas legen« auf den Pfad ein.

Stellen Sie anschließend die Textfarbe auf »Rot«, indem Sie in der Farbfelder-Palette auf diese Farbe klicken.

3 Die Besonderheit des Textpfads

Wie der gewöhnliche Textrahmen, so hat auch der Textpfad einen Texteingang ❸ und einen Textausgang ❹. Was jedoch beim Textrahmen nur bewusst angeklickt wird, passiert beim Textpfad zufällig: Häufig klicken Anwender in das Textausgangssymbol ❹ und erzeugen somit einen unnötigen Textrahmen ❺. Sollte Ihnen das ebenfalls passiert sein, drücken Sie ⌘ bzw. Strg + Z.

4 Die Klammern an Anfang und Ende

Die Anfangs- und die Endklammer beschreiben die Textpfadgröße, so wie bei einem Textrahmen auch. Sie werden sichtbar, wenn Sie den Textpfad mit dem Auswahl-Werkzeug markieren.

Sie verringern die Textpfadgröße, indem Sie den Textpfad mit dem Auswahl-Werkzeug auswählen und die Anfangsklammer ❻ nach rechts bzw. die Endklammer ❼ nach links ziehen. Genauso können Sie den Textpfad – im Umfang des Rahmens – natürlich auch vergrößern.

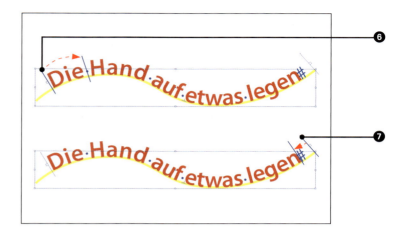

5 Den Text auf dem Pfad spiegeln

Exakt in der Mitte zwischen Anfangs- und Endklammer finden Sie die so genannte Mittelpunktklammer. Wählen Sie die Mittelpunktklammer ❽ mit dem Auswahl-Werkzeug aus und ziehen diese unter den Pfad, wird der Text unter den Pfad gespiegelt.

6 Das Spiel mit den Effekten

Öffnen Sie die Pfadtextoptionen über SCHRIFT • PFADTEXT • OPTIONEN. Im Popup-Menü EFFEKT finden Sie fünf Effekte, die sich auf den Pfadtext anwenden lassen. In der nebenstehenden Abbildung sehen Sie drei Beispiele: 3D-BAND verzerrt die vertikalen Kanten der Zeichen gemäß dem Pfad, TREPPENSTUFE verzerrt nichts, läuft aber am Pfad entlang, und bei SCHWERKRAFT werden die vertikalen Kanten der Zeichen zum Mittelpunkt des Pfads verzerrt.

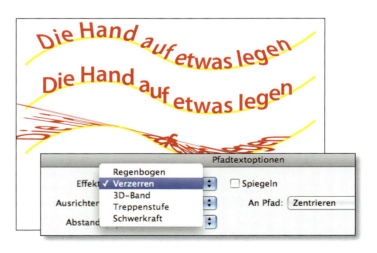

Tipp: Sie erreichen die Pfadtextoptionen auch, wenn Sie doppelt auf das Text-auf-Pfad-Werkzeug klicken.

7 Richten Sie den Pfadtext aus

Über das Popup-Menü AUSRICHTEN können Sie den Text vertikal zum Pfad verschieben ❶. So können Sie z. B. den Text unter den Pfad schieben, ohne dass er gespiegelt wird.

Richten Sie den Text auf dem Pfad jedoch wieder auf der Grundlinie aus, damit Sie ein Gefühl für die Auswirkungen der übrigen Einstellungen bekommen, denn wir werden die eine oder andere Option später noch gebrauchen.

8 Vorbereitung für die nächsten Schritte

Damit Sie sich in den folgenden Schritten auf das Wesentliche konzentrieren können, treffen Sie doch bitte folgende Vorbereitung:

Wählen Sie den Textpfad aus, und stellen Sie die Pfadkontur über die Kontur-Palette unter STÄRKE ❷ auf »20 pt«. Warum, erkläre ich Ihnen in Schritt 9. Als Konturfarbe lassen Sie Gelb.

9 Die Grundlinie am Pfad ausrichten

Im Popup-Menü AUSRICHTEN ❸ können Sie den Text auf dem Pfad ausrichten.

Wählen Sie dafür den Pfad aus, und öffnen Sie die Pfadtextoptionen. Klicken Sie sich durch das Popup-Menü, damit Sie die Auswirkungen verstehen lernen.

In der nebenstehenden Abbildung habe ich für Sie eine gestrichelte Linie eingezeichnet, die die Mitte des Pfads zeigt.

Richten Sie abschließend den Text wieder auf der Grundlinie aus.

10 Den Text am Pfad ausrichten

Richten Sie nun den Text über die Einstellmöglichkeiten unter AN PFAD ❹ an ebendiesem aus.

Haben Sie die Option ZENTRIEREN gewählt, sehen Sie, dass der Text optisch nicht zentriert auf dem Pfad steht. Wählen Sie den Text aus, und schieben Sie ihn über GRUNDLINIENVERSATZ ❺ in der Zeichen-Palette in die Kontur hinein.

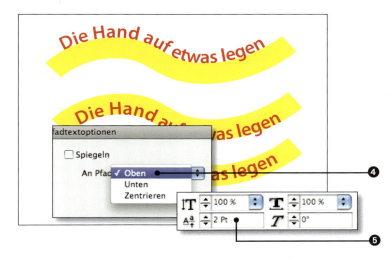

11 Der Pfadtext und die engen Kurven

Kopieren Sie den Text aus der Übungsdatei in die Zwischenablage, und fügen Sie ihn mit dem Text-auf-Pfad-Werkzeug auf den Pfad ein, der sich auf Seite 2 der Übungsdatei befindet.

Schön sieht es bis jetzt noch nicht aus. Ich habe Ihnen zwei kritische Bereiche ❻ eingekreist. Diese müssen Sie, wie die anderen unschönen Stellen auch, jetzt bearbeiten.

Zu Beginn der Arbeit stellen Sie den Text über die Pfadtextoptionen zentriert auf den Pfad; die Konturlinie stellen Sie auf »0 pt«.

12 Den Text ausgleichen

Positionieren Sie den Textcursor an die Stellen im Text, an denen Sie eingreifen möchten, und erhöhen bzw. verringern Sie den Zeichenabstand über das KERNING ❼ in der Zeichen-Palette.

Arbeiten Sie sich nun durch den gesamten Text, bis dieser sauber auf dem Pfad steht. Ich gebe zu, es kann etwas dauern, aber das Ergebnis wird Sie entlohnen.

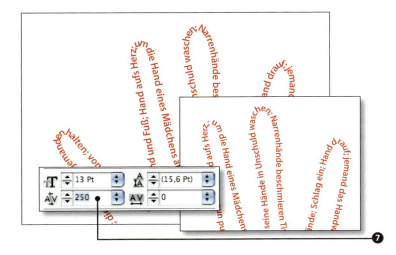

Etikett mit gewölbtem Text

Simulieren Sie Aufkleber für Flaschen oder Dosen.

In diesem Workshop zeige ich Ihnen, wie Sie einen Entwurf eines Flaschen- oder Dosenetiketts für die Präsentation bei Ihrem Kunden simulieren können.

Zielsetzungen:
Etikett erstellen und
Deckkraft reduzieren
[Ordner 06_Text_woelben]

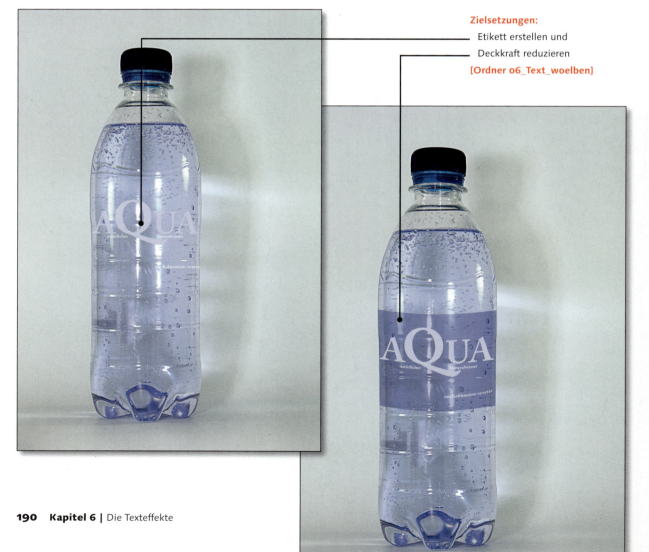

1 Das Etikett erstellen

Um die Wirkung eines wirklichen, aufgeklebten Etiketts zu erzielen, müssen Sie dem Etikett oben und unten eine Rundung ❶ gemäß der Objektwölbung geben.

Öffnen Sie das Dokument »Aqua.indd«, und zeichnen Sie mit dem Zeichenstift ![] am Flaschenbauch das Etikett mit Hilfe von Wölbungen nach unten. Wählen Sie anschließend die Fläche mit dem Auswahl-Werkzeug ![] aus, und geben Sie dem erstellten Etikett den linearen Verlauf ❷, den ich bereits in der Farbfelder-Palette eingerichtet habe.

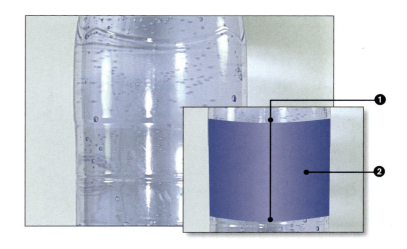

2 Eine Plastikfolie simulieren

Da das Logo auf eine Plastikfolie gedruckt werden soll, müssen Sie das Etikett optisch auch so wirken lassen.

Wählen Sie dazu das Etikett aus, und öffnen Sie die Effekte-Palette über ⇧+⌘/ Strg+F10.

Reduzieren Sie anschließend die DECKKRAFT ❸ auf »50 %«, und stellen Sie die FÜLLMETHODE auf MULTIPLIZIEREN ❹, damit die Zeichnung der Flasche noch durchscheint.

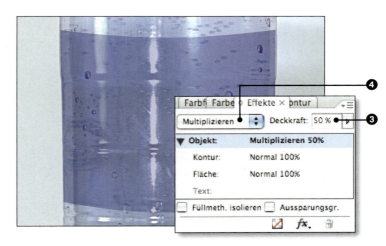

3 Die Pfade für den Text erstellen

Zeichnen Sie mit dem Zeichenstift ![] einen Pfad mit der Wölbung des Etiketts, und behalten Sie den Pfad in der Auswahl.

Öffnen Sie danach den Dialog DUPLIZIEREN UND VERSETZT EINFÜGEN über Alt+⌘/ Strg+U oder über das Menü BEARBEITEN, und geben Sie hier unter WIEDERHOLUNGEN ❺ den Wert »2« ein. Für VERTIKALER VERSATZ ❻ bestimmen Sie »10 mm«. So haben Sie den Pfad schnell zweimal dupliziert.

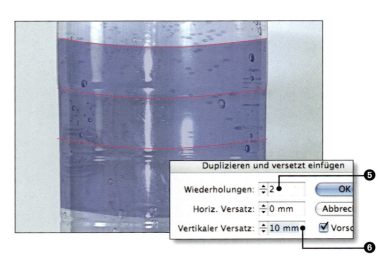

Kapitel 6 | Die Texteffekte **191**

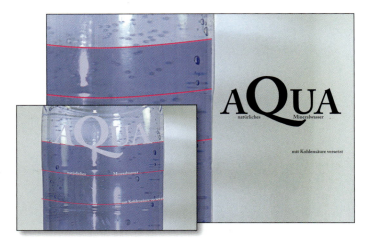

4 Text auf die Pfade eingeben

Wählen Sie das Wort »Aqua« aus der Übungsdatei mit dem Text-Werkzeug [T] aus, und kopieren Sie es in die Zwischenablage. Wechseln Sie anschließend in das Text-auf-Pfad-Werkzeug und fügen das Wort auf dem oberen Pfad ein. Wiederholen Sie diesen Schritt für die Zeilen »natürliches Mineralwasser« und »mit Kohlensäure versetzt«.

Stellen Sie als Textfarbe für »Aqua« über die Farbfelder-Palette »Hellblau« ein und für die übrigen Zeilen »Weiß«.

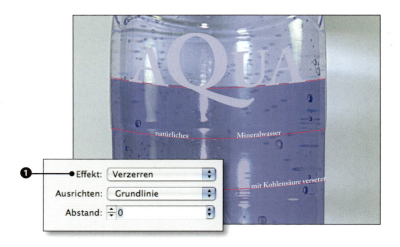

5 Den Text verzerren

Wählen Sie mit dem Auswahl-Werkzeug und gedrückter ⇧-Taste alle Pfade aus, und öffnen Sie die Pfadtextoptionen per Doppelklick auf das Text-auf-Pfad-Werkzeug.

Hier wählen Sie unter EFFEKT • VERZERREN ❶ aus. Durch diesen Effekt bleiben die vertikalen Kanten der Zeichen senkrecht, und horizontale Kanten werden mit dem Pfad verzerrt.

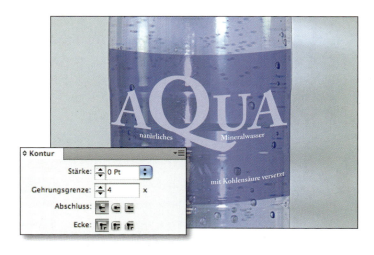

6 Das Finetuning

Positionieren Sie die Textpfade zu guter Letzt noch ansprechend auf dem Etikett. Stellen Sie unter STÄRKE in der Kontur-Palette für die Pfadkontur den Wert »0 pt« ein.

Text im Kreis

Entwerfen Sie einen Button.

In diesem Workshop möchte ich Ihnen zeigen, wie Sie einen Kreissatz erstellen. Außerdem möchte ich mit Ihnen diesmal einen kompletten Workflow durcharbeiten. Daher habe ich keine Vorbereitungen für Sie getroffen, denn wir starten bei Null. Ich wünsche Ihnen viel Spaß.

Idee: Andrea Forst

Zielsetzungen:
Einen Kreissatz erstellen und einen Transparenzeffekt anwenden
[Ordner 07_Kreissatz]

Kapitel 6 | Die Texteffekte

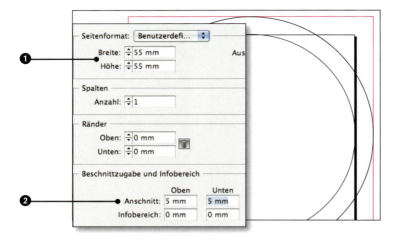

1 Einen runden Anschnitt erstellen

Erstellen Sie für den Button ein neues Dokument im Format »55 x 55 mm« ❶ mit einem Anschnitt von je »5 mm« ❷.

Ziehen Sie anschließend einen Kreis von »65 mm« auf, und positionieren Sie diesen an den Hilfslinien des Anschnitts.

Stellen Sie den Bezugspunkt in die Mitte, und skalieren Sie den Kreis per Doppelklick auf das Skalieren-Werkzeug 🔲 in der Werkzeugpalette auf »85 %«. Duplizieren Sie den Kreis durch einen Klick auf KOPIE.

2 Die Farbfelder laden

Im Übungsordner 07_KREISSATZ habe ich für das Dokument zwei Farben gespeichert.

Wählen Sie die Farbfelder-Palette aus, und klicken Sie über das Palettenmenü den Eintrag FARBFELDER LADEN an. Entscheiden Sie sich für die Farbfelderdatei »Button_Farbe.ase«.

Füllen Sie die Fläche des größeren Kreises in Gelb. Geben Sie danach dem kleineren Kreis ❸ eine gestrichelte Kontur. Dieser Kreis soll als »Hilfslinie« für die Originalgröße dienen und wird später gelöscht.

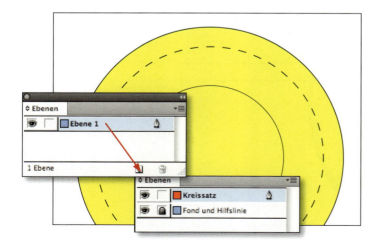

3 Das Arbeiten mit den Ebenen

Ziehen Sie die Ebene 1 auf die Schaltfläche NEUE EBENE unten in der Ebenen-Palette, und duplizieren Sie dadurch die Objekte. Benennen Sie anschließend die Ebenen mit sinnvollen Namen wie z. B. »Fond und Hilfslinie« und »Kreissatz«.

Löschen Sie danach auf der oberen Ebene den größeren Kreis, und verkleinern Sie den kleineren Kreis, wie in Schritt 1 beschrieben, auf »65 %«. Ändern Sie abschließend die Konturlinie in eine geschlossene Linie.

> **Tipp:** Wenn Sie mehrere Ebenen auf eine reduzieren möchten, entsperren Sie alle Ebenen und wählen alle Objekte aus. Danach gruppieren Sie sie.

4 Die Grafik in den Kreis einfügen

Wählen Sie den zweiten Kreis auf der Ebene »Fond und Hilfslinie« mit dem Auswahl-Werkzeug ![k] aus, und platzieren Sie über ⌘ bzw. Strg + D die Datei »Button_Grafik.ai«.

Jetzt nutzen wir die Steuerung-Palette. Zu Beginn klicken Sie auf die Schaltfläche INHALT AUSWÄHLEN ❹. Danach skalieren Sie die Grafik auf »60 %«, und zentrieren zum Schluss die Grafik über die Schaltfläche INHALT ZENTRIEREN ❺.

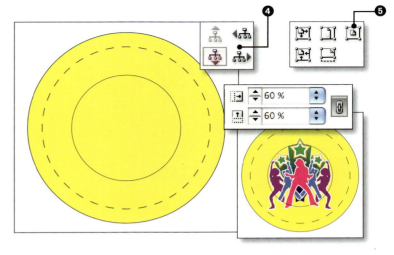

5 Der Trick beim Kreissatz

Würden Sie den Kreis jetzt in einen Textpfad umwandeln, so könnten Sie den Pfad nicht mehr wie gewohnt bearbeiten, denn viele Funktionen stehen Ihnen dann nicht mehr zur Verfügung. So liefe auch der Text rund um den Pfad herum.

Wählen Sie daher jetzt zuerst den kleinsten Kreis auf der Ebene »Kreissatz« mit dem Auswahl-Werkzeug ![k] aus, und wechseln Sie danach zum Schere-Werkzeug ![s]. Schneiden Sie den Pfad links und rechts ❻ in zwei Teile, so dass Sie oben und unten je eine Hälfte haben.

6 Text auf den oberen Pfad eingeben

Wählen Sie dann den oberen Pfad mit dem Text-auf-Pfad-Werkzeug ![t] aus. Geben Sie hier den Text »MUSIK AUS DEN« ein. Spiegeln Sie ihn anschließend über die Mittelpunktklammer ❼ auf den Pfad.

Stellen Sie danach die Schriftgröße auf »20 pt« ein, und wählen Sie als Schriftart die Myriad Pro Black aus.

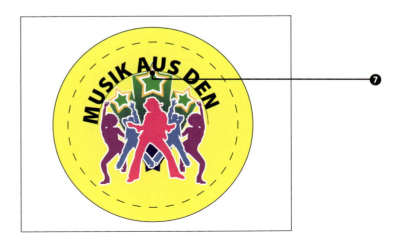

Tipp: Alternativ kopieren Sie den Pfad und löschen mit dem Direktauswahl-Werkzeug den oberen Ankerpunkt. Danach fügen Sie das Objekt an Originalposition ein und löschen den unteren Ankerpunkt.

7   Weiteren Text eingeben

Auf den unteren Pfad geben Sie mit dem Text-auf-Pfad-Werkzeug das Wort »SIEBZIGERN« ❶ ein. So ergibt der Kreissatz endlich einen Sinn.

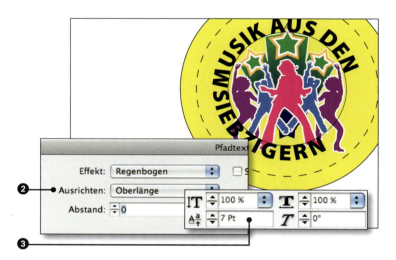

8   Den unteren Text ausrichten

Wählen Sie den unteren Text aus, und aktivieren Sie die Pfadtextoptionen. Dort stellen Sie unter AUSRICHTEN ❷ die Option OBERLÄNGE ein.

Über den GRUNDLINIENVERSATZ ❸ in der Steuerung-Palette schieben Sie nun den Text an den Pfad heran.

9   Der Vorteil, die Pfade zu verknüpfen

Bei einem Kreissatz verkette ich immer gern die Textpfade, damit ich Kundenkorrekturen schnell durchführen kann.

Es ist jedoch schwierig, wenn die Texteingangs- und Textausgangssymbole übereinanderliegen. Und wie kommt man an die Symbole heran? Das geht nur über einen weiteren Schritt, denn beide Pfade bzw. ihre Symbole überlagern sich, wie in der Abbildung zu sehen ❹.

10 **Einen Profitrick anwenden**
Wählen Sie den unteren Pfad aus, und schieben Sie ihn mit der Pfeiltaste ↓ nach unten. Danach klicken Sie mit dem Auswahl-Werkzeug auf das Textausgangssymbol des oberen Pfads und dann in das Texteingangssymbol des unteren Pfades. Schieben Sie nun den Pfad mit der Pfeiltaste ↑ wieder an den oberen heran.

Zum Schluss wählen Sie den gesamten Text aus und weisen ihm als Textattribut ZENTRIEREN zu.

11 **Stellen Sie die Arbeit fertig**
Geben Sie dem Kreis mit der Grafik die Flächenfarbe »Gelb«, und setzen Sie alle Konturen bzw. Pfade, die wir uns als Hilfslinien erstellt haben, auf den Wert »0 pt«.

Danach wählen Sie den Text aus und weisen ihm die Farbe »Weiß« zu. Anschließend geben Sie dem Text über die Konturen-Palette eine kleine Kontur in der Farbe »Schwarz«, damit man den Text besser lesen kann.

Blenden Sie noch die Ebene »Fond und Hilfslinie« aus, und sperren Sie sie.

12 **Den Button fertigstellen**
Wählen Sie alle Objekte aus, und gruppieren Sie sie über ⌘/Strg + G. Behalten Sie die Gruppe in der Auswahl.

Öffnen Sie danach über das Menü OBJEKT • EFFEKTE • ABGEFLACHTE KANTE UND RELIEF den passenden Dialog, und stellen Sie, falls es nicht voreingestellt ist, in der Rubrik STRUKTUR die RICHTUNG der Wölbung auf NACH OBEN. Bestätigen Sie anschließend den Dialog mit OK, und schon haben Sie einen überzeugenden Button erstellt!

Mit Effekten gestalten

Gestalten Sie mit Effekten und Transparenz in InDesign CS4. Vor einigen Jahren mussten Sie noch für bestimmte Effekte, wie z. B. das Relief oder den Schein nach außen, in ein Bildbearbeitungsprogramm wechseln. Heute können Sie in InDesign weiterarbeiten, denn viele Effekte sind möglich.

Ich möchte Ihnen in diesem Kapitel einige Einsatzmöglichkeiten für Effekte zeigen, die Sie bestimmt auf eigene Projekte übertragen können.

Foto: Hennie Kissling – Fotolia.com

Mit Effekten gestalten

Exkurs: Effekte und Transparenz 202
   Setzen Sie Effekte sinnvoll ein.

Die Deckkraftreduzierung 204
   Lassen Sie den Hintergrund durchscheinen.

Transparenz mit Schlagschatten 208
   Den Schlagschatten einsetzen und variieren.

Ein Schatten nach innen 211
   Lassen Sie die Flasche aus einem Objekt wachsen.

Das Relief 216
   Fräsen Sie Schrift ins Holz.

Die Kanteneffekte 220
   Soften Sie Kanten ab.

Effekte mixen 222
   Gestalten Sie einen Bilderrahmen.

GRUNDLAGENEXKURS

Effekte und Transparenz

Setzen Sie Effekte sinnvoll ein.

Effekte sind schnell eingesetzt, das Ergebnis dann aber oft nicht so, wie Sie es sich vorgestellt haben. Ich erkläre daher nun, wie Transparenz funktioniert. Ein paar nützliche Tipps runden das Thema ab.

Wie funktioniert Transparenz? | Am Monitor sieht die Transparenz noch gut aus, aber beim Druck gibt es Probleme. Woher kommt das? Es liegt daran, dass der Monitor wie ein Diabild funktioniert. Wenn Sie durch das Dia schauen, sehen Sie auch den Hintergrund. Doch wenn Sie drucken, ist das Papier der Hintergrund. Er ist dann nicht mehr transparent, sondern eine Fläche.

InDesign (und auch andere Programme) reduziert für den Druck die sich überlagernden Flächen bzw. Bilder und errechnet Farbmischungen.

Sonder- bzw. Schmuckfarben | Transparenz, egal in welcher Form, kann bei Sonder- bzw. Schmuckfarben nicht reduziert werden. Lassen Sie daher die Finger von der so genannten »fünften Farbe«.

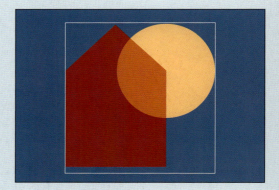

Es kann dabei zu einem Stitching kommen, d. h. Ihr Objekt wird mit einer weißen Fläche hinterlegt, wie in der oberen Abbildung gezeigt. Wenn Sie Glück haben, zeigt Ihnen das PDF dieses Stitching an, aber nach meiner Erfahrung sehen Sie es allermeistens erst, wenn die Datei gedruckt ist.

Text und Konturen | Diese werden, wenn sie unterhalb der Transparenz liegen, in Pfade umgewandelt. Daher mein Tipp: Stellen Sie den Text und die Konturen/Linien auf eine oben liegende Ebene. In einem späteren Kapitel beschreibe ich diesen Vorgang noch ausführlicher.

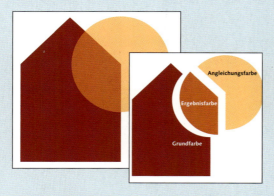

In den Abbildungen habe ich versucht, die Reduzierung bildlich darzustellen.

Die Füllmethoden | Ich habe in den vorhergehenden Kapiteln schon oft von der Füllmethode gesprochen. Nun möchte ich Ihnen erklären, was eine Füllmethode ist:

Unter Füllmethode versteht InDesign die Art und Weise, wie sich das vordere Bild mit dem Hintergrundbild vereinen soll. Einstellen können Sie die Methode über das Popup-Fenster in der Effekte-Palette ❶.

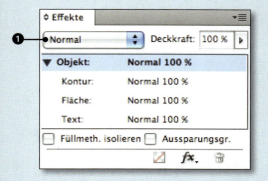

wünscht ❷. Wenden Sie daher vorab auf jedes der Objekte die gewünschte Füllmethode an, und gruppieren Sie anschließend alle Objekte bis auf den Hintergrund. Danach aktivieren Sie in der Effekte-Palette die Option FÜLLMETHODE ISOLIEREN. Nun wird die Füllmethode nur auf gruppierte Objekte angewendet ❸.

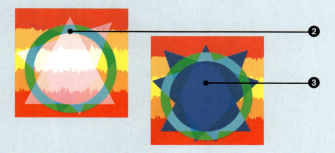

Die Aussparungsgruppe | In meinen Schulungen wird auch oft gefragt, was eine Aussparungsgruppe ist. Ich möchte es hier kurz erklären.

Nehmen wir folgende Situation: Sie haben einige Objekte über ein Objekt gelegt, sie in der Deckkraft reduziert und gruppiert. Es wird jedoch für jedes Objekt separat eine Transparenz erzeugt ❹. Wenn Sie allerdings unten in der Effekte-Palette die Option AUSSPARUNGSGRUPPE aktivieren, wird innerhalb der Gruppierung die Transparenz unterdrückt ❺.

Multiplizieren verdunkelt das Bild, wenn Sie eine dunkle Fläche über dem Bild platzieren und diese in der Deckkraft reduzieren.

Negativ multiplizieren hellt mit den gleichen Einstellungen das Bild auf.

Ineinanderkopieren ist ein Mix aus den oben genannten Füllmethoden.

Dies sind die wichtigsten Füllmethoden, aber testen Sie auch die übrigen einmal aus. Verwenden Sie dafür auch andere Farben, die entstehenden Effekte können überraschend sein.

Füllmethode isolieren | Ich werde in meinen Schulungen sehr oft gefragt, was denn die Option FÜLLMETHODE ISOLIEREN in der Effekte-Palette bedeutet.

Wenn Sie zwei oder mehrere Objekte über eine Füllmethode miteinander vereinen, wirkt sich die Füllmethode auch auf einen Hintergrund aus. Diese Auswirkung ist oft uner-

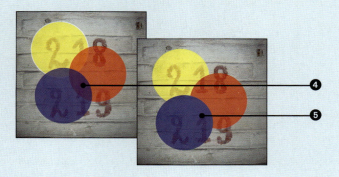

Die Deckkraftreduzierung

Lassen Sie den Hintergrund durchscheinen.

Beagle sind Jagdhunde. Der Freilauf muss daher trainiert werden.
Da sie speziell zur Fuchsjagd gezüchtet wurden und auf eine lange Distanz neben Pferden herlaufen mussten, brauchen sie auch heute noch viel Auslauf. »Mal kurz um's Haus« ist also für diese Rasse nicht genug.

Wenn Text auf einem dunklen oder unruhigen Bild lesbar sein soll, das Bild aber sichtbar bleiben muss, verwendet man die Deckkraftreduzierung.

In diesem Workshop möchte ich Ihnen diesen Anwendungsfall für die Deckkraftreduzierung nahebringen und Ihnen einige Tipps verraten.

Öffnen Sie für diesen Workshop die Datei »Deckkraftreduzierung.indd« aus dem Übungsordner.

Zielsetzungen:
Schlagschatten anwenden
Flächen in der Deckkraft reduzieren
[Ordner 01_Deckkraft]

Foto: Andrea Forst

1 Mehrere Objekte duplizieren

Wählen Sie mit dem Auswahl-Werkzeug und gedrückter ⇧-Taste die Recktecke in der Datei »Deckkraftreduzierung.indd« aus.

Wählen Sie dann OBJEKT • TRANSFORMIEREN • VERSCHIEBEN, und verschieben Sie die Rechtecke horizontal um den Wert »20,5 mm«. Bestätigen Sie den Dialog mit KOPIE ❶.

Über OBJEKT • ERNEUT TRANSFORMIEREN • ERNEUT TRANSFORMIEREN ❷ oder ⌥ + ⌘ / Strg + 3 wenden Sie die Transformation so oft an, bis das Bild bedeckt ist.

2 Objekte in der Deckkraft reduzieren

Wählen Sie mit dem Auswahl-Werkzeug und gedrückter ⇧-Taste willkürlich einige Recktecke aus, und verändern Sie ihre Deckkraft ❸. Verfahren Sie mit den anderen Rechtecken genauso, bis Sie eine Art Puzzle erstellt haben. Verwenden Sie dabei für die Deckkraftreduzierung Werte zwischen »20 %« und »70 %«.

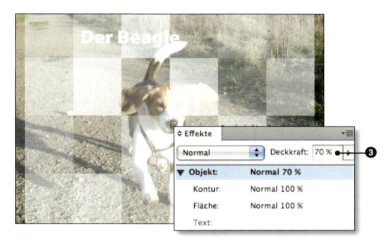

3 Ein wichtiger Hinweis

Wenn Sie ein Bild oder auch Text in der Deckkraft reduzieren, müssen Sie darauf achten, dass die Elemente nicht zu hell werden. Es könnte dann nämlich sein, dass diese hellen Objekte nicht mehr gedruckt werden können, weil sie die Tonwertgrenze z. B. für den Offsetdruck unterschreiten ❹.

Gegenteilig kann es sein, dass die Objekte zu dunkel werden ❺. In diesem Fall kann der Farbauftrag für eine Papiersorte überschritten werden, es kommt dann zum so genannten Durchschlagen.

Kapitel 7 | Mit Effekten gestalten

4 Transparenz und Ebenen

Da es ein wichtiger Punkt ist, wiederhole ich mich hier gern: Trennen Sie transparente Objekte und Text immer über Ebenen, egal, ob der Text selbst eine Transparenz erhalten hat oder nicht.

Der Text sollte, wie in meinem Beispiel, immer auf einer höher gelegenen Ebene stehen als die Transparenz.

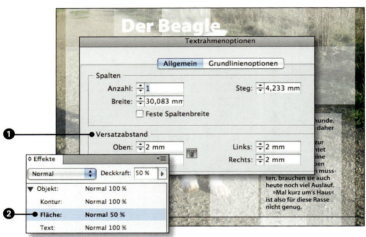

5 Die Textbox einstellen

Damit Sie nun den Text bearbeiten können, entsperren Sie die Ebene »Text«. Wählen Sie den Textrahmen unten rechts mit dem Auswahl-Werkzeug aus, und schieben Sie den Text an allen Seiten nach innen, indem Sie unter OBJEKT • TEXTRAHMENOPTIONEN • VERSATZABSTAND ❶ je »2 mm« eingeben.

Danach verleihen Sie dem Textrahmen die Flächenfarbe »Weiß«. Anschließend wählen Sie über die Effekte-Palette die FLÄCHE ❷ aus und geben dieser den Wert »50 %«.

6 Die Headline auszeichnen

Durch die Veränderungen ist die Headline des Bildes nicht mehr optimal lesbar, sie muss deshalb aufgewertet werden.

Wählen Sie dafür die Zeile »Der Beagle« mit dem Auswahl-Werkzeug aus, und versehen Sie sie mit einem Schlagschatten. Klicken Sie dafür in der Steuerung-Palette auf die Schaltfläche SCHLAGSCHATTEN ❸.

206 Kapitel 7 | Mit Effekten gestalten

7 Den Schatten anpassen

Der Schatten sieht wirklich noch nicht professionell aus, daher müssen wir ihn verändern.

Öffnen Sie über das Menü FENSTER • EFFEKTE die Effekte-Palette. Hier stellen Sie unter DECKKRAFT ❹ den Wert »45 %« ein. Wählen Sie zusätzlich unter POSITION für den X- und Y-VERSATZ ❺ den Wert »1mm«.

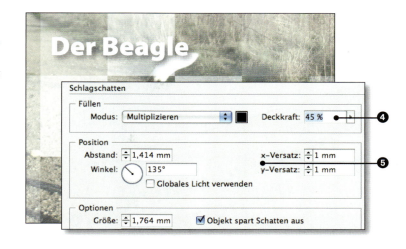

8 Die Flächen anpassen

Sie haben sich bestimmt gewundert, dass die Rechtecke nicht bis an den Rand ragen. Das ist beabsichtigt, denn wir brauchen einen Anschnitt.

Wählen Sie mit dem Auswahl-Werkzeug und gedrückter ⇧-Taste die linken vier Rechtecke aus und gruppieren sie über OBJEKT • GRUPPIEREN oder ⌘ bzw. Strg + G. Ziehen Sie die Gruppe in der Breite an den linken Seitenrand. Das Gleiche machen Sie seitenversetzt mit den Recktecken der rechten Seite.

9 Eine andere Farbe einsetzen

Wählen Sie alle Rechtecke aus. Am schnellsten geht das, wenn Sie die Textebene sperren und das Kürzel ⌘ bzw. Strg + A benutzen.

Weisen Sie den Rechtecken über die Farbfelder-Palette die Farbe »Pantone DS 298-4 D« ❻ zu, und stellen Sie in der Effekte-Palette die Füllmethode auf INEINANDERKOPIEREN ❼.

So haben wir schnell ein herbstliches Bild in ein Frühlingsbild verwandelt.

> **Tipp:** Wenn Sie die in Schritt 8 erzeugte Gruppierung aufheben wollen, dann gehen Ihnen alle angewendeten Effekte verloren, und Sie müssten wieder von vorn anfangen.

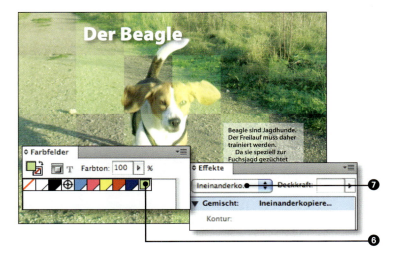

Transparenz mit Schlagschatten

Den Schlagschatten einsetzen und variieren.

Den Schlagschatten haben Sie in diesem Buch schon öfter gesehen und auch eingesetzt. In diesem Workshop möchte ich Sie zu einer anderen Variante des Schlagschattens führen: Spielen Sie mit den Zusatzeffekten des Schattens und mit der weichen Kante.

Zielsetzungen:
Schlagschatten und weicher Kante ein Rauschen hinzufügen
[Ordner 02_Schlagschatten]

Foto: Oliver Rösler – www.oro-photography.com

1 Die Effekte-Palette öffnen

Öffnen Sie die Datei »Schlagschatten.indd«, und markieren Sie den Grafikrahmen mit dem Auswahl-Werkzeug .

Den Dialog für den Schlagschatten finden Sie unter OBJEKT • EFFEKTE • SCHLAGSCHATTEN, über [Alt] + [⌘] / [Strg] + [M] oder über die Effekte-Palette, indem Sie hier auf die Schaltfläche OBJEKTEFFEKTE ❶ klicken.

2 Stellen Sie den Schatten ein

Aktivieren Sie im Dialog SCHLAGSCHATTEN als erstes die Option VORSCHAU.

Wählen Sie jetzt für die Schattenfarbe ❷ mit Klick auf das Farbfeld die Farbe »Grün«, und stellen Sie DECKKRAFT ❸ auf »50 %« ein.

Geben Sie für die Position des Schattens einen ABSTAND ❹ von »5 mm« an, so verschieben Sie den Schatten. Über die Option GRÖSSE ❺ stellen Sie ein Weichzeichnen von »3 mm« ein. Experimentieren Sie mit dem Abstand und der Größe, damit Sie ein Gefühl für die Auswirkungen bekommen.

3 Woher kommt das Licht?

Sie können über den WINKEL ❻ oder über den x- bzw. Y-VERSATZ ❼ bestimmen, woher die Lichtquelle kommt.

Stellen Sie z. B. den Winkel auf »0°«, befindet sich die Lichtquelle am Boden, bei »90°« kommt das Licht direkt von oben.

Auch hier sollten Sie die verschiedenen Möglichkeiten des Winkels ausprobieren und dabei ständig den x- bzw. y-Versatz beobachten.

4   Pixeln Sie den Schatten auf

Eine zugegebenermaßen verspielte Variante des Schlagschattens ist das Aufpixeln ❶.

Stellen Sie, nachdem Sie nun ein Gefühl für die Einstellungen bekommen haben, den Schlagschatten gemäß der nebenstehenden Abbildung ein.

Über die Option RAUSCHEN ❷ fügen Sie dem Schatten eine Störung zu. Bei übertriebener Anwendung pixeln Sie den Schatten komplett auf. Geben Sie in das Eingabefeld RAUSCHEN den Wert »75 %« ein.

5   Die weiche Kante einmal anders

Auf der Ebene »Frame« habe ich für Sie eine Fläche angelegt.

Wählen Sie diese Fläche aus und danach den Effekt EINFACHE WEICHE KANTE ❸.

Stellen Sie für die Breite der weichen Kante einen extremen Wert von »14 mm« ein, und übertreiben Sie das Rauschen, indem Sie einen Wert von »60 %« eingeben.

6   Ein Tipp zu allen Effekten

Bevor Sie einen der Effekte anwenden, sollten Sie daran denken, dass Effekte sich grundsätzlich nicht mit dem Objekt skalieren lassen ❹. Erstellen Sie daher Ihre Layouts immer im Maßstab 1:1. Wenn Sie eine Adaption vornehmen müssen, vergessen Sie nicht, den Effekt zu korrigieren.

Ein Schatten nach innen

Lassen Sie die Flasche aus einem Objekt wachsen.

In diesem Workshop zeige ich Ihnen, wie Sie eine Flasche in einen Apfel integrieren. Ganz nebenbei wandeln wir einen Photoshop-Pfad in einen Grafikrahmen um und füllen ihn anschließend mit einem Objekt.

Sie müssen einige Vorarbeiten treffen, bevor Sie dieses Aussehen erreichen, doch das Ergebnis wird Sie sicher entschädigen.

Zielsetzungen:
Photoshop-Pfad in Rahmen umwandeln
Objekteffekte anwenden
[Ordner 03_Schatten_innen]

1   Die Apfel-Ebene duplizieren
Öffnen Sie die Datei »Anzeige_Aqua_Apfel.indd«. Dort habe ich bereits alle Bilder platziert.

Wählen Sie in der Ebenen-Palette die Ebene »Apfel« aus, und ziehen Sie sie mit gedrückter Maustaste auf die Schaltfläche Neue Ebene unten in der Palette. Eine Kopie der Ebene wird angelegt, die sich automatisch »Apfel-Kopie« benennt.

Sperren Sie die untere Apfel-Ebene, indem Sie in das Feld Ebene sperren ❶ klicken.

2   Den Photoshop-Pfad aktivieren
Wählen Sie die Apfel-Kopie mit dem Auswahl-Werkzeug aus, und öffnen Sie den Dialog für den Beschneidungspfad über Objekt • Beschneidungspfad • Optionen.

Unter Art wählen Sie Photoshop-Pfad und unter Pfad ❷ Apfelbiss.

Danach wählen Sie den ganzen Bildrahmen mit dem Auswahl-Werkzeug aus, und weisen der Fläche die Farbe »Rot« zu.

3   Den Beschneidungspfad umwandeln
Wählen Sie das Bild der Ebene »Apfel Kopie« aus, und wandeln Sie den Beschneidungspfad in einen Rahmen um. Gehen Sie dafür in das Menü Objekt • Beschneidungspfad • Beschneidungspfad in Rahmen konvertieren ❸.

Löschen Sie danach das Bild aus dem Rahmen, indem Sie den Inhalt mit dem Direktauswahl-Werkzeug auswählen.

4 Den Rahmen bearbeiten

Verzerren Sie den Rahmen mit dem Auswahl-Werkzeug so, dass die Flasche gerade so hinausragen kann. Blenden Sie dafür zuvor die Ebene APFEL aus.

Deaktivieren Sie anschließend den Effekt, der durch die ursprüngliche Ebene übernommen wurde, indem Sie in der Effekte-Palette die Option OBJEKT wählen und dann auf das Symbol des Papierkorbs ❹ klicken.

Duplizieren Sie danach diese Ebene, und sperren Sie erneut die untere der beiden Ebenen.

5 Benennen Sie die Ebenen neu

Schnell hat man bei den Ebenen die Übersicht verloren, wenn sie keinen sprechenden Namen haben. Vergeben Sie daher immer sinnvolle Namen. Wählen Sie die Ebene »Apfel Kopie«, und geben Sie ihr den Namen »Apfelbiss«. Danach wählen Sie die Ebene »Apfel Kopie 2« aus und benennen sie »Apfel mit Flasche«.

Abschließend sperren Sie noch die Ebene »Apfelbiss« ❺.

6 Der Flasche einen Schatten geben

Bevor Sie die Flasche in den Apfel einfügen, sollten Sie ihr zunächst bereits den Objekteffekt zuweisen, denn eine spätere Bearbeitung würde sehr mühselig werden.

Wählen Sie die Flasche auf der entsprechenden Ebene mit dem Auswahl-Werkzeug aus. Öffnen Sie den Objekteffekt SCHLAGSCHATTEN über [Alt] + [⌘] / [Strg] + [M], und stellen Sie für ABSTAND und GRÖSSE je »3 mm« sowie für den Winkel »120°« ein. Die Deckkraft stellen Sie auf den Wert »45 %«.

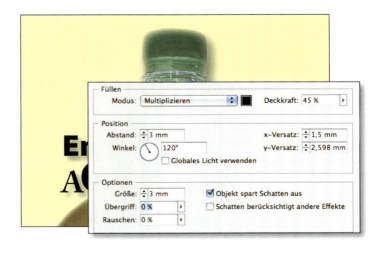

Kapitel 7 | Mit Effekten gestalten **213**

7   Rahmen für die Flasche vorbereiten

Ziehen Sie mit dem Rechteckrahmen-Werkzeug  auf der Ebene »Apfel mit Flasche« ein Recteck knapp um die Flasche herum. Achten Sie dabei darauf, dass das Rechteck nur bis in den Apfelbiss geht und nicht bis zum Flaschenboden.

Des Weiteren sollte das Rechteck nicht zu breit sein, denn wir wollen ja noch Teile des Apfelbisses erhalten. Zu eng darf es allerdings auch nicht sein, denn sonst würden Sie ja den zuvor erstellten Schatten von der Flasche abschneiden. Eine knifflige Aufgabe also.

8   Die Flächen vereinen

Blenden Sie zunächst die Ebene »Apfelbiss« aus, und wählen Sie danach das neu erstellte Rechteck und das Objekt auf der Ebene »Apfel mit Flasche« mit dem Auswahl-Werkzeug und gedrückter ⇧-Taste aus.

Gehen Sie anschließend in die Pathfinder-Palette, und klicken Sie auf die Schaltfläche ADDIEREN ❶, um aus beiden Objekten ein Objekt zu erstellen.

Tauschen Sie danach noch über die Werkzeugpalette die Fläche gegen die Kontur aus.

9   Die Flasche in den Apfel einfügen

Kopieren Sie auf der Ebene »Flasche« die Flasche in die Zwischenablage, und blenden Sie diese Ebene aus, indem Sie auf das Auge klicken. Anschließend gehen Sie auf die Ebene »Apfel mit Flasche« und wählen mit dem Auswahl-Werkzeug das in Schritt 8 erstellte Objekt aus.

Über das Menü BEARBEITEN • IN DIE AUSWAHL EINFÜGEN oder über [Alt] + [⌘] / [Strg] + [V] fügen Sie die Flasche in das Objekt ein.

10 Die Flasche verschieben

Die Flasche soll sich optisch an den Apfelbiss anpassen, daher muss sie verschoben werden.

Wählen Sie auf der Ebene »Apfel mit Flasche« das Objekt mit der Flasche aus, und klicken Sie dann auf die Schaltfläche INHALT AUSWÄHLEN ❷ in der Steuerung-Palette. Verschieben Sie nun den Inhalt bzw. die Flasche mit den Pfeiltasten optisch etwas besser in den Apfel.

Danach geben Sie der Fläche die Farbe OHNE. So ist auch der Hintergrund weg.

11 Den Apfelbiss bearbeiten

Wählen Sie die Ebene »Apfelbiss« aus und dort den Pfad. Geben Sie dem Objekt eine gelbe Flächenfarbe mit einem Farbton von »17 %«.

Öffnen Sie anschließend den Dialog SCHATTEN NACH INNEN, indem Sie in der Effekte-Palette auf die Schaltfläche EFFEKTE fx klicken oder das Menü OBJEKT • EFFEKTE • SCHATTEN NACH INNEN wählen.

Geben Sie danach für ABSTAND und GRÖSSE Werte von je »3 mm«, für WINKEL »105°« ein.

12 Dem Text einen Glow zuweisen

Die Schrift ist nicht gut lesbar, daher werden wie sie optimieren.

Entsperren Sie die Ebene »Text«, und wählen Sie den Text mit dem Auswahl-Werkzeug aus. In der Effekte-Palette klicken Sie auf die Schaltfläche EFFEKTE fx. Deaktivieren Sie zunächst den Schlagschatten und aktivieren stattdessen SCHEIN NACH AUSSEN. Öffnen Sie jetzt den Dialog, indem Sie neben dem Haken auf den Effekt klicken, und geben Sie die Werte nach Ihren Wünschen ein.

Das Relief

Fräsen Sie Schrift ins Holz.

In diesem Workshop zeige ich Ihnen einen Einsatzzweck für den Objekteffekt »Abgeflachte Kante und Relief«: die gemeißelte Schrift.

Sie erstellen eine perspektivische Verzerrung für die Schrift und fräsen diese dann in das Holz hinein.

Einiges kann man hier bereits direkt in InDesign CS4 lösen, doch freuen Sie sich nicht zu früh: Photoshop bleibt Ihnen bei manchen Effekten nicht erspart, denn nur mit Photoshop bekommen Sie einen wirklich realistischen Look hin.

Zielsetzungen:
Relief auf Text anwenden
Lebendigen Schlagschatten erstellen
[Ordner 04_Relief]

Foto: Oliver Rösler – www.oro-photography.com

1   Den Textrahmen drehen

Öffnen Sie die Datei »Holzkiste_Relief.indd«. Hier wählen Sie den Textrahmen mit dem Auswahl-Werkzeug aus.

Stellen Sie zu Beginn den Bezugspunkt in die Mitte ❶. Doppelklicken Sie anschließend auf das Drehen-Werkzeug, und geben Sie unter WINKEL den Wert »180°« ein ❷.

2   Text in Pfade umwandeln

Damit wir reibungslos durch diesen Workshop kommen, sollten wir einige Vorbereitungen treffen.

Als erstes wandeln Sie über SCHRIFT • IN PFADE UMWANDELN (oder Alt + ⌘ bzw. Strg + O) den Text in Pfade um.

Danach erstellen Sie eine neue Ebene, denn wir benötigen sie in den nächsten Schritten. Geben Sie der Ebene durch Doppelklick auch gleich einen Namen.

3   An der oberen Kante ausrichten

Wählen Sie nun den in Pfade umgewandelten Text mit dem Auswahl-Werkzeug aus, und aktivieren Sie das Drehen-Werkzeug.

Anschießend stellen Sie den Bezugspunkt auf die untere rechte Ecke.

Drehen Sie nun den Text an die obere Kante der Holzkiste.

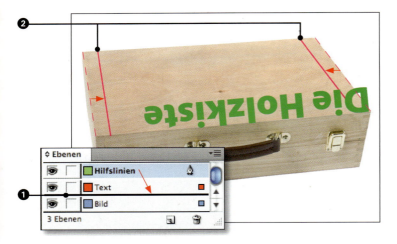

4 Vorarbeiten für die Perspektive

Ziehen Sie zunächst die Hilfslinien-Ebene unter die Text-Ebene. Aktivieren Sie dafür die Hilfslinien-Ebene, und ziehen Sie sie nach unten, bis sich ein deutlicher Balken ❶ zeigt. Dann lassen Sie die Maustaste los.

Mit dem Linienzeichner-Werkzeug ziehen Sie an den Kanten der Holzkiste jeweils eine Linie auf. Die Kanten habe ich für Sie gestrichelt markiert.

Haben Sie die Linien gezogen, dann schieben Sie diese mit dem Auswahl-Werkzeug in die Kiste hinein ❷.

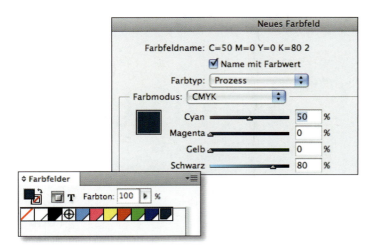

5 Den Text verzerren

Ich gebe zu, echte Perspektive kann mit InDesign nicht erstellt werden. An diesem Punkt müssten wir für eine wirklich einwandfreie perspektivische Verzerrung zu Photoshop wechseln. Akzeptieren wir hier aber einmal den Schönheitsfehler und fahren fort.

Wählen Sie den Text mit dem Auswahl-Werkzeug aus, und schieben Sie ihn optisch in die Mitte der erstellten Hilfslinien. Aktivieren Sie dann das Verbiegen-Werkzeug , und verbiegen Sie an den Ecken den Text optisch so gut es geht an die Hilfslinien.

6 Eine Farbe für den Schatten mischen

Seit vielen Jahren werden Schlagschatten auf fast alles angewendet, doch kaum ein Anwender macht sich Gedanken über das korrekte Aussehen.

Wir wollen eine lebendigere Schattenfarbe gestalten. Über die Farbfelder-Palette und Neues Farbfeld erstellen Sie ein neues Farbfeld mit den Werten »C 50, M 0, Y 0, K 80«. Fügen Sie es den Farbfeldern hinzu.

7 Die Effektfarbe anwenden

Wählen Sie die Kiste aus, und klicken Sie auf die Effekte-Schaltfläche [fx] in der Effekte-Palette. Jetzt wählen Sie den Schlagschatten.

Im sich öffnenden Dialog klicken Sie unter FÜLLEN auf die Farbfläche ❸ und wählen als Effektfarbe die eben erstellte Farbe ❹ aus. Für die DECKKRAFT geben Sie »50 %« ein, den X-VERSATZ legen Sie auf »3 mm«, den Y-VERSATZ auf »5 mm« fest. Unter OPTIONEN stellen Sie für die GRÖSSE »6 mm« ein und geben dem Schatten mit einem RAUSCHEN von »5 %« eine weitere Lebendigkeit.

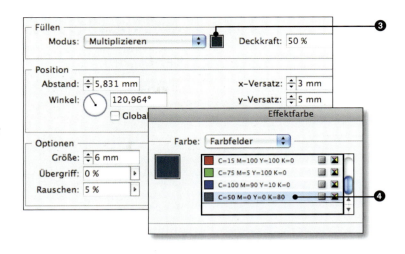

8 Abgeflachte Kante und Relief

Wählen Sie nun den Text aus, und öffnen Sie wie in Schritt 8 beschrieben den Dialog ABGEFLACHTE KANTE UND RELIEF.

Unter STRUKTUR • FORMAT stellen Sie RELIEF AN ALLEN KANTEN ein. Danach wählen Sie bei TECHNIK den Eintrag HART MEISSELN und für RICHTUNG • NACH UNTEN. Als GRÖSSE geben Sie »1,5 mm« ein. Weisen Sie der Höhe »30°« zu. Bestätigen Sie den Dialog mit OK, und betrachten Sie das Ergebnis.

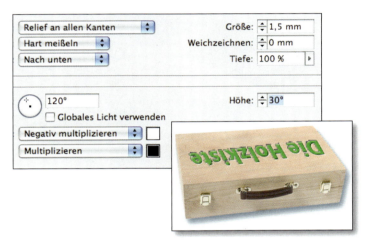

9 Die Schattierung bearbeiten

Sie können einen Effekt jederzeit erneut bearbeiten, indem Sie ihn in der Effekte-Palette doppelklicken. Öffnen Sie auf diese Weise noch einmal den Dialog, und bearbeiten Sie die Schattierung. Bei WINKEL stellen Sie »–39°« ein. Durch den Winkel haben wir erreicht, dass die Schrift in das Holz gemeißelt wurde, obwohl wir die Richtung nach unten gestellt haben.

Die Kanteneffekte

Soften Sie Kanten ab.

Die einfache weiche Kante ist aus der Layoutarbeit nicht mehr wegzudenken. Ich meine hier nicht die bekannten ovalen Fotos, die mit einer weichen Kante versehen wurden. Die weiche Kante kann auch helfen, die Verschmelzung zweier Bilder überzeugender zu gestalten, was wir in dieser Übung sehen werden. Wir wollen außerdem noch einen zweiten Effekt einsetzen und so eine optische Dynamik erreichen.

Zielsetzungen:
Einfache weiche Kante und direktionale weiche Kante einsetzen
[Ordner 05_Kanteneffekte]

1 Die einfache weiche Kante

Öffnen Sie die Datei »FAir_Kanteneffekte.indd«. Es fällt sofort auf, dass das Flugzeug nicht wirklich am Himmel schwebt, sondern einfach nur auf dem Himmel platziert wurde.

Wählen Sie das Flugzeug aus, und öffnen Sie die Effektauswahl, indem Sie auf die Effekte-Schaltfläche [fx] klicken. Enscheiden Sie sich für EINFACHE WEICHE KANTE. Stellen Sie bei BREITE DER WEICHEN KANTE ❶ einen Wert von »1 mm« ein. Jetzt sind die so genannten Blitzer ❷ verschwunden und beide Bilder verbinden sich optisch.

2 Bewegungsunschärfe simulieren

Bewegungsunschärfe ist in InDesign nur über einen Trick herzustellen, und das Ergebnis ist auch dann noch nicht überzeugend.

Um die Bewegungsunschärfe zu simulieren, müssen Sie das Objekt über die Ebenen mehrfach duplizieren, einen zuvor angelegten Pfad in einen Grafikrahmen umwandeln und danach unerwünschte Ankerpunkte löschen.

Da diese Arbeit sehr zeitaufwändig ist, habe ich sie bereits für Sie erledigt. Ich habe die bearbeiteten Objekte für die Abbildung rot markiert.

3 Die direktionale weiche Kante

Machen Sie die Ebene »Bewegungsunschärfe« sichtbar, und wählen Sie die Flächen der Flügel und des Hecks aus.

Danach gehen Sie in den Dialog DIREKTIONALE WEICHE KANTE. Hier öffnen Sie die Kette ❸, damit sich die weiche Kante nur an einer Seite auswirkt.

Geben Sie für BREITE DER WEICHEN KANTE bei LINKS einen Wert von »5 mm« ein.

Tipp: Echte Bewegungsunschärfe erzeugen Sie nur in Photoshop über einen Filter.

Effekte mixen

Gestalten Sie einen Bilderrahmen.

Besonders interessant wird es, wenn Sie mit mehreren Effekten im Zusammenspiel arbeiten. Hier sind der Kreativität keine Grenzen gesetzt. Sie können z. B. auf jedes Attribut, also auf Kontur, Fläche und Text, unterschiedliche Effekte anwenden. Auch können Sie zwei Bilder miteinander verschmelzen, so dass sie wie nur ein Bild aussehen.

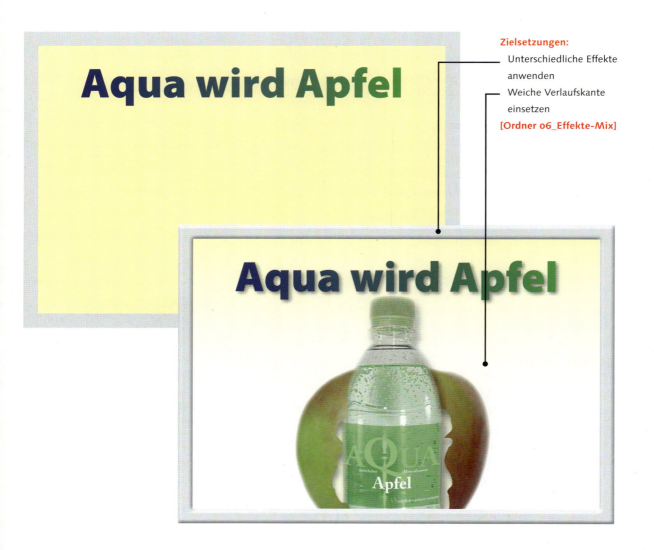

Zielsetzungen:
Unterschiedliche Effekte anwenden
Weiche Verlaufskante einsetzen
[Ordner 06_Effekte-Mix]

1 Effekt nur auf die Kontur anwenden

Wählen Sie in der Beispieldatei »Effekte_Mix.indd« den Rahmen aus.

Gehen Sie jetzt in die Effekte-Palette und wählen dort KONTUR aus. Öffnen Sie dann über die Schaltfläche unten in der Palette [fx] den Dialog ABGEFLACHTE KANTE UND RELIEF.

Stellen Sie unter GRÖSSE ❶ den Wert »2 mm« ein. Unter SCHATTIERUNG geben Sie für HÖHE ❷ den Wert »60°« ein.

So haben Sie den Bildrahmen bereits simuliert.

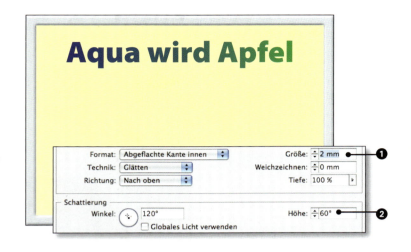

2 Effekt nur auf Text anwenden

Behalten Sie den Rahmen in der Auswahl, und wählen Sie in der Effekte-Palette nun die Option TEXT ❷ aus.

Öffnen Sie über die Effekte-Schaltfläche den Dialog für den Schlagschatten. Stellen Sie dort unter DECKKRAFT ❸ den Wert »45 %« ein. Bei X-/Y-VERSATZ ❹ geben Sie je »1 mm« ein.

3 Den Hintergrund durchscheinen lassen

Zum Schluss bekommt auch die Fläche noch einen Effekt. Wählen Sie sie in der Effekte-Palette aus, und stellen Sie DECKKRAFT auf »50 %«.

Danach öffnen Sie den Dialog WEICHE VERLAUFSKANTE. Hier stellen Sie unter OPTIONEN den WINKEL ❺ auf »90°« und klicken auf die Schaltfläche VERLAUF UMKEHREN ❻.

Wählen Sie abschließend den schwarzen Farbregler aus, und stellen Sie ihn über POSITION auf »75 %« ❼.

Kapitel 7 | Mit Effekten gestalten

Setzen Sie auf Formate

Benutzen Sie Absatz- und Zeichenformate. In diesem Kapitel möchte ich Sie in die Geheimnisse der Formate einweihen. Glauben Sie mir, Sie beschleunigen Ihren Workflow bei immer wiederkehrenden Projekten wie z. B. Geschäftberichten aufsehenerregend.

Ich zeige Ihnen, wie Sie ein Absatz- oder Zeichenformat anlegen, Formate verschachteln und gleichzeitig mehrere Absatzformate anwenden. Und Sie erlernen das Erstellen und Einsetzen von Objektstilen, damit auch ein modifizierter Textrahmen nicht immer wieder neu erstellt werden muss.

Foto: eyewave – Fotolia.com

Setzen Sie auf Formate

Exkurs: Zeichen- und Absatzformat **228**
  Lernen Sie den Unterschied kennen.

Das Zeichenformat **230**
  Es ist nur für Buchstaben bestimmt.

Absatzformate einrichten **234**
  Formatieren Sie einen Zeitungsartikel.

Hierarchische Formate **239**
  Formate automatisiert anwenden

Formate verschachteln **242**
  Eine Anregung für einen Reisekatalog

Mit Objektstilen arbeiten **246**
Gestalten Sie eine Textbox, und wenden Sie sie immer wieder an.

Eine Aufzählung anlegen **250**
Mit drei Klicks haben Sie Bulletpoints erstellt.

Eine Nummerierung erstellen **253**
Gestalten Sie nummerierte Listen.

Mit Stilen gestalten **258**
Einfache Formatierung z. B. von AGBs

GRUNDLAGENEXKURS

Zeichen- und Absatzformat

Lernen Sie den Unterschied kennen.

Ich möchte Ihnen hier einen kurzen Überblick über die Absatz- bzw. Zeichenformatierung geben.

Besonders praktisch: Haben Sie einmal eine Absatzformatierung eingerichtet, z. B. für einen Geschäftsbericht, können Sie diese Formatierung für Folgejobs immer wieder laden.

Das Wichtigste in Kürze

Absatz | InDesign arbeitet absatzorientiert, das heißt, alles, was Sie in einem Absatzformat einrichten, wird für den gesamten Absatz übernommen.

Doch was ist ein Absatz? Der Absatz beschreibt einen fortlaufenden Text, der aus einem oder mehreren Sätzen besteht und durch die Zeilenschaltung ⏎ abgeschlossen wird. Sie erkennen einen Absatz an der Absatzmarke ¶ an seinem Ende.

Absatzformat | Das Absatzformat wird für einen Absatz eingerichtet und auf ihn angewendet. Hier stehen neben den Einstellungen für die Zeichenformatierung auch alle Absatzformatierungen zur Verfügung. Sie erkennen dies bereits, wenn Sie den Absatzformate-Dialog geöffnet haben.

Mehr Informationen erhalten Sie in den nächsten Workshops.

Zeichenformat | In InDesign können Sie Zeichenformate für die Auszeichnung einzelner Wörter oder Zeichen anlegen. Wenn Sie einem Text ein Absatzformat zugewiesen haben, können Sie nun mit einem Zeichenformat einzelne Wörter mit Auszeichnungen wie KAPITÄLCHEN oder einer Schriftfarbe hervorheben.

Tastaturkürzel | Sie können für jedes Zeichen- und Absatzformat ein Tastaturkürzel einrichten. Wählen Sie dazu im jeweiligen Dialog das erste Fenster und darin das Eingabefeld für TASTATURKÜRZEL. Leider können Sie Ihre Tastenkürzel nicht frei wählen. Sie dürfen als Kürzel nur den Nummernblock auf Ihrer Tastatur in Kombination mit den Tasten ⇧, ⌘ (bzw. Strg) und Alt verwenden.

Schnell anwenden | Damit Laptop-User nicht traurig sind, weil sie den Nummernblock nicht verwenden können, hat sich Adobe etwas einfallen lassen.

Mit SCHNELL ANWENDEN können Sie z. B. ein bestimmtes Absatzformat suchen lassen und schnell anwenden.

Sie öffnen die Palette, indem Sie auf die Schaltfläche SCHNELL ANWENDEN ⚡ in der Steuerung-Palette klicken oder das Kürzel ⌘ + ⏎ benutzen. Denn das geht deutlich schneller.

Was im Buch nicht vorkommt

Einige Absatzformatierungen kommen in diesem Buch nicht vor. Daher möchte ich sie hier kurz beschreiben.

Unterstreichung | Die Unterstreichung ist eine Option, die hin und wieder bei Ihnen zum Einsatz kommen könnte.

Da die Linie hinter dem ausgewählten Text liegt, kann mit einer solchen Linie z. B. Text markiert werden.

Unterstreichen Sie den Text

Wichtig für SCHNELL ANWENDEN ist jedoch, dass Sie Ihre Absatz- und Zeichenformate mit einem sinnvollen Namen benennen, denn unter Absatzformat 1 kann man sich bald schon nichts mehr vorstellen.

Haben Sie die Palette geöffnet, geben Sie einfach in das Eingabefeld ❶ den Anfangsbuchstaben des Formats ein, InDesign sucht dann alle Formate durch. Wählen Sie im Fenster das gewünschte Format aus, und bestätigen Sie einfach mit ↵.

Über den Pfeil ❷ links oben in der Palette öffnen Sie ein Auswahlfenster, denn Sie können über SCHNELL ANWENDEN nicht nur nach Absatz- und Zeichenformaten suchen lassen. Selbst Menübefehle und Skripte können Sie auf diese Art anwenden. Aktivieren Sie in diesem Fenster, was Sie bei der schnellen Suche einbezogen haben möchten. Ich bevorzuge die schlanke Variante.

Sie finden den Dialog über die Palettenmenüs der Zeichen- und Absatz-Palette sowie über Zeichen- und Absatzformate. Stellen Sie im Dialog z. B. »12 pt« für die Stärke und einen Offset von »–3 pt« ein, wird der ausgewählte Text markiert.

Durchstreichung | Mit dieser Option können Sie ausgewählten Text oder einen ganzen Absatz durchstreichen.

Streichen Sie den Text durch

Bei der Durchstreichung liegt die Linie über dem markierten Text oder Absatz.

Das Zeichenformat

Es ist nur für Buchstaben bestimmt.

Zeichenformat | In InDesign können Sie Zeichenformate für die Auszeichnung einzelner Wörter oder Zeichen anlegen. Wenn Sie einem Text ein Absatzformat zugewiesen haben, können Sie nun mit einem Zeichenformat einzelne Wörter mit Auszeichnungen wie Kapitälchen oder einer Schriftfarbe hervorheben.

In diesem Workshop erstellen Sie das erste Format für den schnelleren Workflow: ein Zeichenformat. Gleich im Anschluss wenden Sie es an.

Da wir in diesem Beispiel nur das Wort »Zeichenformat« auszeichnen wollen, wenden Sie das Zeichenformat nicht über viele Klicks an, sondern über die Funktion Suchen & Ersetzen.

Zeichenformat | In InDesign können Sie **Zeichenformate** für die Auszeichnung einzelner Wörter oder Zeichen anlegen. Wenn Sie einem Text ein Absatzformat zugewiesen haben, können Sie nun mit einem **Zeichenformat** einzelne Wörter mit Auszeichnungen wie Kapitälchen oder einer Schriftfarbe hervorheben.

Zielsetzungen:
Zeichenformat einrichten und über Suchen & Ersetzen anwenden
[Ordner 01_Zeichenformat]

Idee: Andrea Forst

1   Die Zeichenformate-Palette öffnen
Öffnen Sie die Datei »Zeichenformat.indd«. Über das Menü FENSTER • SCHRIFT & TABELLEN • ZEICHENFORMATE bzw. über ⇧ + ⌘ / Strg + F11 finden Sie die Zeichenformate-Palette.

Öffnen Sie über das Palettenmenü den Dialog NEUES ZEICHENFORMAT ❶, denn so geht es am schnellsten.

2   Der erste Dialog
Das Fenster ALLGEMEIN scheint nicht so wichtig, doch geben Sie hier dem Format einen Namen ❷. Ich wiederhole noch einmal: Ein eindeutiger Name ist wichtig, damit Sie auch später den Einsatzzweck noch wiedererkennen. Geben Sie z. B. den Namen »Auszeichnung« ein. Die übrigen Einträge können Sie erst einmal ignorieren. Gehen Sie jetzt über die linke Liste in das nächste Fenster GRUNDLEGENDE ZEICHENFORMATE.

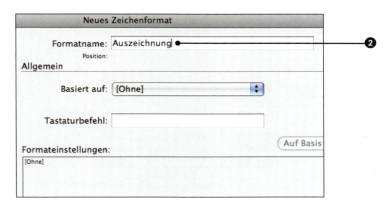

3   Die grundlegenden Zeichenformate
In diesem Fenster wählen Sie als SCHRIFTFAMILIE ❸ die »Adobe Garamond Pro« und den SCHRIFTSCHNITT »Bold« aus. Für den SCHRIFTGRAD ❹ stellen Sie »21 pt« ein. Als BUCHSTABENART ❺ wählen Sie »Kapitälchen« aus.

Die weiteren Optionen werden hier nicht gebraucht.

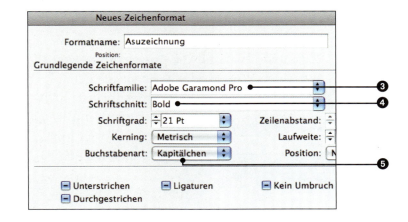

Tipp: InDesign tauscht, wenn die Schriftfamilie über echte Kapitälchen verfügt, automatisch die Kleinbuchstaben aus.

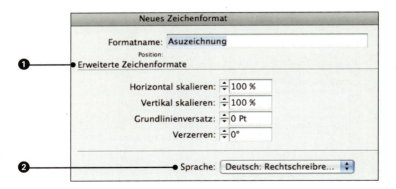

4 Die erweiterten Zeichenformate

Im Dialog ERWEITERTE ZEICHENFORMATE ❶ stellen Sie alle Werte auf neutrale Werte ein, wie in der Abbildung gezeigt, denn eine Nichteingabe kann zu unerwünschten Zeichenformatierungen führen.

Für die Rechtschreibprüfung von InDesign wählen Sie unter SPRACHE ❷ die Option »Deutsch: Rechtschreibreform 2006« aus.

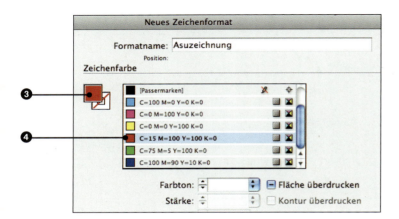

5 Die Zeichenfarbe

Damit Sie der Schrift eine Farbe geben und nicht der Kontur, klicken Sie im Fenster ZEICHENFARBE auf den Button TEXTFARBE ❸, um ihn in den Vordergrund zu stellen.

Wählen Sie anschließend die Farbe »Rot« ❹ aus den Farbfeldern aus. Bestätigen Sie danach den kompletten Dialog mit OK.

6 Das Zeichenformat anwenden

Wählen Sie mit aktivem Text-Werkzeug die gewünschten Zeichen oder wie in diesem Fall das Wort »Zeichenformat« aus, indem Sie auf das Wort doppelklicken.

Öffnen Sie, falls sie nicht bereits offen ist, die Zeichenformate-Palette, und klicken Sie auf das von Ihnen erstellte Zeichenformat »Auszeichnung«. Nun sollte das Wort neu formatiert sein.

ZEICHENFORMAT | In InDesign können Sie Zeichenformate für die Auszeichnung von einzelnen Wörter oder Zeichen anlegen. Wenn Sie einen Text ein Absatzformat zugewiesen haben, können Sie nun mit einzelne Wörter mit Kapitälchen oder einer ...ben.

232 Kapitel 8 | Setzen Sie auf Formate

7 Suchen/Ersetzen aufrufen

Sie könnten nun nach und nach, wie in Schritt 6 beschrieben, alle Worte mit dem Inhalt »Zeichenformat« auswählen und diese formatieren. Hier zeige ich Ihnen aber einen deutlich schnelleren Weg.

Öffnen Sie über das Menü BEARBEITEN • SUCHEN/ERSETZEN den gleichnamigen Dialog. Stellen Sie zunächst den Reiter TEXT ❺ ein. Danach geben Sie unter SUCHEN NACH das Wort »Zeichenformat« ❻ ein.

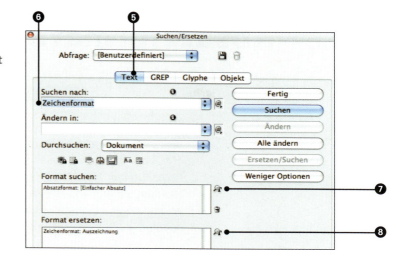

8 Suchen/Ersetzen für Formate

Öffnen Sie über die Schaltfläche MEHR OPTIONEN den Dialog für die Formatersetzung, und suchen Sie per Klick auf die Schaltfläche FORMAT SUCHEN ❼ nach dem zu ersetzenden Format. Wählen Sie hier das Absatzformat »Einfacher Absatz« aus, denn der Absatz ist noch nicht formatiert.

Wählen Sie anschließend die Schaltfläche FORMAT ERSETZEN ❽ aus, und klicken Sie dann auf das neu erstellte Zeichenformat »Auszeichnung«. Klicken Sie nun auf die Schaltfläche SUCHEN und danach auf ALLE ÄNDERN.

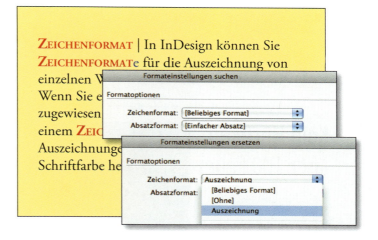

9 Eine kleine Nacharbeit

Nachdem Sie im vorangegangenen Schritt den Dialog über die Schaltfläche FERTIG geschlossen haben, sind alle Worte mit dem Inhalt »Zeichenformat« geändert worden.

Eins der Wörter, ich habe es Ihnen blau markiert, hat jedoch eine andere Schreibweise. Doppelklicken Sie auf dieses Wort, und weisen Sie ihm zusätzlich nochmals das Zeichenformat »Auszeichnung« zu.

Absatzformate einrichten

Formatieren Sie einen Zeitungsartikel.

Viele Anwender setzen Absatzformate nicht ein, weil sie denken, es mache mehr Arbeit, sie einzurichten, als manuell zu formatieren. Ich möchte in diesem und auch in den nachfolgenden Workshops dieses Vorurteil widerlegen. Fakt ist, dass Sie mit Absatzformaten deutlich schneller arbeiten können, denn der Arbeitsaufwand ist gegenüber der manuellen Einstellung geringer.

Zielsetzungen:
Absatzlinie und
Initial einrichten
[Ordner 02_Absatzformat]

Kein Hurrikan, aber 100 Feuer

Ein Segeltörn:
Mit der „Niña" entlang
der Südküste Kubas

Von Thomas Hebestreit

Cienfuegos ist der Heimathafen der Segelyacht Marke Bavaria 44 mit dem Namen Niña. Wörtlich übersetzt heißt diese Stadt „100 Feuer", was nichts mit dem Revolutionsführer Comandante Camilo Cienfuegos (+1959) zu tun hat, sondern 1830 von dem spanischen General und Gouverneur José Cienfuegos ihren Namen bekam. Die Stadt liegt am Ende der Bahia de Jagua, eine Bucht die bereits 1494 von Columbus auf seiner zweiten Reise entdeckt wurde und lange Zeit nur ein Piratenunterschlupf war.

Das heitere Naturel der Cubaner und ihre Freundlichkeit lassen einen meist vergessen, dass Cuba mit seinen Segelrevieren ein sozialistisches Land unter der Führung von Fidel Castro ist. Die Erfahrungen anderer Crews, die mit den Zollformalitäten Probleme hatten, können von uns nicht bestätigt werden. Denn, obwohl die entsprechenden Beamten an Bord kommen und gelegentlich alle Kabinen einsehen wollen, sind es rundum kurze und nette

Begegnungen mit der cubanischen Bürokratie.

Die Bucht, in der man noch die Reste der Verwüstungen durch Hurrikan Wilma findet, ist der Ausgangspunkt unserer Reise.

Von hier geht es vorbei an der Schweinebucht, die noch immer ein militärisches Sperrgebiet ist und dem Eiland Cayo Guano del Este mit seinem manuell bedienten Leuchtturm. Dessen Feuer wir vor Anker liegend, bei einem nächtlichen Wind mit Böen der Stärke 7 Beaufort, noch bis spät in die Nacht beobachten mussten. Mit westlichen Kursen geht es weiter nach Cayo Largo und

Eine tropische Depression zwingt zum Kurswechsel

Cayo Cantiles, wo wir Langusten gegen Zigaretten tauschen.

Die in 2005 ungewöhnlich starken und häufigen aufgetretenen Hurrikans in diesem Teil der Welt wichen während dieses Segelwetter mit viel Sonne. Dank der Menschen in Cuba, einer gut funktionierenden Niña, einem guten Briefing, einem umsichtigen Skipper und einer harmonischen Crew konnten wir in doch sehr einem unbekannten Segelrevier eine hervorragenden Segeltörn erleben. Auch die Landgänge in Cienfuegos, Trinidad und der cubanische Hauptstadt, La Habana, sind besondere und freudige Erlebnisse und hinterlassen bei uns nachhaltige Eindrücke.

Dank der achterlichen Winde weiter nach Westen fliegend, gelangt die Niña nach Cayo Rosario und zum Canal de Aquardiente. Die hier durch die vielen Hurrikans verschwundene Betonnung und eine für eine Yacht mit 1,6 Metern Tiefgang zu sehr versandeten Passage machen eine Änderung der Etappenziele notwendig. Auch die Entstehung einer tropischen Depression – einem Tiefdruckgebiet das zum Geburtsort eines neuen Hurrikans werden kann – südlich vor Jamaika ist Grund für das Ansteuern eines sicheren Liegeplatzes, welcher in der Marina von Casilda, direkt vor Trinidad gefunden wurde.

Hier ist auch auf vielen Wänden und Plakaten die wohl bekannteste Person von Cuba zu sehen, Che Guevara. Das Volkslied über ihn, gespielt von

den vielen Musikgruppen und ihren Sängern, wird selbst von den Jugendlichen, die sonst dem Reggaeton huldigen, laut mitgesungen. „Dein Vorbild lebt, deine Visionen werden sich bewahrheiten, Hasta siempre, Comandante". Mit dieser Musik im Ohr und den vielen Bildern der Karibik vor dem Auge endet dieser Segeltörn in den cubanischen Gewässern.

Und nac mit „cien beso" diesen Reisebericht abschließen.

Reiseinformationen:

Kuba gehört zur Inselgruppe der Großen Antillen und ist die größte Insel in der Karibik.

In Kuba wird Spanisch gesprochen, wobei es einige Unterschiede zu dem Hochspanisch gibt.

Das Klima ist tropisch und wird vom Nordostpassat geprägt. Es gibt eine trockenere Jahreszeit von November bis April und eine regnerische Jahreszeit von Mai bis Oktober.

In Kuba sind zahlreiche Musikstile und Tänze entstanden, die zum Teil international Verbreitung fanden. Zu ihnen gehören der Son, der Mambo, die Salsa, der Danzón, die Rumba, der Cha-Cha-Cha.

Kein Hurrikan, aber 100 Feuer

Ein Segeltörn:
Mit der „Niña" entlang
der Südküste Kubas

Von Thomas Hebestreit

Cienfuegos ist der Heimathafen der Segelyacht Marke Bavaria 44 mit dem Namen Niña. Wörtlich übersetzt heißt diese Stadt „100 Feuer", was nichts mit dem Revolutionsführer Comandante Camilo Cienfuegos (+1959) zu tun hat, sondern 1830 von dem spanischen General und Gouverneur José Cienfuegos ihren Namen bekam. Die Stadt liegt am Ende der Bahia de Jagua, eine Bucht die bereits 1494 von Columbus auf seiner zweiten Reise entdeckt wurde und lange Zeit nur ein Piratenunterschlupf war.

Das heitere Naturel der Cubaner und ihre Freundlichkeit lassen einen meist vergessen, dass Cuba mit seinen Segelrevieren ein sozialistisches Land unter der Führung von Fidel Castro ist. Die Erfahrungen anderer Crews, die mit den Zollformalitäten Probleme hatten, können von uns nicht bestätigt werden. Denn, obwohl die entsprechenden Beamten an Bord kommen und gelegentlich alle Kabinen einsehen wollen,

sind es rundum kurze und nette Begegnungen mit der cubanischen Bürokratie.

Die Bucht, in der man noch die Reste der Verwüstungen durch Hurrikan Wilma findet, ist der Ausgangspunkt unserer Reise.

Von hier geht es vorbei an der Schweinebucht, die noch immer ein militärisches Sperrgebiet ist und dem Eiland Cayo Guano del Este mit seinem manuell bedienten Leuchtturm. Dessen Feuer wir vor Anker liegend, bei einem nächtlichen Wind mit Böen der Stärke 7 Beaufort, noch bis spät in die Nacht beobachten mussten. Mit westlichen Kursen geht es

Eine tropische Depression zwingt zum Kurswechsel

weiter nach Cayo Largo und Cayo Cantiles, wo wir Langusten gegen Zigaretten tauschen.

Die in 2005 ungewöhnlich starken und häufigen aufgetretenen Hurrikans in diesem Teil der Welt wichen während dieses Segelwetter mit viel Sonne. Dank der Menschen in Cuba, einer gut funktionierenden Niña, einem guten Briefing, einem umsichtigen Skipper und einer harmonischen Crew konnten wir in doch sehr einem unbekannten Segelrevier eine hervorragenden Segeltörn erleben. Auch die Landgänge in Cienfuegos, Trinidad und der cubanische Hauptstadt, La Habana, sind besondere und freudige Erlebnisse und hinterlassen bei uns nachhaltige Eindrücke.

Dank der achterlichen Winde weiter nach Westen fliegend, gelangt die Niña nach Cayo Rosario und zum Canal de Aquardiente. Die hier durch die vielen Hurrikans verschwundene Betonnung und eine für eine Yacht mit 1,6 Metern Tiefgang zu sehr versandeten Passage machen eine Änderung der Etappenziele notwendig. Auch die Entstehung einer tropischen Depression – einem Tiefdruckgebiet das zum Geburtsort eines neuen Hurrikans werden kann — südlich vor Jamaika ist Grund für das Ansteuern eines sicheren Liegeplatzes, welcher in der Marina von Casilda, direkt vor Trinidad gefunden wurde.

Hier ist auch auf vielen Wänden und Plakaten die wohl bekannteste Person von Cuba zu sehen, Che Guevara. Das

Volkslied über ihn, gespielt von den vielen Musikgruppen und ihren Sängern, wird selbst von den Jugendlichen, die sonst dem Reggaeton huldigen, laut mitgesungen. „Dein Vorbild lebt, deine Visionen werden sich bewahrheiten, Hasta siempre, Comandante". Mit dieser Musik im Ohr und den vielen Bildern der Karibik vor dem Auge endet dieser Segeltörn in den cubanischen Gewässern.

Und nac mit „cien beso" diesen Reisebericht abschließen.

Reiseinformationen:

Kuba gehört zur Inselgruppe der Großen Antillen und ist die größte Insel in der Karibik.

In Kuba wird Spanisch gesprochen, wobei es einige Unterschiede zu dem Hochspanisch gibt.

Das Klima ist tropisch und wird vom Nordostpassat geprägt. Es gibt eine trockenere Jahreszeit von November bis April und eine regnerische Jahreszeit von Mai bis Oktober.

In Kuba sind zahlreiche Musikstile und Tänze entstanden, die zum Teil international Verbreitung fanden. Zu ihnen gehören der Son, der Mambo, die Salsa, der Danzón, die Rumba, der Cha-Cha-Cha.

1 Das Grundlinienraster

Bücher, Artikel und andere lange Dokumente werden oft mithilfe eines Grundlinienrasters gesetzt. Es dient dazu, die Zeilen registerhaltig zu setzen, d. h. dass sich die Zeilen auf Vorder- und Rückseite immer decken (siehe nebenstehende Abbildung).

In InDesign stellen Sie das Grundlinienraster für ein Dokument über VOREINSTELLUNGEN • RASTER ein. Öffnen Sie zunächst die Datei »Zeitungsartikel.indd«.

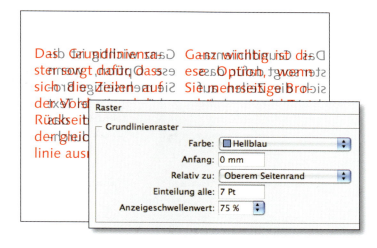

2 Das Grundlinienraster einstellen

Stellen Sie in den Voreinstellungen den ANFANG ❶ des Rasters auf »0 mm« ein, und bestimmen Sie danach, woran sich das Raster orientieren soll. Wählen Sie unter RELATIV ZU ❷ OBEREM SEITENRAND aus, wird die obere Kante Ihres Dokumentformats als Referenz genommen. Geben Sie für den Abstand des Rasters unter EINTEILUNGEN ALLE ❸ den Wert »7 pt« ein. InDesign rechnet den Wert automatisch in Millimeter um. Deaktivieren Sie die Option RASTER IM HINTERGRUND ❹, um es auch sehen zu können. Bestätigen Sie mit OK.

3 Ein Absatzformat erstellen

Wählen Sie anschließend über das Palettenmenü der Absatzformate-Palette NEUES ABSATZFORMAT aus.

Geben Sie im ersten Fenster ALLGEMEIN dem Absatzformat den Formatnamen »Autor« ❺. Alle anderen Einstellungen in diesem Fenster können Sie ignorieren.

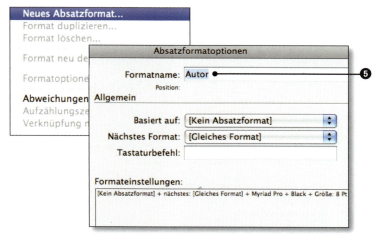

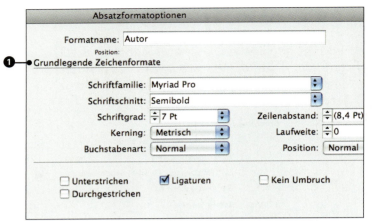

4 Die Schrift für das Absatzformat

Wählen Sie im Fenster GRUNDLEGENDE ZEICHENFORMATE ❶ unter SCHRIFTFAMILIE die »Myriad Pro« und den SCHRIFTSCHNITT »Semibold« aus.

Als SCHRIFTGRAD geben Sie »7 pt« in das Eingabefenster ein. Alle weiteren Einstellungen können Sie belassen.

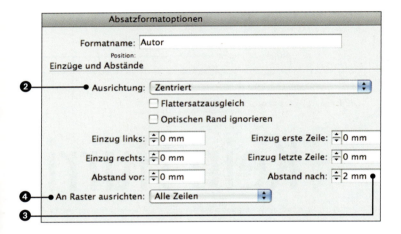

5 Die Einzüge und Abstände

Im Fenster EINZÜGE UND ABSTÄNDE stellen Sie unter AUSRICHTUNG ❷ ZENTRIERT ein, damit die Zeile mittig ausgerichtet wird.

Stellen Sie einen ABSTAND NACH ❸ von »2 mm« für die Zeile ein, und richten Sie sie über AN RASTER AUSRICHTEN • ALLE ZEILEN ❹ am Grundlinienraster aus.

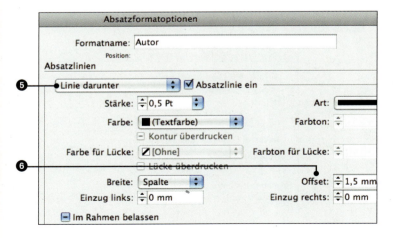

6 Die Absatzlinie darunter

Aktivieren Sie im Fenster ABSATZLINIEN • LINIE DARUNTER und ABSATZLINIE EIN ❺.

Geben Sie unter STÄRKE »0,5 pt« für die Linie ein, und stellen Sie einen OFFSET ❻ von »1,5 mm« ein, damit zwischen der Zeile und der Linie ein Abstand eingesetzt wird.

7   Die Farbe für den Absatz

Wählen Sie im Fenster ZEICHENFARBE ❼ die Farbe »Schwarz« aus. Bestätigen Sie anschließend Ihre Eingaben mit OK, und schließen Sie damit den Dialog. Klicken Sie mit dem Text-Werkzeug T, in die Zeile »Von Thomas Hebestreit«, damit der Textcursor in der Zeile blinkt. Wählen Sie danach in der Absatzformate-Palette das Format »Autor« aus.

8   Ein Initial einrichten

Um ein Initial mit einer anderen Schriftart oder einem anderen Schriftschnitt in einem Absatzformat einrichten zu können, müssen Sie zuvor ein Zeichenformat anlegen.

Erstellen Sie in der Zeichenformate-Palette ein neues Zeichenformat. Geben Sie dem Zeichenformat den Namen »Initial«. Wählen Sie als SCHRIFTFAMILIE die »Myriad Pro«, den SCHRIFTSCHNITT »Bold« und als SCHRIFTGRAD »6 pt« aus. Als ZEICHENFARBE wählen Sie »Schwarz« mit einem FARBTON von »50 %« aus und bestätigen anschließend den Dialog.

9   Das Absatzformat für das Initial

Klicken Sie mit aktivem Text-Werkzeug T, in den ersten Absatz, und lassen Sie den Textcursor blinken ❽, so können Sie mit aktiver Vorschau bereits die Veränderungen sehen.

Öffnen Sie den Dialog NEUES ABSATZFORMAT wie in Schritt 3 beschrieben, und benennen Sie das Absatzformat mit »Copy Initial«.

Wählen Sie im Fenster ALLGEMEIN • BASIERT AUF ❾ das Absatzformat »Headline« aus. Dadurch übernehmen Sie die Einstellungen des Absatzformats. Ich habe dieses Absatzformat bereits in der Beispieldatei angelegt.

Kapitel 8 | Setzen Sie auf Formate   **237**

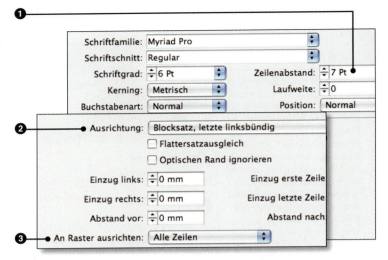

10 Die Schriftart und die Ausrichtung
Die Schrift nach dem Initial muss natürlich auch formatiert werden, daher wählen Sie über GRUNDLEGENDE ZEICHENFORMATE als SCHRIFTSCHNITT »Regular« aus, und geben Sie für den SCHRIFTGRAD »6 pt« und für den ZEILENABSTAND ❶ »7 pt« in die Eingabefelder ein.

Wechseln Sie anschließend in das Fenster EINZÜGE UND ABSTÄNDE, und richten Sie den Text als BLOCKSATZ, LETZTE LINKSBÜNDIG ❷ aus. Achten Sie in diesem Fenster auch darauf, dass AN RASTER AUSRICHTEN • ALLE ZEILEN ❸ eingestellt ist.

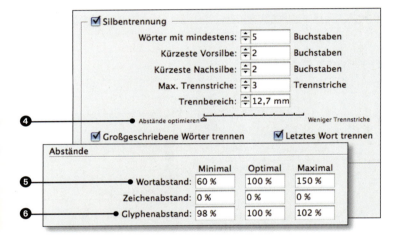

11 Die Silbentrennung und Abstände
Im Fenster SILBENTRENNUNG können Sie fast alle Einstellungen so belassen, wie sie sind, denn sie sind gut so. Einzig den Schieberegler ziehen Sie auf ABSTÄNDE OPTIMIEREN ❹, denn so kümmert sich InDesign mehr um die Abstände als um die Trennstriche.

Wählen Sie danach das Fenster ABSTÄNDE aus, und definieren Sie den WORTABSTAND ❺ mit MINIMAL »60 %« und MAXIMAL »150 %« und den GLYPHENABSTAND ❻ mit MINIMAL »98 %« und MAXIMAL »102 %«.

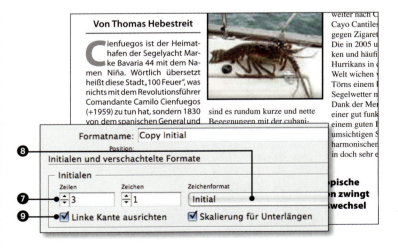

12 Das Initial für den ersten Absatz
Wählen Sie jetzt das nächste Fenster INITIALEN UND VERSCHACHTELTE FORMATE aus, und stellen Sie unter ZEILEN ❼ »3« ein. Das bezeichnet die Anzahl an Zeilen, über die das Initial läuft.

Als ZEICHENFORMAT ❽ wählen Sie das in Schritt 8 erstellte Format »Initial« aus.

Aktivieren Sie zu guter Letzt noch LINKE KANTE AUSRICHTEN ❾, damit das Initial nicht eingerückt ist, und bestätigen Sie mit OK.

Speichern Sie das Dokument noch unter dem Namen »Zeitungsartikel_2.indd«, da es für den nächsten Workshop benötigt wird.

Hierarchische Formate

Formate automatisiert anwenden

In diesem Workshop stellen Sie den Zeitungsartikel fertig. Sie legen ein weiteres Absatzformat an und können dann die Früchte Ihrer Arbeit ernten, indem Sie das nächste Format automatisch anwenden. Lassen Sie sich überraschen!

Zielsetzungen:

Ein weiteres Absatzformat einrichten und das nächste Format anwenden

[Ordner 03_Hierarchisch]

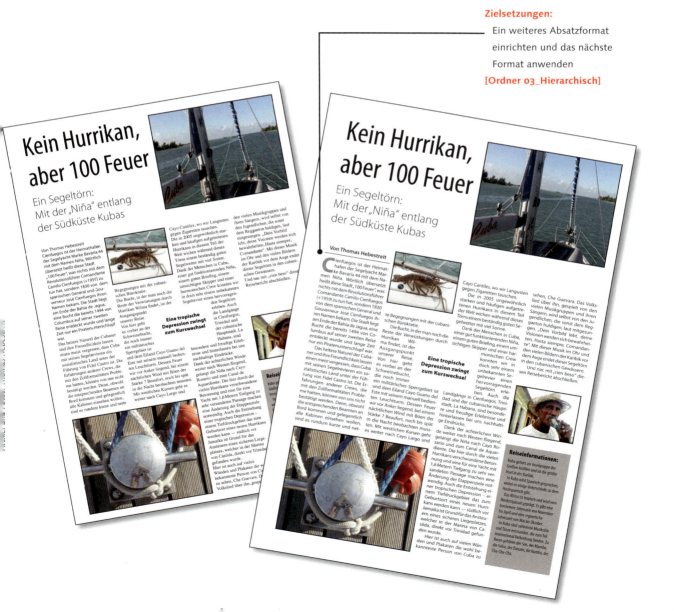

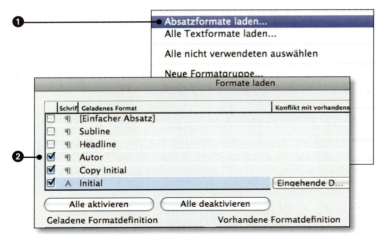

1 Laden Sie Ihre erstellten Formate
Öffnen Sie die Übungsdatei »Zeitungsartikel_Hierarchisch.indd«. Es ist die gleiche Datei wie im Übungsordner 02_ABSATZFORMAT.

Wählen Sie im Palettenmenü der Absatzformate-Palette ABSATZFORMATE LADEN ❶ und dann die Datei »Zeitungsartikel_2.indd«.

Im darauffolgenden Dialog aktivieren Sie nur die Absatz- und Zeichenformate »Autor«, »Copy Initial«, »Headline« und »Initial« ❷ und bestätigen mit OK.

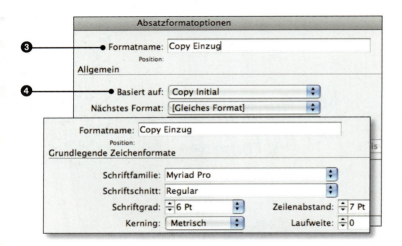

2 Ganz schnell die Schrift formatieren
Erstellen Sie ein neues Absatzformat, und geben Sie ihm den Formatnamen »Copy Einzug« ❸. Lassen Sie das Format auf dem Absatzformat »Copy Initial« basieren ❹, denn so ersparen Sie sich einige Formateinstellungen. Alle Formateinstellungen von »Copy Initial« werden für das neue Format übernommen. Auch die Einstellungen unter GRUNDLEGENDE ZEICHENFORMATE müssen nicht mehr vorgenommen werden. Der Vorteil dabei: Wenn Sie später das Format »Copy Initial« ändern, so ändert sich »Copy Einzug« automatisch mit.

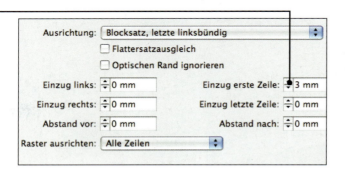

3 Stellen Sie einen Einzug ein
Absätze können Sie nicht nur durch eine Leerzeile oder durch eine Absatzlinie optisch trennen, sondern auch durch einen Einzug für die erste Zeile. Diese Variante bietet sich an, wenn zuviel Text vorhanden ist.

Wählen Sie im Fenster für EINZÜGE UND ABSTÄNDE den EINZUG ERSTE ZEILE ❺, und geben Sie in das Eingabefeld den Wert »3 mm« ein.

Achten Sie in diesem Dialog auch auf die Ausrichtung BLOCKSATZ, LETZTE LINKSBÜNDIG und darauf, dass sich die Zeilen am Grundlinienraster ausrichten.

4 Das dürfen Sie nicht vergessen

Schnell ist diese Formatierungsoption durchgerutscht und Sie ärgern sich: Für das Absatzformat »Copy Initial«, auf dem unser neues Absatzformat ja beruht, hatten wir ein Initial eingerichtet. Dieses muss nun deaktiviert werden! Wählen Sie dafür das Fenster INITIALEN UND VERSCHACHTELTE FORMATE aus, und stellen Sie unter INITIALEN die ZEILEN und die ZEICHEN jeweils auf den Wert »0«.

5 Wenn das Eine, dann auch das Andere

Jetzt sind Sie fast am Ziel und können die Früchte Ihrer Arbeit ernten. Über die Funktion NÄCHSTES FORMAT können Sie mehrere Absätze mit einem Mausklick formatieren.

Wählen Sie dazu das Format »Autor« per Doppelklick aus, und stellen Sie im Fenster ALLGEMEIN unter NÄCHSTES FORMAT ❻ »Copy Initial« ein. Bestätigen Sie die Anwendung, und klicken Sie doppelt auf »Copy Initial«. Hier stellen Sie unter NÄCHSTES FORMAT »Copy Einzug« ein. Bestätigen Sie auch diesen Dialog mit OK.

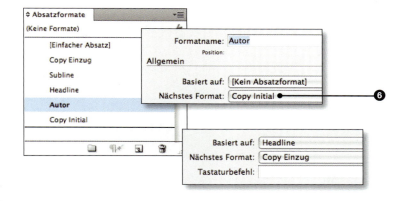

6 Das nächste Format anwenden

Wählen Sie den gesamten Text mit dem Text-Werkzeug T und einem Fünffachklick oder über ⌘/Strg + A aus.

Danach klicken Sie mit der rechten Maustaste bzw. auf dem Mac Ctrl + Klick auf das Absatzformat »Autor« und wählen im Dialog die Funktion "AUTOR" UND DANN NÄCHSTES FORMAT ANWENDEN ❼.

Wenden Sie im Anschluss auf den übrigen Text auch noch das Absatzformat »Copy Einzug« an.

Tipp: NÄCHSTES FORMAT ANWENDEN funktioniert nur über Absätze. Sie müssten also für den gesamten Text neun Absatzformate einrichten.

Kapitel 8 | Setzen Sie auf Formate

Formate verschachteln

Eine Anregung für einen Reisekatalog

Beschleunigen Sie Ihren Workflow mit verschachtelten Formaten. Für immer wiederkehrende Auszeichnungen am Anfang eines Absatzes ist diese Funktion ein sehr hilfreiches Tool. Ich zeige Ihnen in diesem Workshop, wie Sie Zeichenformate mit einem Absatzformat verschachteln können. Ich gebe zu, es muss Einiges vorbereitet werden, doch die Arbeit wird auch hier belohnt.

Zielsetzungen:
Absatzformate erstellen und Verschachtelungen einsetzen
[Ordner 04_Verschachtelt]

1 Mein Tipp für die Vorbereitung

InDesign bietet die Möglichkeit, für ein oder mehrere Textbereiche innerhalb eines Absatzes automatisch Zeichenformate zuzuweisen. Diese Funktion bedarf allerdings einer sorgfältigen Planung.

Erstellen Sie eine Art Mastervorlage, und machen Sie sich Gedanken, was Sie auszeichnen möchten. Ich drucke mir meistens die Mastervorlage aus und markiere die gewünschten Bereiche. Danach überlege ich mir, wie ich diese Bereiche auszeichnen möchte.

2 Die benötigten Zeichenformate

Öffnen Sie die Übungsdatei »Inhalt_Reisekatalog.indd«.

Wenn Sie einem Absatzformat eine Verschachtelung zuweisen möchten, müssen Sie zuvor Zeichenformate erstellen.

Da dies eine notwendige, aber doch langweilige Arbeit ist, habe ich bereits pro Auszeichnung je ein Zeichenformat erstellt.

3 Die notwendigen Absatzformate

Für diesen Workshop brauchen wir noch zwei Absatzformate, die Sie leider selbst erstellen müssen.

Legen Sie die Absatzformate »Copy-Text« und »Veranstaltung« wie in den nebenstehenden Abbildungen gezeigt an. Als Zeichenfarbe wählen Sie in beiden Fällen »Schwarz«.

Benennen Sie die Formate mit den angegebenen Namen »Copy-Text« und »Veranstaltung«, und bestätigen Sie jeden Dialog mit OK.

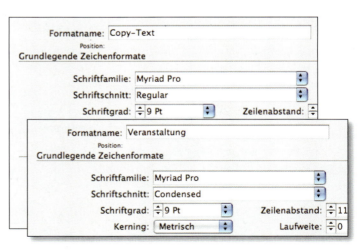

Tipp: Beachten Sie, dass die beiden erstellten Absatzformate nicht auf einem anderen Format basieren, sonst kann es zu unerwünschten Formatierungen kommen.

Kapitel 8 | Setzen Sie auf Formate **243**

4 Die Absatzformate zuweisen

Wählen Sie nun mit dem Text-Werkzeug den Text der Veranstaltungen aus, und wenden Sie das Absatzformat »Veranstaltung« an, indem Sie in der Absatz-Palette darauf klicken. Beachten Sie, dass Sie die Headline nicht auswählen, denn sie soll nicht weiter formatiert werden.

Als Nächstes wählen Sie den Copy-Text aus, indem Sie nur diesen Textrahmen mit dem Auswahl-Werkzeug auswählen. Wenden Sie das Absatzformat »Copy-Text« an. Jetzt sind beide Textrahmen formatiert.

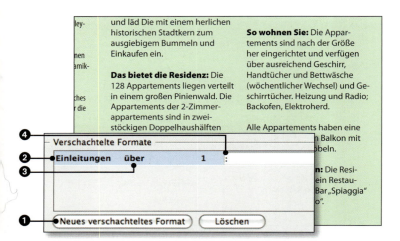

5 Den Copy-Text bearbeiten

Wählen Sie nun das Absatzformat »Copy-Text« aus, und gehen Sie auf INITIALEN UND VERSCHACHTELTE FORMATE. Klicken Sie dort auf NEUES VERSCHACHTELTES FORMAT ❶, und wählen Sie im Zeichenformatbereich ❷ »Einleitungen« aus. Wählen Sie ÜBER ❸ aus, so wird das Zeichen, das die Zeichenformatierung beenden soll, mit einbezogen, und das Zeichenformat endet danach. Geben Sie neben »1« den Doppelpunkt »:« ❹ als Zeichen ein. Bestätigen Sie mit OK. Die Veränderung des Formats sollte jetzt im Text sichtbar sein.

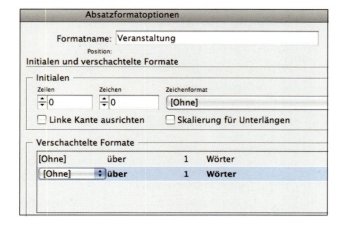

6 Zwei Verschachtelungen vorbereiten

Öffnen Sie nun den Dialog für das Absatzformat »Veranstaltung«, und gehen Sie wieder in das Fenster INITIALEN UND VERSCHACHTELTE FORMATE.

Klicken Sie anschließend zweimal auf NEUES VERSCHACHTELTES FORMAT, damit zwei Einträge zur Verfügung stehen.

7 Die Veranstaltungen formatieren

Wählen Sie im ersten Eintrag das Zeichenformat »Veranstaltung-Tag«, und beenden Sie diese Formatierung vor dem Geviert-Leerzeichen, indem Sie »bis« auswählen. Wählen Sie dafür aus dem Popup-Menü das Geviert-Leerzeichen ❺ aus.

Für die nächste Formatierung wählen Sie das Zeichenformat »Veranstaltung-Datum« aus, und beenden Sie diese Formatierung vor dem Halbgeviert-Leerzeichen ❻.

Bestätigen Sie diese Absatzformatierung mit OK.

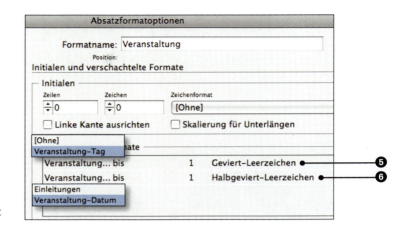

8 Die Formatierungen anwenden

Dadurch, dass Sie die Absatzformate bereits in Schritt 4 auf die Absätze angewendet haben, sollten sich die Verschachtelungen automatisch einstellen.

Sollte dem nicht so sein, müssen Sie wie in Schritt 4 beschrieben die Absatzformate anwenden.

9 Ein Hinweis

Auch wenn Sie die Option Initialen und verschachtelte Formate im Palettenmenü der Absatz-Palette finden, rate ich Ihnen von diesem Einsatz ab. Der Arbeitsaufwand ist ohnehin fast der Gleiche, denn bei späteren Änderungen können unerwünschte Zeichenformatierungen auftreten. Verwenden Sie daher das verschachtelte Format nur innerhalb eines Absatzformats.

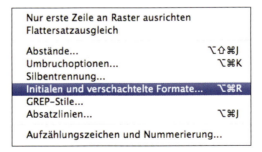

Mit Objektstilen arbeiten

Gestalten Sie eine Textbox, und wenden Sie sie immer wieder an.

In diesem Workshop erstellen Sie einen Objektstil, den Sie immer wieder anwenden können. Der Objektstil ist ein Tool für lange Dokumente, das Sie nach diesem Workshop nicht mehr missen möchten. Man könnte meinen, dass Ihnen InDesign die Arbeit abnehmen will. Und das stimmt auch: Haben Sie die nötigen Vorbereitungen getroffen, können Sie dem Layoutprogramm bei der Arbeit zusehen.

Zielsetzungen:

Absatzformate laden
Objektstil einrichten
und anwenden
[Ordner 05_Objektstil]

1 Die Absatzformate laden

Öffnen Sie die Datei »Objektstil.indd«. Gehen Sie in das Palettenmenü der Absatzformate-Palette, und wählen Sie dort die Option AB-SATZFORMATE LADEN ❶. Markieren Sie danach die Datei »Objektstil_Formate.indd«. Die Formate der Datei werden also geladen. De-aktivieren Sie EINFACHER ABSATZ ❷, damit die Einstellungen im aktuellen Dokument nicht überschrieben werden, und bestätigen Sie mit OK.

2 Der Objektstil

In einem Objektstil können Sie alle grafischen Eigenschaften eines Objekts speichern und dann leicht wiederverwenden. Wählen Sie den kleinen Textrahmen mit den Preisen unten rechts in der Übungsdatei mit dem Auswahl-Werkzeug aus. Über FENSTER • OBJEKTSTILE öffnen Sie die Objektstile-Palette und wählen aus dem Palettenmenü NEUER OBJEKTSTIL. Es öffnet sich ein Dialog, der Angst machen könnte, doch sobald Sie den Startdialog genauer ansehen, werden Sie viele bekannte Funktionen wiederfinden.

3 Die Handhabung des Dialogs

Aktivieren Sie links unter GRUNDATTRIBUTE die Optionen, die Sie für den Objektstil einsetzen möchten. Durch einen einfachen Klick auf ein Grundattribut, hier z.B. FLÄCHE ❸, erscheinen auf der rechten Seite die entsprechenden Ein-stellmöglichkeiten.

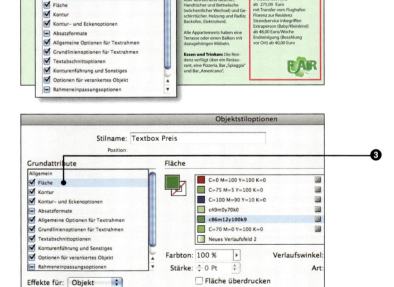

> **Tipp:** Da Sie bei Objektstilen viele Funktionen einstellen können, emp-fehle ich hier, dass Sie die Vorschau unten links im Dialog immer aktiviert halten.

Kapitel 8 | Setzen Sie auf Formate

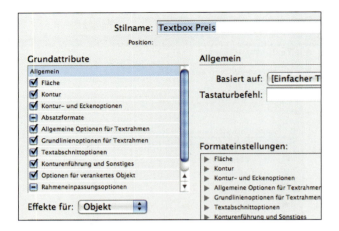

4 Einen Objektstil einrichten

Da auch ein Objektstil eine Art Format ist, können Sie ihn ähnlich behandeln: Sie können einen Objektstil laden und auch über SCHNELL ANWENDEN zuweisen.

Geben Sie daher jedem Objektstil immer einen aussagekräftigen Namen, z. B. »Textbox Preis«.

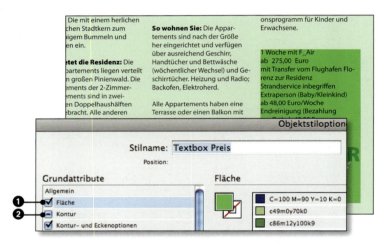

5 Die Farben für Fläche und Kontur

Aktivieren Sie im Dialog NEUER OBJEKTSTIL die Einstellungsmöglichkeiten für die Fläche, indem Sie auf das Wort FLÄCHE ❶ klicken.

Geben Sie dem Textrahmen die Flächenfarbe »Grün«, und zwar »C=70, M=0, Y=100, K=0«, und stellen Sie FARBTON auf den Wert »80 %«.

Da hier keine KONTUR ❷ eingesetzt wird, deaktivieren Sie diese Option, indem Sie vor dem Wort KONTUR den Haken entfernen.

6 Die Eckenoptionen

Im nächsten Fenster KONTUR- UND ECKENOPTIONEN stellen Sie unter ECKENOPTIONEN den EFFEKT ❸ ABGERUNDET mit einer GRÖSSE ❹ von »2 mm« ein.

> **Tipp:** Unter Textbox versteht man in der Fachsprache einen einzelnen Textrahmen.

7 Die Absatzformate einbinden

In Schritt 1 haben Sie die von mir erstellten Absatz- und Zeichenformate bereits geladen. Diese wollen wir nun in den Objektstil einbinden.

Standardmäßig ist diese Option deaktiviert, sie muss daher erst aktiviert werden. Setzen Sie einen Haken vor die Option ABSATZFORMATE ❺, und aktivieren Sie den Dialog, indem Sie auf das Wort ABSATZFORMATE klicken. Wählen Sie unter ABSATZFORMAT den Eintrag ANREISE ❻, und aktivieren Sie die Option NÄCHSTES FORMAT ANWENDEN ❼.

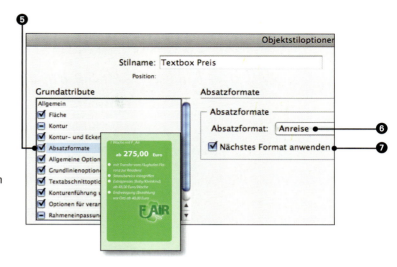

8 Den Text in den Rahmen schieben

Über das Fenster ALLGEMEINE OPTIONEN FÜR TEXTRAHMEN können Sie für Ihren Objektstil einen Versatzabstand einstellen, um den Text in den Textrahmen hineinzuschieben.

Wählen Sie dieses Fenster aus, und geben Sie unter VERSATZABSTAND in alle Richtungen jeweils den Wert »3 mm« ein.

Wenden Sie den Objektstil jetzt auf der Seite 2 der Übungsdatei an. Dort habe ich unten rechts eine weitere Textbox erstellt.

9 Logo verschieben

Das Logo verdrängt den Text, und das soll es auch. In den Textboxen aber steht das Logo ungünstig.

Wählen Sie das Logo mit dem Auswahl-Werkzeug aus, und verschieben Sie es mit den Pfeiltasten und gedrückter ⇧-Taste nach unten, links oder rechts.

Lassen Sie die ⇧-Taste los, wenn Sie in feineren Schritten arbeiten möchten.

Tipp: Die ⇧-Taste bewirkt, dass sich die Pfeiltastenschritte vervierfachen.

Eine Aufzählung anlegen

Mit drei Klicks haben Sie Bulletpoints erstellt.

Eine Aufzählung wird in vielen Layoutarbeiten eingesetzt, doch es ist gar nicht so einfach, diese Funktion in InDesign überhaupt zu entdecken. In diesem Workshop zeige ich Ihnen, wie Sie schnell und effektiv Bulletpoints, also Aufzählungszeichen, erstellen, und in einer anderen Farbe und Größe einsetzen.

Zielsetzungen:
Aufzählungszeichen einsetzen und formatieren
[Ordner 06_Aufzaehlung]

1 Palettenmenü oder Absatzformat

Sie können über das Palettenmenü der Absatz-Palette oder über die Absatzformate gleichermaßen den Dialog AUFZÄHLUNGSZEICHEN UND NUMMERIERUNG erreichen.

Öffnen Sie die Übungsdatei »Aufzaehlung.indd«.

2 Das sollten Sie bedenken

Möchten Sie Änderungen an den Aufzählungszeichen vornehmen, stehen Sie schnell vor einem Problem.

Die Aufzählungszeichen sind Absatzattribute und können nicht mit dem Text-Werkzeug [T] ausgewählt werden. Zum besseren Verständnis habe ich Ihnen den Text in der nebenstehenden Abbildung farbig markiert: Sie sehen, dass die Aufzählungszeichen nicht ausgezeichnet werden. Wie Sie die Aufzählungszeichen aber dennoch bearbeiten können, zeige ich in den nächsten Schritten.

3 Die einfache Aufzählung

Wählen Sie mit dem Text-Werkzeug [T] die unteren vier Zeilen aus, und öffnen Sie die ABSATZFORMATOPTIONEN für das Absatzformat »Aufzählung« über einen Doppelklick auf das Absatzformat.

Gehen Sie im Dialog in das Fenster AUFZÄHLUNGSZEICHEN UND NUMMERIERUNG und wählen Sie als LISTENTYP • AUFZÄHLUNGSZEICHEN ❶. Unter AUFZÄHLUNGSZEICHEN wählen Sie anschließend den mittelstehenden Punkt ❷ aus. Bestätigen Sie die Eingaben noch nicht, denn es geht im nächsten Schritt weiter.

Tipp: Bestimmen Sie für die Aufzählung immer ein Absatzformat. Spätere Änderungen gehen so schneller.

Kapitel 8 | Setzen Sie auf Formate

4   Die Position von Aufzählungszeichen
Über EINZUG LINKS ❶ bestimmen Sie, welchen Einzug der Text erhalten soll. Geben Sie in das Eingabefeld den Wert »5 mm« ein. Durch einen negativen Wert bei EINZUG ERSTE ZEILE ❷ wird das Aufzählungszeichen nach links verschoben. Geben Sie hier den Wert »–5 mm« ein. Bestätigen Sie danach die Eingaben.

Durch diese Einstellungen haben Sie einen so genannten hängenden Einzug erstellt.

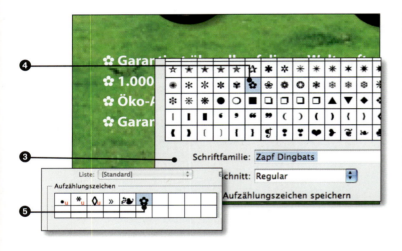

5   Ein anderes Zeichen auswählen
Wählen Sie den Text aus, und öffnen Sie nochmals den Dialog für die Aufzählungszeichen. Klicken Sie auf die Schaltfläche HINZUFÜGEN.

Im neuen Dialog wählen Sie unter SCHRIFTFAMILIE ❸ die »Zapf Dingbats« aus. Dort finden Sie z. B. eine kleine Blume ❹, die Sie als Aufzählungszeichn bestimmen könnten. Wählen Sie sie aus, und klicken Sie auf HINZUFÜGEN und dann auf OK.

Wählen Sie nun unter AUFZÄHLUNGSZEICHEN die Blume ❺ aus, und bestätigen Sie mit OK.

6   Die Farbe und die Größe verändern
Um die Farbe und die Größe des Aufzählungszeichens zu verändern, müssen Sie zuvor ein Zeichenformat erstellt haben, mit dem Sie die Attribute bestimmen.

Ich habe bereits das Zeichenformat »Blume« in der Beispieldatei angelegt. Wählen Sie nochmals das Absatzformat aus, und stellen Sie im Bereich AUFZÄHLUNGSZEICHEN UND NUMMERIERUNG unter ZEICHENFORMAT ❻ BLUME ein. Bestätigen Sie danach den Dialog.

> **Tipp:** Sie finden auf der Buch-DVD alle verwendeten Schriften im Ordner BEISPIELMATERIAL. Können Sie eine nicht installieren, verwenden Sie Ihre eigene Schrift.

Eine Nummerierung erstellen

Gestalten Sie nummerierte Listen.

Ich möchte Ihnen in diesem Workshop zeigen, wie Sie mit einem Mausklick eine einfache nummerierte Liste erstellen können. Nachdem Sie diese Liste getestet haben, zeige ich Ihnen auch noch die komplexere Form der Listen: Lernen Sie hier die Nummerierungsliste mit den so genannten Ebenen kennen.

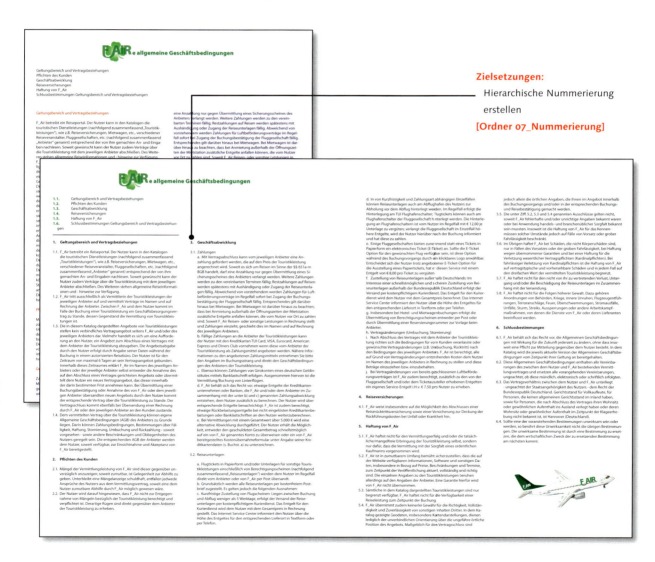

Zielsetzungen:

Hierarchische Nummerierung erstellen

[Ordner 07_Nummerierung]

Kapitel 8 | Setzen Sie auf Formate   **253**

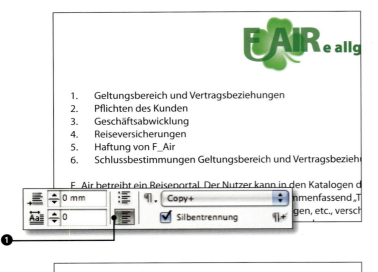

1 Schneller geht es nicht

Mit einem Mausklick können Sie auf ausgewählte Absätze eine nummerierte Liste anwenden. Jetzt werden Sie sehen, wie das geht.

Öffnen Sie die Datei »Nummerierung.indd«, und wählen Sie mit dem Text-Werkzeug die oberen sechs Zeilen aus.

Klicken Sie dann in der Steuerung-Palette auf die Schaltfläche NUMMERIERTE LISTE ❶.

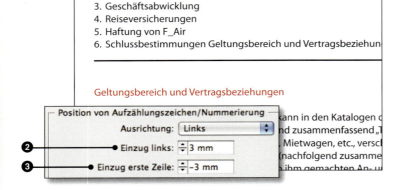

2 Ändern Sie den Einzug

Wie bei den Aufzählungszeichen auch möchten Sie vermutlich spätestens jetzt in die Gestaltung eingreifen.

Wählen Sie nochmals die nummerierten Absätze aus. Öffnen Sie den Dialog AUFZÄHLUNGSZEICHEN UND NUMMERIERUNG über das Palettenmenü der Absatz-Palette, und geben Sie unter EINZUG LINKS ❷ den Wert »3 mm« und für den EINZUG ERSTE ZEILE ❸ »–3 mm« ein. Bestätigen Sie den nachfolgenden Dialog mit OK. Geht schnell, oder?

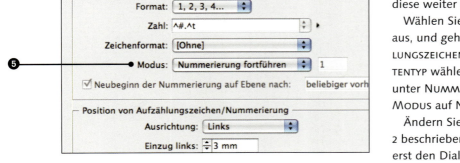

3 Das Absatzformat einrichten

Ich habe in der Übungsdatei bereits einige Absatzformate eingerichtet, doch müssen Sie diese weiter ausbauen.

Wählen Sie das Absatzformat »Einleitung« aus, und gehen Sie in den Dialog AUFZÄHLUNGSZEICHEN UND NUMMERIERUNG. Als LISTENTYP wählen Sie »Zahlen« ❹ aus. Stellen Sie unter NUMMERIERUNGSFORMAT den Eintrag MODUS auf NUMMERIERUNG FORTFÜHREN ❺.

Ändern Sie den Einzug, wie ich es in Schritt 2 beschrieben habe, und bestätigen Sie vorerst den Dialog mit OK.

Tipp: Sie finden die Schaltfläche NUMMERIERTE LISTE nur in der Steuerung-Palette ABSATZ.

4 Eine Absatzlinie einrichten

Um eine Absatzlinie einsetzen zu können, benötigen Sie nicht unbedingt Text. Es reicht eine einfache Absatzmarke (¶).

Über das Menü Schrift können Sie Verborgene Zeichen einblenden lassen. Wählen Sie nun direkt unterhalb der Einleitung die Absatzmarke aus, und erstellen Sie ein Absatzformat, in dem Sie alles auf neutrale Werte stellen und nur im Fenster Absatzlinien • Linie darunter auswählen und Absatzlinie ein aktivieren. Für die Stärke der Absatzlinie stellen Sie »0,5 pt« ein.

5 Die Farbe und die Schriftart ändern

Um die Farbe oder die Schriftart ändern zu können, müssen Sie, wie könnte es anders sein, ein Zeichenformat anlegen. Öffnen Sie den Dialog Neues Zeichenformat über das Palettenmenü der Zeichenformate-Palette.

Legen Sie unter Schriftfamilie und Schriftschnitt ❻ im Fenster Grundlegende Zeichenformate »Myriad Pro« und »Bold« fest, und geben Sie im Fenster Zeichenfarbe den Ziffern z. B. die Farbe »Grün«. Speichern Sie das Zeichenformat unter dem Namen »Ziffern« ab.

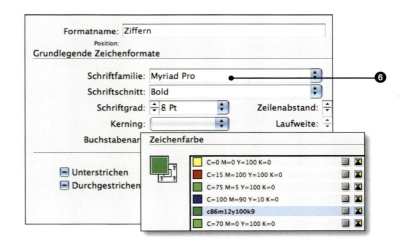

6 Das Zeichenformat anwenden

Nachdem Sie den Dialog des Zeichenformats bestätigt haben, müssen Sie erneut die nummerierten Absätze mit dem Text-Werkzeug auswählen und danach in der Absatzformate-Palette des Formats »Einleitung« den Dialog Aufzählungszeichen und Nummerierung öffnen.

Wählen Sie im Dialog unter Zeichenformat ❼ das von Ihnen erstellte neue Zeichenformat aus, und bestätigen Sie den Dialog mit OK.

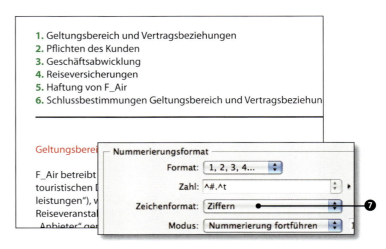

Tipp: Sie müssen bei dem Zeichenformat keinen Schriftgrad oder Zeilenabstand einstellen. Dieser wird automatisch über das Absatzformat eingestellt.

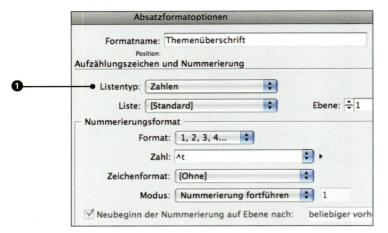

7 Die Nummerierung vorbereiten

In der Beispieldatei habe ich die Themenüberschriften rot markiert. Wählen Sie sie nacheinander aus, und weisen Sie ihnen das Absatzformat »Themenüberschrift« zu.

Doppelklicken Sie anschließend auf das Absatzformat, und aktivieren Sie im Fenster AUFZÄHLUNGSZEICHEN UND NUMMERIERUNG als LISTENTYP ❶ die ZAHLEN.

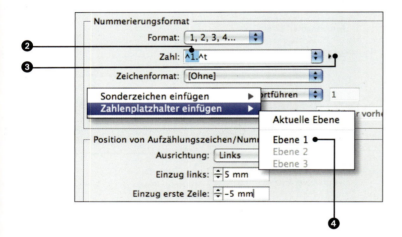

8 Nummerierungshierachie bestimmen

Unter NUMMERIERUNGSFORMAT • ZAHL markieren Sie die ersten beiden Zeichen ❷ und klicken dann auf den Pfeil ❸. Wählen Sie hier ZAHLENPLATZHALTER EINFÜGEN und im Popup-Fenster »Ebene 1« ❹. Diese Ebenen sind nicht mit den sonstigen Ebenen vergleichbar, sondern legen die Hierarchie der Nummerierung fest, z. B. »1.1.«. Im Bereich zur Position stellen Sie für EINZUG LINKS »5 mm« und für EINZUG ERSTE ZEILE »–5 mm« ein. InDesign sollte jetzt alle Themenüberschriften ändern, da Sie zuvor das Absatzformat zugewiesen haben.

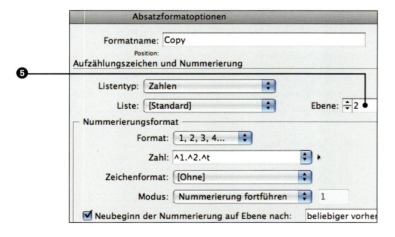

9 Die nächste Ebene vorbereiten

Ich habe für Sie bereits das Absatzformat »Copy« erstellt und es auch schon auf den Text angewendet.

Doppelklicken Sie nun auf dieses Format, und gehen Sie wieder in das Fenster AUFZÄHLUNGSZEICHEN UND NUMMERIERUNG.

Wählen Sie hier gleich die EBENE »2« ❺ aus, indem Sie auf den Pfeil nach oben klicken.

10 **Die neue Ebene fertigstellen**
Lassen Sie den Cursor (in der Abbildung rot markiert) ❻ bei Nummerierungsformat • Zahl zwischen den Zeichen blinken.

Wählen Sie dann rechts wieder den kleinen Pfeil und anschließend erneut Zahlenplatzhalter einfügen. Hier wählen Sie aber die »Ebene 2«.

Zwischen den Zeichen erscheint nun »^2«. Geben Sie ohne Leerzeichen dahinter einen Punkt ».« ❼ ein.

11 **Die alphanumerische Aufzählung**
Auch diese Nummerierung habe ich vorbereitet – Sie finden den Text in der Beispieldatei in blau vor, und zwar bereits mit dem entsprechenden Absatzformat versehen.

Doppelklicken Sie auf das Absatzformat »Alphanumerisch«, und gehen Sie gleich in das Fenster Aufzählungszeichen und Nummerierung. Stellen Sie unter Format »a, b, c, d …« ❽ ein. Unter Ebene wählen Sie »3«.

Bei Zahl ❾ markieren Sie diesmal die linken vier Zeichen und wählen im Menü unter dem Pfeil die Ebene »3« aus.

12 **Stellen Sie den Einzug ein**
Unter Position von Aufzählungszeichen/Nummerierung geben Sie für Einzug links »5 mm«, für Einzug erste Zeile »0 mm« und bei Tabulatorposition »8 mm« ein.

So haben Sie eine Hierarchisierung innerhalb einer Nummerierung erstellt.

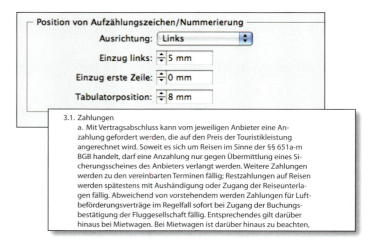

Kapitel 8 | Setzen Sie auf Formate   **257**

Mit Stilen gestalten

Einfache Formatierung z. B. von AGBs

In diesem Workshop möchte ich Ihnen zwei Neuheiten von InDesign CS4 vorstellen: Da wäre als Erstes das verschachtelte Zeilenformat, mit dem Sie einzelne oder mehrere Zeilen innerhalb eines Absatzes hervorheben können. Als Zweites beschäftigen wir uns mit GREP und der Frage, was sich genau dahinter verbirgt. Später werde ich Ihnen zeigen, wie Sie es unterschiedlich einsetzen können. Öffnen Sie dafür die Beispieldatei »GREP.indd« aus dem unten genannten Übungsordner.

Zielsetzungen:
Zeilenformate und GREP einsetzen
[Ordner 08_GREP]

1 Das Zeilenformat vorbereiten

Mithilfe eines verschachtelten Zeilenformats kann man einzelne Zeilen innerhalb eines Absatzes auszeichnen, was ich am Beispiel der Geschäftsangaben ❶ zeigen möchte. Dazu müssen wir in der Datei »GREP.indd« neue Zeichenformate erstellen. Das Zeichenformat für die Datumszeile erstellen Sie unter GRUNDLEGENDE ZEICHENFORMATE wie nebenstehend. Für ZEICHENFARBE wählen Sie »Schwarz«. Aktivieren Sie die Unterstreichung und geben der durchgezogenen Linie eine STÄRKE von »0,5 pt« (Offset = »2 pt«).

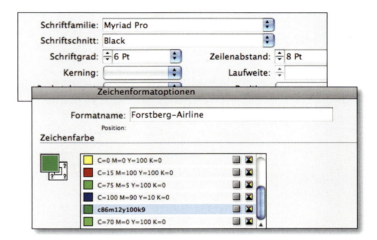

2 Das Zeichenformat für die zweite Zeile

Das zweite Zeichenformat ist für den Firmennamen gedacht; er soll stark hervorgehoben werden.

Nachdem Sie den Dialog für ein neues Zeichenformat geöffnet haben, stellen Sie unter GRUNDLEGENDE ZEICHENFORMATE und ZEICHENFARBE das Zeichenformat gemäß den nebenstehenden Abbildungen ein. Bestätigen Sie diesen Dialog abschließend mit OK.

3 Die Zeilenformate anlegen

Ich habe Ihnen in der Beispieldatei bereits einige Absatzformate eingerichtet.

Doppelklicken Sie in der Absatzformate-Palette auf »Geschäftsangaben« ❷, und gehen Sie im sich öffnenden Dialog auf INITIALEN UND VERSCHACHTELTE FORMATE.

Unter VERSCHACHTELTE ZEILENFORMATE klicken Sie nun zwei Mal auf NEUES ZEILENFORMAT ❸.

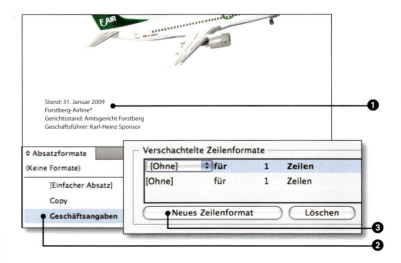

Tipp: Achten Sie bei den Zeichenformaten darauf, dass diese auf keinem anderen Format basieren, und vergeben Sie stets sprechende Namen.

4 Die Zeilen formatieren

Wählen Sie über das Popup-Fenster für die erste Zeile das Zeichenformat »Stand« ❶ bzw. das von Ihnen erstellte Format aus, für die zweite Zeile das Zeichenformat »Forstberg-Airline« ❷. Beide Zeichenformate sollen nur über eine Zeile laufen, daher können Sie alle weiteren Einstellungen ignorieren. Ich möchte allerdings erwähnen, dass Sie ohne Weiteres auch zwei oder drei Zeilen mit einem Zeilenformat formatieren können. Bestätigen Sie den Dialog jetzt mit OK, und ein verschachteltes Zeilenformat ist erstellt.

5 Was ist eigentlich GREP?

Um Ihnen die Funktionsweise von GREP zu erklären, wollen wir in unseren AGBs jetzt alle Wörter suchen, die sich innerhalb von Anführungszeichen befinden, und diese dann auch ändern. Die Buchstaben GREP stehen für Global Regular Expression Print. Was in etwa heißen könnte: Globale Ausgabe regulärer Ausdrücke. Sind Sie jetzt schlauer geworden? Ich versuche es einmal mit anderen Worten: GREP ist eine Art Kurzsprache, die es z. B. ermöglicht, nach Textbestandteilen zu suchen und diese dann ändern zu lassen.

6 GREP-Zeichenformat erstellen

Wir benötigen zunächst wieder ein Zeichenformat, und zwar für die GREP-Änderungen.

Erstellen Sie ein neues Zeichenformat, und stellen Sie unter BASIERT AUF ❸ das Zeichenformat »Forstberg-Airline« ein. So ersparen Sie sich ein paar unnötige Klicks.

Im Fenster GRUNDLEGENDE ZEICHENFORMATE stellen Sie als SCHRIFTGRAD »8 pt« und unter ZEILENABSTAND »10 pt« ein. Nennen Sie das Format »Hervorhebung«, und bestätigen Sie alles mit OK.

7 GREP über Suchen/Ersetzen

Über das Menü BEARBEITEN • SUCHEN/ERSETZEN oder ⌘ bzw. Strg + F öffnen Sie den Dialog. Hier wählen Sie den Reiter GREP ❹. Lassen Sie den Cursor im Eingabefeld SUCHEN NACH blinken, und geben Sie folgende Zeichen ein: (")()("). Man könnte jetzt meinen, dass jedes Wort zwischen Anführungszeichen geändert würde, dem ist aber leider nicht so. Um das zu erreichen, müssen wir noch weitere Angaben machen.

8 Einen Platzhalter für Text einfügen

Lassen Sie den Cursor zwischen den zwei Klammern in der Mitte blinken, und klicken Sie auf die Schaltfläche SONDERZEICHEN FÜR SUCHE ❺. Wählen Sie dort als Erstes die Option PLATZHALTER • ALLE WORTZEICHEN aus. In der Suchen-Zeile sollten die Zeichen »\w« sichtbar werden. Der Buchstabe »W« ist das Metazeichen für Wort. Danach klicken Sie noch einmal auf die Schaltfläche und wählen unter WIEDERHOLUNGEN • EIN ODER MEHRERE MALE aus. Nun sollte im Eingabefeld »(")(\w+)(")« stehen.

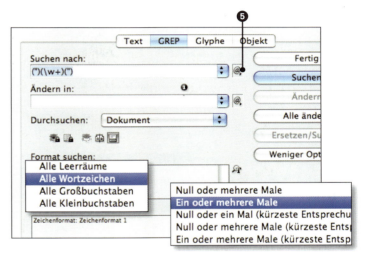

9 Das Format zuweisen

Nachdem Sie alle Einstellungen unter GREP vorgenommen haben, müssen Sie natürlich noch die Änderung definieren. Diese habe Sie bereits mit dem Zeichenformat angelegt.

Weisen Sie unter FORMAT ERSETZEN über die Schaltfläche ÄNDERUNGSATTRIBUTE ANGEBEN ❻ bei den Formatoptionen das Zeichenformat »Hervorhebung« zu. Gehen Sie zunächst auf SUCHEN und danach auf ALLE ÄNDERN. Ich habe die Änderungen zur besseren Sichtbarkeit rot markiert. Den Dialog beenden Sie mit FERTIG.

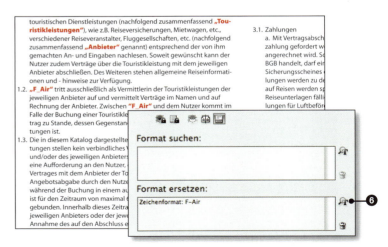

Kapitel 8 | Setzen Sie auf Formate **261**

10 Nur ein bestimmtes Wort ändern

In den bisherigen Schritten haben wir alle Wörter innerhalb von Anführungszeichen geändert. Jetzt wollen wir nur das Wort »F_Air« ändern, das sich aber auch in Anführungszeichen befindet. Machen Sie dafür den letzten Schritt rückgängig.

Geben Sie unter SUCHE NACH zwischen den mittleren Klammern »F_Air« ein und unter ÄNDERN IN • F-Air, hier aber ohne Klammern. Das Zeichenformat können Sie beibehalten.

Gehen Sie danach auf ALLE ÄNDERN, und bestätigen Sie den Dialog mit FERTIG.

11 Wenn es nicht funktioniert

Es wurden nicht alle Worte ersetzt? Egal, was Sie über SUCHEN/ERSETZEN ändern möchten, ein kleines Popup-Menü wird meistens übersehen.

Wenn es also mit dem Ersetzen nicht geklappt hat, dann machen Sie den Schritt rückgängig. Gehen Sie dann noch einmal in den Suchen/Ersetzen-Dialog, und wählen Sie unter DURCHSUCHEN ❶ den Eintrag DOKUMENT aus. Dann klappt jede Ersetzung.

12 Der kleine Unterschied

Zwischen dem GREP unter Suchen/Ersetzen und dem GREP-Stil innerhalb eines Absatzformats gibt es einen kleinen Unterschied.

Haben Sie GREP über Suchen/Ersetzen angewendet und es ändert sich das Format, müssen Sie jedesmal den Suchen/Ersetzen-Befehl erneut anwenden.

Komfortabler ist es, wenn Sie in einem Absatzformat einen GREP-Stil einrichten. Dann brauchen Sie nur das Zeichenformat zu ändern, und InDesign ändert wie von Zauberhand.

13 Einen GREP-Stil einrichten

Doppelklicken Sie auf das Absatzformat »Copy« in der Absatzformate-Palette, und gehen Sie auf das Fenster GREP-STIL. Hier klicken Sie auf NEUER GREP-STIL ❷.

Unter STIL ANWENDEN geben Sie das Zeichenformat an: Wählen Sie das Zeichenformat »Hervorhebung« ❸ aus. Klicken Sie neben AUF TEXT ❹, und geben Sie in dem sich öffnenden Eingabefeld die Zeichen »(")(F_Air) (")« ein.

Mit aktiver Vorschau können Sie bereits jetzt die Veränderung sehen.

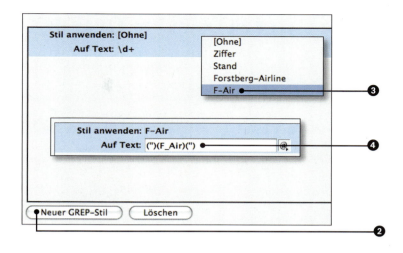

14 Hilfreiche Tipps

In vielen Fällen ist die Suche über die Reiter TEXT und GREP sehr ähnlich. Ein Unterschied jedoch liegt in den Metazeichen. Dies sind Platzhalter, mit denen man nach einem Zeichen oder einer Funktion suchen lassen kann: Unter TEXT suchen Sie z. B. nach einem harten Zeilenumbruch mittels »^n«, unter GREP mit »\n«. Unter GREP verwenden Sie zur Definition der Metazeichen ~ oder \, unter TEXT das Caret-Zeichen ^. Ein Vorteil der Suche über GREP: Es stehen Ihnen sehr viel mehr Metazeichen zur Verfügung.

15 Die runden Klammern

Nun möchte ich noch auf die runden Klammern zu sprechen kommen. Mit diesen kann die Suche genauer durchgeführt werden. In unserem Beispiel haben wir nach den Anführungszeichen vor und nach dem Wort suchen lassen und auch nach dem Wort innerhalb der Zeichen. Somit wurde nur das Wort »F_Air« innerhalb der Anführungszeichen geändert.

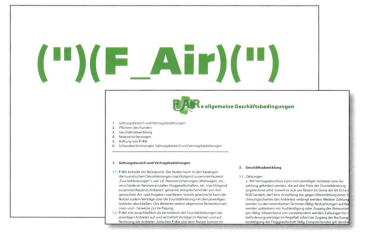

Tipp: Sie finden eine Tabelle mit den unterschiedlichen Metazeichen in der InDesign-Hilfe unter TEXT • SUCHEN/ERSETZEN • METAZEICHEN FÜR DIE SUCHE.

Tabellen gestalten

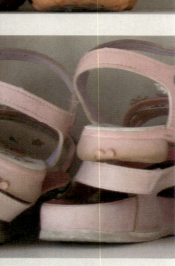

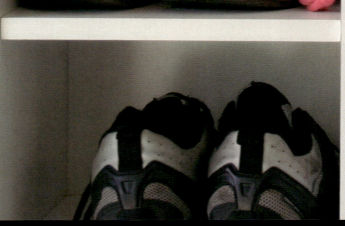

Tabellen sind etwas Wunderbares. Erst recht, wenn man so ein überzeugendes Tabellen-Werkzeug zur Hand hat, wie InDesign CS4 es bietet.

In diesem Kapitel zeige ich Ihnen, wie schnell es mit InDesign CS4 geht, eine Tabelle zu erstellen und zu formatieren.

Mithilfe meiner Tricks wird es Ihnen gelingen, Ihren Tabellen eine andere optische Wirkung zu geben. Und sobald Sie dieses Kapitel durchgearbeitet haben, werden Sie es lieben, Tabellen zu erstellen.

Foto: Gabriela Quinália – Fotolia.com

Tabellen gestalten

Eine Tabelle erstellen 268
Lernen Sie die Grundlagen von Tabellen kennen.

Die Tabellenoption einsetzen 274
Werten Sie Tabellen optisch auf.

Bilder in eine Tabelle integrieren 278
Gestalten Sie Ihre Tabelle mit einem Verlauf.

Eine Tabelle im Rahmen 281
Fügen Sie eine Tabelle in einen Grafikrahmen ein.

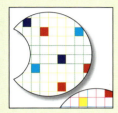

Kreativ arbeiten mit Tabellen **286**
Erstellen Sie ein kariertes Muster.

Eine Tabelle importieren **290**
Hier erstellen Sie Tabellen- und Zellenformate.

Tabellen verknüpfen **296**
Nutzen Sie die Vorteile von Tabellen- und Zellenformaten.

Eine Tabelle erstellen

Lernen Sie die Grundlagen von Tabellen kennen.

Die Tabellenfunktion von InDesign ist fast nicht zu schlagen. Es stehen Ihnen viele gute Tools zur Verfügung, die Sie aber natürlich erst einmal kennenlernen müssen. In diesem Workshop zeige ich, wie Sie eine Tabelle erstellen und formatieren. Das Ergebnis wird sehr ansprechend sein.

Zielsetzung:
Tabellenfunktionen kennenlernen
[Ordner 01_Tabelle_erstellen]

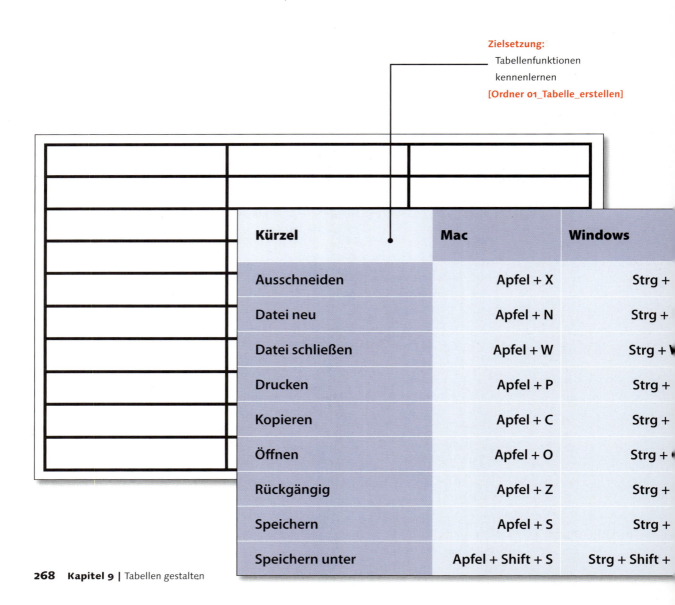

Kürzel	Mac	Windows
Ausschneiden	Apfel + X	Strg +
Datei neu	Apfel + N	Strg +
Datei schließen	Apfel + W	Strg + W
Drucken	Apfel + P	Strg +
Kopieren	Apfel + C	Strg +
Öffnen	Apfel + O	Strg +
Rückgängig	Apfel + Z	Strg +
Speichern	Apfel + S	Strg +
Speichern unter	Apfel + Shift + S	Strg + Shift +

1 Grundlegendes über Tabellen

Sie können eine Tabelle nur in einem Textrahmen erzeugen und nur mit dem Text-Werkzeug [T] bearbeiten.

Eine Tabelle kann über die Breite des Textrahmens hinauslaufen, die Höhe des Textrahmens müssen Sie jedoch einhalten. Ansonsten erzeugen Sie einen Textüberhang.

Öffnen Sie die Datei »Tastenkürzel.indd«, und wählen Sie in der Datei die Seite 1 aus.

Kürzel	Mac	Windows
Ausschneiden	Apfel + X	Strg + X
Datei neu	Apfel + N	Strg + N
Datei schließen	Apfel + W	Strg + W
Drucken	Apfel + P	Strg + P
Kopieren	Apfel + C	Strg + C
Öffnen	Apfel + O	Strg + O
Rückgängig	Apfel + Z	Strg + Z

2 Eine Tabelle anlegen

Ziehen Sie auf der Seite mit dem Text-Werkzeug [T] einen Textrahmen in einer Größe von »105 x 73 mm« auf.

Erstellen Sie nun über das Menü TABELLE
• TABELLE EINFÜGEN bzw. [Alt] + [⇧] + [⌘] / [Strg] + [T] eine Tabelle. In dem nachfolgenden Dialog stellen Sie unter TABELLENKÖRPERZEILEN ❶ den Wert »10« und für die SPALTEN ❷ die Anzahl »3« ein.

Bestätigen Sie den Dialog mit OK, und schon haben Sie den Grundstock für eine Tabelle gelegt.

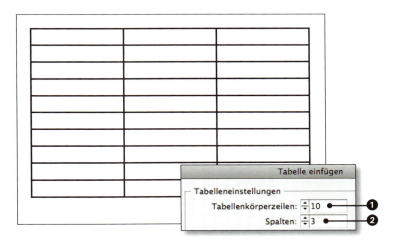

3 Den Text eingeben

Sie können nun wie in jeden Textrahmen auch Text eingeben. Wählen Sie dafür das Text-Werkzeug [T], und geben Sie Text in die erste Zelle ein. Wenn Sie Text in verschiedene Zellen eingeben wollen, können Sie mit dem Tabulator [⇄] durch die Zellen wandern.

Der Inhalt Ihrer Eingaben ist hier nicht von Relevanz. Daher können Sie auch den Blindtext benutzen. Sie müssen auch nicht alle Zellen mit Text füllen. Ich habe für Sie auf Seite 2 aber auch beispielhaft bereits Text in die Tabelle eingegeben.

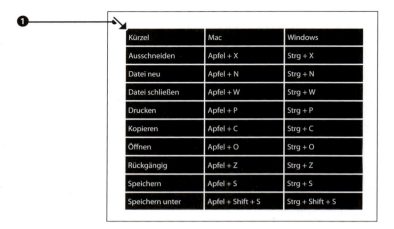

4 Tabelle auswählen

Wechseln Sie auf die Seite 2, und öffnen Sie über das Menü FENSTER • SCHRIFT UND TABELLEN • TABELLE die Tabelle-Palette.

Sie können eine Tabelle oder Bestandteile der Tabelle nur mit dem Text-Werkzeug [T.] bearbeiten, der Textcursor muss also in der Tabelle blinken.

Wählen Sie nun die gesamte Tabelle aus, indem Sie mit dem Text-Werkzeug [T.] an die obere linke Ecke klicken, wenn an Ihrem Cursor ein schwarzer Pfeil ❶ im 45°-Winkel erscheint.

5 Zeilen auswählen

Genauso einfach gestaltet sich auch das Auswählen von Zeilen.

Wählen Sie die oberen drei Zeilen aus. Lassen Sie dafür den Textcursor in der ersten Zeile blinken, und gehen Sie danach an die linke Kante der Zeile. Wieder erscheint der schwarze Pfeil ❷. Mit gedrückter [⇧]-Taste oder durch Gedrückthalten der Maus wählen Sie anschließend nach und nach weitere Zeilen aus. Eine Spalte wählen Sie auf die gleiche Weise aus.

6 Mit der Maus arbeiten

Sie können die Spalten oder Zeilen mit der Maus in der Breite bzw. Höhe verändern.

Lassen Sie dafür den Textcursor in der Tabelle blinken, und gehen Sie an eine Spaltenlinie. Der Cursor verändert sich in einen Doppelpfeil ❸, und Sie können die Spalte in der Breite verändern. Dabei verändern Sie jedoch auch die Tabellenbreite.

Halten Sie während des Ziehens die [⇧]-Taste gedrückt, dann verändern Sie nur die Spaltenbreite. Und schon haben wir die Theorie beendet.

7 Die Zeilenhöhe verändern

Wenn Sie eine Tabelle erstellen und Text eingeben, richtet sich die Zeilenhöhe zunächst nach der verwendeten Schriftgröße.

Wählen Sie die obere Zeile aus, und öffnen Sie die Tabelle-Palette. Stellen Sie die ZEILENHÖHE ❹ auf GENAU, und wählen Sie für die Höhe ❺ den Wert »10 mm«.

Anschließend wählen Sie die nachfolgenden Zeilen aus und geben diesen den Wert GENAU und die Höhe »7 mm«.

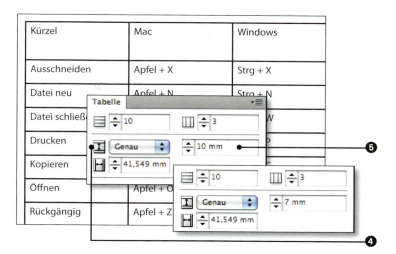

8 Verändern Sie die Spaltenbreite

Als Spaltenbreite ermittelt InDesign zunächst die Breite des Textrahmens. Es werden dann alle Spalten erst einmal in der gleichen Breite erstellt.

Wählen Sie die Spalte »Kürzel« aus, und gehen Sie wieder in die Tabelle-Palette. Stellen Sie unter SPALTENBREITE ❻ den Wert »40 mm« ein.

Fahren Sie anschließend mit den übrigen Spalten fort, indem Sie sie auswählen und für die Breite einen Wert von »30 mm« eingeben.

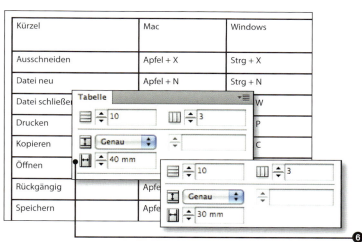

9 Färben Sie die Tabelle ein

Mit zwei Mausklicks können Sie der Tabelle eine andere Farbe geben.

Wählen Sie dafür die gesamte Tabelle aus, wie ich es in Schritt 4 beschrieben habe.

Öffnen Sie anschließend die Farbfelder-Palette, und wählen Sie dort die Option für die Fläche aus. Wählen Sie danach »Rot« aus, und geben Sie der Farbe einen FARBTON von »30 %« ❼.

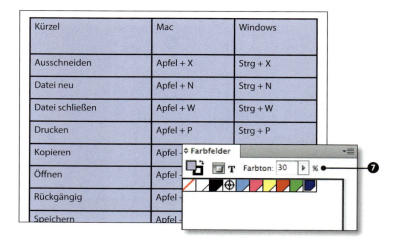

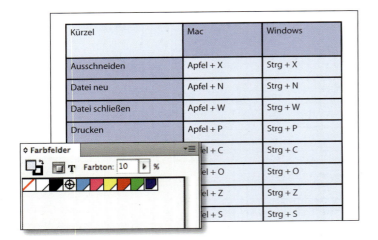

10 Die Zellen auswählen

Auch das Auswählen von Zellen ist denkbar einfach. Sie ziehen mit dem Text-Werkzeug T nur über die Zelle, und schon ist sie ausgewählt.

Ziehen Sie nun mit dem Text-Werkzeug T über die Zelle »Kürzel«, und ändern Sie den Farbton auf »10 %«. Ziehen Sie anschließend mit dem Text-Werkzeug T über die Zellen der »Tastaturkürzel«, und stellen Sie auch hier den Farbton auf »10 %«.

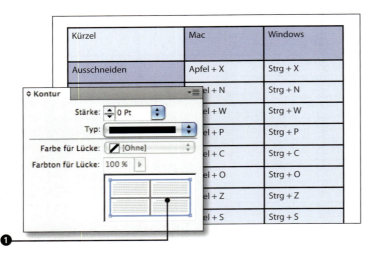

11 Die Außenlinien bearbeiten

Haben Sie eine Tabelle farblich gestaltet, so können Sie die äußeren Begrenzungslinien unsichtbar machen. Es sieht, finde ich, so schöner aus.

Wählen Sie erneut die gesamte Tabelle aus, und gehen Sie in die Kontur-Palette. Diese hat sich der Tabelle gemäß verändert.

Deaktivieren Sie die horizontalen und vertikalen inneren Gitternetzlinien ❶, indem Sie darauf klicken. Ausgewählt bleiben so nur noch die äußeren Linien. Stellen Sie dafür Stärke auf »0 pt«.

12 Die Gitternetzlinien bearbeiten

Die schwarzen Gitternetzlinien sind auch noch zu dominant.

Wählen Sie nochmals die Tabelle aus, und gehen Sie erneut in die Kontur-Palette. Wählen Sie nun die inneren Linien aus, indem Sie sie über die Mitte aktivieren ❷, und vergessen Sie nicht, die äußeren Linien zu deaktivieren.

Geben Sie den inneren Linien über Stärke den Wert »0,5 pt«, und stellen Sie über die Farbfelder-Palette als Konturfarbe »Weiß« ein.

13 Eine Linie unsichtbar machen

Dadurch, dass wir eine farbliche Trennung über die Flächen erzeugt haben, stört die erste vertikale Linie noch.

Wählen Sie die Spalte aus, und gehen Sie erneut in die Kontur-Palette. Deaktivieren Sie hier alle Linien bis auf die rechte ❸.

Geben Sie ihr über STÄRKE den Wert »0 pt«.

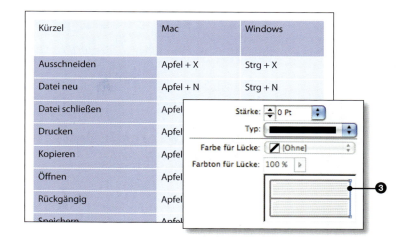

14 Den Text formatieren

Farblich ist die Tabelle soweit fertiggestellt, nun muss der Text noch formatiert werden.

Wählen Sie zuerst die oberste Zeile aus, und geben Sie ihr über die Zeichen-Palette den Schriftschnitt »Black«. Behalten Sie die Auswahl bei, und gehen Sie danach in die Tabelle-Palette und klicken auf die Schaltfläche ZENTRIEREN ❹. Jetzt wird die Zeile vertikal zentriert in der Zelle positioniert. Als nächstes wählen Sie die erste Spalte aus und stellen für LINKER ZELLENVERSATZ ❺ den Wert »5 mm« ein. Lösen Sie davor die Verbindung ❻ auf.

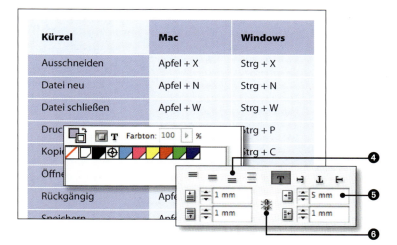

15 Der letzte Schliff

Damit Sie mit der Tabelle zufrieden sind, möchte ich gern noch eine kleine Änderung vornehmen.

Wählen Sie zunächst die Zellen unterhalb der ersten Zeile aus, und zentrieren Sie den Text, wie ich es in Schritt 14 beschieben habe.

Danach wählen Sie alle Zellen mit den Tastaturkürzeln aus und stellen als Schriftschnitt über die Zeichen-Palette »Semibold« ein.

Behalten Sie die Zellen in der Auswahl, und richten Sie den Text rechtsbündig aus. Schon haben Sie eine ansprechende Tabelle erstellt.

Kürzel	Mac	Windows
Ausschneiden	Apfel + X	Strg + X
Datei neu	Apfel + N	Strg + N
Datei schließen	Apfel + W	Strg + W
Drucken	Apfel + P	Strg + P
Kopieren	Apfel + C	Strg + C
Öffnen	Apfel + O	Strg + O
Rückgängig	Apfel + Z	Strg + Z

Die Tabellenoption einsetzen

Werten Sie Tabellen optisch auf.

Papier ist geduldig, doch Formate sind es nicht.
Hier müssen feste Normen beachtet werden.

DIN-Formate von A–C	A	B	C
0	841 x 1189 mm	1000 x 1414 mm	917 x 1297 mm
1	594 x 841 mm	707 x 1000 mm	648 x 917 mm
2	420 x 594 mm	500 x 707 mm	458 x 648 mm
3	297 x 420 mm	353 x 500 mm	324 x 458 mm
4	210 x 297 mm	250 x 353 mm	229 x 324 mm
5	148 x 210 mm	176 x 250 mm	162 x 229 mm
6	105 x 148 mm	125 x 176 mm	114 x 162 mm
7	74 x 105 mm	88 x 125 mm	81 x 114 mm
8	52 x 74 mm	62 x 88 mm	57 x 81 mm
9	37 x 52 mm	44 x 62 mm	
10	26 x 37 mm	31 x 44 mm	
11	18 x 26 mm	22 x 31 mm	
12	13 x 18 mm	15 x 22 mm	
13	9 x 13 mm	11 x 15 mm	

Das manuelle Einrichten einer Tabelle kann sehr zeitaufwendig sein, wie Sie im vorangegangenen Workshop bestimmt bemerkt haben.

In diesem Workshop zeige ich Ihnen die Tabellenoption »Kopfzeile«, eine Funktion, die noch vor einigen Jahren jedem Gestalter und Reinzeichner die Haare zu Berge stehen ließ.

Lassen Sie sich überraschen: Sie werden begeistert sein.

Papier ist geduldig, doch Formate sind es nicht.
Hier müssen feste Normen beachtet werden.

DIN-Formate von A–C	A	B	C
0	841 x 1189 mm	1000 x 1414 mm	917 x 1297 mm
1	594 x 841 mm	707 x 000 mm	648 x 917 mm
2	420 x 594 mm	500 x 707 mm	458 x 648 mm
3	297 x 420 mm	353 x 500 mm	324 x 458 mm
4	210 x 297 mm	250 x 353 mm	229 x 324 mm
5	148 x 210 mm	176 x 250 mm	162 x 229 mm
6	105 x 148 mm	125 x 176 mm	114 x 162 mm
7	74 x 105 mm	88 x 125 mm	81 x 114 mm
8	52 x 74 mm	62 x 88 mm	57 x 81 mm

Zielsetzungen:
Kopfzeile erstellen
Tabellenoption einsetzen
[Ordner 02_Tabellenoptionen]

Idee: Andrea Forst

1 Text in eine Tabelle umwandeln

Öffnen Sie für diesen Workshop die Datei »DIN-Formate.indd«.

Wählen Sie den Text für die Tabelle mit dem Text-Werkzeug [T] aus, und färben Sie den Text zunächst in der Farbe »Schwarz« ein. Ich hatte ihn in der Datei rot eingefärbt, damit Sie den eigentlichen Tabellentext schneller finden.

Gehen Sie in das Menü TABELLE • TEXT IN TABELLE UMWANDELN ❶. Klicken Sie nun einmal auf OK.

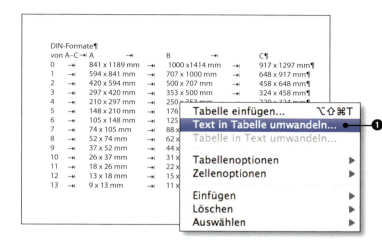

2 Der Hintergrund für das Umwandeln

Sie können jeden Text in eine Tabelle umwandeln, egal aus welcher Anwendung (z.B. InDesign oder Word) er kommt. Wichtig ist nur, dass die Spalten durch einen Tabulator und die Zeilen mit einer Absatzmarke getrennt sind.

Die meisten Dateien werden so erstellt. Es gibt aber auch die Möglichkeit, dass als Spalten- oder Zeilentrennzeichen das Komma eingesetzt wurde. Um dann eine Tabelle erstellen zu können, müssen Sie im Popup-Menü die entsprechenden Angaben einstellen.

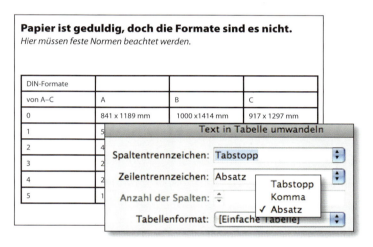

3 Zellen verbinden

Wählen Sie als Erstes die Zellen »DIN-Formate« und »von A–C« aus, und klicken Sie im Palettenmenü der Tabelle-Palette auf ZELLEN VERBINDEN ❷.

Ziehen Sie das Text-Werkzeug [T] über die Zelle »A« und die darüberliegende Zelle, und verbinden Sie die Zellen nun etwas schneller, indem Sie auf ZELLEN VERBINDEN ❸ in der Steuerung-Palette klicken. Verfahren Sie anschließend genauso mit »B« und »C«.

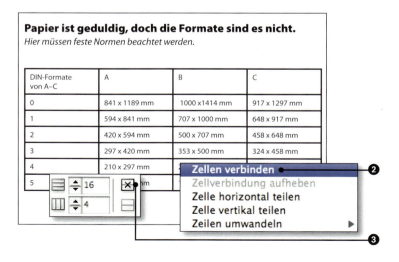

Kapitel 9 | Tabellen gestalten **275**

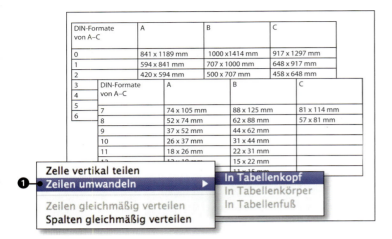

4 Eine Kopfzeile erstellen

Nachdem Sie die oberen Zellen verbunden haben, können Sie daraus eine Kopfzeile erstellen. Eine Kopfzeile ermöglicht, dass der Tabellenkopf in jedem weiteren Textrahmen wiederholt wird.

Wählen Sie die obere Zeile aus, und gehen Sie in das Palettenmenü der Tabelle-Palette. Hier wählen Sie Zeilen umwandeln • In Tabellenkopf ❶. Die Tabelle ist nun auf Seite 2 umbrochen, und die Kopfzeile wird automatisch wiederholt.

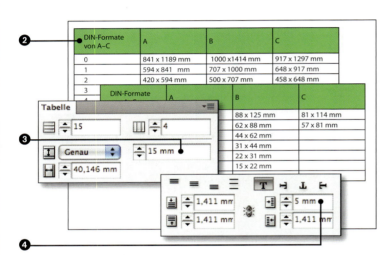

5 Den Tabellenkopf formatieren

Wählen Sie im ersten Textrahmen ❷ die Kopfzeile aus und weisen der Fläche über die Farbfelder-Palette »Grün« mit einem Farbton von »70 %« zu.

Gehen Sie anschließend in die Tabelle-Palette, und stellen Sie Zeilenhöhe auf »15 mm« ❸. Richten Sie den Text zentriert zu der Zeilenhöhe aus.

Heben Sie nun die Auswahl auf, und wählen Sie nur die erste Spalte aus. Stellen Sie für diese Linker Zellenversatz mit dem Wert »5 mm« ein ❹.

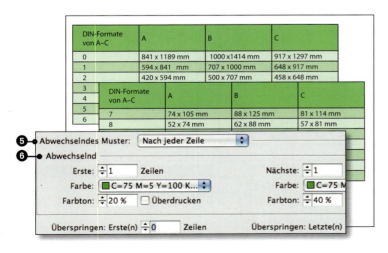

6 Die abwechselnden Flächen

Eine sehr hilfreiche Funktion sind die Tabellenoptionen. Schneller haben Sie noch keine abwechselnden Flächen in einer Tabelle erstellt.

Wählen Sie die gesamte Tabelle aus, und gehen Sie in das Menü Tabelle • Tabellenoptionen • Abwechselnde Flächen. Wählen Sie im Dialog unter Abwechselndes Muster ❺ Nach jeder Zeile aus. Stellen Sie unter Abwechselnd ❻ für Erste und Nächste jeweils »Grün« ein. Geben Sie als Farbton »20 %« und »40 %« ein.

7 Die Tabelle fertigstellen

Formatieren Sie die Tabelle so, dass nur die inneren vertikalen Linien in der Farbe »Weiß« sichtbar sind. Danach wählen Sie im Tabellenkopf die Zellen »A«, »B« und »C« aus und zentrieren sie über die Absatz-Palette.

Wählen Sie alle Zeilen außer dem Tabellenkopf aus und richten den Text über die Absatz-Palette rechtsbündig aus. Behalten Sie die Zeilen in der Auswahl, und stellen Sie über die Tabelle-Palette bei RECHTER ZELLENVERSATZ den Wert »5 mm« ein. Richten Sie den Text zentriert zur Zeile aus.

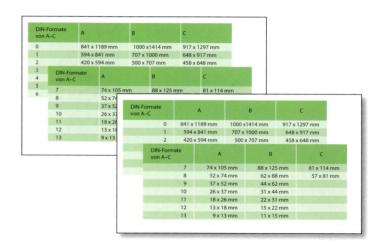

8 Tabulator innerhalb einer Tabelle

Sie können innerhalb einer Tabelle mit Tabulatoren arbeiten, um z. B. Zeichen zentriert an einem Tabulator auszurichten.

Wählen Sie dazu die Spalten »A«, »B« und »C« aus, und öffnen Sie über das Menü SCHRIFT • TABULATOREN bzw. ⇧ + ⌘ bzw. Strg + T die Tabulatoren-Palette.

Klicken Sie zunächst vier Mal in das Lineal der Palette und erstellen so vier Tabulatoren.

Behalten Sie die Spalten in der Auswahl, es geht im nächsten Schritt weiter.

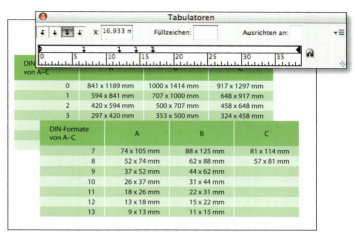

9 Die Tabulatoren bearbeiten

Wählen Sie den linken Tabulator durch Klicken aus und stellen ihn auf RECHTSBÜNDIG ❼ bei »12 mm«, den zweiten Tabulator ZENTRIERT ❽ bei »14 mm«. Die übrigen Tabulatoren lassen Sie linksbündig auf »26 mm« und »35 mm«. Lassen Sie den Textcursor vor dem Eintrag einer Zelle blinken und erstellen einen Tabulator, indem Sie die Alt + ↹ -Taste drücken. Wählen Sie das Leerzeichen vor dem x-Zeichen aus und setzen den nächsten Tabulator. Verfahren Sie mit den übrigen Leerzeichen genauso, bis Sie alle Zellen bearbeitet haben.

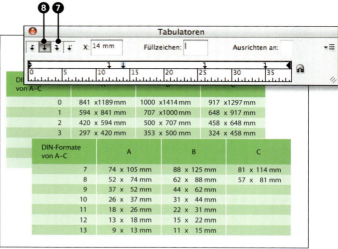

Tipp: Sie können den Tabulator auch über SCHRIFT • SONDERZEICHEN EINFÜGEN • ANDERE • TABULATOR einfügen.

Bilder in eine Tabelle integrieren

Gestalten Sie Ihre Tabelle mit einem Verlauf.

Tabellen müssen nicht langweilig sein. Sie können Grafiken in eine Zelle einfügen und sogar einen Verlauf auf ausgewählte Zellen anwenden. In diesem Workshop lernen Sie diese Geheimnisse kennen, denn ich zeige Ihnen, wie Sie Grafiken einfügen und auf was Sie dabei achten sollten.

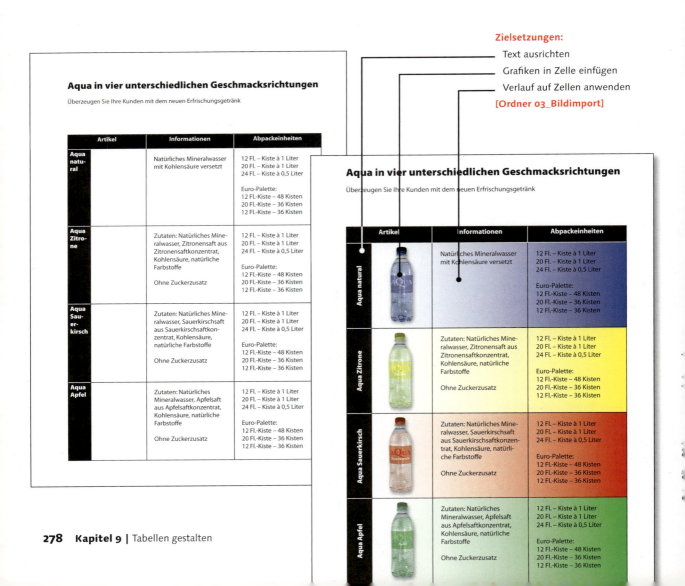

Zielsetzungen:
Text ausrichten
Grafiken in Zelle einfügen
Verlauf auf Zellen anwenden
[Ordner 03_Bildimport]

1 Den Text ausrichten

Öffnen Sie die Datei »Salesfolder-Aqua.indd«.

Wählen Sie hier die linken Zellen ❶ aus, und gehen Sie in die Tabelle-Palette. Richten Sie dort den Text zentriert zur Zeile aus, und drehen Sie den Text, indem Sie auf die Schaltfläche TEXT DREHEN UM 270° ❷ klicken. Behalten Sie die Zellen in der Auswahl, und zentrieren Sie den Text anschließend noch horizontal ❸ über die Absatz-Palette.

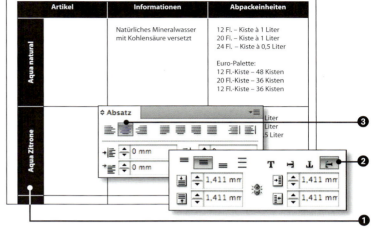

2 Fügen Sie Bilder in die Tabelle ein

Tabellen mit Grafiken werden sehr oft eingesetzt.

Außerhalb der Seite habe ich Ihnen die Grafiken bereitgestellt. Wählen Sie die blaue Flasche aus, und fügen Sie die Grafik mit aktivem Text-Werkzeug [T] in die freie obere Zelle ein. Verfahren Sie anschließend mit den übrigen Flaschen genauso.

Wählen Sie danach die vier Zellen aus, und zentrieren Sie den Inhalt über die Absatz-Palette.

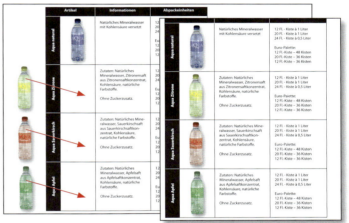

3 Die Grafiken einpassen

Wenn wie hier bei der Tabelle SPALTENBREITE und ZEILENHÖHE auf GENAU ❹ eingestellt ist, können Sie Grafiken nur in der passenden Größe verwenden. GENAU steht für eine fest eingestellte Zellenbreite und -höhe.

Ist die Grafik größer als die Zelle, erzeugen Sie innerhalb der Zelle einen Textüberhang ❺. Stellen Sie in diesem Fall MINDESTENS ein, die Zellengröße passt sich dann an, und Sie können die Grafik bearbeiten.

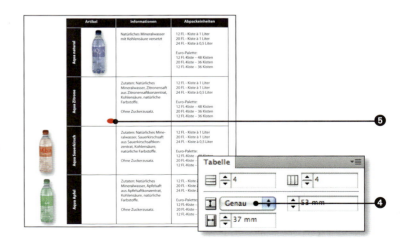

Tipp: Skalieren Sie die Grafiken vor dem Einfügen auf die richtige Größe. So ersparen Sie sich unnötige Arbeit.

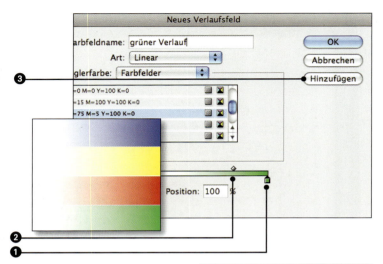

4   Neue Verlaufsfelder anlegen

Für den Effekt müssen Sie Verlaufsfelder anlegen.

Gehen Sie in die Farbfelder-Palette und klicken dort im Palettenmenü auf NEUES VERLAUFSFELD. Wählen Sie für den rechten Farbregler die Farbe »Grün« ❶ aus, und stellen Sie den so genannten Mittelpunkt ❷ auf »70 %«.

Klicken Sie danach auf HINZUFÜGEN ❸, und erstellen Sie auf die gleiche Weise noch Verlaufsfelder in den Farben Rot, Gelb und Blau.

5   Den Verlauf anwenden

Wählen Sie die Zellen mit der Grafik »blaue Flasche«, die Zutaten und die Abpackeinheiten jeweils mit dem Text-Werkzeug [T] aus, und gehen Sie in die Farbfelder-Palette. Stellen Sie dort für die Zellen den Verlauf »Blau« ein.

Wiederholen Sie diesen Schritt für die weiteren Grafiken, Zutaten und Abpackeinheiten.

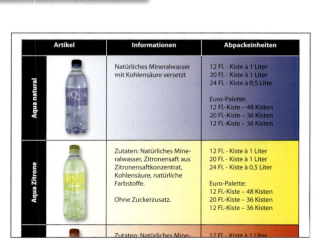

6   Das sollten Sie bedenken

Ich habe in diesem Workshop viele Arbeiten für Sie erledigt, z. B. die Größe der Abbildungen angepasst.

Eine solche Arbeit ist nicht immer schnell getan, sondern muss sorgfältig geplant werden. Lassen Sie sich daher nicht durch die Kürze des Workshops täuschen.

Eine Tabelle im Rahmen

Fügen Sie eine Tabelle in einen Grafikrahmen ein.

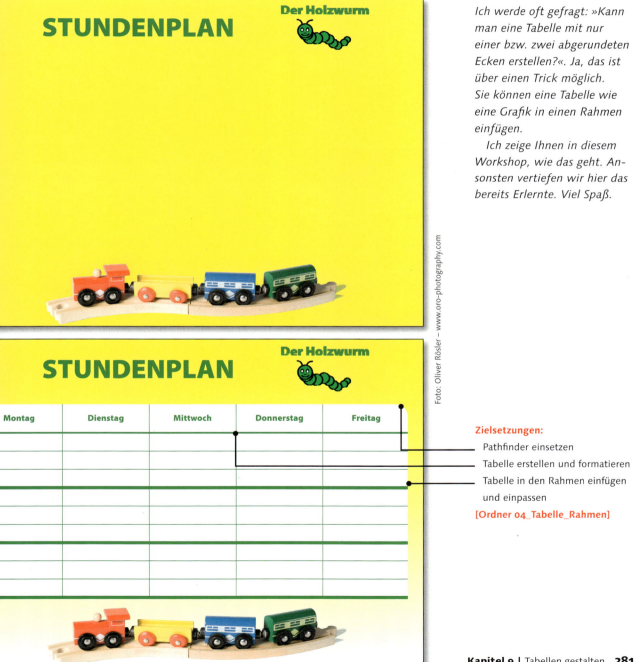

Foto: Oliver Rösler – www.oro-photography.com

Ich werde oft gefragt: »Kann man eine Tabelle mit nur einer bzw. zwei abgerundeten Ecken erstellen?«. Ja, das ist über einen Trick möglich. Sie können eine Tabelle wie eine Grafik in einen Rahmen einfügen.

Ich zeige Ihnen in diesem Workshop, wie das geht. Ansonsten vertiefen wir hier das bereits Erlernte. Viel Spaß.

Zielsetzungen:

Pathfinder einsetzen

Tabelle erstellen und formatieren

Tabelle in den Rahmen einfügen und einpassen

[Ordner 04_Tabelle_Rahmen]

1 Eine Ebene erstellen

Öffnen Sie die Datei »Stundenplan.indd«.

Erstellen Sie über das Palettenmenü der Ebenen-Palette eine neue Ebene, und geben Sie ihr den Namen »Rahmen«.

Da ich schon einige Vorbereitungen für Sie getroffen habe, sollte sich die neue Ebene »Rahmen« ganz oben ❶ in der Ebenen-Palette befinden.

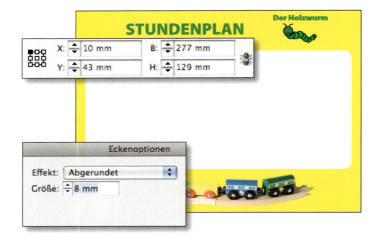

2 Bereiten Sie den Grafikrahmen vor

Wählen Sie das Rechteck-Werkzeug in der Werkzeug-Palette aus, und erstellen Sie auf der Rahmen-Ebene ein weißes Rechteck mit den Werten »277 x 129 mm«.

Positionieren Sie danach das Rechteck mit dem Auswahl-Werkzeug auf die Koordinaten »X=10 mm« und »Y=43 mm«.

Behalten Sie das Rechteck in der Auswahl, und gehen Sie in das Menü OBJEKT • ECKENOPTIONEN. Wählen Sie dort als EFFEKT • ABGERUNDET aus. Unter GRÖSSE geben Sie den Wert »8 mm« ein.

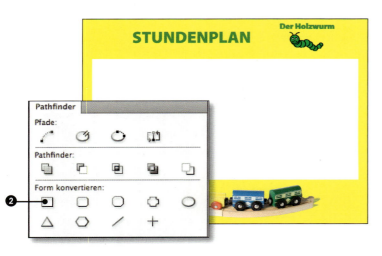

3 Setzen Sie den Pathfinder ein

Wählen Sie das Rechteck aus, und kopieren Sie es in die Zwischenablage. Fügen Sie es dann über BEARBEITEN • AN ORIGINALPOSITION EINFÜGEN oder [Alt] + [⇧] + [⌘]/[Strg] + [V] wieder ein.

Wählen Sie nun das Duplikat aus, und gehen Sie in die Pathfinder-Palette. Klicken Sie unter FORM KONVERTIEREN auf die Schaltfläche RECHTECK ❷.

Kopieren Sie das Rechteck mit den spitzen Ecken, und fügen Sie auch dieses an der Originalposition ein.

4 Stellen Sie den Grafikrahmen her

Wählen Sie den oberen Rahmen mit dem Auswahl-Werkzeug aus, und ziehen Sie ihn über den Anfasser der oberen Kante nach unten. Ich habe ihn in der Abbildung farbig markiert.

Wählen Sie jetzt beide Rechtecke mit der ⇧-Taste aus, und klicken Sie in der Pathfinder-Palette auf den Button ADDIEREN ❸. Jetzt haben Sie einen Rahmen mit zwei abgerundeten Ecken erstellt.

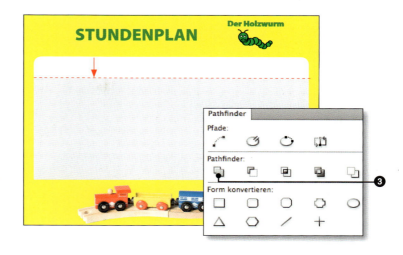

5 Eine Ebene für die Tabelle erstellen

Mit einem Klick auf das Schloss ❹ sperren Sie zunächst die Ebene »Rahmen«. Erstellen Sie danach eine weitere Ebene, indem Sie auf die Schaltfläche NEUE EBENE ❺ klicken.

Doppelklicken Sie auf die neue Ebene, und geben Sie ihr den Namen »Tabelle« ❻.

Unter FARBE weisen Sie der Ebene eine dunklere Farbe zu. Ich habe mich hier für Dunkelgrün entschieden.

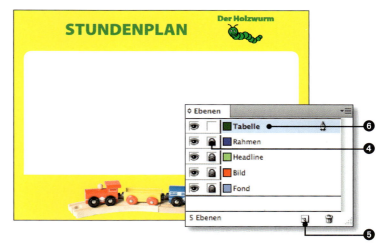

6 Eine Tabelle erstellen

Ziehen Sie mit dem Text-Werkzeug einen Textrahmen in der Größe »277 x 129 mm« auf.

Lassen Sie den Textcursor im Textrahmen blinken, und wählen Sie TABELLE • TABELLE EINFÜGEN. Im sich öffnenden Dialog geben Sie für TABELLENKÖRPERZEILEN »10« und für SPALTEN »5« ein.

Positionieren Sie danach den Textrahmen mit dem Auswahl-Werkzeug auf die Koordinaten »X=10 mm« und »Y=43 mm«.

Kapitel 9 | Tabellen gestalten   **283**

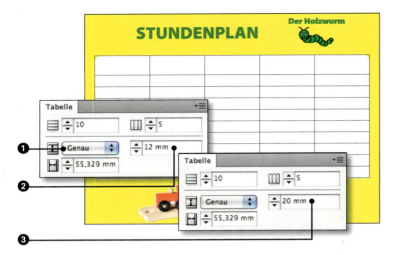

7 Die Zeilenhöhe einstellen

Wählen Sie zunächst die gesamte Tabelle mit dem Text-Werkzeug [T] aus, und stellen Sie in der Palette Tabelle die Zeilenhöhe auf Genau ❶. Danach geben Sie im nebenstehenden Eingabefeld für die Zeilenhöhe »12 mm« ❷ ein.

Anschließend wählen Sie nur die obere Zeile aus und erhöhen die Zeilenhöhe auf den Wert »20 mm« ❸.

8 Text eingeben und formatieren

Geben Sie in die erste Zeile die Wochentage Montag bis Freitag ein. Springen Sie mit der Tabulator-Taste [⇥] dabei nach jeder Eingabe eines Tages in eine neue Zelle.

Als Schriftart wählen Sie »Myriad Pro Black« ❹ aus. Schriftgrösse stellen Sie auf »16 pt« und zentrieren den Text über die Schaltfläche Zentrieren.

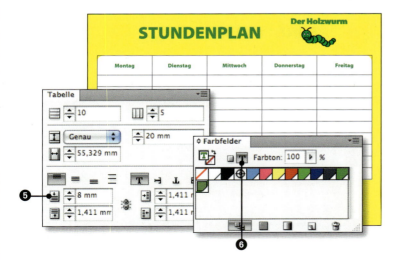

9 Den Text weiter formatieren

Zuerst schieben Sie den Text nach unten, indem Sie in der Palette Tabelle unter Oberer Zellenversatz ❺ »8 mm« eingeben.

Aktivieren Sie in der Farbfelder-Palette die Schaltfläche Formatierung wirkt sich auf Text aus ❻, und färben Sie den Text in der Farbe »Grün« ein.

284 Kapitel 9 | Tabellen gestalten

10 Die Tabelle formatieren

Wählen Sie die gesamte Tabelle aus, und gehen Sie in die Kontur-Palette. Deaktivieren Sie hier die inneren Linien durch einen Klick auf das Kreuz ❼, und stellen Sie unter STÄRKE den Wert auf »0 pt«.

Anschließend aktivieren Sie die inneren Linien und deaktivieren die Äußeren ❽. Geben Sie diesen Linien über die Farbfelder-Palette eine grüne Kontur.

11 Die Pausen markieren

Wählen Sie mit dem Text-Werkzeug nacheinander die dritte, sechste und neunte Stunde aus. Deaktivieren Sie alle Linien bis auf die untere, und verleihen Sie dieser Linie eine STÄRKE von »6 pt«.

Danach wählen Sie die Zeile mit den Wochentagen aus und geben auch hier nur der unteren Linie eine Stärke von »3 pt«.

Da die Eisenbahn nicht sehr schön auf dem Fond steht, entsperren Sie die Fond-Ebene und geben der Fläche einen Verlauf.

12 Die Tabelle in den Rahmen einfügen

Wählen Sie die Tabelle mit dem Auswahl-Werkzeug aus, und gehen Sie in das Menü BEARBEITEN • AUSSCHNEIDEN bzw. ⌘ bzw. Strg + X . Entsperren Sie die Rahmen-Ebene, und wählen Sie den Grafikrahmen aus. Nun fügen Sie die Tabelle über das Kürzel Alt + ⌘ bzw. Strg + X wieder in die Auswahl ein.

Aktivieren Sie danach die Schaltfläche INHALT AUSWÄHLEN ❾, und verschieben Sie die Tabelle mit den Pfeiltasten so in den Rahmen, dass keine Blitzer mehr sichtbar sind.

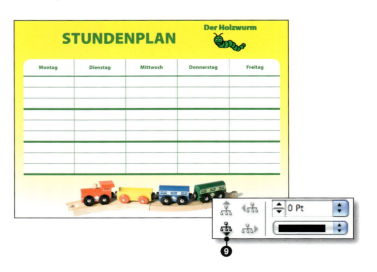

Tipp: Durch das Ausschneiden löschen Sie das Objekt und haben dies automatisch in die Zwischenablage kopiert.

Kreativ arbeiten mit Tabellen

Erstellen Sie ein kariertes Muster.

In diesem Workshop möchte ich Ihnen zeigen, dass eine Tabelle nicht nur Text oder Zahlen beinhalten muss. Man kann mit einer Tabelle sogar gestalten. Erstellen wir also hier freie Formen, um sie dann mit einem karierten Muster zu gestalten.

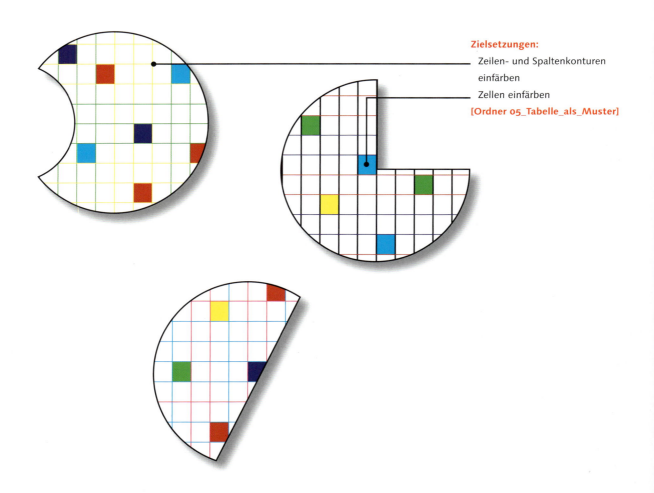

Zielsetzungen:
Zeilen- und Spaltenkonturen einfärben
Zellen einfärben
[Ordner 05_Tabelle_als_Muster]

1 Die Formen vorbereiten

Öffnen Sie die Datei »Muster_Tabelle.indd«. Wundern Sie sich aber bitte nicht, denn diese Datei enthält nur eine leere Seite.

Ziehen Sie hier drei große Kreise mit einem Durchmesser von je »50 mm« auf. Danach legen Sie einen kleinen Kreis, ein Quadrat und ein Rechteck auf jeweils einen der Kreise. Wo genau Sie die kleineren Objekte positionieren, ist Ihnen überlassen.

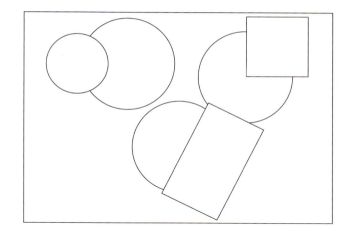

2 Die Formen erstellen

Sie können natürlich auch Formen mit dem Zeichenstift erstellen. Ich habe mich für diesen Workshop aber für den Pathfinder entschieden, denn das ist eine schnelle Möglichkeit zur Erstellung von Formen.

Wählen Sie nun nacheinander jedes Objektpaar aus, und schneiden Sie die kleineren Objekte aus dem Kreis. Dafür klicken Sie in der Pathfinder-Palette auf die Schaltfläche Subtrahieren ❶.

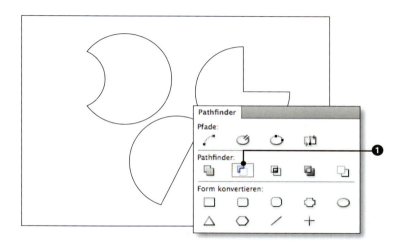

3 Zeilenhöhe und Spaltenbreite

Wir müssen uns jetzt Gedanken um Zeilenhöhe und Spaltenbreite machen. Die Zeilenhöhe wird erst einmal gemäß der Schriftgröße ermittelt. Danach könnte man die Zeilenhöhe in der Palette Tabelle über Genau auf eine bestimmte Höhe einstellen, doch wir wollen hier einen anderen Weg gehen, dazu gleich mehr. Die Spaltenbreite richtet sich vorerst nach der Breite des Textrahmens. Die Spalten werden nach ihrer Anzahl gleichmäßig auf die Breite des Textrahmens verteilt.

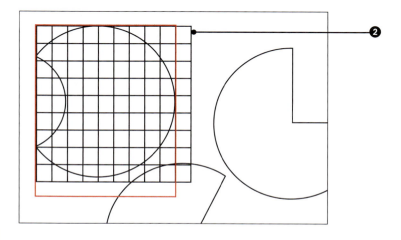

> **Tipp:** InDesign interessiert es nicht, wenn die Spalten über die Breite des Textrahmens hinausgehen ❷. Nur die Höhe verursacht einen Textüberhang.

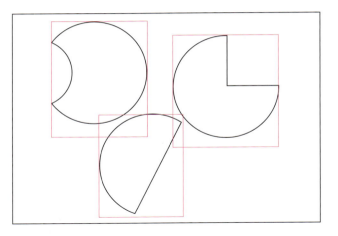

4 Zeilen- und Spaltenzahl ermitteln

Richten Sie für die Tabelle eine neue Ebene ein, und sperren Sie die Ebene, auf der die zuvor erstellten Objekte liegen.

Ziehen Sie nun auf der neuen Ebene über jedem Objekt einen Textrahmen auf. Achten Sie darauf, dass sich die Textrahmengröße durch Fünf teilen lässt.

Wählen Sie nun nacheinander jeden Textrahmen aus, und teilen Sie Breite und Höhe durch Fünf. Das Ergebnis dieser Rechenaufgaben sollten Sie sich am besten notieren.

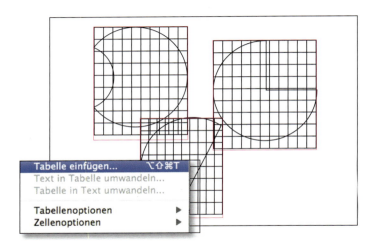

5 Die Tabellen erstellen

Wählen Sie nun nacheinander die Textrahmen aus, und fügen Sie über das Menü Tabelle • Tabelle einfügen eine solche ein. Dabei geben Sie für die Tabellenkörperzeilen und die Spalten nun das Ergebnis Ihrer Berechnung ein.

Bevor Sie nachzählen: Ich habe beim ersten Objekt zehn Zeilen und zehn Spalten eingegeben, beim zweiten Objekt zehn Zeilen/elf Spalten und beim dritten Objekt acht Zeilen und zehn Spalten. Ein entstandener Textüberhang interessiert hier nicht.

6 Die Tabelle formatieren

Stellen wir nun die Größe der Zeilen ein. Wählen Sie dafür alle Tabellen nacheinander mit dem Text-Werkzeug aus, und stellen Sie die Schriftgröße auf »10 pt«.

InDesign berechnet allerdings die Konturstärke mit ein, daher müssen Sie die Spaltenbreite nachträglich anpassen. Gehen Sie dafür in die Tabelle-Palette, und stellen Sie die Breite der Spalte über die Steuerung-Palette auf »5 mm«.

7 Geben Sie dem Muster Farbe

Gehen Sie nun zunächst in das Fenster Tabelle • Tabellenoptionen • Abwechselnde Zeilenkonturen, und aktivieren Sie unter Abwechselndes Muster ❶ einen gewünschten Rhythmus. Verringern Sie unter Erste und Nächste Zeile die Kontur (hier Stärke) auf »0,5 pt«, und wählen Sie Farben, die Ihnen zusagen.

Der Spaltenkontur geben Sie eine andere Farbe, die Stärke der Kontur behalten Sie bei.

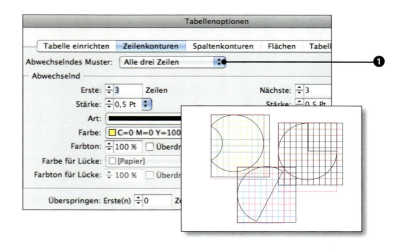

8 Das Muster in die Objekte einfügen

Wählen Sie nacheinander die Muster mit dem Auswahl-Werkzeug aus, und gehen Sie in das Menü Bearbeiten • Ausschneiden bzw. klicken Sie ⌘ bzw. Strg + X . Entsperren Sie die Objekte-Ebene. Wählen Sie das entsprechende Objekt aus, und fügen Sie die Tabelle über das Kürzel Alt + ⌘ / Strg + V in die Auswahl ein.

Fügen Sie dann auch die anderen Muster in ihre Objekte ein.

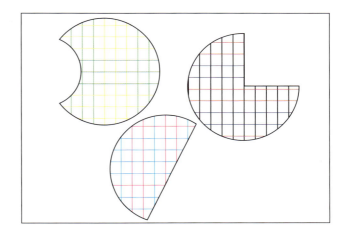

9 Einige Zellen einfärben

Peppen wir das Muster noch etwas auf.

Wählen Sie mit dem Text-Werkzeug T nacheinander einige Zellen in der Tabelle aus, und geben Sie der Fläche über die Farbfelder-Palette eine beliebige Farbe.

Wenn Sie möchten, können Sie Ihren Objekten auch noch einen Schlagschatten zuweisen.

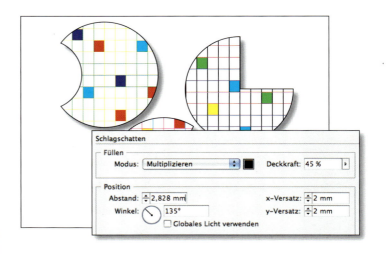

Tipp: Durch die Verwendung einer Tabelle als Muster bleibt Ihre Datei schön klein. Einzelne Linien würden eine deutlich größere Datei erzeugen.

Kapitel 9 | Tabellen gestalten

Eine Tabelle importieren

Hier erstellen Sie Tabellen- und Zellenformate.

Die Tabellen- und Zellenformate sind ein großes Plus bei InDesigns Tabellenfunktion: Sie können wie auch bei den Absatz- und Zeichenformaten auch hier Formate erstellen und immer wieder auf Ihre Tabellen anwenden. Wie das geht, zeige ich Ihnen in diesem Workshop. Eins sollten Sie bei den Tabellen- und Zellenformaten jedoch immer bedenken: Sie müssen im Vorfeld gründlich planen.

Zielsetzungen:
Tabelle importieren
Tabellen- und
Zeichenformat erstellen
und anwenden
[Ordner 06_Tabellenimport]

1 Eine Tabelle importieren

Öffnen Sie die Datei »Modellreihe.indd«, und gehen Sie auf die Seiten 1 und 2.

Über das Menü DATEI • PLATZIEREN oder ⌘/Strg+D importieren Sie die Excel-Datei »F-Roadster.xls«. Halten Sie aber, bevor Sie auf ÖFFNEN klicken, die ⇧-Taste gedrückt, damit sich die Importoptionen öffnen. Wählen Sie unter TABELLE • FORMATIERTE TABELLE ❶ aus, und bestätigen Sie den Import.

2 Die Tabelle platzieren

Ich habe auf den Seiten bereits Ränder und Hilfslinien erstellt. Sollten diese nicht sichtbar sein, lassen Sie sie sich über das Kürzel ⌘/Strg+Ü anzeigen. Klicken Sie anschließend mit dem Cursor an die Hilfslinie und an den linken Rand ❷. InDesign erstellt Ihnen nun einen Textrahmen in der Breite des Rahmens.

Gehen Sie zum Auswahl-Werkzeug, und klicken Sie in das Textüberhangsymbol unten rechts am Textrahmen und dann mit dem Cursor auf Seite 2 an den Rahmen.

3 Absatzformate laden

Damit Sie nicht allzuviel Arbeit haben, habe ich bereits die erforderlichen Absatzformate erstellt.

Gehen Sie in die Absatzformate-Palette und dort in das Palettenmenü. Klicken Sie auf ABSATZFORMATE LADEN, und wählen Sie die Datei »Absatzformate.indd« aus. Im Dialog deaktivieren Sie das Absatzformat »Einfacher Absatz« ❸, damit kein Konflikt entsteht, und bestätigen den Dialog mit OK.

> **Tipp:** Sie können beim Öffnen den Warndialog für FEHLENDE SCHRIFT-ARTEN ignorieren. Wir formatieren diese ohnehin um. Klicken Sie daher auf OK.

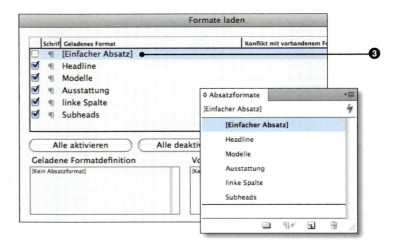

Kapitel 9 | Tabellen gestalten **291**

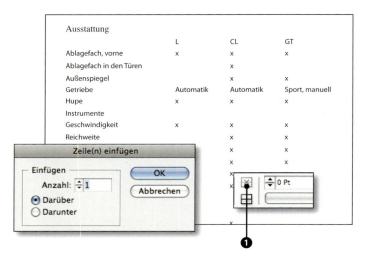

4 Eine weitere Zeile einfügen

Wählen Sie mit dem Text-Werkzeug [T] die erste Zeile der Tabelle aus, und gehen Sie in das Menü TABELLE • EINFÜGEN • ZEILE, bzw. wählen Sie [⌘] bzw. [Strg] + [9]. Hier geben Sie unter ANZAHL den Wert »1« ein und aktivieren DARÜBER. Bestätigen Sie den Dialog mit OK und geben in die neu erstellte Zeile »Ausstattung« ein.

Wählen Sie anschließend die gesamte Zeile aus, und verbinden Sie die Zellen, indem Sie auf die Schaltfläche ZELLEN VERBINDEN ❶ in der Steuerung-Palette klicken.

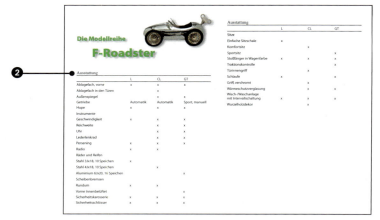

5 Die Kopfzeilen erstellen

Wählen Sie die beiden oberen Zeilen mit dem Text-Werkzeug [T] und gedrückter [⇧]-Taste aus ❷, und gehen Sie in das Menü TABELLE • ZEILEN UMWANDELN • IN TABELLENKOPF. InDesign wiederholt nun den Tabellenkopf, wenn, wie in diesem Beispiel, die Tabelle über mehrere Textrahmen läuft.

Heben Sie die Auswahl der Tabelle auf, indem Sie neben den Textrahmen klicken. Blinkt Ihr Textcursor noch in der Tabelle, dann kann es im Folgenden zu unerwünschten Formatierungen kommen.

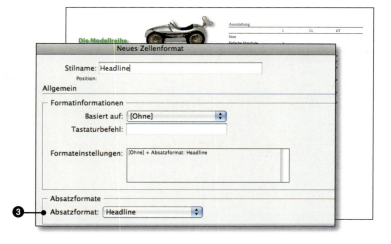

6 Das Zellenformat

Öffnen Sie die Zellenformate-Palette über das Menü FENSTER • SCHRIFT UND TABELLEN • ZELLENFORMATE, und gehen Sie dort in das Palettenmenü. Wählen Sie NEUES ZELLENFORMAT aus, es öffnet sich ein Dialog.

Im ersten Fenster vergeben Sie für das Zellenformat einen Namen, z. B. »Headline«.

Unter ABSATZFORMAT wählen Sie das geladene Absatzformat »Headline« ❸ aus.

> **Tipp:** Bei Tabellen ohne Konturen können Sie sie sich die Tabelle anzeigen lassen, indem Sie sie über ANSICHT • RAHMENKANTEN EINBLENDEN sichtbar machen.

7 Die Zellenhöhe einrichten

Gehen Sie in das nächste Fenster TEXT. Da die Zellenhöhe zunächst durch die Schriftgröße bestimmt wird, geben Sie unter ZELLVERSATZ ❹ unter OBEN und UNTEN jeweils den Wert »2 mm« ein. Dadurch erreichen Sie, dass die Zellen etwas höher werden.

Richten Sie anschließend unter VERTIKALE AUSRICHTUNG den Text zentriert zur Zellenhöhe aus, indem Sie ZENTRIEREN ❺ auswählen.

8 Die Konturen und Flächen

Im Fenster KONTUREN UND FLÄCHEN stellen Sie unter ZELLENKONTUR die STÄRKE auf »0 pt« ❻ und wählen unter FARBE jetzt [OHNE] aus.

Unter ZELLFLÄCHE wählen Sie als FARBE »Grün« ❼ aus und stellen den FARBTON auf »40 %«. Bestätigen Sie anschließend den Dialog, indem Sie auf OK klicken.

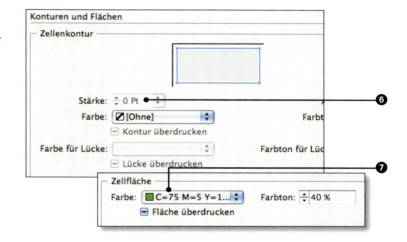

9 Weitere Zellenformate einrichten

Erstellen Sie nun weitere Zellenformate, wie ich es in den vorangegangenen Schritten beschrieben habe.

Als STILNAME für jedes Zellenformat wählen Sie immer den Absatzformat-Namen und weisen diesen auch zu. Unter TEXT machen Sie die gleichen Einstellung wie in Schritt 7 beschrieben. Für die Konturen stellen Sie unter STÄRKE den Wert auf »0,5 mm« ein und die FARBE auf »Schwarz«. Sie brauchen für die folgenden Schritte alle fünf Zellenformate.

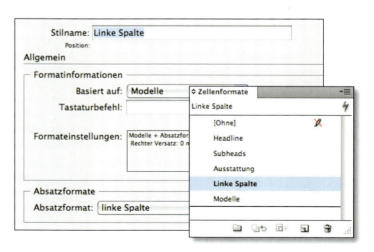

Kapitel 9 | Tabellen gestalten **293**

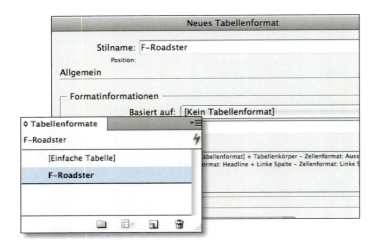

10 Das Tabellenformat

Im Tabellenformat vereinen Sie nun all das, was Sie vorher eingestellt haben.

Öffnen Sie die Tabellenformate-Palette über das Menü FENSTER • SCHRIFT UND TABELLEN • TABELLENFORMATE und dort über das Palettenmenü NEUES TABELLENFORMAT den dazugehörigen Dialog. Vergeben Sie hier gleich einen Stilnamen, damit wir im nächsten Workshop das Tabellenformat wiederfinden.

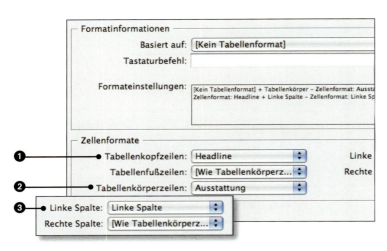

11 Weisen Sie die Zellenformate zu

Im Fenster ALLGEMEIN gehen Sie in den Bereich ZELLENFORMATE. Für die TABELLENKOPFZEILEN ❶ wählen Sie hier das Zellenformat »Headline« und unter TABELLENKÖRPERZEILEN ❷ das Zellenformat »Ausstattung« aus. Für die Formatierung der linken Spalte wählen Sie über LINKE SPALTE ❸ das Zellenformat »Linke Spalte« aus.

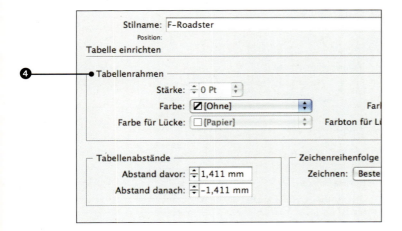

12 Richten Sie die Tabelle ein

Das Fenster TABELLE EINRICHTEN hält leider nicht das, was sein Name verspricht.

Sie können hier den TABELLENRAHMEN ❹ definieren, indem Sie, wie für dieses Beispiel gewünscht, unter STÄRKE den Wert »0 pt« eingeben und keine Farbe wählen.

Alle weiteren Optionen können Sie ignorieren, da diese hier nicht gebraucht werden.

13 Die Zeilen- und Spaltenkonturen

In den Fenstern ZEILENKONTUREN und SPALTEN-KONTUREN stellen Sie für ERSTE und NÄCHSTE jeweils unter STÄRKE den Wert »0,5 pt« ein, sowie die ART • DURCHGEZOGEN und die FARBE • [SCHWARZ].

Verspielte Anwender können auch unterschiedliche Farben oder Linienzeichnungen wie z. B. GEPUNKTET einstellen. Für unser Beispiel finde ich es jedoch nicht angebracht.

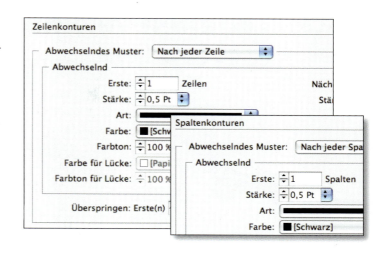

14 Wenden Sie nun alles an

Jetzt endlich dürfen Sie die Früchte Ihrer Arbeit ernten. Die Anwendung der Tabellenformate ist nach getaner Arbeit relativ einfach. Sie müssen nur Ihren Textcursor in der Tabelle blinken lassen und auf das Tabellenformat »F-Roadster« klicken. Auch wenn Sie den Tabellenrahmen definiert haben, so wird er doch erstellt. Löschen Sie den Tabellenrahmen, indem Sie die gesamte Tabelle auswählen und in der Kontur-Palette unter STÄRKE »0 pt« eingeben. Achten Sie darauf, dass Sie die inneren Linien deaktiviert haben.

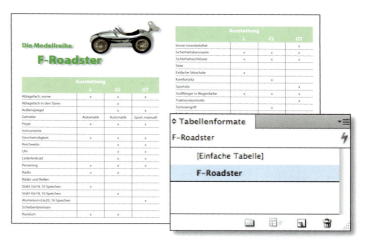

15 Legen Sie zum Schluss Hand an

Wählen Sie die zweite Kopfzeile aus, und wenden Sie über die Zellenformate-Palette das Format »Modelle« an. Anschließend wählen Sie nach und nach die Zellen »Instrumente«, »Räder und Reifen«, »Scheibenbremsen« sowie »Sitze« aus und wenden jeweils das Zellenformat »Subheads« an.

Wählen Sie die Spalten der Modelle »L«, »CL« und »GT« aus, und verringern Sie über die Tabelle-Palette die Spaltenbreite. Zu guter Letzt geben Sie der letzten Zeile eine Konturenstärke von »0,5 mm« unterhalb der Zelle.

Kapitel 9 | Tabellen gestalten **295**

Tabellen verknüpfen

Nutzen Sie die Vorteile von Tabellen- und Zellenformaten.

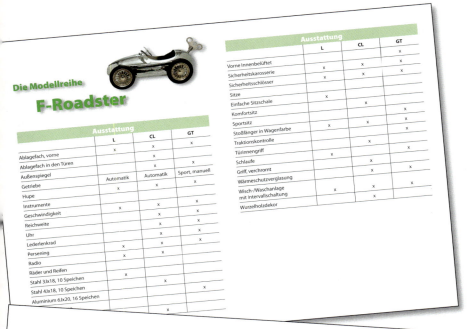

Haben Sie erst einmal Absatz-, Zellen- und danach noch Tabellenformate angelegt, kann Sie eine Änderung der Tabellendatei nicht mehr ärgern. Es sind ein Klick in den Voreinstellungen und zwei Klicks in der Verknüpfungen-Palette, schon haben Sie eine Tabelle aktualisiert.

Ich gebe zu, dass das Anlegen der Tabellenformate und Zellenformate nicht mit einem oder zwei Mausklicks erledigt ist, doch jetzt kommen diese Funktionen so richtig zum Tragen. Lassen Sie sich überraschen.

Zielsetzungen:
Tabelle aktualisieren
Tabellen- und Zellenformate anwenden
[Ordner 07_Tabellenverknuepfung]

1 Die Voreinstellungen

Wie in der Einleitung beschrieben, können Sie auch eine Verknüpfung zu einer Tabelle erstellen. Für Preislisten o. Ä., die regelmäßig aktualisiert werden müssen, hat sich die viele Arbeit aus dem vorangegangenen Workshop wirklich gelohnt.

Wenn Sie eine solche Verknüpfung erstellen möchten, müssen Sie in den Voreinstellungen im Fenster Eingabe die Option Beim Platzieren von Text- und Tabellendateien Verknüpfungen erstellen aktivieren ❶.

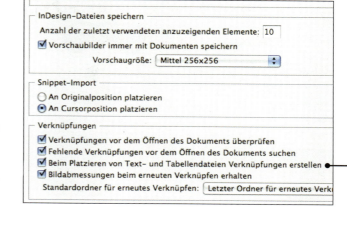

2 Die Verknüpfung aktualisieren

Öffnen Sie die Datei »Modellreihe2.indd«, und gehen Sie in die Verknüpfungen-Palette.

Ich habe Ihnen bereits die Tabelle als Verknüpfung platziert, doch habe ich auch die Tabelle in der Original-Anwendung verändert. Daher finden Sie in der Verknüpfungen-Palette eine Warnung.

Wählen Sie über das Palettenmenü der Verknüpfungen-Palette die Option Verknüpfungen aktualisieren aus, und bestätigen Sie den Dialog.

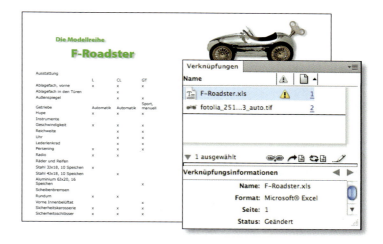

3 Was passiert

Bei einer Aktualisierung der Verknüpfung gehen alle Formatierungen der Tabelle verloren.

Früher mussten Sie danach alles neu einrichten, da es die Zellen- und Tabellenformate noch nicht gab. Heute können Sie gelassen sein, denn diese Funktion automatisiert Ihre Arbeit.

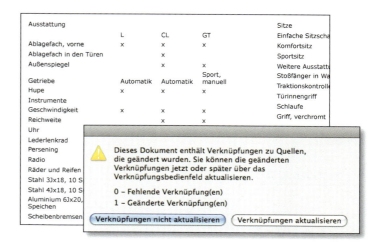

Kapitel 9 | Tabellen gestalten **297**

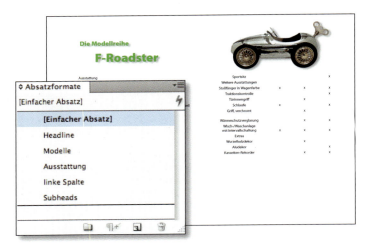

4 Wenden Sie ein Absatzformat an

Um böse Überraschungen zu vermeiden, wenden Sie zuerst ein Absatzformat an.

Wählen Sie dafür die gesamte Tabelle aus, und weisen Sie über die Absatzformate-Palette das Absatzformat »Ausstattung« zu. Ansonsten könnte es dazu kommen, dass einige Zellen nicht formatiert werden, und dies ist bestimmt nicht im Sinne des Erfinders.

5 Stellen Sie den Tabellenkopf her

Leider ist Ihnen durch die Aktualisierung auch der Tabellenkopf verlorengegangen.

Wählen Sie die ersten Zeilen der Tabelle aus, und wandeln Sie sie über das Menü Tabelle • Zeilen umwandeln • In Tabellenkopf um.

Verbinden Sie anschließend noch die Zellen in der ersten Zeile, wie Sie es bereits gelernt haben.

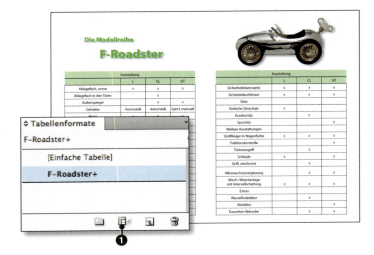

6 Das Tabellenformat anwenden

Lassen Sie nun Ihren Textcursor in der Tabelle blinken, und klicken Sie in der Tabellenformate-Palette auf das Tabellenformat »F-Roadster«.

In der Tabellenformate-Palette wird nun angezeigt, dass nicht automatisch alle Formatierungen aus Excel umgewandelt wurden, indem neben dem Tabellenformat »F-Roadster« ein Pluszeichen angezeigt wird. Lassen Sie den Textcursor weiter in der Tabelle blinken, und klicken Sie auf die Schaltfläche Abweichungen in Auswahl löschen ❶.

7 Formatieren Sie den Tabellenkopf

Wie das Tabellenformat weisen auch die Zellenformate Abweichungen auf.

Wählen Sie die Kopfzeile »Ausstattung« aus, und gehen Sie auf die Schaltfläche ABWEICHUNGEN IN AUSWAHL LÖSCHEN ❷ unten in der Zellenformate-Palette.

Danach wählen Sie die Zeile mit den Modellen aus, weisen ihr das Zellenformat »Modelle« zu und löschen auch hier die Abweichungen über die Schaltfläche.

8 Die linke Spalte bearbeiten

Da wir in Schritt 4 der gesamten Tabelle das Absatzformat »Ausstattung« zugewiesen haben, stimmt natürlich die linke Spalte nicht.

Wählen Sie die Zellen der linken Spalte mit dem Text-Werkzeug [T] und gedrückter [⇧]-Taste aus, indem Sie die Maus über die Zellen ziehen. Wenden Sie anschließend das Zellenformat »Linke Spalte« an, und löschen Sie auch hier die Abweichungen, wie ich es bereits beschrieben habe.

9 Das Finetuning

Sie können nun, wenn Sie möchten, noch das Zellenformat »Subheads« auf die Zellen »Instrumente«, »Räder und Reifen«, »Scheibenbremsen«, »Sitze«, »Weitere Ausstattungen« und »Extras« anwenden. Und falls es notwendig ist, können Sie noch den Tabellenrahmen und die Gitternetzlinien bearbeiten.

Fazit: Zaubern können weder das Zellen- noch das Tabellenformat, doch die Arbeitsschritte sind nach einer Aktualisierung noch überschaubar, so dass Sie viel Zeit sparen.

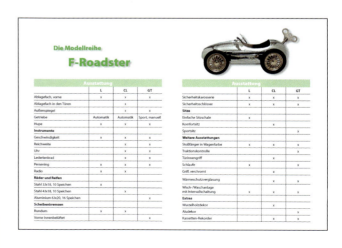

Kapitel 9 | Tabellen gestalten **299**

Lange Dokumente

Bringen Sie Schwung in Ihre Jobs. Seien Sie Multiplikator, und verteilen Sie die aktuellen Logos, Templates und Tabellen in Form einer Bibliothek.

Arbeiten Sie mit Mustervorlagen, und setzen Sie die automatische Seitenzahl ein. Importieren Sie langen Text mit nur ein paar Mausklicks.

Erstellen Sie Kapitel, und fügen Sie diese zu einem Buch zusammen. Erleichtern Sie dem Leser das Suchen und Finden, und setzen Sie einen Index oder ein Inhaltsverzeichnis ein.

Foto: Ryan Klos – Fotolia.com

How bored he gets with another's body once it's his. How of every detail and mark, every unique cross and imperfection. Obsession is his antidote. "Your body would be too real t This is easier. This remembering, this grief.

Once he and P. had had sex, he no longer *had* a crush on thought of him at all. Once he got past the obstacle of his ho to be his friend. Most precisely in the cab on the way home wit that they were going to have sex, at that moment he just want

Unless, of course, P. too had decided just to talk. He fucked I room, and quite adequately from P.'s response.

15. The origin of pleasure in the body of another person is, by (the inability) to imagine him as being, in any interesting se person.

He asked J. to watch how sensuously T. ate an ice cream cone said T. looked retarded, it made him laugh. He writes, "Of cour intelligent he's the consecration of the sensuous, spirit become He's just a frat boy on the crew team; how could he know t compendium of all the Platonic virtues?" This changes nothing changes.

16. He believes in love as Saint Paul believed in God, on the e things unseen; he believes as Tertullian believed because it is abs

17. "Though I lie here still beside you thin voice embodying them (the grain of the voice standing in for How flat the words are on the flat white page without the won I burn for you."

30 〈 JUBILAT

Lange Dokumente

Verankerte Objekte einsetzen **304**
Lassen Sie Objekte im Text mitlaufen.

Arbeiten mit Mustervorlagen **310**
Benutzen Sie die automatische Seitenzählung.

Fußnoten einsetzen **314**
So gestalten Sie korrekte Verweise.

Eine Bibliothek einrichten **317**
Für häufig verwendete Objekte ist dieses Tool sehr nützlich.

Die Buchfunktion verwenden **320**
  Hier setzen Sie zusammen, was zusammengehört.

Einen Index erstellen **324**
  Gönnen Sie dem Leser das schnelle Finden.

Das Inhaltsverzeichnis **330**
  Geben Sie dem Leser einen ersten Überblick.

Verankerte Objekte einsetzen

Lassen Sie Objekte im Text mitlaufen.

Oft wird gewünscht, dass Objekte im Text mitlaufen, z. B. in Info- bzw. Marginalspalten. Dies geschieht, indem die Objekte im Fließtext verankert werden. In diesem Workshop zeige ich Ihnen, wie Sie diese Verankerungen erstellen. Außerdem lernen Sie, Grafiken auf einfache Art und Weise in einen Text einzubinden und Text mit einer Grafik zu füllen.

Zielsetzungen:

- Text mit einem Bild füllen
- Text durch einer Grafik ersetzen
- Verankerte Objekte einsetzen und bearbeiten

[Ordner 01_Verankerte_Objekte]

1 Text in Pfade umwandeln

In Kapitel 5 haben wir dieses Thema bereits einmal behandelt, nun sehen wir uns eine alternative Realisierungsmöglichkeit an.

Öffnen Sie die Datei »Verankerte_Objekte.indd«, und wählen Sie in der Headline mit dem Text-Werkzeug T das Wort »Beagle« aus. Gehen Sie danach in das Menü SCHRIFT • IN PFADE UMWANDELN.

Der umgewandelte Text wird jetzt wie eine eingebundene Grafik behandelt. Sehen wir uns einmal an, was man damit machen kann.

2 Text mit einem Bild füllen

Wählen Sie den Text mit dem Auswahl-Werkzeug aus, und platzieren Sie ein Bild in den Text. Ich habe mich für meinen schlafenden Beagle auf dem Balkon (»Dennis_Balkon.tif«) entschieden, Sie können aber auch Bilder aus Ihrer Sammlung einfügen.

Positionieren Sie das Bild optisch in der Grafik, und kopieren Sie danach das Wort bzw. die Grafik »Beagle« mit ⌘ bzw. Strg + C in die Zwischenablage. Fügen Sie die Grafik danach auf der Montagefläche über ⌘ bzw. Strg + V wieder ein.

3 Binden Sie eine Grafik in den Text ein

Sie können eine Grafik einfach in den Text einbinden, so dass diese im Text mitläuft.

Skalieren Sie die neue Grafik auf eine Höhe von ca. »3 mm«, und kopieren Sie sie über ⌘ bzw. Strg + C in die Zwischenablage.

Wählen Sie nun mit dem Text-Werkzeug T das Wort »Hund« in der ersten Zeile aus, und fügen Sie die Grafik über ⌘ bzw. Strg + V in die Markierung ein.

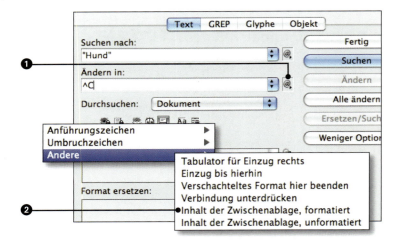

4 Benutzen Sie Suchen/Ersetzen

Mit SUCHEN/ERSETZEN ist es sogar möglich, mit Grafiken gefüllten Text einfügen zu lassen. Kopieren Sie dazu das Logo in die Zwischenablage. Öffnen Sie über BEARBEITEN • SUCHEN/ERSETZEN den Dialog, und geben Sie unter SUCHEN NACH »"Hund"« ein. Unter ÄNDERN IN klicken Sie auf die Schaltfläche ❶ und wählen unter ANDERE • INHALT DER ZWISCHENABLAGE, FORMATIERT ❷. Klicken Sie auf ALLE ÄNDERN. Die Textgrafik wird eingefügt. Wir werden sie am Ende des Workshops noch korrekt auf die Grundlinie bringen.

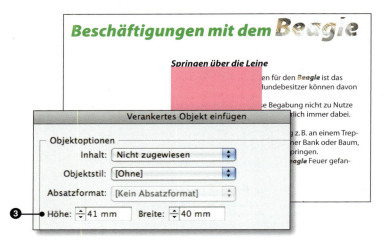

5 Verankerte Objekte einfügen

Eine gute Möglichkeit, Objekte mit einem Text zu verbinden, ist das Verankern. Dadurch haben Sie die Möglichkeit, ein Objekt auch außerhalb des Textrahmens mit dem Text mitlaufen zu lassen.

Stellen Sie Ihren Textcursor an den Beginn des ersten Absatzes, und gehen Sie in das Menü OBJEKT • VERANKERTES OBJEKT • EINFÜGEN. Im Dialog geben Sie unter HÖHE und BREITE ❸ die abgebildeten Werte ein. Vorsicht, bestätigen Sie diesen Schritt jetzt noch nicht.

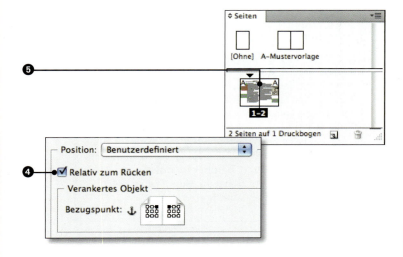

6 Was bedeutet »Relativ zum Rücken«?

Wenn Sie mit einem doppelseitigen Dokument arbeiten, muss sich die so genannte Marginalspalte auf der linken Seite links und auf der rechten Seite rechts befinden. Dies erreichen Sie, indem Sie im Dialog VERANKERTES OBJEKT EINFÜGEN die Option RELATIV ZUM RÜCKEN ❹ aktivieren.

Ab jetzt werden Ihre verankerten Objekte immer zum Buchrücken ❺ hin ausgerichtet, egal welche Änderungen am Text vorgenommen werden.

> **Tipp:** Setzen Sie bei Suchen/Ersetzen das zu ersetzende Wort in Anführungszeichen. So vermeiden Sie, dass z. B. »Hundebesitzer« auch geändert wird.

7 Position des verankerten Objekts

Sie können im Dialog VERANKERTES OBJEKT EINFÜGEN auch die Position für das Objekt festlegen. Die Position richtet sich immer nach dem eingefügten Sonderzeichen für VERANKERTES OBJEKT. Stellen Sie unter VERANKERTES OBJEKT den Bezugspunkt auf der linken Seite oben rechts ❻ ein. Die rechte Seite wird automatisch angepasst. Jetzt wird das Objekt an der oberen linken bzw. rechten Ecke den Einstellungen gemäß positioniert.

Ich habe übrigens das verankerte Objekt nur der Sichtbarkeit halber eingefärbt.

8 Verankerte Position

Hier können Sie das verankerte Objekt verschieben.

Stellen Sie unter X RELATIV ZU • TEXTRAHMEN und einen Wert von »4 mm« ❼ ein, damit sich das Objekt am Spaltenrahmen ausrichtet. Unter Y RELATIV ZU stellen Sie ein, wie das Objekt mit dem Text verankert werden soll. Wir möchten uns auf die Zeile beziehen. Geben Sie den Wert »–3 mm« ein, damit sich das Objekt an die Oberkante des Absatzes anpasst. Bestätigen Sie den Dialog jetzt mit OK.

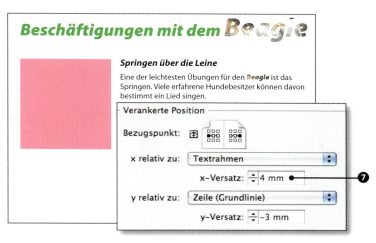

9 Verwenden Sie einen Objektstil

Wir haben in unserem Beispiel jedoch mehrere verankerte Objekte zu verteilen. Darum sollten Sie das verankerte Objekt über die Objektstile-Palette einrichten, um die Einstellungen speichern und wiederverwenden zu können. Erstellen Sie also über das Palettenmenü der Objektstile-Palette einen Objektstil mit der Flächenfarbe »Grün«. Im Fenster ALLGEMEINE OPTIONEN FÜR TEXTRAHMEN legen Sie einen VERSATZABSTAND von je »3 mm« in alle Richtungen an. Unter VERTIKALE AUSRICHTUNG stellen Sie OBEN ein.

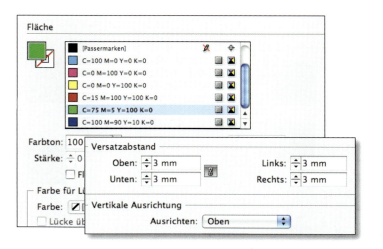

Kapitel 10 | Lange Dokumente **307**

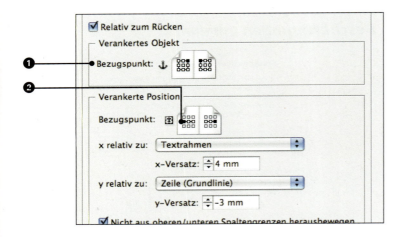

10 Das verankerte Objekt im Objektstil

Im Fenster OPTIONEN FÜR VERANKERTES OBJEKT der Objektstiloptionen aktivieren Sie die Option RELATIV ZUM RÜCKEN und stellen den Bezugspunkt für VERANKERTES OBJEKT auf oben links bzw. rechts ❶.

Unter VERANKERTE POSITION stellen Sie den Bezugspunkt auf die äußere Mitte ❷. Geben Sie unter X-VERSATZ den Wert »4 mm« und bei Y-VERSATZ »–3 mm« ein.

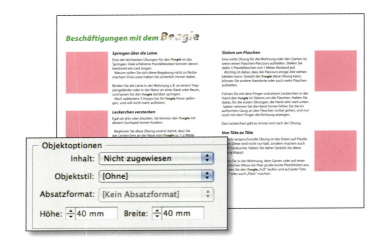

11 Verankerte Objekte erstellen

Um in unserem Beispiel weitere Tipps in der Marginalspalte anzulegen, gehen Sie wieder in das Fenster OBJEKT • VERANKERTES OBJEKT • EINFÜGEN. Fügen Sie zwei Tipps in die Spalte neben den nächsten zwei Überschriften ein, und verankern Sie diese jeweils am Anfang des ersten Absatzes. Bei der letzen Übung fügen Sie das verankerte Objekt im zweiten Absatz ein. Leider müssen Sie jedem neuen Kasten manuell die richtige Größe zuweisen. Stellen Sie dafür für HÖHE und BREITE jeweils den Wert »40 mm« ein.

12 Den Objektstil anwenden

Wählen Sie mit dem Auswahl-Werkzeug und gedrückter ⇧-Taste alle verankerten Objekte aus, und wenden Sie den Objektstil an, indem Sie in der Objektstile-Palette auf den neuen Objektstil klicken.

Meiner hat einen Namen, und Ihrer?

13 Die Objekte mit Inhalt füllen

Damit die Kästen auch mit Leben gefüllt werden können, habe ich Ihnen auf der Montagefläche Einiges vorbereitet. Wählen Sie mit dem Text-Werkzeug [T] den dort liegenden Text aus, und setzen Sie ihn in das entsprechende verankerte Objekt ein.

Danach wählen Sie das Bild mit dem Auswahl-Werkzeug aus und kopieren es. Über BEARBEITEN • IN DIE AUSWAHL EINFÜGEN oder [⌥]+[⌘] bzw. [Strg]+[V] fügen Sie es in den Rahmen ein.

14 Das Projekt fertigstellen

Ziehen Sie die Rahmen der verankerten Objekte jetzt mit dem Auswahl-Werkzeug auf eine passende Größe, bzw. verringern Sie ihre Höhe.

Wie versprochen wollen wir ja noch die Textgrafik auf die Grundlinie bringen. Sie verschieben den Text mit der eingefügten Grafik, indem Sie ihn jeweils mit dem Auswahl-Werkzeug markieren und mit der Pfeiltaste nach unten an die Grundlinie der Schrift ❸ schieben.

15 Wozu die ganze Arbeit?

Diese Frage ist berechtigt. Die Antwort ist überzeugend: Sie sparen mit beiden Funktionen bei Textänderungen unglaublich viel Zeit. Ändern Sie doch einmal den Text, z. B. unter »Leckerchen verstecken«. Ich habe meine Änderung rot markiert. Achten Sie jedoch darauf, dass Sie die Textgrafik ❹ nicht auch auswählen, denn diese läuft jetzt mit dem Text mit. Oder fügen Sie vor die Zeile »Leckerchen verstecken« zwei Leerzeilen ❺ ein: Sie werden sehen, dass der Kasten in der Marginalspalte mitläuft.

Kapitel 10 | Lange Dokumente **309**

Arbeiten mit Mustervorlagen

Benutzen Sie die automatische Seitenzählung.

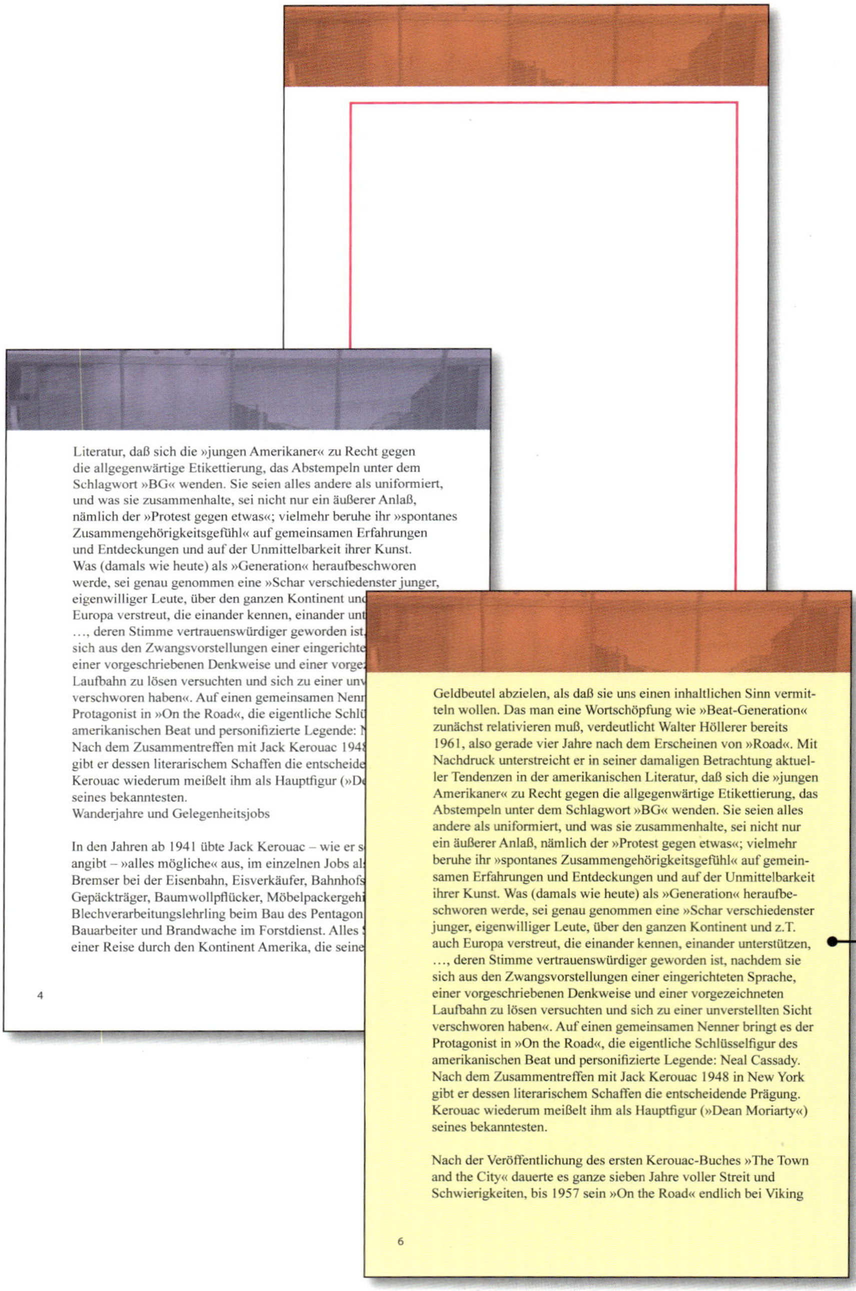

Mustervorlagen sind eine sehr praktische Erfindung, denn jedes Element, das Sie auf einer Mustervorlage einfügen, erscheint identisch auf allen weiteren Seiten des Dokuments, die auf der Vorlage beruhen.

In diesem Workshop zeige ich Ihnen, wie Sie mit Mustervorlagen arbeiten und hierarchische Mustervorlagen erstellen und anwenden. Doch damit nicht genug: Ich zeige Ihnen auch, wie Sie schnell eine große Textmenge einfließen lassen können.

Zielsetzungen:

Mustervorlagen erstellen
Hierarchie anlegen
Text einfließen lassen
[Ordner 02_Mustervorlagen]

▶ **Video-Training**

Alles zu den Mustervorlagen auch in der Video_Lektion 2.2 auf der Buch-DVD.

1 Was sind Mustervorlagen?

Mustervorlagen sind eine wichtige Funktion von InDesign: Auf Mustervorlagen platzieren Sie Grafiken, Bilder, Texte oder Logos, die auf mehreren Seiten passgenau dargestellt werden sollen. Automatische Seitenzahlen (Pagina) können sogar nur auf einer Mustervorlage erstellt, eingerichtet und bearbeitet werden.

Mustervorlagen werden meistens in langen Dokumenten wie z. B. Büchern eingesetzt.

2 Neue Mustervorlagen erstellen

Öffnen Sie die Datei »Mustervorlage.indd«, und gehen Sie in die Seiten-Palette. Wundern Sie sich nicht: Die Beispieldatei enthält nur eine leere Seite.

Im Palettenmenü wählen Sie NEUE MUSTERVORLAGE. Erstellen Sie über diesen Weg drei verschiedene Mustervorlagen, und geben Sie jeder von ihnen einen informativen Namen ❶, z. B. »B-Seitenzahlen«, »C-Kopf« und »D-Inhalt«.

3 Die Mustervorlagen einrichten

Richten Sie zunächst die Hilfslinien für die Mustervorlage »Seitenzahlen« ein, indem Sie an den Positionen »10 mm« (vertikal) und »200 mm« (horizontal) Hilfslinien erstellen. Auf der rechten Seite lassen Sie die vertikale Hilfslinie an der Position »135 mm« (bzw. 280 mm) fallen. Ziehen Sie auf jeder Seite einen Textrahmen auf, und fügen Sie in ihn über SCHRIFT • SONDERZEICHEN EINFÜGEN • MARKEN • AKTUELLE SEITENZAHL ❷ einen Seitenzahlenplatzhalter ein.

Tipp: In der Mustervorlage wird die Seitenzahl mit dem jeweiligen Präfix (= Platzhalter) angezeigt, hier hat die Mustervorlage »Seitenzahl« das Präfix »B«.

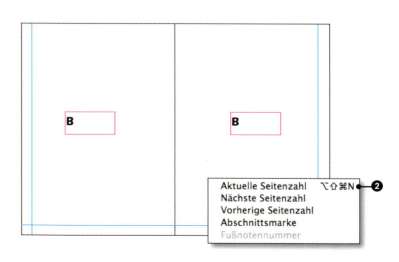

Kapitel 10 | Lange Dokumente

4 Formatieren Sie die Seitenzahl

Sie können die Seitenzahl wie jeden anderen Textrahmen formatieren. Wählen Sie dafür das Sonderzeichen auf der rechten Seite mit dem Text-Werkzeug [T] aus, und richten Sie es über die Absatz-Palette rechtsbündig aus.

Positionieren Sie anschließend beide Seitenzahlen an die Hilfslinien, so dass sich die Schriftunterkante an der unteren Hilfslinie befindet. Für die Schriftart lasse ich Ihnen freie Hand, doch sollten Sie die Schriftgröße auf maximal »10 pt« einstellen.

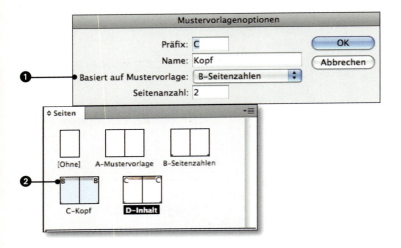

5 Die Mustervorlage »Kopf« einrichten

Wählen Sie mit gedrückter [⇧]-Taste die beiden Seiten der Mustervorlage »Kopf« aus, und ziehen Sie von oben links einen farbigen Rahmen in den Maßen »290 x 25 mm« auf.

Gehen Sie danach in das Palettenmenü der Seiten-Palette und wählen dort MUSTERVORLAGENOPTIONEN FÜR »C-KOPF« aus. Hier stellen Sie unter BASIERT AUF MUSTERVORLAGE ❶ »B-Seitenzahlen« ein.

Auf den Mustervorlagenseiten können Sie über das Präfix ❷ ablesen, auf welcher Mustervorlage diese basiert.

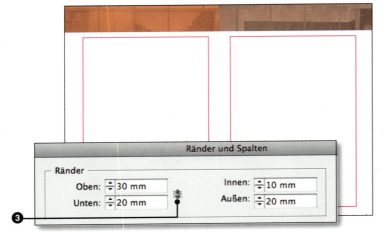

6 Die Mustervorlage »Inhalt« einrichten

Wählen Sie mit gedrückter [⇧]-Taste die beiden Seiten der Mustervorlage »Inhalt« aus, und gehen Sie in das Menü LAYOUT • RÄNDER UND SPALTEN. Geben Sie für die Ränder die nebenstehenden Werte ein. Achten Sie darauf, dass die Kette ❸ geöffnet ist, ansonsten haben Sie alle Ränder auf »30 mm« eingestellt.

Lassen Sie danach diese Mustervorlage über die Mustervorlagenoptionen für »D-Inhalt« auf der Mustervorlage »C-Kopf« basieren.

Tipp: Mustervorlagen unterscheiden sich kaum von Layoutseiten. Sie können auch Bilder auf der Mustervorlage platzieren. Ich habe zur Veranschaulichung im Kopf das Bild »Fassade.tif« platziert.

7 Text einfließen lassen

Doppelklicken Sie im Bereich der Mustervorlagen auf »D-Inhalt«, und ziehen Sie diese Doppelseite in die eigentliche Seiten-Palette, um auf der Mustervorlage basierende Seiten anzulegen. Gehen Sie dann auf Seite 2, und platzieren Sie den Text »Mustertext.doc« in Ihr Dokument. Sobald der Text am Cursor angezeigt wird, halten Sie die ⇧-Taste gedrückt, und klicken Sie erst dann an den oberen linken Rand. Und schon hat InDesign Ihnen so viele Seiten wie nötig angelegt und den Text an den Rändern ausgerichtet.

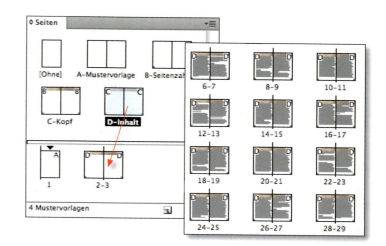

8 Ein Mustervorlagenobjekt ändern

Mustervorlagenobjekte sind auf den jeweiligen Seiten generell vor Zugriffen gesperrt. Sollten Sie aber einmal ein einzelnes Objekte der Mustervorlage für eine Seite ändern wollen, können Sie entweder die Mustervorlage ändern, oder Sie benutzen das Tastenkürzel ⌘ / Strg + ⇧ + Klick. Jetzt lässt sich das Objekt ändern.

Wählen Sie auf diese Art den farbigen Balken auf einer Seite aus, und ändern Sie die Farbe.

9 Die Seiten und die Ebenen

Mustervorlagenobjekte liegen in einem Dokument immer unter den Seitenobjekten. Möchten Sie aber auf einer Seite einen Fond einfügen, der über Mustervorlagenobjekte ragen soll, stehen Sie vor einem Problem.

Errichten Sie in diesem Fall eine neue Ebene, und ziehen Sie diese nach unten. Hier können Sie nun den gewünschten Hintergrund erstellen.

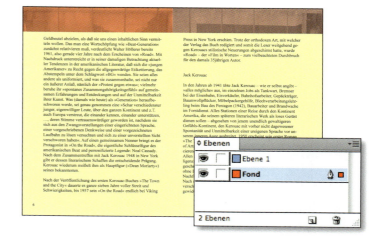

Tipp: Verändern Sie einzelne Mustervorlagenobjekte, dann haben diese keine Verbindung mehr zur Mustervorlage.

Fußnoten einsetzen

So gestalten Sie korrekte Verweise.

Das Einfügen von Fußnoten ist in InDesign ein Kinderspiel: ein rechter Mausklick, und die Fußnote ist da. Ich zeige Ihnen in diesem Workshop, wie Sie Fußnoten einsetzen und formatieren.

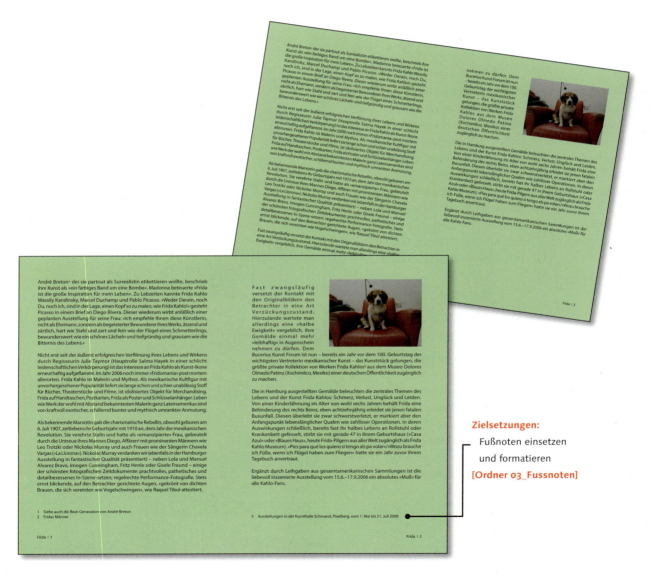

Zielsetzungen:

Fußnoten einsetzen und formatieren

[Ordner 03_Fussnoten]

1 Erstellen Sie Fußnoten

Öffnen Sie die Datei »Fussnoten.indd«.

Wählen Sie das Text-Werkzeug `T` aus, und lassen Sie den Textcursor an der Stelle im Text blinken, an der die Fußnote eingesetzt werden soll. Rufen Sie das Kontextmenü über die rechte Maustaste oder die `Ctrl`-Taste auf. Dort wählen Sie die Option FUSSNOTE EINFÜGEN ❶.

Erstellen Sie so drei Fußnoten, wobei Sie auch auf Seite 2 eine Fußnote anlegen.

2 Geben Sie den Fußnotentext ein

Haben Sie eine Fußnote eingefügt, springt InDesign sofort an das untere Ende des Textrahmens. Es wird automatisch eine Linie und eine Ziffer mit einem Tabulator gesetzt.

Geben Sie hinter dem Tabulator den gewünschten Text ein. Dies kann ein Querverweis auf andere Seiten im Buch sein oder ein Verweis auf andere Bücher.

3 Die Absatz- und Zeichenformate

Damit Sie später den Fußnotenverweis und die Fußnote formatieren können, erstellen Sie ein Absatzformat für die Fußnote ❷ und ein Zeichenformat für die Ziffer ❸, wie in den Abbildungen links gezeigt.

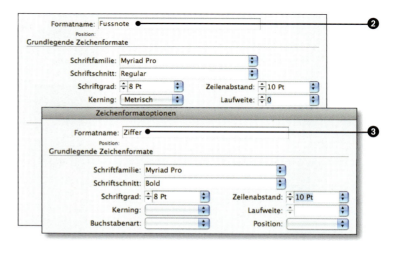

Kapitel 10 | Lange Dokumente **315**

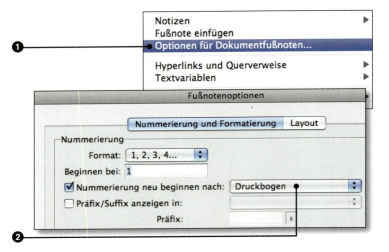

4 Richten Sie die Nummerierung ein

Öffnen Sie über Schrift • Optionen für Dokumentfussnoten ❶ den Dialog Fussnotenoptionen. In der Rubrik Nummerierung und Formatierung können Sie das Format einstellen und z. B. auch eine alphabetische Nummerierung auswählen.

Aktivieren Sie Nummerierung neu beginnen nach, und wählen Sie im Popup-Fenster Druckbogen ❷. Dadurch erreichen Sie, dass bei Doppelseiten eine durchgehende Nummerierung angewendet wird und nicht jede Seite wieder mit der Ziffer 1 beginnt.

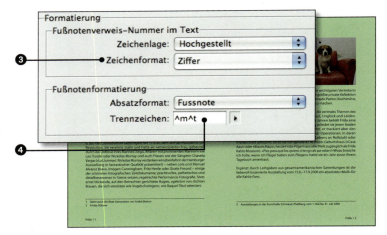

5 Formatieren Sie die Fußnoten

Unter Fussnotenverweis-Nummer im Text wählen Sie das von Ihnen erstellte Zeichenformat »Ziffer« ❸ aus. Für die Zeichenlage können Sie neben Hochgestellt auch Tiefgestellt auswählen. Für die Fussnotenformatierung wählen Sie das von Ihnen erstellte Absatzformat »Fußnote« und als Trennzeichen ❹ das »Geviert« aus dem Popup-Menü. Sollten im Eingabefenster unter Trennzeichen mehr Zeichen als in der Abbildung zu sehen sein, entfernen Sie alle Zeichen und setzen nochmals das Geviert-Zeichen ein.

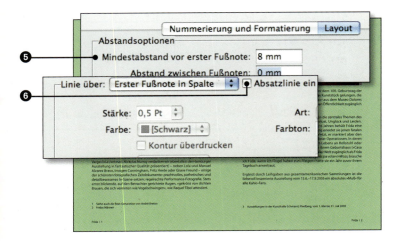

6 Bearbeiten Sie das Layout

Gehen Sie in das Fenster Layout, und geben Sie unter Abstandsoptionen • Mindestabstand vor erster Fussnote ❺ einen Abstand von »8 mm« ein.

Da wir vor der ersten Fußnote einen deutlichen Abstand eingesetzt haben, können wir auf eine Linie über verzichten. Gehen Sie dafür in das Fenster Layout, und deaktivieren Sie Absatzlinie ein ❻.

Eine Bibliothek einrichten

Für häufig verwendete Objekte ist dieses Tool sehr nützlich.

Die Bibliothek ist eine eigenständige Objektdatenbank, in der Sie nicht nur einzelne Objekte ablegen können. Es ist sogar möglich, ganze Seiten inklusive Formatierung in der Bibliothek zu speichern. In diesem Workshop zeige ich Ihnen, wie Sie sich das Leben erleichtern, indem Sie eine Bibliothek erstellen.

Außerdem werden Sie sehen, was ein Snippet ist und wie Sie es anwenden.

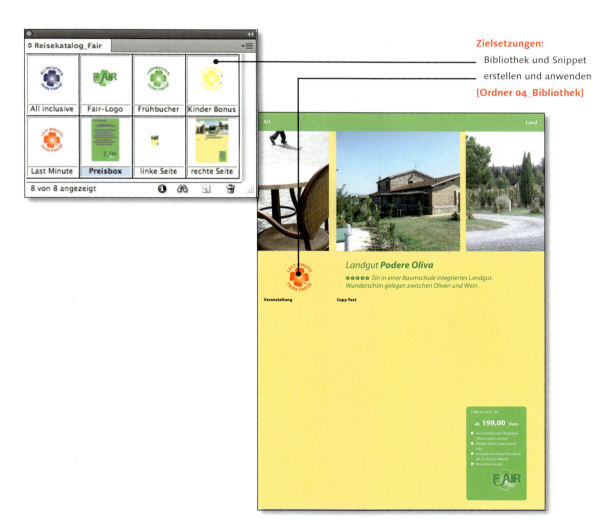

Zielsetzungen:
Bibliothek und Snippet erstellen und anwenden
[Ordner 04_Bibliothek]

Kapitel 10 | Lange Dokumente

1 Erstellen Sie eine Bibliothek

Um eine Bibliothek anzulegen, gehen Sie in das Menü Datei • Neu • Bibliothek. Es öffnet sich der Dialog Neue Bibliothek. Geben Sie ihr einen aussagekräftigen Namen, und speichern Sie die Bibliothek dort, wo Sie sie auch schnell wiederfinden, z. B. im Ordner des Kunden. Sobald Sie mit Sichern die Bibliothek gespeichert haben, erscheint die Bibliothek-Palette, die allerdings noch leer ist. Eine Bibliothek lebt aber durch Ihre Vorlagen, daher füttern wir sie nun. Öffnen Sie dafür die Datei »Bibliothek.indd«.

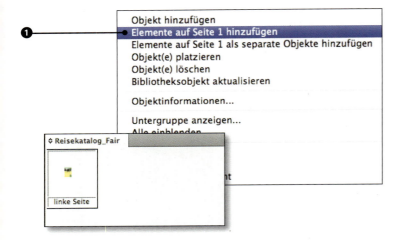

2 Erstellen Sie Bibliotheksobjekte

Wählen Sie alle Objekte auf Seite 1 mit dem Auswahl-Werkzeug aus, indem Sie es mit gedrückter Maustaste von außen über die Seite ziehen. Gehen Sie in das Palettenmenü der Bibliothek-Palette. Dort klicken Sie auf Elemente auf Seite 1 hinzufügen ❶.

Der Vorteil dieser Funktion ist, dass alle Elemente inklusive aller Hilfslinien an ihrer Originalposition in die Bibliothek übernommen und später auch eingefügt werden. Voraussetzung für das korrekte Einfügen ist, dass das gleiche Dokumentformat vorliegt.

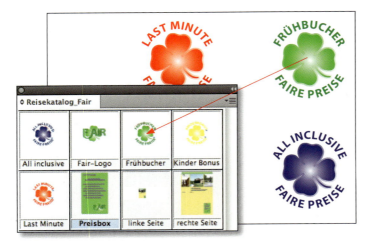

3 Füttern Sie die Bibliothek

Wählen Sie alle Objekte auf Seite 2 auf die gleiche Art wie in Schritt 2 aus, ziehen Sie diese nun aber in die Bibliothek-Palette. So werden die Hilfslinien nicht berücksichtigt, weshalb diese Seite auch deutlich größer in der Palette angezeigt wird.

Anschließend gehen Sie auf Seite 3 der Beispieldatei. Dort habe ich für Sie einige Objekte angelegt. Wählen Sie hier nacheinander die Störer, das Logo und die Preisbox aus, und ziehen Sie jedes in die Bibliothek.

Tipp: Sollte Ihnen die Schrift »Wingdings« fehlen, dann ersetzen Sie sie durch eine Ihrer Schriften.

4 Wenden Sie Bibliotheksobjekte an

Ich habe für Sie in der Beispieldatei eine leere Doppelseite (Seite 4) erstellt, auf die wir nun unsere Bibliotheksobjekte einfügen wollen.

Wählen Sie dazu in der Bibliothek-Palette die Miniatur »linke Seite« aus und danach im Palettenmenü OBJEKT(E) PLATZIEREN ❷. Die Seite wird an der Originalposition eingefügt. Alternativ lassen sich Objekte auch durch Drag & Drop auf eine Seite ziehen. Versuchen Sie das einmal anhand eines Störers. Alle Objekte bleiben übrigens bearbeitbar.

5 Was ist ein Snippet?

Ein Snippet ist eine Datei, die Objekte und deren Position auf einer Seite beschreibt. Auch hier bleiben alle Objekte bearbeitbar, doch auch hier ist die Voraussetzung, dass die Dokumentgröße von Originaldatei und erstellter Datei identisch ist.

Nachteilig gegenüber der Bibliothek ist, dass Sie für die Snippets besser einen Ordner anlegen sollten, und dass Sie Snippets immer wieder neu platzieren müssen, wenn die Ursprungsdatei geändert wird.

6 Snippet erstellen und einsetzen

Die Erstellung eines Snippets ist einfach. Wählen Sie mit dem Auswahl-Werkzeug die Objekte auf Seite 1 aus, und gehen Sie in das Menü DATEI • EXPORTIEREN. Wählen Sie hier einen Ordner aus und anschließend unter FORMAT »InDesign-Snippet« ❸.

Gehen Sie nun auf Seite 4 in unserem Dokument, und platzieren Sie das erstellte Snippet auf der Seite.

Tipp: Bibliotheken müssen nicht gespeichert werden. Alles, was Sie dort abgelegt haben, bleibt bis zum Löschen in der Bibliothek.

Die Buchfunktion verwenden

Hier setzen Sie zusammen, was zusammengehört.

Erstellen Sie Dokumente mit mehr als 100 Seiten und vielen Bildern, kann die Arbeit über die Seiten-Palette sehr mühsam sein und das Speichern oder Öffnen einige Zeit in Anspruch nehmen. Über die Buchfunktion von InDesign können Sie Kapitel zusammensetzen und es können mehrere Mitarbeiter an einem Buch arbeiten – das ist wirklich ein großer Vorteil.

Zielsetzungen:
Buch erstellen, synchronisieren und automatische Seitenzahl für das Buch angeben

[Ordner 05_Buch]

1 Erstellen Sie ein Buch

Ich gebe zu, die Bezeichnung ist etwas überzogen, doch Adobe nennt diese Funktion so.

Gehen Sie in das Menü DATEI • NEU • BUCH. Sie werden sofort aufgefordert, anzugeben, wo Ihre Buch-Datei gespeichert werden soll. Ich habe den Übungsordner gewählt, Sie können aber jeden beliebigen Ordner verwenden. Speichern Sie die Buch-Datei also ab.

Haben Sie die Buch-Datei gespeichert, erhalten Sie eine neue Palette: die Buch-Palette. Sie müssen dafür noch nicht einmal ein Dokument geöffnet haben.

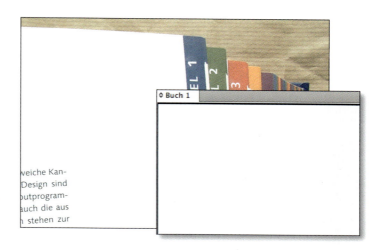

2 Bestücken Sie das Buch

Gehen Sie im Palettenmenü der Buch-Palette auf DOKUMENT HINZUFÜGEN, oder klicken Sie auf das Pluszeichen ❶ unten in der Palette. Wählen Sie dann nach und nach die Dokumente aus.

Markieren Sie aus dem Übungsordner 05_BUCH die Dokumente »Kapitel_01.indd« bis »Kapitel_05.indd« mit gedrückter ⇧-Taste, und bestätigen Sie den Dialog. Die Dokumente werden jetzt alle in die Buch-Datei geladen.

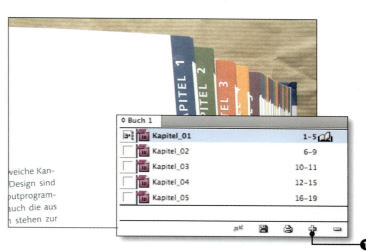

3 Die Buch-Palette

Das Icon ❷ neben einem Dokument gibt die FORMATQUELLE an. Sie ist die Basis für alle Farbfelder, Absatz- und Zeichenformate im gesamten Buch. Durch Klick auf das Symbol FORMATE UND FARBFELDER MIT FORMATQUELLE SYNCHRONISIEREN ❸ wird die Formatquelle auf alle Dokumente angewandt.

Doppelklicken Sie auf ein Dokument in der Buch-Palette, dann können Sie es öffnen. Neben dem Dokument erscheint in diesem Fall das Buchsymbol ❹.

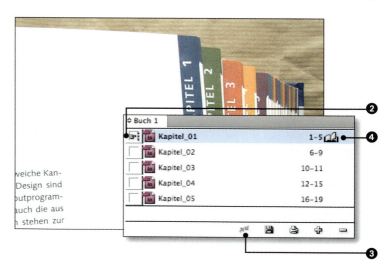

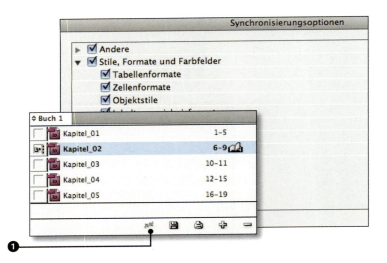

4 Das Buch synchronisieren

Wählen Sie »Kapitel_02« in der Buch-Palette als Formatquelle aus, indem Sie links neben den Dokumentnamen klicken.

Über das Palettenmenü öffnen Sie die Synchronisierungsoptionen. Hier können Sie festlegen, welche Einstellungen Sie aus der Formatquelle übernehmen möchten. Haben Sie eine Auswahl getroffen, bestätigen Sie mit OK. Klicken Sie anschließend auf die Schaltfläche FORMATE UND FARBFELDER MIT FORMATQUELLE SYNCHRONISIEREN ❶.

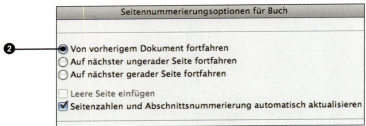

5 Die automatische Paginierung

Haben Sie auf der Mustervorlage eine automatische Seitenzahl eingesetzt, können Sie alle Dokumente durchnummerieren.

Gehen Sie in das Palettenmenü, und öffnen Sie SEITENNUMMERIERUNGSOPTIONEN FÜR BUCH. Wählen Sie im Dialog VON VORHERIGEM DOKUMENT FORTFAHREN ❷.

Wählen Sie anschließend im Palettenmenü die Option NUMMERIERUNG AKTUALISIEREN • SEITENZAHLEN UND ABSCHNITTSNUMMERIERUNG AKTUALISIEREN aus.

6 Wenn es nicht geklappt hat

Haben Sie in einem Dokument über LAYOUT • NUMMERIERUNGS- & ABSCHNITTSOPTIONEN bestimmt, dass die Seitennummerierung z. B. bei Seite 24 beginnen soll, wird die Paginierung in diesem Dokument nicht fortgeführt.

Öffnen Sie dafür in der Buch-Palette das Dokument per Doppelklick, und wählen Sie über das Palettenmenü NUMMERIERUNGSOPTIONEN FÜR DOKUMENT. Aktivieren Sie die Option AUTOMATISCHE SEITENNUMMERIERUNG ❸.

7 Das Buch speichern

Wie jedes Dokument auch müssen Sie ein Buchdokument speichern. Das ist jedoch nicht über das Menü DATEI • SPEICHERN oder über ⌘/Strg+S möglich.

Daher hat Adobe die Schaltfläche BUCH SPEICHERN ❹ in der Buch-Palette geschaffen. Klicken Sie darauf, oder wählen Sie im Palettenmenü BUCH SPEICHERN.

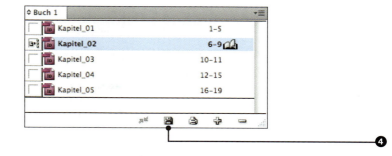

8 Ausgewählte Dokumente drucken

Wollen Sie nur einige Kapitel eines Buchs drucken, beispielsweise »Kapitel_01«, »Kapitel_02« und »Kapitel_05«, so wählen Sie diese mit gedrückter ⌘/Strg-Taste aus. Gehen Sie anschließend in das Palettenmenü, und wählen Sie AUSGEWÄHLTE DOKUMENTE DRUCKEN ❺.

Klicken Sie jedoch auf die Schaltfläche BUCH DRUCKEN unten in der Buch-Palette, wird das gesamte Buch ausgedruckt.

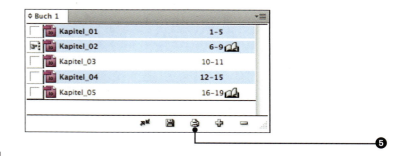

9 Das Buch in PDF exportieren

Sie können auch ausgewählte Dokumente des Buchs in ein PDF exportieren.

Heben Sie die Auswahl in der Buch-Palette auf, indem Sie unten auf die graue, leere Fläche klicken. Gehen Sie anschließend in das Palettenmenü, und klicken Sie auf BUCH IN PDF EXPORTIEREN. Den Dialog zum PDF-Export beschreibe ich in Kapitel 11 näher.

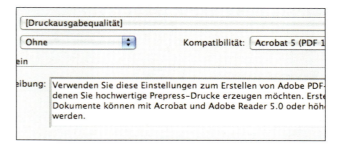

Kapitel 10 | Lange Dokumente **323**

Einen Index erstellen

Gönnen Sie dem Leser das schnelle Finden.

Allen Ginsberg
Denver
Dollar Europa
Beat-Generation
John Columbia
New York
Kerouac

Allen Ginsberg 6
Beat-Generation 243
Columbia 32
Denver 148
Dollar 48
Europa 87
John 68
Kerouac 303
New York 179

Ein Index ist zwar relativ einfach zu erstellen, bedarf jedoch einer sorgfältigen Planung für die Verweise. Daher ist es anzuraten, einen Index immer nach der Fertigstellung der Dokumente als Ganzes zu erstellen.

Lernen Sie in diesem Kapitel den Index kennen, und wenden Sie dabei die Absatzformate an. Eines kann ich bereits verraten: Indexerstellung ist reine Fleißarbeit.

Zielsetzungen:
Indexeintrag erstellen
Index erstellen
[Ordner 06_Index]

Idee: Andrea Forst

1   Erstellen Sie die Textrahmen
Öffnen Sie die Datei »Index.indd«. Ziehen Sie auf den Seiten 1 und 2 mit dem Text-Werkzeug [T] je einen Textrahmen auf. Richten Sie sich bei der Größe nach den Rändern, die ich bereits angelegt habe.

Wählen Sie anschließend mit dem Auswahl-Werkzeug beide Textrahmen aus, und gehen Sie auf OBJEKT • TEXTRAHMENOPTIONEN. Stellen Sie im Dialog unter SPALTEN die ANZAHL »2« und für den STEG »4 mm« ein. Speichern Sie dann das Dokument.

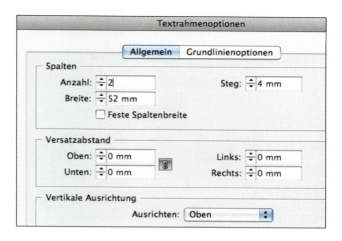

2   Fügen Sie die Seiten in Ihr Buch ein
Nachdem Sie das Dokument gespeichert haben, öffnen Sie die Buch-Datei »06_Index.indb« aus dem Übungsordner. Fügen Sie anschließend das Index-Dokument in die Buch-Datei ein, indem Sie im Palettenmenü auf DOKUMENT HINZUFÜGEN klicken.

Ob sich das neue Dokument im gleichen Ordner befindet, spielt dabei keine Rolle. Sie können aus jedem beliebigen Ordner Dokumente in eine Buch-Datei einfügen.

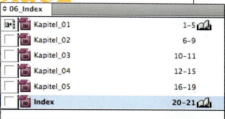

3   Erstellen Sie einen Seitenverweis
Wir bleiben in der Buch-Datei, da wir mit diesen Dateien einen Index erstellen möchten. Doppelklicken Sie auf »Kapitel_01«, und öffnen Sie dadurch dieses Dokument.

Wählen Sie auf Seite 2 das Wort »Veröffentlichung« mit dem Text-Werkzeug [T] aus (ich habe es in der Abbildung rot markiert), und geben Sie das Kürzel ⌘ bzw. Strg + 7 ein. Dadurch öffnen Sie auf schnellstem Weg den Dialog NEUER SEITENVERWEIS.

Nach der Veröffentlichung des ersten Kerouac-Buches »The Town and the City« dauerte es ganze sieben Jahre voller Streit und Schwierigkeiten, bis 1957 sein »On the Road« endlich bei Viking Press in New York erschien. Trotz der orthodoxen Art, mit welcher der Verlag das Buch redigiert und somit die Leser weitgehend gegen Kerouacs stilistische Neuerungen abgeschirmt hatte, wurde »Road« – der »Film in Worten« – zum vielbeachteten Durchbruch für den damals 35jährigen Autor.

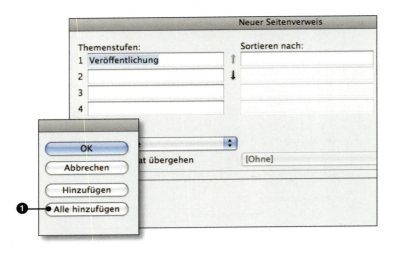

4 Der Seitenverweis-Dialog

InDesign fügt das ausgewählte Wort automatisch auf der ersten Ebene (Themenstufe) ein und legt es nach der Bestätigung des Dialogs im alphabetischen Verzeichnis ab.

Beachten Sie: Wenn Sie auf die Schaltfläche ALLE HINZUFÜGEN ❶ klicken, werden alle Worte der gleichen Schreibweise in den Index aufgenommen. Das hat allerdings zur Folge, dass der Index schnell unübersichtlich wird. Ich rate Ihnen, die Einträge manuell auszuwählen, denn so erleichtern Sie Ihrem Leser das Finden der wichtigen Stellen.

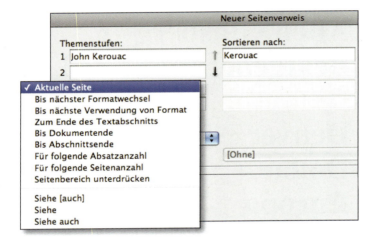

5 Was bietet der Dialog noch?

Erstellen Sie z. B. einen Verweis für »John Kerouac«, so wird dieser Eintrag unter dem Buchstaben »J« erfolgen. Geben Sie jedoch unter SORTIEREN NACH das Wort »Kerouac« ein, werden alle Verweise, die dieses Wort enthalten, unter dem Buchstaben »K« aufgelistet.

Standardmäßig wird ein Indexverweis auf die aktuelle Seite bezogen. Unter ART können Sie jedoch auch Querverweise erstellen, die auf andere Indexeinträge verlinken.

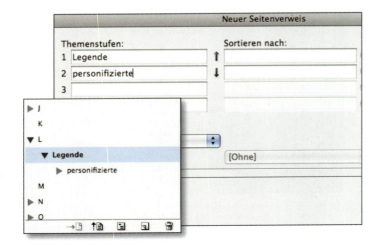

6 Mehrstufige Indexeinträge erstellen

Mit Hilfe der nebenstehenden Abbildungen möchte ich Ihnen die Funktionsweise der Themenstufen verdeutlichen.

Ein Eintrag, der unter THEMENSTUFEN bei 1 einfügt wird, entspricht der ersten Ebene, ein Eintrag, der unter 2 eingefügt wird, entspricht natürlich der zweiten Ebene. Er wird automatisch nach rechts eingerückt.

Tipp: Benutzen Sie nicht mehr als zwei Themenstufen, sonst wird Ihr Index unübersichtlich.

7 Ohne Absatzformate geht es nicht

Ich erspare Ihnen hier das Anlegen der Absatzformate, doch sollten Sie daran denken, dass für einen Index immer auch sinnvolle Absatzformate erstellt werden müssen.

Sie benötigen stets ein Absatzformat für den Indextitel, eines für die Abschnittsüberschrift und eines für die Verweise.

Haben Sie kein Absatzformat angelegt, wird der Index in der Standard-Schrift Ihres Computers erstellt.

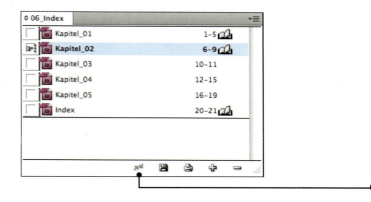

8 Synchronisieren Sie die Dokumente

Damit Sie alle Einstellungen aus der Formatquelle, also »Kapitel_02«, auch im Index-Dokument haben, müssen Sie die Buch-Datei synchronisieren. Dabei darf die Formatquelle selbst nicht ausgewählt sein. Klicken Sie dafür auf die Schaltfläche FORMATE UND FARBFELDER MIT FORMATQUELLE SYNCHRONISIEREN ❷.

9 Generieren Sie den Index

Haben Sie ein Dokument aus der Buch-Palette geöffnet, können Sie einen Index aus allen Dokumenten erstellen lassen. Wählen Sie dafür oben in der Index-Palette die Option BUCH ❸ aus.

Gehen Sie anschließend im Palettenmenü auf INDEX GENERIEREN, oder klicken Sie auf die Schaltfläche INDEX GENERIEREN ❹ unten in der Index-Palette. Es öffnet sich der sehr umfangreiche Dialog INDEX GENERIEREN.

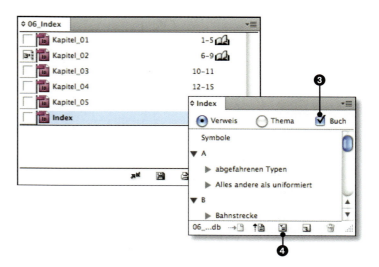

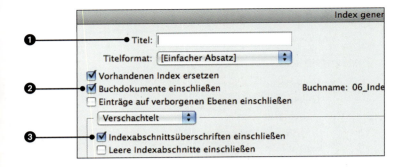

10 Der Dialog »Index generieren«

Den Titel ❶ (d. h. die Überschrift, die später Ihrem Index vorangestellt wird) können Sie in diesem Beispiel löschen, da diese bereits am Seitenrand vorhanden ist.

Aktivieren Sie, wenn Sie mit einer Buch-Datei arbeiten, in jedem Fall die Option Buchdokumente einschliessen ❷. Ganz wichtig ist, dass Sie die Option Indexabschnittsüberschriften einschliessen ❸ aktivieren, denn dadurch erhalten Sie die Buchstaben von A bis Z als Überschriften eingetragen.

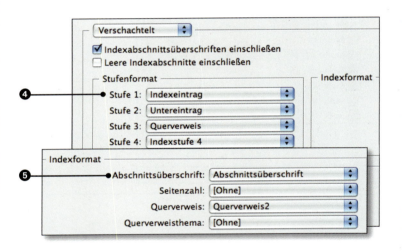

11 Die Formate für den Index

Auch ein Index muss formatiert werden. Ich habe die benötigten Absatzformate bereits erstellt. Unter Stufe 1 ❹ wählen Sie das Absatzformat »Indexeintrag« aus. Für die Stufen 2 und 3 wählen Sie die Absatzformate wie in der Abbildung gezeigt aus.

Unter Indexformat wählen Sie für die Abschnittsüberschrift ❺ das Absatzformat »Abschnittsüberschrift« aus und belassen die weiteren Einstellungen, wie sie sind. Wir brauchen sie in unserem Beispiel nicht. Bestätigen Sie den Dialog jetzt mit OK.

12 Laden Sie den Index

Nachdem Sie den Dialog bestätigt haben, gehen Sie in die Buch-Palette und doppelklicken auf das Dokument »Index«.

Wählen Sie den von Ihnen erstellten Textrahmen mit dem Auswahl-Werkzeug aus, und fügen Sie den Text, der an Ihrem Cursor hängt, in den Textrahmen ein.

Tipp: Geben Sie in jedem Fall dem Index einen Titel, wenn Sie keine gesonderte Überschrift haben. Erstellen Sie sich dafür aber auch ein Absatzformat.

13 Einen Eintrag ändern

Nachdem Sie den Index in den Textrahmen eingefügt haben, möchten Sie sicherlich den einen oder anderen Eintrag noch nachträglich ändern. Wählen Sie in der Index-Palette den Eintrag »Horace Mann School for Boys« aus, und doppelklicken Sie auf die Seitenzahl ❻.

Es öffnen sich die SEITENVERWEISOPTIONEN. Löschen Sie in der ersten Themenstufe die Worte »School for Boys« heraus, und fügen Sie sie in die zweiten Themenstufe wieder ein. So haben Sie aus einem einstufigen Eintrag einen zweistufigen gemacht.

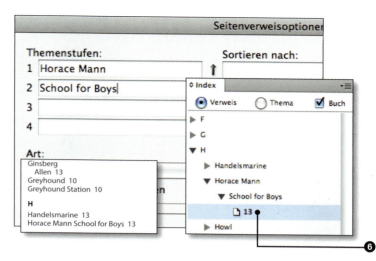

14 Den Index aktualisieren

Haben Sie über die Index-Palette die gewünschten Einträge geändert, müssen Sie den Index mit dem Text-Werkzeug [T] und [⌘] bzw. [Strg] + [A] auswählen und über das Palettenmenü der Index-Palette erneut generieren.

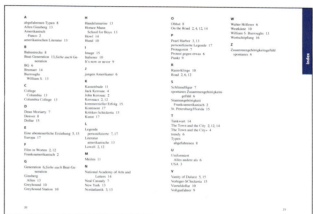

15 Interaktive Indexeinträge

Sie können, wenn Sie Ihre Indexdatei aus InDesign heraus als PDF exportieren, die Indexeinträge als interaktive Links exportieren.

Aktivieren Sie dafür im Dialog PDF EXPORTIEREN • ALLGEMEIN die Option HYPERLINKS ❼.

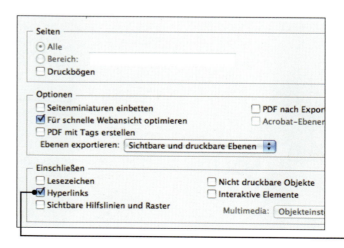

Tipp: Planen Sie einen Index gut, denn jeder Leser hat seine eigene Methode, wie er den Index nutzt. Wählen Sie in jedem Fall nur wirklich wichtige Themen für den Index aus, denn zu viele Einträge machen einen Index sehr schnell unübersichtlich.

Kapitel 10 | Lange Dokumente **329**

Das Inhaltsverzeichnis

Geben Sie dem Leser einen ersten Überblick.

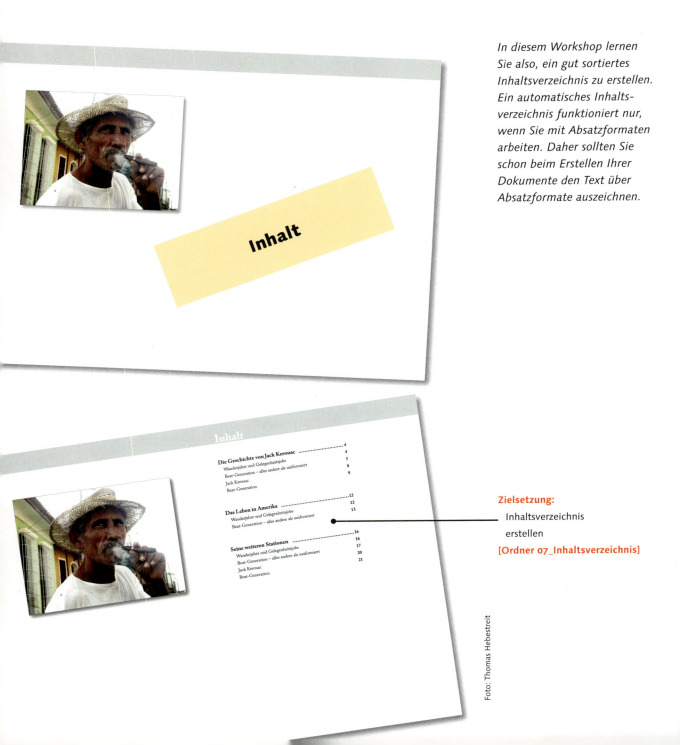

In diesem Workshop lernen Sie also, ein gut sortiertes Inhaltsverzeichnis zu erstellen. Ein automatisches Inhaltsverzeichnis funktioniert nur, wenn Sie mit Absatzformaten arbeiten. Daher sollten Sie schon beim Erstellen Ihrer Dokumente den Text über Absatzformate auszeichnen.

Zielsetzung:
Inhaltsverzeichnis erstellen
[Ordner 07_Inhaltsverzeichnis]

1 Bereiten Sie das Inhaltsverzeichnis vor
Öffnen Sie die Datei »Inhaltsverzeichnis.indd«. Hier habe ich bereits einige Absatzformate erstellt, die später das Inhaltsverzeichnis ergeben werden.

Wählen Sie ab der Seite 4 die Zwischenüberschriften ❶ des blauen Kapitels aus, und weisen Sie ihnen das Absatzformat »Subheadlines« zu.

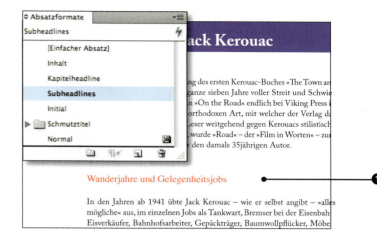

2 Was brauchen Sie noch?
Ein Inhaltsverzeichnis lebt natürlich von seinen Einträgen. Durch die Anwendung des Absatzformats »Subheadlines« auf die Zwischenüberschriften haben Sie bisher nur diese Einträge für Ihr Inhaltsverzeichnis vorgemerkt – das reicht allerdings noch nicht aus.

Ich habe für Sie drei Kapitel bereits angelegt und jeder Kapitelüberschrift das Absatzformat »Kapitelheadline« zugewiesen, denn wir wollen hier nicht das Anwenden von Formaten üben, sondern ein Inhaltsverzeichnis erstellen.

3 Diese Überlegungen müssen sein
Die Einträge für das Inhaltsverzeichnis haben Sie durch die Vergabe von Absatzformaten festgelegt, doch wie soll das Inhaltsverzeichnis gestaltet werden?

Soll die Kapitelüberschrift wirklich so groß sein wie im Text, und wie sollen die Zwischenüberschriften und die Ziffern aussehen? Diese Überlegungen sollten Sie vor der Erstellung eines Inhaltsverzeichnisses vornehmen und gegebenenfalls weitere Absatzformate für das spätere Inhaltsverzeichnis anlegen. Und das machen wir im nächsten Schritt.

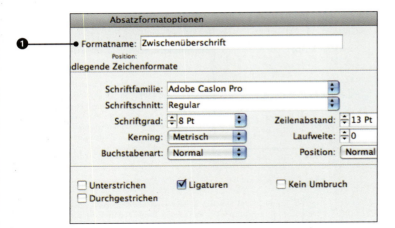

4   Erstellen Sie ein Absatzformat

Wie in Schritt 3 angekündigt, brauchen wir für das Inhaltsverzeichnis einige Formate, es sind allerdings nicht viele.

Öffnen Sie den Dialog für ein neues Absatzformat, wie ich es in Kapitel 8 beschrieben habe, und geben Sie dem ersten Absatzformat den Formatnamen »Zwischenüberschrift« ❶.

Unter Grundlegende Zeichenformate stellen Sie die Werte der nebenstehenden Abbildung ein. Bestätigen Sie danach den Dialog.

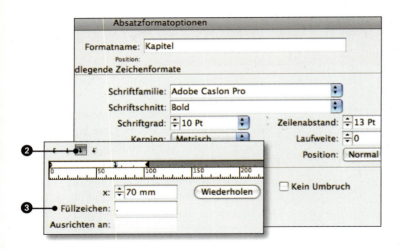

5   Formatieren Sie die Kapiteleinträge

Auch für die Kapiteleinträge erstellen Sie ein eigenes Absatzformat und benennen es »Kapitel«. Unter den grundlegenden Zeichenformaten geben Sie wieder die Werte der nebenstehenden Abbildung ein.

Im Fenster Tabulator wählen Sie den rechtsbündigen Tabulator ❷ aus und stellen diesen auf einen x-Wert von »70 mm«.

Als Füllzeichen ❸ geben Sie einen Punkt ein. Bestätigen Sie nun auch diesen Dialog.

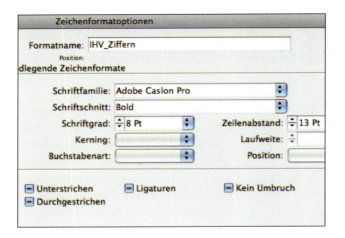

6   Die Ziffern möchten ein Zeichenformat

Damit die Ziffern hinter den Einträgen ein anderes Aussehen bekommen, müssen Sie ein Zeichenformat anlegen.

Öffnen Sie dafür den Dialog für ein neues Zeichenformat, und geben Sie diesem den Namen »IHV_Ziffern«.

Unter den grundlegende Zeichenformaten stellen Sie wieder die nebenstehenden Werte ein. Als Zeichenfarbe müssen Sie noch »Schwarz« vergeben, und dann haben Sie das Anlegen aller Formate in diesem Buch geschafft.

7 Erstellen Sie das Inhaltsverzeichnis
Nachdem Sie die erforderlichen Absatz- und Zeichenformate angelegt haben, können Sie nun endlich ein Inhaltsverzeichnis erstellen.

Gehen Sie dafür in das Menü LAYOUT • INHALTSVERZEICHNIS, und öffnen Sie so den Dialog. Über ANDERE FORMATE suchen Sie das Format »Kapitelheadline« aus und klicken auf HINZUFÜGEN ❹. Anschließend wählen Sie das Format »Subheadlines« aus und fügen es ebenfalls in das Fenster ABSATZFORMATE EINSCHLIESSEN ein.

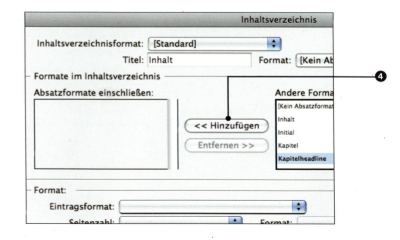

8 Formatieren Sie die Kapitelüberschrift
Unter ABSATZFORMATE EINSCHLIESSEN wählen Sie »Kapitelheadline« aus, und gehen Sie nach unten in den Bereich FORMAT. Der ausgewählte Eintrag kann nun formatiert werden.

Als EINTRAGSFORMAT ❺ wählen Sie hier das von Ihnen erstellte Absatzformat »Kapitel« aus.

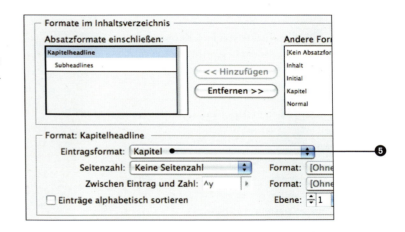

9 Zwischenüberschrift formatieren
Wie in Schritt 8 beschrieben, wählen Sie nun unter ABSATZFORMATE EINSCHLIESSEN die »Subheadlines« aus. In der Rubrik FORMAT ❻ sehen Sie, dass sich die Bezeichnung in »Subheadlines« geändert hat.

Stellen Sie EINTRAGSFORMAT auf das Absatzformat »Zwischenüberschrift« ❼. Bestätigen Sie den Dialog aber noch nicht, da wir uns noch um die Ziffern kümmern wollen.

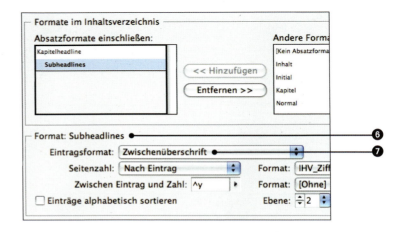

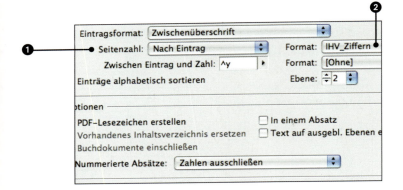

10 Die Seitenzahl formatieren

Wählen Sie nach und nach die Einträge »Kapitelheadline« und »Subheadlines« aus, und stellen Sie für sie ein, dass die Seitenzahl • Nach Eintrag ❶ erfolgen soll. Wählen Sie außerdem als Format das Zeichenformat »IHV_Ziffern« ❷ aus.

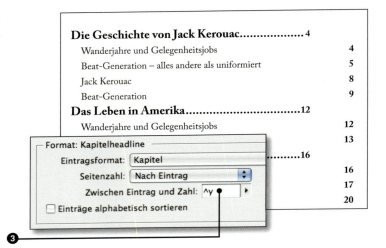

11 Der Abstand dazwischen

In Schritt 5 haben wir für das Absatzformat »Kapitel« einen Tabulator mit einem Wert und dem Trennzeichen Punkt eingerichtet.

Wenn Sie den Abstand unter Zwischen Eintrag und Zahl nicht verändern, sieht das Inhaltsverzeichnis wie in der nebenstehenden Abbildung aus. Auch das gefällt uns noch nicht.

Wählen Sie daher unter Zwischen Eintrag und Zahl ❸ aus dem Popup-Menü Tabulator für Einzug rechts (^y) aus. Jetzt können Sie den Dialog mit OK bestätigen.

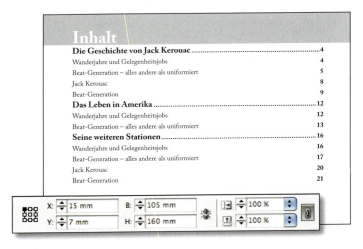

12 Das Inhaltsverzeichnis einsetzen

Nachdem Sie alle Einstellungen vorgenommen haben, bestätigen Sie den Dialog mit OK und klicken mit dem Cursor auf die Seite 3. Das Inhaltsverzeichnis wird eingefügt. In diesem Beispiel geht das Einfügen relativ schnell, aber bei einem Inhaltsverzeichnis, das über viele Kapitel läuft, kann das Einfügen einige Zeit in Anspruch nehmen. Wählen Sie anschließend den Textrahmen mit dem Inhaltsverzeichnis aus, und positionieren Sie ihn auf den Kapitelrahmen, wie in der Abbildung gezeigt.

13 Das Format nachträglich verändern
Dadurch, dass das Inhaltsverzeichnis eng mit den Absatzformaten verbunden ist, können Sie Änderungen auch direkt dort vornehmen.

Öffnen Sie über Doppelklick auf das Absatzformat »Kapitel« in der Absatzformate-Palette die Absatzformatoptionen, gehen Sie in das Fenster EINZÜGE UND ABSTÄNDE, und geben Sie dort einen ABSTAND VOR ❹ von »10 mm« ein.

14 Verändern Sie den Abstand
Ordentlich wird das Inhaltsverzeichnis, wenn Sie unter ZWISCHEN EINTRAG UND ZAHL vor dem Tabulator noch ein Zeichen einsetzen. Ich habe für diesen Effekt das Geviertzeichen ausgewählt.

Öffnen Sie nochmals den Inhaltsverzeichnis-Dialog. Lassen Sie dort den Cursor vor dem Zeichen TABULATOR FÜR EINZUG RECHTS (^y) blinken, und wählen Sie z. B. das Geviert aus den Popup-Menü ❺ aus. Das Zeichen sieht jetzt so aus: ^m^y. Das Inhaltsverzeichnis wird automatisch aktualisiert.

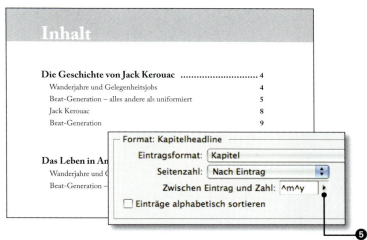

15 Erstellen Sie Lesezeichen im PDF
Standardmäßig ist die Option PDF-LESEZEICHEN ERSTELLEN im Inhaltsverzeichnis-Dialog bereits aktiviert.

Im Dialog für den PDF-Export müssen Sie jedoch unter ALLGEMEIN • EINSCHLIESSEN noch die Option LESEZEICHEN aktivieren.

Wie Sie eine PDF-Datei erstellen, zeige ich Ihnen im letzten Kapitel.

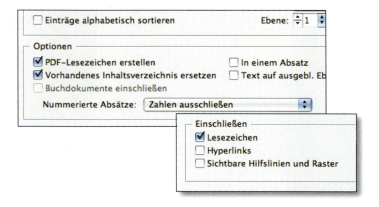

Überprüfen und ausgeben

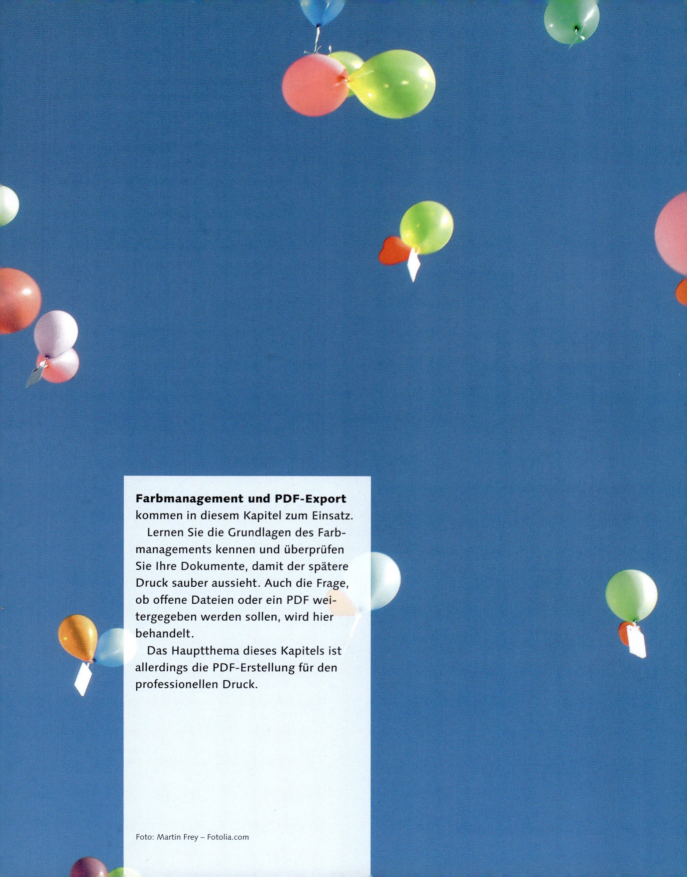

Farbmanagement und PDF-Export kommen in diesem Kapitel zum Einsatz. Lernen Sie die Grundlagen des Farbmanagements kennen und überprüfen Sie Ihre Dokumente, damit der spätere Druck sauber aussieht. Auch die Frage, ob offene Dateien oder ein PDF weitergegeben werden sollen, wird hier behandelt.

Das Hauptthema dieses Kapitels ist allerdings die PDF-Erstellung für den professionellen Druck.

Foto: Martin Frey – Fotolia.com

Überprüfen und ausgeben

Der Preflight 340
Lassen Sie Ihre Dokumente prüfen.

Ein Dokument überprüfen 345
Separationsvorschau, Farbauftrag und Reduzierungsvorschau

Exkurs: Die Überfüllungen 349
Wer sich auskennt, darf hier steuern.

Exkurs: Farben verstehen 350
Was sind RGB und CMYK und woher kommen sie?

Das kleine Farbmanagement **352**
  Nehmen Sie die Farbeinstellungen vor.

Exkurs: Das Überdrucken **357**
  Wann ist es sinnvoll und wann nicht?

Exkurs: Offen und Geschlossen **358**
  Wie Sie Ihre Dokumente weitergeben können

Eine PDF-Datei erstellen **359**
  Der Export aus InDesign CS4

Der Preflight

Lassen Sie Ihre Dokumente prüfen.

Mit dem neuen Preflight überprüft InDesign CS4 ständig Ihr Dokument auf vorher definierte Fehlerquellen. Wir wollen die Überprüfung nun einrichten und danach die Fehler korrigieren, die ich in das Beispieldokument eingebaut habe. Neben dem neuen Preflight werden Sie hier noch eine Neuheit in der Verknüpfungen-Palette kennenlernen. Öffnen Sie zunächst die Datei »Preflight.indd«.

Zielsetzungen:
Preflight verstehen
Eigene Profile einrichten
Fehler schnell finden und beheben
[Ordner 01_Preflight]

1 Die Preflight-Palette verstehen

Erstellen oder öffnen Sie ein Dokument, so wird Ihnen seit der Version InDesign CS4 in der Statusleiste automatisch die Anzahl der vorliegenden Fehler angezeigt. Die Fehler werden durch einen roten Button ❶ signalisiert. Mit einem Doppelklick auf den Button oder über FENSTER • AUSGABE • PREFLIGHT öffnen Sie die Preflight-Palette. Genial: Wenn Sie z. B. unter FARBE • FALSCHE ANZAHL VOLLTONFARBEN ❷ auswählen, können Sie unter INFORMATIONEN ❸ direkt eine mögliche LÖSUNG für das Problem ablesen.

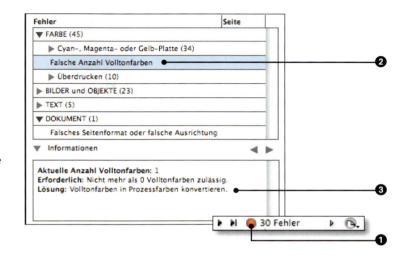

2 Zum Fehler gehen

Ich gebe zu, dass ich in unsere Beispieldatei »Preflight.indd« nur fünf Fehler eingebaut habe; InDesign zeigt Ihnen jedoch alle fehlerhaften Objekte an.

Um z. B. in einem langen Dokument einen Übersatztext finden zu können, öffnen Sie TEXT • ÜBERSATZTEXT und klicken in der Palette auf den entsprechenden Hyperlink ❹. InDesign geht automatisch auf die fehlerhafte Seite und zeigt Ihnen den betreffenden Textrahmen zentriert an. Außerdem ist der Textrahmen bereits ausgewählt.

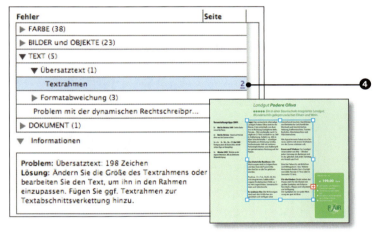

3 Den eigenen Preflight vorbereiten

Standardmäßig sucht der Preflight nur nach wenigen Fehlertypen. Dies müssen Sie aber nicht akzeptieren, Sie können nach weiteren Fehlern suchen lassen.

Wählen Sie dafür im Palettenmenü PROFILE DEFINIEREN ❺, und klicken Sie danach im Fenster unten links auf das Pluszeichen ❻. Den nachfolgenden Dialog beschreibe ich in den nächsten Schritten. Geben Sie jetzt nur Ihrem Preflight einen Namen.

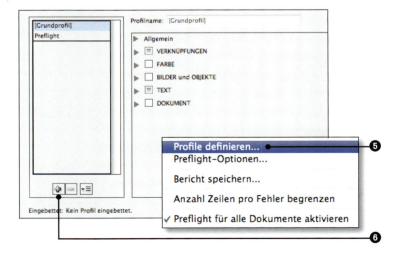

Tipp: Auch die Video-Lektion 3.1 auf der Buch-DVD beschäftigt sich mit dem Überprüfen von Dokumenten.

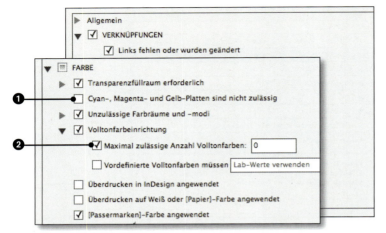

4   Verknüpfungen und Farbe einstellen
Wir wollen nun den Preflight für übliche Aufgaben in der Druckvorstufe einrichten.

Unter Verknüpfungen brauchen Sie nichts zu ändern, denn hier sind alle erforderlichen Haken gesetzt.

Bei Farbe deaktivieren Sie Cyan-, Magenta- und Gelb-Platten sind nicht zulässig ❶, dadurch vermeiden Sie unnötig angezeigte Fehler. Und unter Volltonfarbeinrichtung aktivieren Sie Maximal zulässige Volltonfarben ❷ und stellen den Wert auf »0«.

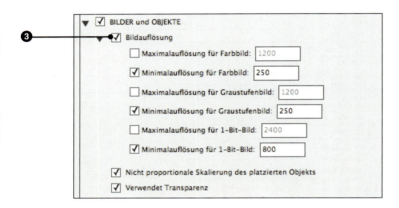

5   Bilder und Objekte I
Im Bereich Bilder und Objekte muss etwas mehr bedacht werden. Widmen wir uns zunächst der Bildauflösung ❸. Hier ist man schnell versucht, unter Minimalauflösung für Farbbild und Minimalauflösung für Graustufenbild jeweils den Wert auf »300« zu erhöhen. Doch dann müssten alle Bilder wirklich mindestens 300 ppi haben, und das ist nicht immer der Fall. Lassen Sie daher die Einstellung besser, wie sie ist.

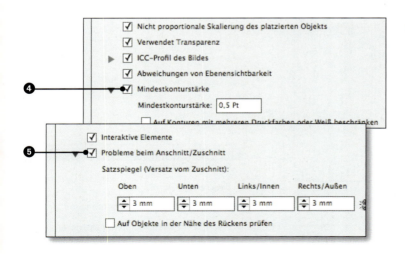

6   Bilder und Objekte II
Eine wichtige Einstellung ist die Option Nicht proportionale Skalierung des platzierten Objekts, die Sie aktivieren sollten.

Mindestkonturstärke ❹ stellen Sie auf den Wert »0,5 pt«, denn so vermeiden Sie Haarlinien in Ihren Dokumenten.

Sehr häufig passieren Fehler beim Anschnitt. Stellen Sie daher unter Probleme beim Anschnitt/Zuschnitt ❺ für alle Seitenkanten »3 mm« ein.

7 Die Prüfung für den Text einrichten

Die wichtigste Prüfung ist sicher die Suche nach Übersatztext, daher sollte hier unbedingt ein Haken gesetzt sein.

Ob eine Schriftart fehlt, wird ja bereits beim Öffnen des Dokuments gemeldet, aber das eine Nicht proportionale Schriftenskalierung gesucht wird, finde ich genial, denn dieses Problem hat früher eine zeitaufwendige Suche mit sich gebracht.

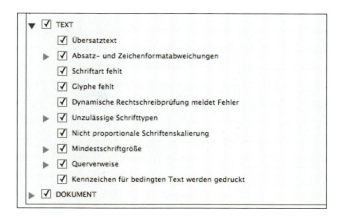

8 Das Dokument einstellen

Lassen Sie ein Dokument überprüfen und es ist nicht die richtige Seitengröße eingestellt, wird das pro Seite als Fehler angesehen. Um dies zu vermeiden, können Sie entweder die Option Seitenformat und Ausrichtung deaktivieren, oder Sie geben das richtige Seitenformat in die Eingabefelder ein.

Wenn Sie unter Anschnitt und Infobereich einrichten für Erforderliche Grösse des Anschnitts • Minimal einen Wert eingeben, dann wird jedes Objekt gemeldet, das keinen Anschnitt aufweist. Klasse!

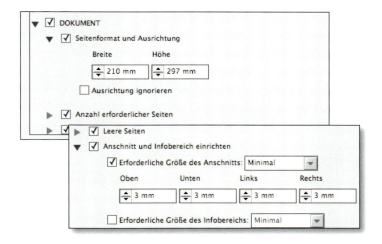

9 Das Preflight-Profil einbetten

Wenn Sie Ihr Dokument an andere Benutzer weiterleiten, kann es sinnvoll sein, das Preflight-Profil in das Dokument einzubetten ❻. Dies bedeutet allerdings nicht, dass der andere Benutzer nicht sein eigenes Profil verwenden darf, er hat jederzeit das Recht dazu, und das ist auch richtig so: Schicken Sie Ihre Datei beispielsweise an eine Druckerei, so möchte diese sicherlich ihre eigenen Profile zur Überprüfung einsetzen.

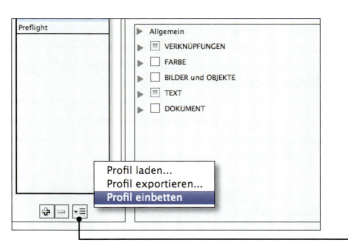

❻

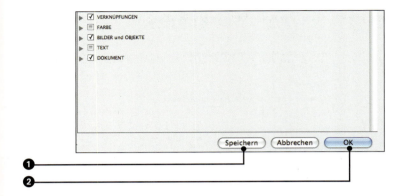

10 Das Preflight-Profil speichern

Damit das gerade erstellte Profil bis zur nächsten Änderung stets eingesetzt wird, müssen Sie es natürlich speichern.

Hier hat sich Adobe etwas besonders Kompliziertes einfallen lassen: Man ist es von jeher gewohnt, getätigte Einstellungen mit OK zu bestätigen, und dies ist auch so voreingestellt. Aber Vorsicht: Sie müssen in diesem Dialog zuerst auf SPEICHERN ❶ klicken, bevor Sie OK ❷ wählen!

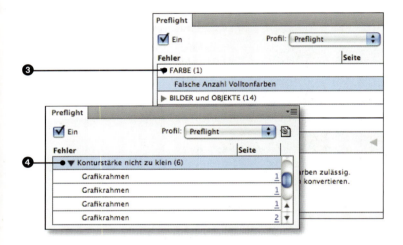

11 Die Fehler aufspüren

Wie bereits in Schritt 2 beschrieben, suchen Sie nun über die Preflight-Palette nach Fehlern. Wählen Sie zunächst unter FARBE ❸ die fehlerhaften Objekte aus, und ändern Sie die Farbe in der Farbfelder-Palette in eine Prozessfarbe um.

Danach wählen Sie nach und nach bei KONTURSTÄRKE NICHT ZU KLEIN ❹ jeweils über die Palette den Rahmen aus und stellen die Konturstärke auf den Wert »0 pt«.

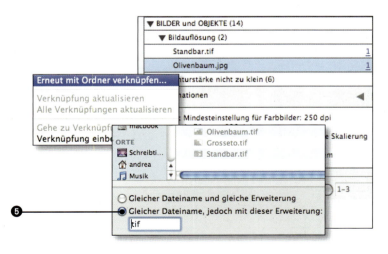

12 Neuheit bei den Verknüpfungen

Wählen Sie in der Preflight-Palette eines der fehlerhaften Bilder aus. Gehen Sie danach in die Verknüpfungen-Palette, und wählen Sie über das Palettenmenü BEDIENFELDOPTIONEN. Aktivieren Sie hier eine weitere Spalte mit dem Namen »Ordner 0« und wählen mit gedrückter ⇧-Taste die Bilder aus.

Danach gehen Sie wieder in das Palettenmenü und wählen ERNEUT MIT ORDNER VERKNÜPFEN. Klicken Sie dabei mit gedrückter ⇧-Taste auf den Befehl, denn dann können Sie sogar die Dateierweiterung ❺ mit ändern lassen.

Ein Dokument überprüfen

Separationsvorschau, Farbauftrag und Reduzierungsvorschau

Bevor Sie ein Dokument für Digitaldruck oder Ausbelichtung an eine Druckerei weiterleiten, sollten Sie es überprüfen. Den Preflight haben Sie ja bereits kennengelernt. Ich zeige Ihnen jetzt in diesem Workshop, wie Sie mit der Separationsvorschau, dem Farbauftrag und der Reduzierungsvorschau vermeidbare Fehler erkennen und beheben.

Zielsetzung:
Die fertige Datei überprüfen
[Ordner 02_Pruefen]

Foto: Andrea Forst

1 Die Separationsvorschau

Öffnen Sie »Ueberpruefung.indd«. Sie finden eine Datei mit Sonderfarbe vor, ein Fehler, wie er in der täglichen Layoutarbeit sicherlich häufig vorkommt: Schnell hat man eine Sonderfarbe eingesetzt, das Dokument darf aber nur die vier CMYK-Farben haben. Um diesen Fehler festzustellen, gehen Sie unter FENSTER • AUSGABE auf SEPARATIONSVORSCHAU. Dort stellen Sie unter ANSICHT • SEPARATIONEN ein. Jetzt können Sie ablesen, dass neben den vier CMYK-Farben in unserem Dokument noch eine Sonderfarbe ❶ eingesetzt wurde.

2 Wo ist die Sonderfarbe?

Wenn Sie dieses Dokument ausbelichten würden, erhielten Sie fünf Farbauszüge anstatt der üblichen vier – das kostet natürlich Geld.

Deaktivieren Sie durch einen Klick auf das Auge vor dem Eintrag CMYK ❷ alle Prozessfarben. Es werden nun nur die Sonderfarben angezeigt. In unserem Beispiel ist das lediglich eine Textzeile, doch in einem mehrseitigen Dokument finden Sie auf diese Weise alle Einsatzorte der Sonderfarben. Jetzt können Sie Abhilfe schaffen, indem Sie die Sonderfarben in Prozessfarben umwandeln.

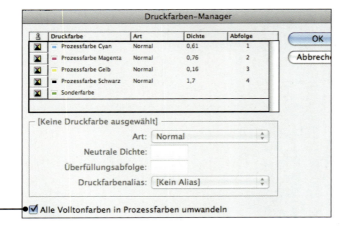

3 Ändern Sie die Farben

Wählen Sie aus dem Palettenmenü der Separationsvorschau die Option DRUCKFARBEN-MANAGER aus. Es wird der gleichnamige Dialog geöffnet.

Hier können Sie ALLE VOLLTONFARBEN IN PROZESSFARBEN UMWANDELN ❸ einstellen. Doch beachten Sie: Wenn Sie z. B. Pantone-Farben umwandeln, könnte sich die Farbe verändern!

Tipp: Verwenden Sie besser sofort Prozessfarben. Diese müssen nicht umgewandelt werden, und so bleibt die Farbe wie gewünscht.

4 Was ist der Farbauftrag?

Der Farbauftrag bezeichnet den maximalen Wert an prozentualer Deckkraft der Druckfarben und richtet sich nach der Papierart und dem Druckverfahren. Sie brauchen also vor der Prüfung wichtige Informationen von Ihrem Druckdienstleister, nämlich in welchem Druckverfahren Ihr Projekt gedruckt und welches Papier eingesetzt wird.

280 % ist der Richtwert für den Zeitungsdruck, 330 % für den Offsetdruck.

5 Der Farbauftrag im Einsatz

Im Popup-Menü Ansicht der Separationsvorschau-Palette finden Sie auch die Option Farbauftrag. Wählen Sie diesen Eintrag aus.

Stellen Sie für den maximalen Farbauftrag den Wert »240 %« ❹ ein, das entspricht in etwa unserem Papier beim Zeitungsdruck.

Durch eine Rotfärbung der kritischen Bereiche wird Ihnen jetzt im Bild angezeigt, dass deutlich zuviel Farbe auf das Papier kommen und die Farbe nicht schnell genug trocknen wird. Es wird zum so genannten »Durchschlagen« des Papiers kommen.

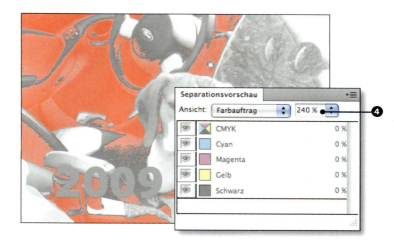

6 Wie können Sie Abhilfe schaffen?

Platzierte dunkle Grafiken (z. B. aus Photoshop) sind meistens die Kandidaten, die den erhöhten Farbauftrag stellen. Diese lassen sich jedoch nur in der Originalanwendung bearbeiten. Gehen Sie mit dem Cursor auf den schwarzen Hintergrund. In der Separationsvorschau-Palette können Sie ablesen, dass sich der Hintergrund aus allen Prozessfarben zusammensetzt. In diesem Beispiel müssten Sie den Hintergrund in den Farbkanälen Cyan, Magenta und Gelb korrigieren, um den Farbauftrag zu verringern.

7 Die Reduzierungsvorschau

Sie kümmert sich um transparente Objekte und ist neben dem Farbauftrag eines der wichtigsten Prüfinstrumente.

Öffnen Sie die Reduzierungsvorschau-Palette über FENSTER • AUSGABE. Hier können Sie jetzt ganz schnell überprüfen, wo in Ihrem Dokument sich transparente Objekte befinden. Gehen Sie dafür unter MARKIEREN ❶ in das Popup-Fenster, und wählen Sie TRANSPARENTE OBJEKTE aus. Die Objekte werden Ihnen nun rot markiert.

8 Transparenz und Text

Bei dieser Kombination müssen Sie vorsichtig sein. Liegt Text unter einem transparenten Objekt, wird er in Pfade umgewandelt, was vermieden werden sollte. Sollte es aber doch vorkommen, können Sie sich den in Pfade umgewandelten Textbereich anzeigen lassen: Über MARKIEREN stellen Sie IN PFADE UMGEWANDELTER TEXT ❷ ein. Es kann dabei sogar vorkommen, dass ein Buchstabe teilweise in Pfade umgewandelt wird und teilweise nicht ❸, und zwar wenn nur ein Teil des Buchstabens unter einem transparenten Objekt liegt.

9 Wie können Sie den Text verschonen?

Die Antwort ist einfach: Erstellen Sie in der Ebenen-Palette eine neue Ebene, und ziehen Sie den Text darauf ❹.

Wichtig ist dann nur noch, dass sich die Text-Ebene über der Ebene mit dem transparenten Objekt befindet, dann wird der Text nicht in Pfade umgewandelt.

Tipp: Arbeiten Sie gleich mit Ebenen, denn so ersparen Sie sich später unnötige Arbeit.

Die Überfüllungen

Wer sich auskennt, darf hier steuern.

Ich habe einmal bei einem FreeHand-Dokument an der Überfüllung arbeiten müssen – glauben Sie mir: es war kein Vergnügen. Wenn es also nicht unbedingt notwendig ist, dann überlassen Sie diesen Job Ihrem Druckdienstleister, denn er kennt seine Maschinen und die dafür erforderlichen Überfüllungsvorgaben genau.

Wozu dient die Überfüllung?

Haben Sie z. B. einen roten Hintergrund und eine cyan-farbene Schrift ❺, sieht das am Monitor sauber aus. Würde man jedoch die Schrift z. B. im Offsetdruck auf die rote Fläche drucken, entstünde für die Schrift eine neue, deutlich dunklere Farbe ❻. Das liegt daran, dass sich die Druckfarben subtraktiv miteinander vermischen.

Damit nun aber das Cyan auch Cyan bleibt, muss in der roten Fläche der Überlappungsbereich ausgespart werden ❼.

Keine Druckmaschine arbeitet jedoch 100 %ig. Auch das Papier verändert seine Größe, wenn auch nur minimal. Wie soll nun die Schrift genau auf die Aussparung passen? Die Antwort ist: Es geht nicht. Das Zauberwort lautet hier »Überfüllung«.

Die durch die Druckmaschine und den Papierzuwachs entstandenen und für unser Auge deutlich sichtbaren hässlichen Blitzer ❽ werden nämlich durch die Überfüllung verhindert.

Dabei wachsen Objekte mit helleren Farben leicht in die dunklere Farbfläche hinein. Wenn z. B. Gelb auf Blau stößt, überfüllt die gelbe Fläche die blaue bzw. die blaue wird von der gelben unterfüllt.

Die Überfüllungsvorgaben

Durch Überfüllungsvorgaben sucht InDesign selbsttätig nach Überlappungsbereichen und entscheidet dann, wo über- ❾ und wo unterfüllt werden soll. Aber Vorsicht: Richten Sie nur in Absprache mit Ihrem Druckdienstleister eine von ihm gewünschte Überfüllung ein – oder besser noch, lassen Sie sich die Vorgaben als Datei geben.

Sie finden die Überfüllungsvorgaben über FENSTER • AUSGABE • ÜBERFÜLLUNGSVORGABEN. Wählen Sie dort über das Palettenmenü ÜBERFÜLLUNGSVORGABEN LADEN und markieren anschließend das Ihnen zur Verfügung gestellte Dokument. Nun haben Sie die Einstellungen Ihres Druckdienstleisters übernommen.

Müssen Sie doch selbst Hand anlegen, wählen Sie aus dem Palettenmenü NEUE VORGABE, und stellen Sie dort die vorgegebenen Werte ein. Druckereien schicken Ihnen meistens eine Abbildung der Vorgaben, so dass ich hier auf genauere Ausführungen zum Thema verzichte.

GRUNDLAGENEXKURS

Farben verstehen
Was sind RGB und CMYK und woher kommen sie?

Was ist RGB?
Stellen Sie sich vor: Sie lassen Sonnenlicht durch ein Prisma fallen. Das Ergebnis ist bunt wie ein Regenbogen. Das nun sichtbare Spektrum besteht aus den farbigen Lichtwellen Rot (R), Grün (G) und Blau (B) sowie aus deren Mischung.

Addiert man rotes, grünes und blaues Licht, so erhält man wieder Weiß. Diesen Effekt nennt man »additive Farbmischung«. Sowohl die Farbwahrnehmung unserer Augen als auch ein Farbmonitor funktionieren so.

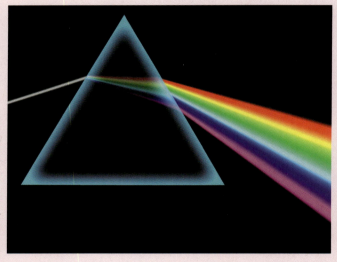

Foto: Vasiliy Yakobchuk – Fotolia.com

Und was ist CMYK?
Nehmen Sie nun buntes Transparentpapier – Himmelblau, Pink und Gelb – und legen Sie es übereinander. Sie erhalten in der Überschneidung von je zwei Papieren Rot, Grün und Dunkelblau, und dort, wo alle drei Papiere übereinanderliegen, ein ziemlich schmutziges, bräunliches Schwarz. Das gleiche Ergebnis können Sie auch mit Malfarben oder Druckfarben erreichen. Diesen Effekt nennt man »subtraktive Farbmischung«.

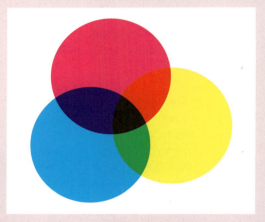

Subtraktiv bedeutet abziehen. Farbpigmente haben die Fähigkeit, bestimmte Anteile der auftreffenden Lichtwellen zu verschlucken (absorbieren). Was nicht absorbiert wird, wird zurückgeworfen (reflektiert) und gibt dem Pigment seine Farbanmutung. Schluckt ein Pigment alle Lichtwellen, sieht es schwarz aus.

Beim Druck eines Bildes wird durch geschicktes Mischen der drei Primärfarben Cyan (Himmelblau), Magenta (Pink), Yellow (Gelb) fast jeder Farbeindruck erzielt.

Damit das Ergebnis voller wird, kommt noch ein tiefes Schwarz, kurz »K«, hinzu.

CMYK steht als Kürzel somit für die Druckfarben und gleichzeitig auch für den Druckprozess mit vier Farben.

Was ist ein Farbraum?

Ein Farbraum ist die Summe und Leuchtkraft aller Farben, die ein System darstellen kann. RGB hat einen größeren Farbraum als CMYK. Deshalb erscheint der Apfel auf dem Monitor brillanter als auf dem Ausdruck. Daran kann leider nichts geändert werden. Um aber möglichst nahe an den Eindruck des Originals heranzukommen und Farbverschiebungen in den Griff zu bekommen, lohnt sich ein kleiner Ausflug ins Farbmanagement.

In der Praxis wäre es natürlich schön, wenn der Apfel, den Sie mit der Digitalkamera aufgenommen haben, sowohl auf dem Monitor als auch im Ausdruck genauso knackig aussähe wie das Original. Leider ist das oft nicht der Fall. Das liegt an unterschiedlich großen Farbräumen.

Achten Sie darauf: Wenn Sie ein Bild in einen der kleineren Farbräume (siehe Abbildungen unten) konvertieren, ist dieser Weg nicht mehr rückgängig zu machen. Speichern Sie daher immer eine Kopie Ihrer Datei ab.

Wozu dienen die Profile?

Profile beschreiben, wie Farben der unterschiedlichen Geräte umgewandelt werden, denn die Geräte, die Sie benutzen (sei es die Digicam, der Scanner, der Monitor oder der Drucker), sprechen nicht die gleiche Sprache. Damit sie aber trotzdem untereinander kommunizieren können, müssen Sie Profile einsetzen. Denn diese dienen als Übersetzer.

Adobe RGB
Idealer Arbeitsfarbraum

sRGB
Üblicher Farbraum
von Digitalkameras

CMYK

Kapitel 11 | Überprüfen und ausgeben

Das kleine Farbmanagement

Nehmen Sie die Farbeinstellungen vor.

Farbmanagement beschäftigt sich damit, Bildinformationen so von einem Farbraum in einen anderen zu übertragen, dass die Bilder gleich aussehen.

Das Thema Farbmanagement füllt ganze Bücherregale und ist sehr komplex. Daher beschränke ich mich in diesem Workshop darauf, Ihnen zu zeigen, wie Sie Farbeinstellungen in InDesign treffen und Profile handhaben.

Zielsetzungen:
Monitor kalibrieren
Farbeinstellungen einstellen
Farben synchronisieren
Mit Profilen arbeiten

1   Den Monitor kalibrieren

Wenn Sie kein externes Kalibrierungsgerät und die dazugehörige Software besitzen, können Sie den Monitor über die Systemeinstellungen Ihres Computers kalibrieren.

Für ein professionelles Arbeiten mit InDesign ist aber immer eine professionelle Kalibierung mit einem externen Messgerät anzuraten.

> **Tipp:** Sie sollten Ihren Monitor regelmäßig kalibrieren, da auch ein Monitor älter wird.

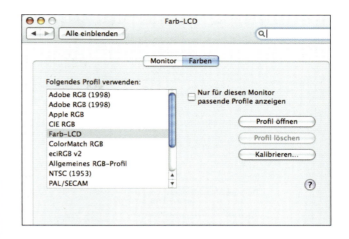

2   Der Kalibrierungs-Assistent am Mac

Gehen Sie in die Systemeinstellungen, und klicken Sie dort auf Monitore und dann auf Farben • Kalibrieren.

Diesem Assistenten können Sie nun folgen. Lesen Sie sich jedoch die Informationen in den Fenstern durch, bevor Sie auf die Schaltfläche Fortfahren klicken, dann sehen und verstehen Sie auch, was eingestellt wird.

Wenn Sie am Ende auf Fertig klicken, wird ein Monitorprofil erstellt und auf Ihrem Computer gespeichert.

3   Der Windows-Kalibrierungs-Assistent

Auch für den Windows-User gibt es einen Assistenten. Sie finden ihn unter der Systemsteuerung Adobe Gamma bzw. Adobe liefert es mit Photoshop aus. Er arbeitet genauso wie der Assistent für den Mac. Auch hier sollten Sie die Informationen lesen, bevor Sie auf Weiter klicken.

> **Tipp:** Beide Assistenten arbeiten nach internen Helligkeits- und Farbvorgaben und daher nicht so genau wie ein externes Gerät. Es ist aber immer noch besser, auf diese Art zu kalibrieren als überhaupt nicht!

4 Erstellen Sie die Arbeitsfarbräume

Öffnen Sie InDesign CS4, und gehen Sie in das Menü Bearbeiten • Farbeinstellungen.

Wählen Sie unter Arbeitsfarbräume für RGB »Adobe RGB (1998)« ❶ und für CMYK »Europe ISO Coated FOGRA27« ❷ aus den Popup-Menüs aus. Die Farbräume werden von der European Color Initiative, kurz ECI, empfohlen und können für die meisten Workflows eingesetzt werden.

5 Legen Sie Richtlinien fest

Unter Farbmanagement-Richtlinien können Sie bestimmen, wie sich InDesign verhalten soll, wenn Sie ein fremdes Dokument öffnen.

Wenn Sie davon ausgehen können, dass Sie korrekte Daten erhalten haben, stellen Sie unter RGB und CMYK die Option Eingebettete Profile beibehalten ein.

Aktivieren Sie unter Profilabweichung ❸ und Fehlende Profile ❹ alle Optionen, damit Sie beim Öffnen fremder Dateien eine Kontrolle über das Farbmanagement behalten.

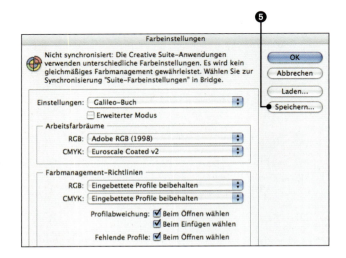

6 Speichern Sie Ihre Einstellungen ab

Natürlich speichern wir diese Einstellungen, denn haben Sie das Farbmanagement erst schätzen gelernt, ändern Sie bestimmt bald etwas daran.

Klicken Sie auf die Schaltfläche Speichern ❺. InDesign legt nun auf dem Mac im Ordner Privat\Library\Applications Support\Adobe\ Colors\Settings oder für Windows unter Anwendungsdaten\Color\Settings eine CSF-Datei mit dem von Ihnen angegebenen Namen ab. Über diese Datei können Sie nun jederzeit mittels Laden verfügen.

7 Benutzen Sie die Bridge

Adobe Bridge bietet Ihnen vorinstallierte Einstellungen für Europa an und synchronisiert die Farbeinstellungen für alle Anwendungen der Creative Suite.

Wenn Sie nicht mit Bridge arbeiten, achten Sie darauf, dass Sie in allen Programmen die gleichen Farbeinstellungen vornehmen. Das gilt für die Programme InDesign, Illustrator, Photoshop und Acrobat.

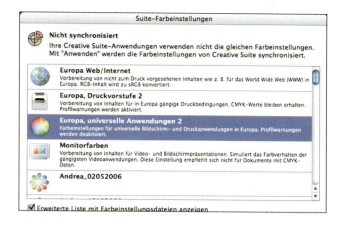

8 Synchronisieren Sie die Einstellungen

Sie können natürlich auch über die Bridge Ihre eigenen Einstellungen aufrufen und für alle Creative Suite-Programme synchronisieren.

Wählen Sie unter Bearbeiten • Creative Suite-Farbeinstellungen, und stellen Sie in dem Dialog die von Ihnen abgespeicherten Farbeinstellungen ein. Klicken Sie auf Anwenden.

Nun arbeiten Sie in InDesign, Illustrator, Photoshop und Acrobat mit denselben Farbeinstellungen.

9 Sie müssen Profile speichern?

Es kommt oft vor, dass Ihnen Profile bereitgestellt werden. Wenn das nicht der Fall ist, können Sie die aktuellen ICC-Profile unter www.eci.org herunterladen.

Doch wohin damit? Für den Mac wählen Sie Benutzer\Benutzername\Application\Library\Colorsync\Profiles und ziehen das gewünschte Profil in den Ordner hinein. Der Windows-User wählt C:\Windows\system32\spool\drivers\color.

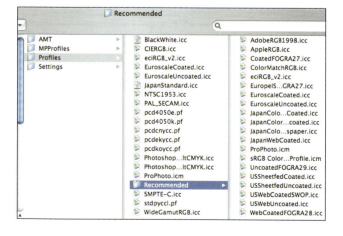

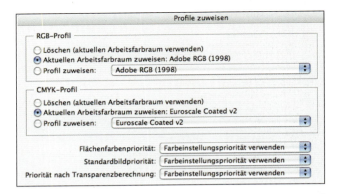

10 Profil zuweisen oder konvertieren?
Eine gute Frage. Egal was Sie wählen, das Dokument hat hinterher ein anderes Quellprofil.

Der Unterschied ist aber der: Auch wenn Sie mehrfach ein anderes Profil zuweisen, so bleiben die Farbwerte erhalten, und Sie können jederzeit zum Ausgangsprofil zurückkehren.

Konvertieren Sie das Dokument, werden die Farbwerte dem anderen Profil entsprechend geändert. Auch wenn Sie wieder auf das Ausgangsprofil zurückkehren, bleiben die Farbwerte des neuen Profils erhalten.

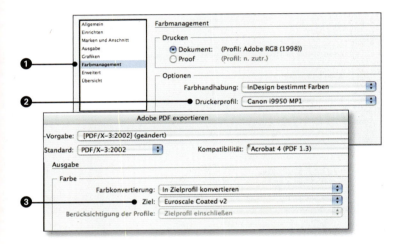

11 Profile für Drucker oder PDF
Die meisten Laser- oder Tintenstrahldrucker verfügen über eigene Profile, die bei der Installation automatisch am richtigen Speicherort angelegt werden. Wählen Sie im Druck-Dialog das Fenster FARBMANAGEMENT ❶ aus, und stellen Sie unter DRUCKERPROFIL ❷ eines Ihrer Druckerprofile ein.

Beim PDF-Export sind Sie stärker festgelegt. Hier müssen Sie unter ZIEL ❸ ein Profil auswählen, das Ihr Druckdienstleister eventuell gewünscht hat.

12 Fazit
Ihr Ausdruck sieht nun fast so aus wie das Bild am Monitor. Und dieses »fast« müssen Sie akzeptieren, denn wir arbeiten hier mit dem »kleinen« Farbmanagement.

Möchten Sie ein perfektes Farbmanagement betreiben, kann ich Ihnen nur externe Messgeräte mit der entsprechenden Software und gezielter Fachberatung empfehlen.

GRUNDLAGENEXKURS

Das Überdrucken
Wann ist es sinnvoll und wann nicht?

Was bedeutet Überdrucken?
Wenn Sie mindestens zwei Objekte überlappen lassen, dann wird generell die Überlappung ausgespart. Sie sehen alle Flächen als deckend ❶.

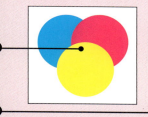 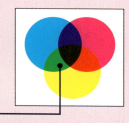

Aktivieren Sie jedoch über FENSTER • ATTRIBUTE in der Attribute-Palette die Option FLÄCHE ÜBERDRUCKEN, dann vermischen sich die Überlappungsbereiche und es erscheint eine neue Farbe ❷.

Dies ist vergleichbar mit der Transparenz-Füllmethode MULTIPLIZIEREN aus der Effekte-Palette.

Schwarz überdruckt immer?
Schwarz, also 100 % K, ist standardmäßig immer auf Überdrucken gestellt. So vermeidet man z. B. bei Text oder Konturen Passungenauigkeiten.

Doch wie sieht es aus, wenn Sie eine schwarze Fläche auf z. B. eine cyan-farbene Fläche stellen? Stimmt, Sie erhalten in dem Überlappungsbereich ein Tiefschwarz, und das ist nicht immer gewünscht.

Dieses können Sie umgehen, wenn Sie die Farbe Schwarz in der Farbfelder-Palette duplizieren und 50 % der Farbe Cyan zuweisen. So erreichen Sie eine gleichmäßige Farbigkeit.

Überdrucken von Metallic-Farben
Viele meiner Schulungsteilnehmer fragen mich, ob die Schmuckfarbe Silber auf Überdrucken gestellt werden soll. In der Regel ist das richtig, denn Metallic-Farben sind deckend, aber leider doch nicht so deckend, wie sie es versprechen.

Ich kann Ihnen das Ergebnis nur simuliert darstellen, aber so dürfte Silber auf einer schwarzen Fläche aussehen.

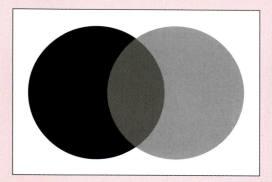

GRUNDLAGENEXKURS

Offen und Geschlossen

Wie Sie Ihre Dokumente weitergeben können

Hier streiten sich die Geister. Der eine sagt: »Ich will nur offene Dateien haben, damit ich dort noch eingreifen kann und außerdem erstelle ich das PDF lieber selbst.« Der Andere meint: »Nur PDF, dann kann ich sofort drucken.«

Welche Wahl sollen Sie treffen? Nun, da gibt es keine allgemeingültige Antwort. Nur Ihr Druckdienstleister kann Ihnen dazu etwas sagen. Die meisten Druckereien bevorzugen eine PDF-Datei, ich persönlich habe damit auch bessere Erfahrungen gemacht.

Die offenen Dateien
Mit diesen Dateien stellen Sie dem Druckdienstleister Ihre Arbeitsdateien für eine Weiterbearbeitung zur Verfügung. Der Nachteil ist, dass Sie alle Bilder und Schriften mitgeben müssen – das sollten Sie nicht vergessen.

Verpacken Sie Ihre Dateien
Damit Ihr Druckdienstleister nicht gleich nach der Übertragung der Daten bei Ihnen anruft, hat InDesign die Funktion VERPACKEN für Sie bereitgestellt.

Den Dialog DRUCKANLEITUNGEN der Verpacken-Funktion füllen Sie bitte immer aus, damit man Sie bei Fragen erreichen kann, denn es gibt für einen Druckdienstleister nichts Schlimmeres, als wenn die Daten verspätet kommen und man dann keinen Ansprechpartner hat. Gehen Sie auf FORTFAHREN, bestimmen Sie den Ablageort für den neuen Ordner, und klicken Sie auf OK.

InDesign erstellt nun einen weiteren Ordner, in dem die Druckanleitungen, die Schriften, die Links und das Dokument gespeichert werden. Diesen Ordner können Sie an Ihren Druckdienstleister verschicken; er wird sich nicht mehr beschweren.

Die geschlossenen Dateien
Als geschlossene Dateien bezeichnet man PDF-Dateien. In diesen Dokumenten sind alle Bilder und Schriften eingebettet. Lesen Sie dazu mehr im nachfolgenden Workshop.

Eine PDF-Datei erstellen

Der Export aus InDesign CS4

InDesign bietet Ihnen zwei Möglichkeiten, wie Sie ein PDF erstellen können. Da gibt es einerseits den herkömmlichen Weg über das Drucken einer PostScript-Datei und die anschließende Umwandlung über den Acrobat Distiller. Andererseits gibt es seit der ersten Creative Suite auch den direkten Export aus InDesign heraus, mit vielen PDF-Vorgaben von Adobe. Ich zeige Ihnen in diesem Workshop, wie Sie ein PDF über den Export erstellen.

Zielsetzung:
PDF exportieren
[Ordner_03_PDF_Export]

Fotos: Andrea Forst

Kapitel 11 | Überprüfen und ausgeben

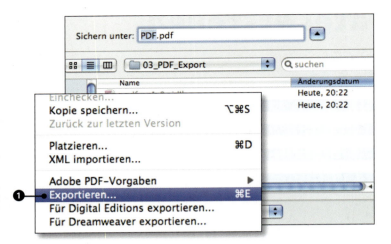

1 Ein PDF erstellen

Sie können meine Beispieldatei »PDF.indd« wählen, oder Sie verwenden eines Ihrer Dokumente.

Wählen Sie anschließend das Menü DATEI • EXPORTIEREN oder ⌘ bzw. Strg + E ❶. Sie werden sofort aufgefordert, den gewünschten Speicherort anzugeben. Suchen Sie im Dialog einen Ordner aus, stellen Sie unter FORMAT (Mac) bzw. DATEITYP (Windows) »Adobe PDF« ein, und klicken Sie auf OK.

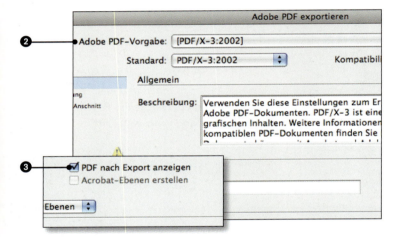

2 Der Dialog

Im ersten Dialogfenster wählen Sie unter ADOBE PDF-VORGABE aus dem Popup-Menü »PDF/X-3:2002« ❷ aus. Das ist gerade für den Offsetdruck die am häufigsten genutzte Vorgabe, sie garantiert einen reibungslosen PDF-Workflow.

Die Rubrik SEITEN ist selbsterklärend und wird nicht weiter beschrieben. Interessant ist aber unter OPTIONEN die Einstellung PDF NACH EXPORT ANZEIGEN ❸. Haben Sie dort den Haken gemacht, wird das PDF nach der Erstellung automatisch in Acrobat geöffnet.

3 Was bedeuten die PDF-Vorgaben?

Mit DRUCKAUSGABEQUALITÄT erzeugen Sie PDF-Dateien, die für den Offsetdruck geeignet sind. Diese Vorgabe ist jedoch nicht so hochwertig wie die in Schritt 2 empfohlene.

KLEINSTE DATEIGRÖSSE ist nur für den E-Mail-Verkehr zwischen Ihnen und Ihrem Kunden bestimmt.

Die Vorgabe QUALITATIV HOCHWERTIGER DRUCK lässt mehr vermuten als tatsächlich dahintersteckt: Damit erstellen Sie ein PDF für Ihren Laser- oder Tintenstrahldrucker.

4 Was sind die PDF/X-Dateien?

Diese PDF-Dateien beinhalten ISO-Normen, die internationale Standards vorgeben. Da dieses Thema sehr komplex ist, möchte ich hier nicht weiter darauf eingehen. Nur eins möchte ich Ihnen noch mit auf den Weg geben: Alle PDF/X-Dateien werden mit ganz konkreten Vorgaben erstellt, die bestimmen, was in dem PDF erlaubt und was nicht erlaubt ist: Nicht erlaubt sind z. B. alle interaktiven Elemente. Weitere Informationen zu PDF/X finden Sie auf der ISO-Website unter www.eci.org und auf der Adobe-Website.

5 Das Fenster »Komprimierung«

Haben Sie eine der Adobe-Vorgaben gewählt, können Sie dieses Fenster überspringen, da die Einstellungen völlig in Ordnung sind.

Achten Sie jedoch darauf, dass die Option BILDDATEN AUF RAHMEN BESCHNEIDEN ❹ ganz unten im Fenster aktiviert ist. Dadurch werden, wenn Sie nur einen Ausschnitt eines Bildes gewählt haben, die nicht sichtbaren Daten für das PDF gelöscht. Dies kann die Dateigröße und die Ausgabezeit deutlich reduzieren.

6 Die Marken und der Anschnitt

Wenn Sie unter MARKEN ❺ etwas einstellen möchten, dann fragen Sie vorher Ihren Druckdienstleister, denn in den meisten Fällen wünschen die Drucker weder Schnittmarken noch andere eigene Einstellungen.

Unter BESCHNITTZUGABE UND INFOBEREICH ❻ stellen Sie einen Anschnitt ein, der Ihnen meistens ebenfalls vorgegeben wird. Wählen Sie hier jedoch mindestens »3 mm«. Haben Sie in Ihrem Dokument eigene Informationen wie z. B. eine Job-Nummer eingegeben, können Sie INFOBEREICH EINSCHLIESSEN anklicken.

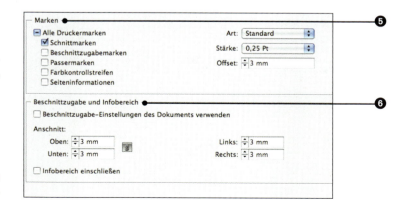

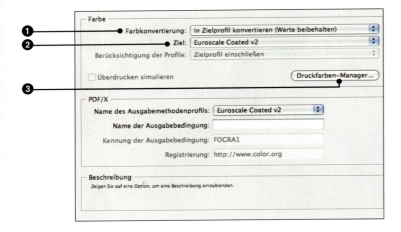

7 Das Fenster »Ausgabe«
Hier finden Sie die Farbeinstellungen für das PDF. Wählen Sie unter Farbkonvertierung
• In Zielprofil konvertieren (Werte beibehalten) ❶ und als Ziel ❷ das von Ihrem Druckdienstleister zur Verfügung gestellte Profil. Wie Sie ein Profil einstellen, lesen Sie im Workshop »Das kleine Farbmanagement« nach.

Sie finden hier noch einmal den Druckfarben-Manager ❸, den ich bereits im Workshop »Ein Dokument überprüfen« beschrieben habe.

8 Das Fenster »Erweitert«
Auch wenn sie standardmäßig vorgegeben ist, möchte ich gern eine Einstellung in der Rubrik Schriftarten erwähnen. Wenn Sie in Ihrem Dokument mit OpenFonts gearbeitet haben, können diese mehrere Tausend Glyphen enthalten. Eine solche Summe an Glyphen setzt aber niemand ein. Deshalb wählen Sie Schriften teilweise laden, wenn Anteil verwendeter Zeichen kleiner ist als »100 %« ❹. Dadurch werden nur die Zeichen eingebettet, die Sie auch wirklich eingesetzt haben.

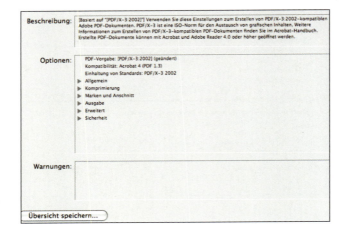

9 Die letzten Fenster des Dialogs
Da Sicherheitseinstellungen für ein Druck-PDF aufgrund der PDF/X-Norm nicht erlaubt sind, überspringe ich sie.

Im Fenster Übersicht können Sie Ihre Einstellungen nochmals überprüfen und gegebenenfalls noch Korrekturen an Ihrem Dokument vornehmen. Dafür müssen Sie jedoch auf Abbrechen klicken.

Bestätigen Sie nun den Dialog mit OK, so wird eine PDF-Datei erstellt.

10   Eine eigene Vorgabe speichern

Sie können Ihre PDF-Einstellungen als Vorgabe speichern, damit sie Ihnen immer wieder zur Verfügung stehen.

Wählen Sie dazu VORGABE SPEICHERN ❺ aus, bevor Sie den Dialog bestätigen.

Ihre Vorgabe wird automatisch unter den Adobe PDF-Vorgaben abgelegt.

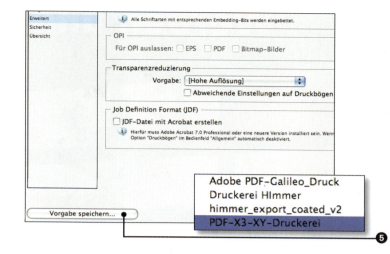

11   Die eigene Vorgabe bearbeiten

Haben Sie eine eigene Vorgabe erstellt, kann es vorkommen, dass diese Vorgabe verändert werden muss. Sie finden Ihre erstellte Vorgabe unter DATEI • ADOBE PDF VORGABEN • DEFINIEREN ❻.

Wählen Sie im nächsten Fenster ADOBE PDF-VORGABEN Ihre Vorgabe aus, und klicken Sie auf die Schaltfläche BEARBEITEN. Nun können Sie die gewünschten Einstellungen vornehmen und die Vorgabe erneut abspeichern.

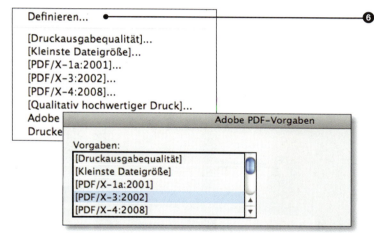

12   Überprüfen Sie Ihre PDF-Datei

Sie können die PDF-Datei überprüfen lassen, nachdem sie in Acrobat geöffnet wurde.

Wählen Sie dazu das Menü ERWEITERT • PREFLIGHT bzw. ⇧ + ⌘/Strg + X aus. Im Dialog wählen Sie anschließend PDF/X-STANDARD • KONFORMITÄT MIT PDF/X-3:2002 PRÜFEN ❼ aus, und klicken Sie auf die Schaltfläche AUSFÜHREN.

Acrobat überprüft, ob Ihre Datei alle Normen einer PDF/X-Datei eingehalten hat.

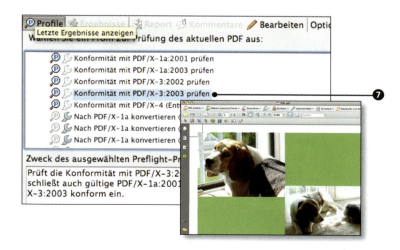

Kapitel 11 | Überprüfen und ausgeben   **363**

Werben und Präsentieren

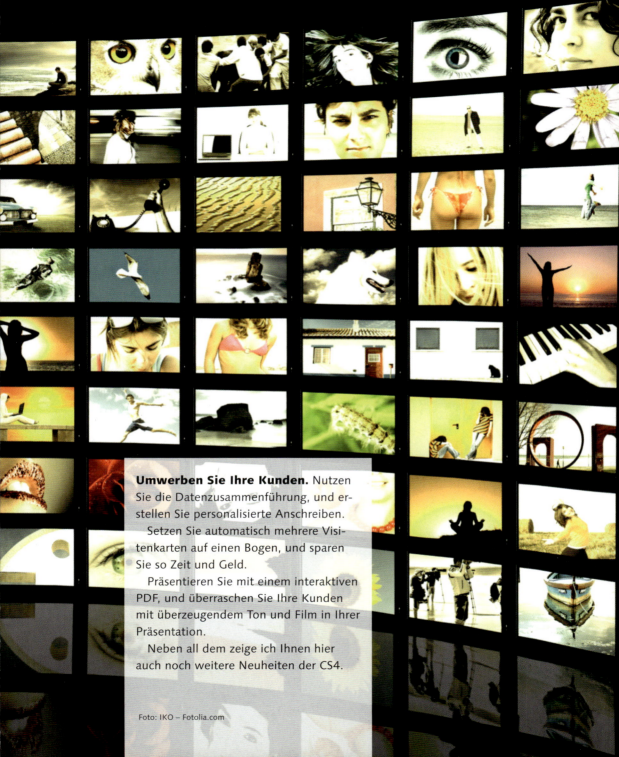

Werben und Präsentieren

Das personalisierte Anschreiben **368**
In sechs Schritten sprechen Sie all Ihre Kunden an.

Einen Nutzenbogen erstellen **371**
Datenzusammenführung für die Visitenkartenerstellung

Ein interaktives PDF gestalten **375**
Bringen Sie Bewegung in Ihre Präsentation.

Ton und Film in PDF integrieren **379**
Erweitern Sie Ihre Präsentation.

Das personalisierte Anschreiben

In sechs Schritten sprechen Sie all Ihre Kunden an.

Sicher, ein wenig Vorarbeit müssen Sie leisten. Sie brauchen ein Briefbogen-Layout und – ganz wichtig – Sie brauchen die Adressen Ihrer Kunden als Datei. Doch danach haben Sie in nur wenigen Schritten personalisierte Anschreiben für Ihre Kunden erstellt. Folgen Sie mir einfach. Es ist gar nicht schwer.

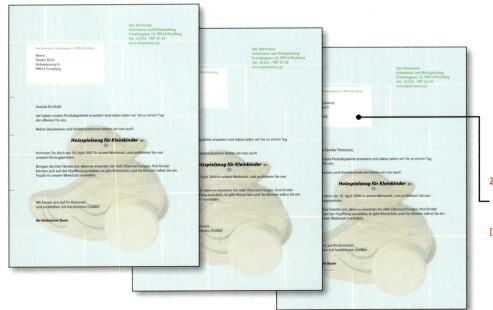

Zielsetzung:
Datenzusammenführung einsetzen

[Ordner 01_Datenzusammenfuehrung]

1 Die Datenquelle erstellen

Damit Sie Daten zusammenführen können, benötigen Sie als Basis eine z. B. in Excel erstellte Tabelle.

Die Excel-Datei muss wie folgt aufgebaut sein: Die erste Zeile enthält die Kopfzeile ❶, in der Sie jeder Spalte eine eindeutige Spaltenüberschrift geben. In die folgenden Zeilen können Sie dann z. B. die Adressen Ihrer Kunden einfügen.

Speichern Sie diese Datei anschließend über Datei • Speichern unter als »Text (Tabs getrennt)« ❷ ab.

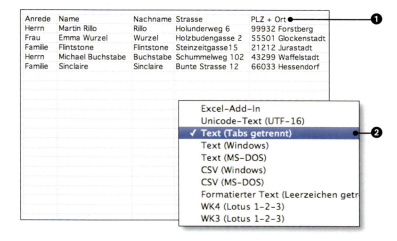

2 Wählen Sie die Datenquelle aus

Ich habe bereits eine Datenquelle erstellt, daher können Sie sich das Anlegen der Excel-Datei für diesen Workshop sparen. Öffnen Sie die Datei »Anschreiben.indd«.

Gehen Sie nun in das Menü Fenster • Automatisierung • Datenzusammenführung, und öffnen Sie so diese Palette.

Über das Palettenmenü entscheiden Sie sich für Datenquelle auswählen und markieren im sich öffnenden Dialog die Datei »Adressen-Workshop.txt«.

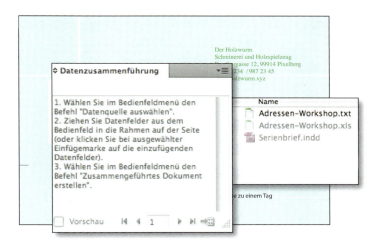

3 Die Kopfzellen aus Excel zuweisen

Markieren Sie den Text »Anschriftenfeld«, und klicken Sie in der Datenzusammenführung-Palette auf »Anrede« ❸. Das Kopfelement wird automatisch in den Textrahmen eingefügt.

Geben Sie danach einen Zeilenumbruch über ⏎ ein, und klicken Sie auf »Name«. Fahren Sie weiter so fort, bis Sie auch »Strasse« und »PLZ + Ort« in das Anschriftenfeld eingegeben haben. Für die persönliche Anrede im Brief wählen Sie »Anrede 2«. Denken Sie anschließend auch an das Leerzeichen vor »Nachname«.

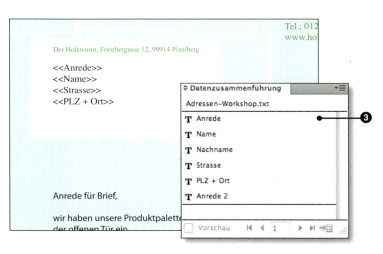

4 **Lassen Sie sich eine Vorschau anzeigen**
Kontrollieren Sie die Datenzusammenführung, bevor Sie ein zusammengeführtes Dokument erstellen, denn teilweise kann z.B. bei Doppelnamen oder Orten der Textrahmen zu schmal sein.

Aktivieren Sie dafür die VORSCHAU ❶ unten in der Palette, und klicken Sie mit den Pfeilen ❷ durch die Daten Ihres Quelldokuments.

Hier können Sie jetzt leider keine Korrekturen vornehmen, dazu müssen Sie in die Datenquelle zurückgehen.

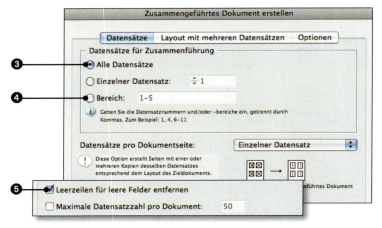

5 **Führen Sie die Daten zusammen**
Wählen Sie nach der Überprüfung der Datenzusammenführung über das Palettenmenü die Option ZUSAMMENGEFÜHRTES DOKUMENT ERSTELLEN aus. In unserem Beispiel können wir alles so belassen, wie es ist. Trotzdem möchte ich Ihnen einige Einträge ans Herz legen: Im Fenster DATENSÄTZE können Sie auswählen, ob Sie ALLE DATENSÄTZE ❸ verwenden wollen oder ob Sie nur einen BEREICH ❹ der Datensätze laden möchten. Sinnvoll ist besonders auch die Option LEERZEILEN FÜR LEERE FELDER ENTFERNEN ❺ im Fenster OPTIONEN.

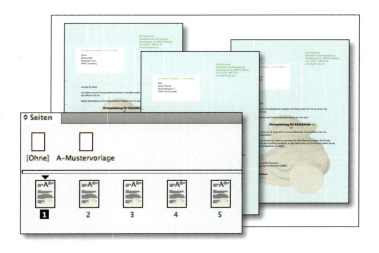

6 **Ernten Sie die Früchte**
Klicken Sie nun auf OK, und bewundern Sie die automatisch erstellten Dokumente.

Geben Sie zu, diese Funktion ist genial. Ich nutze sie beispielsweise auch, wenn ich mehrere Adressaufkleber benötige.

Einen Nutzenbogen erstellen
Datenzusammenführung für die Visitenkartenerstellung

So einfach, wie es im vorangegangenen Workshop funktionierte, wird es auch in diesem Workshop sein.

Gestalten Sie z. B. eine Visitenkarte oder einen Adressaufkleber, und erstellen Sie über die Datenzusammenführung einen Nutzenbogen. Das bedeutet: Mehrere Visitenkarten befinden sich auf einem Druckbogen.

Zielsetzungen:
Eigene Schnittmarken anlegen
Nutzenbogen erstellen
[Ordner 02_Nutzenbogen]

Idee: Andrea Forst

1 Gestalten Sie eine Visitenkarte

Gestalten Sie eine eigene Visitenkarte im Format »50 x 80 mm«, oder wählen Sie meine Datei »Visitenkarte-Nutzen.indd«.

Wenn Sie mit Ihrer Layoutdatei zufrieden sind, speichern Sie sie ab, damit Sie später darauf zugreifen können. Kopieren Sie alle Bestandteile der Visitenkarte über ⌘ bzw. Strg + C in die Zwischenablage.

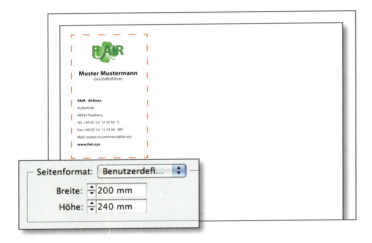

2 Bereiten Sie den Druckbogen vor

Erstellen Sie über Datei • Neu • Dokument ein neues Dokument im Format »200 x 240 mm« als Hochformat.

Stellen Sie unter Seitenzahl nur eine Seite ein, da die Datenzusammenführung automatisch Seiten anlegt.

Fügen Sie die Kopie aus der Zwischenablage über ⌘ bzw. Strg + V in das Dokument ein, und positionieren Sie die Kopie auf den X-/Y-Koordinaten von jeweils »5 mm« oben links. Stellen Sie dazu den Bezugspunkt auf die linke obere Ecke.

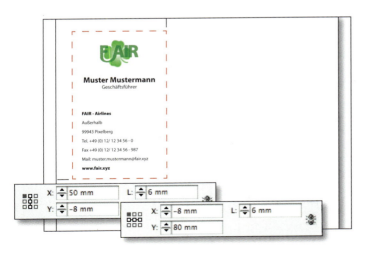

3 Erstellen Sie eigene Schnittmarken

Damit Sie später die Visitenkarten leichter ausschneiden können, müssen Sie manuell erzeugte Schnittmarken anlegen.

Wählen Sie dafür das Linienzeichner-Werkzeug aus, und ziehen Sie je eine vertikale Linie auf. Positionieren Sie diese auf die X-/Y-Koordinaten »50 mm« und »–8 mm«, und stellen Sie eine Länge von »6 mm« ein.

Danach ziehen Sie eine 6 mm lange, horizontale Linie auf den X-/Y-Koordinaten »–8 mm« und »80 mm« auf.

4 Duplizieren und versetzt einfügen

Wählen Sie die vertikale Linie aus. Gehen Sie in das Menü BEARBEITEN • DUPLIZIEREN UND VERSETZT EINFÜGEN bzw. [Alt]+[⇧]+[⌘]/[Strg]+[O], und stellen Sie für die WIEDERHOLUNGEN »2« ❶ und unter HORIZONTALER VERSATZ »50 mm« ❷ ein. VERTIKALER VERSATZ ist hier »0 mm«. Diesen Schritt wiederholen Sie für die horizontale Linie, nur dass Sie unter VERTIKALER VERSATZ den Wert »80 mm« ❸ eingeben, HORIZONTALER VERSATZ ist »0 mm«. Duplizieren Sie jeweils die vertikalen und horizontalen Linien nach unten bzw. rechts.

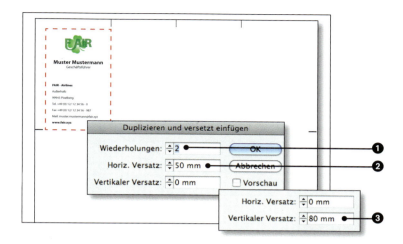

5 Wählen Sie die Datenquelle aus

Ich habe bereits eine Excel-Datei »Mitarbeiter.txt« erstellt. Wählen Sie diese Datei jetzt über das Palettenmenü der Datenzusammenführung-Palette ❹ aus, und bestätigen Sie den Dialog einfach mit ÖFFNEN.

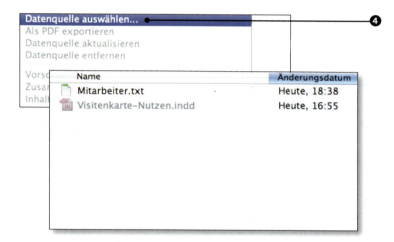

6 Weisen Sie die Quellen zu

Wählen Sie mit dem Text-Werkzeug [T] den Musternamen aus, und klicken Sie in der Datenzusammenführung-Palette auf »Name«. Danach wählen Sie das Wort »Geschäftsführer« aus und weisen ihm die Quelle »Funktion« zu. Zum Schluss wählen Sie noch den Musternamen der Mail-Adresse aus und klicken auf den Eintrag »Mail«.

Sollte Ihnen bei der Zuweisung die Textformatierung verlorengehen, weisen Sie dem Namen wieder den Schriftschnitt »Bold« und »Regular« zu.

Tipp: Über DUPLIZIEREN UND VERSETZT EINFÜGEN können Sie auch eine einzelne Visitenkarte auf dem Druckbogen verteilen.

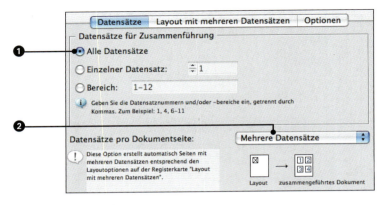

7 Führen Sie die Daten zusammen

Gehen Sie in das Palettenmenü der Datenzusammenführung-Palette, und wählen Sie ZUSAMMENGEFÜHRTES DOKUMENT ERSTELLEN.

Im Dialog wählen Sie ALLE DATENSÄTZE ❶ und unter DATENSÄTZE PRO DOKUMENTSEITE • MEHRERE DATENSÄTZE ❷ aus.

8 Die Datenquelle ändern

Es kann vorkommen, dass Sie die Datenquelle nach einiger Zeit verändern müssen. So hat z. B. Frau Oleander geheiratet und Herr Rillo ist nur noch im Aufsichtsrat tätig.

Ändern Sie die Datenquelle »Mitarbeiter.txt«, wie oben beschrieben, dann können Sie sie nur in der Basisdatei über das Palettenmenü aktualisieren. Ist das Dokument zusammengeführt, geht es leider nicht mehr.

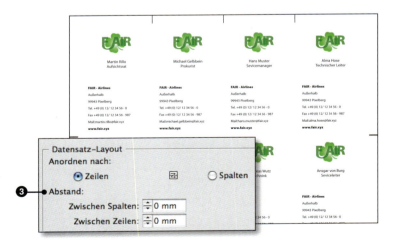

9 Richten Sie das Layout ein

In unserem Beispiel ist es nicht erforderlich, aber bei Ihrer eigenen Arbeit kann es vorkommen: Sie können im Fenster LAYOUT MIT MEHREREN DATENSÄTZEN einen ABSTAND ❸ ZWISCHEN SPALTEN und ZWISCHEN ZEILEN eingeben. Dadurch verringern Sie das Risiko, dass beim Ausschneiden kleine Teile der nächsten Visitenkarte auf der aktuellen vorhanden sind.

Ein interaktives PDF gestalten

Bringen Sie Bewegung in Ihre Präsentation.

Erstellen Sie Ihre Präsentation einmal nicht in PowerPoint, sondern mit InDesign CS4 und Acrobat. Sie haben dabei den Vorteil, dass jeder Ihre Präsentation ansehen kann, da der Adobe Reader frei zur Verfügung steht. Das Beste ist jedoch: Sie können wie gewohnt gestalten, ohne sich einschränken zu müssen.

In diesem Workshop zeige ich Ihnen, wie Sie Schaltflächen erstellen bzw. anwenden und Seitenübergänge einsetzen.

Zielsetzungen:
Schaltflächen anwenden
Seitenübergänge einstellen
und PDF exportieren
[Ordner 03_PDF_interaktiv]

Fotos: Ströer out-of-home Media AG, Oliver Rösler – www.oro-photography.com

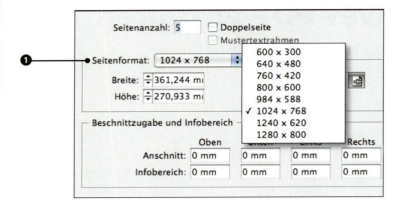

1 Die Dokumentgröße für den Beamer
Möchten Sie eine PDF-Präsentation für einen Beamer erstellen, dann sollten Sie das Format »1024 x 768 Pixel« auch für Ihre Gestaltung wählen. Ansonsten werden Sie einen unschönen Rand in Ihrer Beamer-Präsentation haben. Gehen Sie also in den Dialog NEUES DOKUMENT, und stellen Sie unter SEITENFORMAT ❶ »1024 x 768 Pixel« ein.

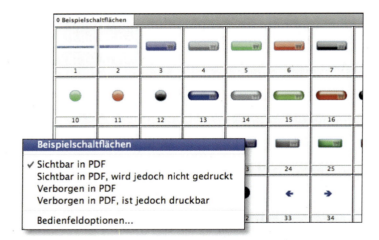

2 Die Beispielschaltflächen
Öffnen Sie die Datei »Aqua-interaktiv.indd«.
Adobe hat in der neuen Version InDesign CS4 bereits über 50 Schaltflächen angelegt. Sie finden diese Schaltflächen im Menü FENSTER • INTERAKTIV • SCHALTFLÄCHEN. Über das Palettenmenü wählen Sie BEISPIELSCHALTFLÄCHEN, und es öffnet sich eine Bibliotheksdatei mit 52 Beispielen.
Da bedanken wir uns doch bei Adobe, oder?

3 Gestalten Sie Schaltflächen
Bei dieser Auswahl fällt es schwer, noch eine andere Idee zu finden, ich möchte Ihnen aber gerne zeigen, wie Sie selbst Schaltflächen anlegen können.
Erstellen Sie ein Dreieck über den Pathfinder, und wenden Sie darauf einen Verlauf an. Drehen Sie das Objekt um 90°, und positionieren Sie es unten rechts auf der Seite. Danach gehen Sie in das Menü OBJEKT • INTERAKTIV • IN SCHALTFLÄCHE UMWANDELN ❷.

Tipp: Auch wenn Sie über moderne Monitore und Beamer verfügen, sollten Sie die oben genannte Bildgröße verwenden. Viele arbeiten noch mit älteren Modellen.

4 Nutzen Sie die Mustervorlage

Sie können immer wiederkehrende Navigationsschaltflächen auch in eine Mustervorlage einfügen. So ersparen Sie sich das wiederholte Einfügen auf den Dokumentseiten.

Doppelklicken Sie auf »A-Mustervorlage«, und fügen Sie unten rechts zwei Schaltflächen ein. Ich habe mich für Pfeile entschieden, denn diese zeigen deutlich an, in welche Richtung geblättert werden soll.

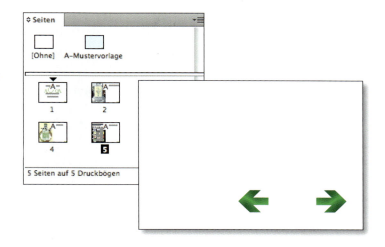

5 Weisen Sie Aktionen zu

Der Vorteil der Beispielschaltflächen ist, dass bereits Aktionen eingerichtet wurden. Diese wollen wir jedoch abändern.

Wählen Sie den Pfeil nach links aus, und gehen Sie in die Schaltflächen-Palette. Ändern Sie hier das Ereignis in Bei Klicken ❸ und die Aktion in Gehe zu nächster Seite. Achten Sie dabei darauf, dass Sie unten in der Palette Normal ❹ ausgewählt haben.

Anschließend wählen Sie den Pfeil nach rechts aus, und stellen auch hier unter Ereignis • Bei Klicken ein.

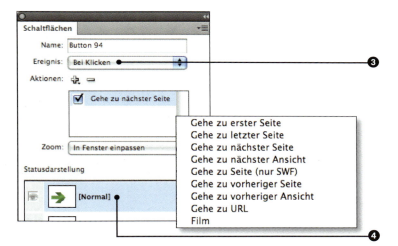

6 Geben Sie den Pfeilen einen Effekt

Was früher umständlich war, können Sie heute mit zwei Mausklicks erledigen. Ich spreche von Rollover-Effekten.

Klicken Sie nacheinander die Pfeile an und wählen jeweils Cursor darüber ❺ aus. Dann gehen Sie einfach in die Farbfelder-Palette und ändern die Farbe z. B. in »Rot«.

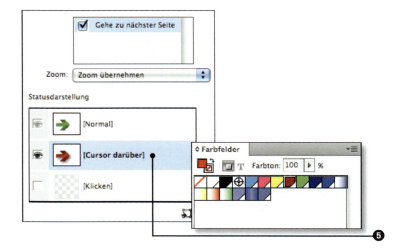

Tipp: Navigationsschaltflächen sind Schaltflächen, mit denen Sie in der PDF-Präsentation blättern können.

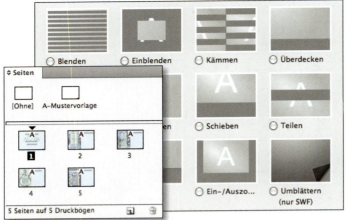

7   Die Seitenübergänge einrichten

Damit Sie sich die Seitenübergänge nicht vorstellen müssen, hat Adobe eine Vorschau eingebaut. Sie müssen nur mit der Maus auf einen Effekt gehen, und schon wird dieser angezeigt.

Wählen Sie alle Seiten und danach im Palettenmenü der Seiten-Palette SEITENÜBERGÄNGE aus. Es öffnet sich die Seitenübergänge-Palette. Wählen Sie im Palettenmenü WÄHLEN aus, und Sie können den gewünschten Seitenübergang einstellen.

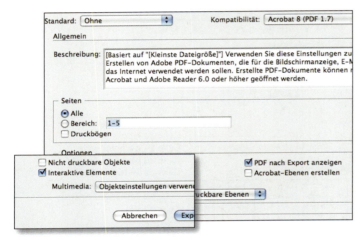

8   Testen Sie Ihre Arbeit

Alle in InDesign erstellten interaktiven Elemente können Sie in Acrobat ansehen. Wählen Sie dafür DATEI • EXPORTIEREN und unter FORMAT • ADOBE PDF aus.

Stellen Sie unter KOMPATIBILITÄT • ACROBAT 7 oder höher ein, denn erst seit Acrobat 7 können interaktive Elemente richtig eingebaut werden.

Wählen Sie unter SEITEN • ALLE aus, und aktivieren Sie unter EINSCHLIESSEN die Option INTERAKTIVE ELEMENTE.

9   So testen Sie die Übergänge

Sie können die Seitenübergänge nur im so genannten Vollbildmodus überprüfen.

Wählen Sie dazu das Menü ANZEIGE • VOLLBILDMODUS bzw. ⌘/Strg + L, und klicken Sie auf die Schaltflächen oder scrollen Sie mit der Maus nach unten.

Tipp: Jeder Schaltflächen-Test erzeugt einen neuen Eintrag in den Dateieigenschaften. Wundern Sie sich deshalb nicht, wenn nach mehreren Versuchen eine Schaltfläche »Button 102« heißt.

Ton und Film in PDF integrieren

Erweitern Sie Ihre Präsentation.

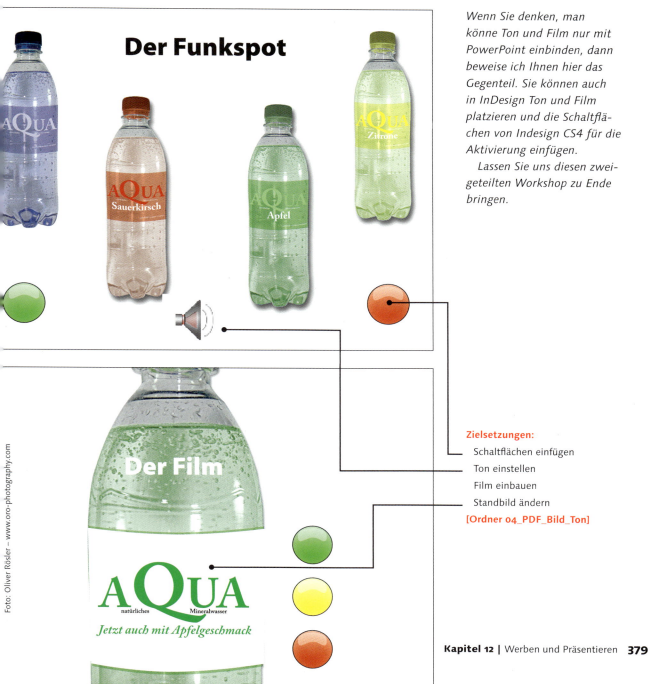

Wenn Sie denken, man könne Ton und Film nur mit PowerPoint einbinden, dann beweise ich Ihnen hier das Gegenteil. Sie können auch in InDesign Ton und Film platzieren und die Schaltflächen von Indesign CS4 für die Aktivierung einfügen.

Lassen Sie uns diesen zweigeteilten Workshop zu Ende bringen.

Zielsetzungen:
Schaltflächen einfügen
Ton einstellen
Film einbauen
Standbild ändern
[Ordner 04_PDF_Bild_Ton]

Kapitel 12 | Werben und Präsentieren

1 Eine Audio-Datei einfügen

Öffnen Sie die Datei »Film+Ton.indd«, denn hier habe ich in unsere Datei zwei weitere Seiten eingefügt und bereits Schaltflächen platziert.

Gehen Sie auf Seite 6, und platzieren Sie über das Menü Datei • Platzieren die Datei »RAIN_01.wav«. Klicken Sie auf die Seite. Die Position spielt hier keine Rolle. So erscheint das Audio-Symbol ❶.

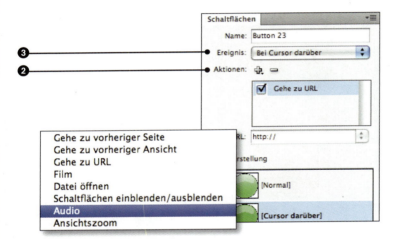

2 Eine Aktion zuweisen

Wählen Sie die grüne Schaltfläche aus, und gehen Sie in die Schaltflächen-Palette. Die Schaltfläche hat bereits eine Aktion zugewiesen bekommen, wir möchten sie ändern.

Löschen Sie unter Aktionen ❷ Gehe zu URL, indem Sie auf das Minuszeichen klicken. Danach wählen Sie über das Pluszeichen aus dem Popup-Menü Audio aus.

Unter Ereignis ❸ wählen Sie Bei Cursor darüber aus.

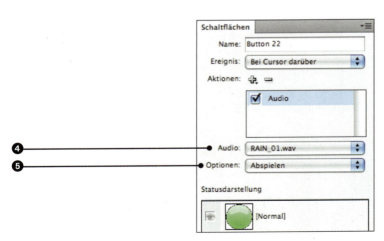

3 Das Verhalten hinzufügen

InDesign erkennt platzierte Audioclips und stellt Ihnen diese unter Audio ❹ über das Popup-Menü zur Auswahl bereit. Wählen Sie die Datei »RAIN_01.wav« aus. Unter Optionen ❺ wird sofort Abspielen eingestellt.

Wiederholen Sie nun die Schritte 2 und 3 für die rote Schaltfläche, nur dass Sie unter Optionen jetzt Anhalten wählen.

Tipp: Sie können als Dateiformate WAV-, AIF- und AU-Audioclips einfügen.

4 Die Audiooptionen einstellen

Doppelklicken Sie auf das Audio-Symbol in Ihrem Dokument. Es öffnet sich die AUDIO-OPTIONEN.

Das Audio-Symbol sieht wirklich nicht hübsch aus. Daher wollen wir es unsichtbar machen. Gehen Sie dafür unter OPTIONEN auf STANDBILD und wählen OHNE ❻ aus. Aktivieren Sie anschließend noch die Option AUDIO IN PDF EINBETTEN ❼, und bestätigen Sie den Dialog mit OK.

5 Überprüfen Sie die Schaltflächen

Um die Schaltflächen überprüfen zu können, müssen Sie eine PDF-Datei erstellen.

Exportieren Sie Seite 6 mit der Vorgabe KLEINSTE DATEIGRÖSSE in eine PDF-Datei, und stellen Sie unter KOMPATIBILITÄT • ACROBAT 8 ein. Unter der Rubrik EINSCHLIESSEN aktivieren Sie die Option INTERAKTIVE ELEMENTE ❽.

Haben Sie die PDF-Datei nun in Acrobat geöffnet, erhalten Sie den Dialog BERECHTIGUNGEN FÜR MULTIMEDIA-INHALT VERWALTEN. Diesen können Sie ohne Änderung bestätigen.

6 Bauen Sie bewegte Bilder ein

Wenn Sie in InDesign mit Filmen arbeiten, benötigen Sie das Programm QuickTime 6.0 oder höher. Als Dateiformate können Sie QuickTime-, AVI-, MPEG- und SWF-Filme einsetzen.

Gehen Sie auf Seite 7, und platzieren Sie dort die Datei »Aqua-Spot.AVI« auf die weiße Fläche, wie in Schritt 1 beschrieben.

Tipp: Skalieren Sie einen Film niemals in InDesign, wenn Sie Qualitätsverluste vermeiden wollen.

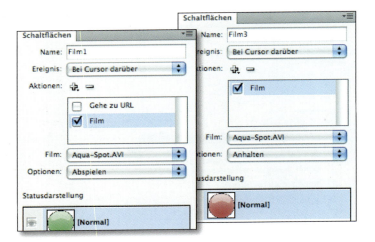

7 Verhalten für Schaltflächen

Wiederholen Sie die Schritte 2 und 3 für die grüne und rote Schaltfläche, nur dass Sie jetzt die Aktion für einen Film zuweisen, den Sie unter FILM ausgewählt haben. Für beide Schaltflächen wählen Sie über EREIGNIS die Option BEI CURSOR DARÜBER aus.

Wählen Sie unter OPTIONEN für den grünen Button die Option ABSPIELEN und für den roten Button die Option ANHALTEN.

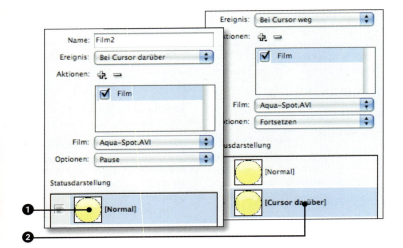

8 Weisen Sie nun zwei Verhalten zu

Der gelbe Button soll ein zweifaches Verhalten bekommen. Wählen Sie die gelbe Schaltfläche aus, und gehen Sie in die Schaltflächen-Palette. Für das erste Verhalten wählen Sie unter STATUSDARSTELLUNG die Option NORMAL ❶ aus. Stellen Sie unter EREIGNIS • BEI CURSOR DARÜBER ein, wählen Sie wieder den Film aus, und unter OPTIONEN setzen Sie PAUSE ein.

Danach wählen Sie für das zweite Verhalten CURSOR DARÜBER ❷ aus und unter EREIGNIS • BEI CURSOR WEG. Unter Optionen stellen Sie aus dem Popup-Menü FORTSETZEN ein.

9 Die Arbeit erneut überprüfen

Nachdem Sie den drei Schalflächen ein Verhalten zugewiesen haben, prüfen Sie sofort Ihre Arbeit, indem Sie wie in Schritt 5 beschieben eine PDF-Datei erstellen.

Damit Sie die PDF-Datei nicht auf Ihrem Rechner suchen müssen, aktivieren Sie im Fenster ALLGEMEIN • OPTIONEN • PDF NACH EXPORT ANZEIGEN ❸. Acrobat oder Adobe Reader werden so automatisch gestartet.

10 Ein Standbild einsetzen

Ein Filmbild kann nicht aussagekräftig genug sein, daher wollen wir es ersetzen. Doppelklicken Sie in Ihrem Dokument auf den Film, um die FILMOPTIONEN zu öffnen.

Aktivieren Sie FILM IN PDF EINBETTEN ❹, und wählen Sie unter OPTIONEN • STANDBILD • BILD ALS STANDBILD AUSWÄHLEN ❺. Danach gehen Sie auf den Button WÄHLEN und entscheiden sich im Übungsordner für das Bild »Aqua-Filmlogo.tif«.

11 Die Präsentation erstellen

Schon wieder müssen wir ein PDF erstellen, doch die Erfahrung lehrt: Man prüft besser jede Seite, als später alles komplett neu zu machen.

Exportieren Sie also die fertige Präsentation als PDF-Datei, und wählen Sie unter ALLGEMEIN • SEITEN • ALLE aus.

Wenn Sie PDF NACH EXPORT ANZEIGEN aktiviert haben, können Sie Ihre Arbeit sofort betrachten. Damit Sie die von mir erstellten Seitenübergänge sehen können, wählen Sie bitte ⌘ bzw. Strg + L.

12 Wie groß ist die PDF-Datei?

Haben Sie interaktive Elemente wie Ton und Film eingebettet, kann die PDF-Datei schon einmal sehr groß werden. Überprüfen Sie daher die Dateigröße, bevor Sie daran denken, die Datei per E-Mail zu versenden. Wählen Sie dafür die Datei aus und gehen in das Menü ABLAGE • INFORMATIONEN (Mac) bzw. über das Kontextmenü auf den Eintrag EIGENSCHAFTEN (Windows). So können Sie am schnellsten ablesen, wie groß die Datei ist.

Tipp: Betten Sie Sounds und Filme trotz der Dateigröße in Ihr PDF ein. So kann die Präsentation betrachtet werden, auch wenn die Daten nicht separat vorliegen.

Glossar

Ankerpunkt Es gibt zwei Typen von Ankerpunkten: Eckpunkte, an denen der Pfad seine Richtung abrupt ändert, also eine Ecke ausbildet, und Übergangspunkte, an denen der Pfad kontinuierlich ins benachbarte Pfadsegment übergeht (Kurvenpunkte). Den Kurvenverlauf zwischen den Ankerpunkten bestimmen Kurventangenten, die Grifflinien, deren Länge und Ausrichtung durch Bewegen der Griffpunkte an ihrem Ende beeinflusst werden kann (→ Pfad).

Anschnitt Elemente auf den Seiten eines Layouts (Bilder, farbige Kästen, Linien), die über den eigentlichen Seitenbereich hinausragen und nach dem Binden abgeschnitten werden. Damit sollen Ungenauigkeiten beim Druck ausgeglichen werden, sodass die Elemente im Endprodukt auch wirklich bis zum Seitenrand reichen. Man nennt solche Seitenelemente auch randabfallende Objekte.

Ausgabeprofil Wichtiger Baustein für ein geräteunabhängiges, aber auch programm- und plattformunabhängiges Farbmanagement. Die Farbausgabeeigenschaften von Geräten werden in Profilen beschrieben.

Beschneidungspfad Photoshop-Beschneidungspfade setzen bei Bildern, die für die Weitergabe an Layoutprogramme gedacht sind, diejenigen Bildbereiche transparent, die im Layoutprogramm nicht angezeigt werden sollen. Unterstützt werden Beschneidungspfade nur vom Dateiformat EPS.

CMYK Gebräuchliche Abkürzung für die vier Prozessfarben Cyan, Magenta, Gelb (Yellow) und Schwarz (Key Color). Im Vierfarbdruck werden alle anderen Farben aus diesen vier Grundfarben erzeugt.

Farbprofil Beschreibungsdateien des Farbverhaltens von Eingabe-, Betrachtungs- und Ausgabegeräten, um eine einheitliche Farbdarstellung zu erreichen.

Geviert Größe zur Beschreibung eines Zwischenraums beim Setzen von Text. Entspricht der jeweiligen Schrifthöhe (Kegelgröße). Es gibt auch Halbgeviert, Viertelgeviert und Achtelgeviert.

Glyphen-Palette Für alle Zeichen, die im Font vorliegen, aber nur schwer über die Tastatur aufgerufen werden können, steht in InDesign die Glyphen-Palette zur Verfügung. In der Typografie ist eine Glyphe die grafische Darstellung eines beliebigen Schriftzeichens.

Grifflinie → Pfad

HKS → Sonderfarben

JPEG Joint Photographic Experts Group; verlustbehaftetes Kompressionsformat für digitale Bilder, das bei niedrigen Kompressionsraten einen guten Kompromiss zwischen Qualität und Größe bietet. Standardformat bei Digitalkameras und im Web.

Kalibrierung Eichen von Geräten auf Standardmaße, um zuverlässige Ergebnisse zu produzieren. Ein Beispiel sind auf bestimmte Standardeinstellungen kalibrierte Farbmonitore.

Kapitälchen Eine Schrift, bei der die Kleinbuchstaben wie Großbuchstaben aussehen, aber die Höhe von normalen Kleinbuchstaben ohne Ober- und Unterlänge haben: Kapitälchen.

Lab Geräteunabhängiger Farbmodus, bei dem Farben durch einen Kanal für die Helligkeit (L für Lightness) und zwei Buntheitskomponenten (Kanal a von Grün bis Magenta und Kanal b von Blau bis Gelb) dargestellt werden. Er umfasst das gesamte Spektrum der sichtbaren Farben.

Mustervorlage Eine Mustervorlage ist eine Seite, auf die Sie alle Grafiken, Bilder und Texte platzieren, die auf mehreren Seiten im Dokument in derselben Weise passgenau dargestellt werden sollen, z.B. Seitenzahlen oder ein Firmen-Logo.

Nutzen Nutzen wird die größtmögliche Anzahl darstellbarer Seiten inklusive Anschnitt und weiterer Druckmarken pro Seite oder Doppelseite bezeichnet.

OpenType Von Adobe und Microsoft auf der Basis von TrueType entwickeltes Dateiformat für Schriften, bei dem sich in einer Schriftdatei mehrere Tausend unterschiedliche Zeichen speichern lassen. Intern verwendet eine OpenType-Schrift entweder die PostScript- oder die TrueType-Technologie zur Beschreibung der einzelnen Zeichen. Die Schriften lassen sich sowohl auf dem Mac als auch unter Windows einsetzen.

Pantone → Sonderfarben

PDF Portable Document Format. Ein von Adobe auf der Basis von PostScript entwickeltes Dateiformat, das den plattformübergreifenden Austausch von Dokumenten bei gleichzeitiger Beibehaltung aller Gestaltungsmerkmale erleichtern soll, was unter anderem durch die Einbettung der Schriften möglich ist. PDF-Dateien sind durch die Komprimierungsmöglichkeiten für Bilder und Schriften vergleichsweise klein. Ursprünglich nicht mit Blick auf die Druckindustrie entwickelt, ist PDF inzwischen zu einem Standardaustauschformat in der Druckvorstufe geworden.

Pfad Pfade sind vektorbasierte, zunächst einmal nicht-druckende Linien innerhalb eines Bildes, die mit der Datei gespeichert werden können und als Hilfs- und Arbeitsmittel verschiedene Funktionen erfüllen. Ein Pfad setzt sich nicht aus einzelnen Pixeln, sondern aus (Vektor-)Kurvenzügen zusammen. Die wesentlichen Bestandteile eines Pfads sind die Ankerpunkte, durch die er geformt wird.

PostScript Programmiersprache zur Beschreibung von Text, Grafik und Bildern in einem Layout, weshalb man PostScript auch als Seitenbeschreibungssprache bezeichnet. Der Vorteil von PostScript liegt darin, dass bis auf die Pixelbilder alle Elemente rein mathematisch definiert und deshalb auflösungsunabhängig sind.

Prozessfarben Die vier Farben Cyan, Magenta, Gelb und Schwarz (CMYK), aus denen im Vierfarbdruck alle anderen Farben erzeugt werden. Es gibt auch den Sechsfarbdruck, bei dem als zusätzliche Prozessfarben noch Grün und Orange hinzukommen.

PSD »Photoshop Document«: Das »hauseigene« Photoshop-Datei-Format. Es unterstützt durchweg alle (Photoshop-)Spezialfunktionen wie Ebenen, Kanäle und Transparenzen.

Registerhaltigkeit Wenn die Grundlinien des Textes in einem Buch oder einer Zeitschrift in den Spalten und auf Vorder- und Rückseite jeweils auf der gleichen Linie liegen, spricht man von Registerhaltigkeit. In Layoutprogrammen erreicht man dies durch das Grundlinienraster, an dem sich der Text ausrichtet.

RGB Rot, Grün, Blau: Farbraum aus Selbstleuchterfarben, die sich additiv zu Weiß mischen, beispielsweise beim Farbmonitor.

Schmuckfarbe → Sonderfarben

Schmutztitel Die erste Seite eines Buches. In der Regel steht hierauf der Kurztitel und Name des Autors. Der Begriff stammt aus der Zeit, als Bücher nur nach Bedarf gebunden wurden. Der Schmutztitel schützte den eigentlichen Innentitel vor dem Verschmutzen.

Separation Trennung der im Layout verwendeten Farben in die Farbauszüge der Prozessfarben und der gegebenenfalls verwendeten Sonderfarben. Die Separation kann entweder durch das jeweilige Grafik- oder Layoutprogramm erfolgen oder bei modernen Geräten auch direkt im RIP (In-RIP-Separation).

Sonderfarben Diese Farben werden als gesonderte, vorgemischte Farben über ein separates Farbwerk aufgetragen. Man benötigt sie zum Drucken von Farben, die sich nicht durch die Prozessfarben darstellen lassen. Es gibt standardisierte Sonderfarbensysteme wie HKS und Pantone.

Steg Frei bleibende Ränder einer bedruckten Seite; man unterscheidet jeweils: Kopfsteg = oben; Fußsteg = unten; Außensteg = rechts/links außen; Bundsteg = innen bis zur Bindung. In InDesign wird auch der Spaltenabstand als Steg bezeichnet.

TIFF »Tagged Image File Format«: Dateiformat für Bilder, das plattformübergreifend von vielen Programmen verstanden wird und alle Farbmodelle und Farbtiefen unterstützt. In einem TIFF lassen sich außerdem Masken und Pfade zur Freistellung und Ebenen speichern.

TrueType Von Apple und Microsoft als Gegenstück zu den PostScript-Schriften von Adobe entwickeltes Schriftenformat, bei dem die Zeichen auflösungsunabhängig durch eine mathematische Beschreibung definiert sind und sich deshalb stufenlos skalieren lassen. Hat sich als Standardschriftformat der Betriebssysteme Mac OS und Windows sowie im Office-Bereich durchgesetzt. TrueType-Schriften können anders als PostScript-Schriften mehr als 256 unterschiedliche Zeichen umfassen.

Überfüllen Vorgang, der normalerweise auf fotomechanische Weise ausgeführt wird, indem von einem Negativ wiederholt Kontaktdrucke angefertigt werden, wobei die Strichvorlage vergrößert wird. Der Vorgang wird ausgeführt, um sicherzustellen, dass zwischen der Strichvorlage und dem umgebenden Bereich keine Lücke vorhanden ist, durch die das Papier scheint (Blitzer). Die Strichvorlage, die leicht vergrößert ist, tritt etwas über den Originalbereich hinaus. Hierdurch wird der Druckprozess vereinfacht, da die Druckpresse nicht absolut genau eingestellt sein muss.

Übersatz Übersatz ist Text, der in einem Textrahmen nicht genügend Platz hat und nicht mehr im Textrahmen dargestellt werden kann.

Unterfüllen Dieser Vorgang, bei dem Strichvorlagen verkleinert werden, wird normalerweise fotomechanisch ausgeführt, indem von einem Positiv wiederholt Kontaktabzüge erstellt werden. Die Gegenfunktion, das → Überfüllen, wird verwendet, um Strichvorlagen mit demselben Verfahren (allerdings mit Hilfe eines Negativs) zu vergrößern.

Volltonfarben Alle Sonderfarben wie HKS- oder Pantone-Farben sowie Gold, Silber oder eine Lackform.

Bildnachweis & Dank

Meine Familie
Meinem Mann danke ich dafür, dass er trotz eines Bandscheibenvorfalls meinen Hund ausgeführt hat. Meinem Hund danke ich für seine Geduld, weil sich die Spaziergänge nicht nur verkürzt haben, sondern auch die Uhrzeiten für den Spaziergang teilweise deutlich verschoben wurden. Meiner Schwester danke ich dafür, dass sie von Kassel aus das ganze Spielzeug ins Rhein-Main-Gebiet gebracht hat. Meinem Bruder danke ich für die neuen Bilder aus der Karibik. Dort macht er öfter einen Segeltörn und fotografiert, was das Zeug hält. Danke Euch allen.

Oliver Rösler
Er ist Geschäftsführer des Fotostudios Oro-Photography (www.oro-photography.com). Er hat sich einen ganzen Tag für mich frei gehalten, damit wir in seinem Fotostudio fast alle Beispielbilder fotografieren konnten. Daher gilt ihm mein ganz besonderer Dank, denn der Preis für die Fotos ist äußerst gering.

Barbara Schuster
Barbara Schuster ist Dipl. Kommunikationsdesignerin AGD (www.standby-kreativpool.de). Ihr gehört ein besonderer Dank, sie hat mir mit ihrer Kenntnis über das Farbmanagement unter die Arme gegriffen. Auch die Grafiken der unterschiedlichen Farbräume stammen von ihr. Barbara, ohne Dich hätte ich diesen Workshop nicht vernünftig schreiben können.

Fotolia (www.fotolia.com)
Herzlichen Dank den vielen Fotografen der Bildagentur Fotolia, ohne sie wäre meine Bildauswahl sehr einseitig geworden. Zu erwähnen ist bei Fotolia die Tatsache, dass Sie bei einem Anruf dort nicht in einer Warteschleife landen, sondern sofort eine echte Hotline am Telefon haben. Danke für die Hilfe.

Ströer – out of home media
Der Firma Ströer (www.stroeer.de) danke ich, dass ich ihre freigestellten Bilder benutzen darf. Auf der Website finden Sie noch weitere Plakate und viele Ratschläge für deren Einsatz. Ein Besuch lohnt sich.

Katharina Geißler und Ruth Lahres
Solch eine Lektorin wünscht sich jeder Autor. Frau Geißler hat mich schalten und walten lassen, wie ich es für richtig hielt. Sie hat trotz der vielen anderen Projekte auch mein Buch voll im Griff gehabt. Danke dafür.

Ruth Lahres hat Frau Geißler tatkräftig unter die Arme gegriffen, obwohl sie sich im Moment in Elternzeit befindet. Ihre Arbeit war so professionell, wie ich es von meinem ersten Buch her kenne.

Das Galileo Press-Team
Ihr seid klasse. Euer professionelles und sympathisches Arbeiten macht jedem Autor Mut. Mein besonderer Dank geht hier an Katrin Müller für die vielen von mir übersehenen Kleinigkeiten und für die Verbessungsvorschläge. Ich bin stolz, dass ich für diesen Verlag schreiben darf.

Die DVD zum Buch

Die DVD zum Buch ist eine wahre Fundgrube, die Ihnen viel Freude bei der Arbeit mit InDesign CS4 bereiten wird.

Sie finden neben einer 30-Tage-Testversion von Adobe InDesign CS4 für Mac und Windows natürlich alle Beispieldateien, die Sie zum Nachbauen der Workshops des Buches benötigen.

Im Ordner Video-Lektionen finden Sie einige Lernfilme, die die Inhalte des Buchs ergänzen und Ihnen einen Zugang zu diesem neuen Lernmedium zeigen wollen.

Sie setzt sich aus folgenden Verzeichnissen zusammen:
- Adobe InDesign CS4 Testversion
- Beispielmaterial
- Video-Lektionen

Damit Sie einen Überblick über die einzelnen Ordner bekommen, möchte ich Ihnen die Inhalte kurz vorstellen.

Adobe InDesign CS4 Testversion

Das Verzeichnis enthält eine 30-Tage-Vollversion von InDesign CS4 für Mac und Windows. Die Version liegt in deutscher Sprache vor.

Um das Programm zu installieren, sollten Sie die komplette Installationsdatei auf Ihre Festplatte kopieren. Sollten Sie bereits einmal eine Demoversion von InDesign CS4 auf Ihrem Rechner installiert gehabt haben, so ist die erneute Installation einer Testversion nicht mehr möglich.

Beispielmaterial

In diesem Ordner finden Sie das komplette Workshopmaterial, das Sie für die Arbeit mit diesem Buch benötigen. Das Beispielmaterial ist nach Kapiteln gegliedert, innerhalb der Kapitel-Ordner wiederum finden Sie Ordner, die nach den einzelnen Workshops benannt sind. Darin liegen die Workshop-Dateien. Hier finden Sie auch die benötigten Schriften für die Workshops. Sollten bei Ihnen Schriften als fehlend angezeigt werden, wenn Sie die Beispieldateien öffnen, kopieren Sie einfach die von InDesign bemängelten Schriften aus dem Fonts-Ordner auf der DVD in den Schriften-Ordner auf Ihrem Computer. Am PC finden Sie ihn unter Systemsteuerung • Schriften, am Mac in der Library.

Zu Beginn der einzelnen Workshops werden Sie auf den Ordner hingewiesen, in dem Sie das Beispielmaterial finden.

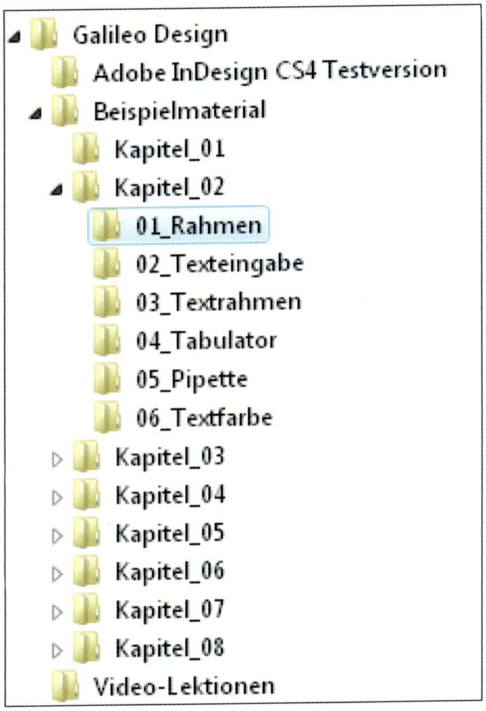

Video-Lektionen

In diesem Ordner finden Sie ein attraktives Special: Als Ergänzung zum Buch möchten wir Ihnen relevante Lehrfilme zur Verfügung stellen. So haben Sie die Möglichkeit, dieses neue Lernmedium kennenzulernen und gleichzeitig Ihr Wissen um InDesign CS4 zu vertiefen. Sie schauen dem Trainer bei der Arbeit zu und verstehen intuitiv, wie man die erklärten Funktionen anwendet. Die Video-Lektionen entstammen unserem Video-Training »Adobe InDesign CS4« von Andreas Kuhn, ISBN 978-3-8362-1277-9.

Training starten

Um das Training zu starten, gehen Sie auf der Buch-DVD in den Ordner Video-Lektionen und klicken dort auf der obersten Ebene als Windows-Benutzer die Datei »Start.exe« an (als Mac-Anwender die Datei »Start.app«). Alle anderen Dateien können Sie ignorieren. Das Video-Training startet und Sie finden sich auf der Oberfläche wieder.

Inhalt des Trainings

Bitte klicken Sie im rechten Bereich auf einen Lektionen-Namen, und schon läuft die Video-Lektion los. Sie finden folgende Filme:

Kapitel 1: Mit InDesign gestalten
1.1 Text platzieren und anpassen
1.2 Text mit Verlauf
1.3 Bilder platzieren
1.4 Rahmen gestalten

Kapitel 2: InDesign professionell bedienen
2.1 Das Seiten-Bedienfeld
2.2 Mustervorlagen verwenden
2.3 Die Verknüpfungen-Palette

Kapitel 3: Dokumente überprüfen
3.1 Dokumente überprüfen
3.2 Der Druckdialog (1)
3.3 Der Druckdialog (2)

Sollten Sie Probleme bei der Verwendung des Video-Trainings haben, so finden Sie Hilfe unter http://www.galileodesign.de/hilfe/Videotrainings_FAQ.

Viel Spaß beim Lernen am Bildschirm!

Index

3D-Band 187
18/1-Plakat 143
45°- und 90°-Winkel
   aufziehen 91

A

Abgeflachte Kante und Relief 216, 219
   Schattierung 219
Absatz 228
   Einzug 240
   markieren 38
Absatzformat 228
   auf Textrahmen anwenden 244
   basiert auf 237
   einschließen 333
   Einzüge und Abstände 236
   erstellen 235
   Fußnote 315
   Grundlegende Zeichenformate 236
   laden 240, 247, 291
   neu 235
   Tastaturkürzel 228
   verschachtelt 259
   zuweisen 237, 244
Absatzformatoptionen 251
Absatzlinie 236, 255
Absatzmarke 228
Abstand 48
   optimieren 238
Abstand vor 48
Abwechselnde Flächen 276
Abweichungen
   in Auswahl löschen 299
Addieren 214
Additive Farbmischung 350
Adobe Bridge → Bridge
Adobe PDF-Vorgabe 360
   definieren 363
Adobe RGB 351

Adressaufkleber 370, 371
Alle Volltonfarben in Prozessfarben
   umwandeln 346
Alpha-Kanal
   in Photoshop erstellen 161
Anfangsklammer 187
An Grundlinienraster ausrichten 236
Ankerpunkt 92
   bearbeiten 93
   hinzufügen 93
   löschen 93
Ankerpunkt-hinzufügen-Werkzeug 93
Anordnen
   in den Hintergrund 117, 146
   In den Vordergrund 146
An Originalposition einfügen 106, 282
An Raster ausrichten 236
Anschnitt 361
   rund 194
Anschriftfenster 45
Ansicht 19
Arbeitsbereich
   speichern 18
Arbeitsfarbraum 354
Arbeitsoberfläche 15
Audio
   in PDF einbetten 381
Audioclip
   einfügen 380
Audio-Datei
   einfügen 380
Audiooptionen 381
Aufpixeln 210
Auf Seitengröße skalieren 96
Aufzählung 250
   alphanumerisch 257
   Listentyp 251
Aufzählungszeichen 251
   anlegen 252
   Einzug links 252
   Farbe verändern 252
   Größe verändern 252
   nach links verschieben 252

   Position 252
Aufzählungszeichen und
   Nummerierung 251
   Zahlen 254
Ausdrucken 60
Ausrichten
   an horizontaler Mittel-
   achse 78, 79, 101
Ausrichten-Palette 78, 100
Ausrichtung 40
Ausschießmuster 48
Aussparen 349
Aussparungsgruppe 203
Auswählen
   Nächstes Objekt in der Gruppe 105
   Vorheriges Objekt in der Gruppe 105
Auswahl-Werkzeug 117
automatische Paginierung 322
Automatische Seitennummerierung 322
automatische Seitenzahl 322
AVI-Filme 381

B

Beamer-Präsentation 376
Bedienfenster 15
Beim Platzieren Miniaturen
   einblenden 115
Beim Platzieren von Text- und
   Tabellendateien Verknüpfungen
   erstellen 297
Beschneidungspfad 119, 152, 212
   in einen Grafikrahmen umwandeln 165
   in einen Rahmen umwandeln 212
   in Rahmen konvertieren 165, 212
   Optionen 155, 157
   Schwellenwert 158
   umwandeln 212
Beschnittzugabe 26, 361
   drucken 61
   in neuem Dokument anlegen 23
Bewegungsunschärfe 221
Bezugspunkt 36
Bibliothek 317

erstellen 318
Bibliotheksobjekte 318
Bild
  automatisch in Rahmen einpassen 125
  einfärben 131
  geändertes anzeigen 136
  gleichzeitig platzieren 126
  importieren 114
  in Text platzieren 179
Bilddaten
  auf Rahmen beschneiden 361
Bilderrahmen 222
Bildimportoptionen 119
Blitzer 159, 221, 349
Bold 39
Bridge
  Bildimport 116
  Kompaktmodus 116
Brief
  Seitenrand 45
Buch
  anlegen 321
  Dokument drucken 323
  Dokument einfügen 325
  Dokument hinzufügen 321
  drucken 323
  Formatquelle 322
  in PDF exportieren 323
  nummerieren 322
  speichern 323
  synchronisieren 322
  Synchronisierungsoptionen 322
Buchfunktion 320
Buch-Palette 321
Buchsymbol 321
Bulletpoints 250
Buntstift 90
  bearbeiten 90
  Voreinstellungen 90

C

CD-Cover
  Format 23

Citylight-Poster 153
CMYK 350
CMYK-Farbfeld
  hinzufügen 55
Container
  auswählen 105
CSF-Datei 354
Cursor
  Bilder auswählen 126
  entleeren 127

D

Datei
  einbetten 139
  exportieren 360
  neu 23
  platzieren 70
Daten
  Geschlossen 358
  Offen 358
Datenquelle
  auswählen 369
  erstellen 369
Datenzusammenführung 368
Deckkraft 191
Deckkraftreduzierung 204
Direktauswahl-Werkzeug 117
Direktionale weiche Kante 221
Dokument
  ausdrucken 60
  neu 23
  nummerieren 322
  öffnen 20
Dokumentformat
  speichern 23
Dokumentseite 15
Dokumentvorgabe 24
Dokumentvorlage 45
Doppelseite 68, 71
  links beginnen 71
Drehen 143
Druckausgabequalität 360
Druckbogen

aus Einzelseite erstellen 70
drucken 61
über Neue Mustervorlage 71
Druckbogenanordnung
  Neue zulassen 70
Drucken
  auf dem Tintenstrahldrucker 60
  Farbmanagement 62
Drucken-Dialog 61
Druckerprofil 356
Druckfarben-Manager 346
Drucklackform 165
Druckvorgabe
  speichern 63
Duplizieren
  über Pfeiltasten 77
Duplizieren und versetzt einfügen 191, 373
Durchschlagen 347
Durchstreichung 229

E

Ebene
  erstellen 98
  importieren 120
  Kopie 212
  neu 194
  neu anordnen 213
  sperren 212
Ebenen-Palette 98
Ecke
  abgerundet 87
  abrunden 88
Eckeneffekt 79
  anwenden 88
Eckenoptionen 79, 87, 248, 282
  Voreinstellung 87
Effekt
  Abgeflachte Kante und Relief 197
  nicht mit dem Objekt skalieren 210
  Transparenz 202
Effekte-Palette 191
  öffnen 209

Einbetten 139
Einfache weiche Kante 210, 221
Einfügen
   in die Auswahl 104
   ineinander 106
   mehrere Objekte 104
Eingebettete Profile 354
Eintragsformat 333
Einzug 50, 240
   hängend 252
Einzug erste Zeile 240
Einzüge und Abstände 236
Einzug links 50
Ellipse
   konvertieren 78
Ellipsenrahmen-Werkzeug 79
Endklammer 187
Etikett 191
Excel-Datei
   importieren 291

F

Falz 96
Falzmarken 44
Farbauftrag 347
   maximal 347
Farbe
   auswählen 97
   ersetzen 134, 135
   laden 56
   mit Pipette formatieren 52
Farbeinstellungen 352, 354
   Brigde 355
Farbe-Palette 54
Farbfeld
   austauschen 56
   für den Austausch speichern 56, 194
   neues 54
Farbfelder laden 194
Farbfelder-Palette 54
   Zeichen 54
Farbmanagement 352
   Synchronisieren 355

Farbmanagement-Richtlinien 354
Farbprofil 119
Farbraum 351
Farbregler 55
Farbwähler 55
Film
   einfügen 381
   in PDF 381
Filmoptionen 383
Fläche 58
Form
   konvertieren 78
   Voreinstellungen 78
Format
   automatisiert anwenden 239
   basieren 240
   basiert auf 240
   Hierarchisch 239
   Nächstes 241
   suchen 233
   verschachteltes anlegen 244
Formateinstellungen suchen 233
Formate und Farbfelder mit
   Formatquelle synchronisieren 321
Formatquelle 321
Freistellen 152
   automatisch 156
   mit Photoshop_Pfad 163
   ohne Pfad 160
Freisteller 149
Füllmethode 191
   isolieren 203
Fußnote 314
   anlegen 315
   einfügen 315
   Layout 316
   Mindestabstand 316
   Nummerierung 316
   Trennzeichen 316
Fußnotenformatierung 316
Fußnotenoptionen 316
Fußnotentext 315
Fußnotenverweis-Nummer im Text 316

G

Gepunktet 86
Gesamtfarbauftrag 347
Geschlossen 358
Gestrichelt 85
Gitternetzlinie
   bearbeiten 272
Glätten-Werkzeug 90
Glyphenabstand 238
Glyphen-Palette 40
Grafik
   einfügen aus Illustrator 132
   Farbe ändern 134
   in Text einbinden 305
Grafikrahmen 35
GREP 260, 261
Grifflinien 92
Großformat 24
Grundlinienraster 235
   Anfang 235
   einstellen 235
   im Hintergrund 235
   Voreinstellung 235
Gruppe
   Ansicht 147
   Objekte bearbeiten 105
   Objekte verschieben 105
Gruppierung 147, 175
   aufheben 177

H

Hilfslinie
   anlegen 95
   anzeigen 291
   ausblenden 20
   erstellen 27
   positionieren 27
   sperren/entsperren 27
Hinteres Objekt abziehen 82
Hintergrund 146
   anlegen 77
Hintergrundbild
   abblenden 179

Hochgestellt 50
Horizontal spiegeln 96, 141

I

ICC-Profile 355
Illustrator-Ebene
  importieren 122
Illustrator-Grafik
  einfügen 132
Import 115
  Bridge 116
  InDesign-Datei mit Ebenen 121
  mehrere Dateien 124
  per Drag & Drop 116
  Photoshop-Datei 120
  TIFF 121
  TIF mit Ebenen 121
Importoptionen
  aktivieren 119
  anzeigen 121
  PDF 119
InDesign-Datei
  einbetten 139
InDesign-Seiten
  mit Ebenen platzieren 121
  platzieren 121
Index
  aktualisieren 329
  Art 326
  Buchdokumente einschließen 328
  generieren 327
  Sortieren nach 326
  Titelformat 328
Indexabschnittsüberschriften
  einblenden 328
Indexeinträge
  interaktive Links 329
  mehrstufig 326
Infobereich 361
  einschließen 361
  in neuem Dokument anlegen 23
In Form konvertieren 78
Inhalt
  an Rahmen anpassen 145
  auswählen 105, 117, 145, 147
  proportional anpassen 125, 146
  spiegeln 142
  zentrieren 146
Inhaltsverzeichnis 330
  Absatzformat 332
  Abstand 334
  Füllzeichen 332
  Kapiteleinträge 332
  PDF-Lesezeichen erstellen 335
  Seitenzahl formatieren 334
  Vorbereitung 331
  Zeichenformat für Ziffern 332
  zwischen Eintrag und Zahl 334
Initial 238
Initial einrichten 237
Initialen und verschachtelte
  Formate 238, 244
Innenkanten 158
Innerer Rahmenversatz 159, 183
In Pfade umwandeln 177
Interaktive Elemente 381
Interaktives PDF 375
In Zielprofil konvertieren 362

K

Kalibierung 353
Kalibrierungs-Assistent 353
Kanteneffekte 220
Kanten suchen 157
  Schwellenwert 158
  Toleranz 158
Kapitälchen 50, 231
Kerning 49, 189
Kontur 58
  anwenden 85
  ausrichten 86, 88
  Farbe 87
  genau aneinander legen 88
  gestrichelt 85
  positionieren 87
  Schrift-Kontur 93
  Strich und Lücke 85
  Verlauf 93
Konturenführung 171, 173
  in nächste Spalte springen 172
  Keine 174
  Objekt überspringen 172
  um Begrenzungsrahmen 147, 171
  umkehren 172
  um Objektform 171
  unterdrücken 174
  wirkt sich nur auf Text unterhalb aus 171
Konturenstil
  bearbeiten 86
  erstellen 86
Kontur-Palette 85, 91
Konturtyp 85
Kopfzeile
  erstellen 276, 292
Kreis
  aus Quadrat erstellen 78
Kreissatz 193

L

Laufweite 49
Light 39
Lineal
  einrichten 26
  Maßeinheiten 26
Linie
  Abschluss 91
  Anfang 91
  Ende 91
  gestrichelt 85, 96, 147
  Kontur 85
  unregelmäßig gestrichelt 85
Linienzeichner-Werkzeug 47, 96, 372
Linker Zellenversatz 273
Listentyp
  Aufzählungszeichen 250
  Zahlen 254
Lücke
  Farbe 87

M

Marginalspalte 306
Marken 361
Menüleiste 15
Mischdruckfarbe 56
Mischdruckfarbengruppe 56
Mittel-Punkt 45
Mittelpunktklammer 187
Monitor
   kalibrieren 353
Montagefläche 15
MPEG-Filme 381
Muster
   erstellen 104
Mustervorlage 69, 311
   einrichten 311
   einsetzen 312
   erstellen 311
   hierarchische 310

N

Nächstes Format anwenden 241
Neue Druckbogenanordnung
   zulassen 70
Nicht druckbare Objekte
   ausblenden 20
Normal öffnen 20
Nummerierte Liste 254
Nummerierung 254
   ändern 254, 255
   formatieren 255
   neu beginnen nach 316
Nummerierungs- &
   Abschnittsoptionen 322
Nummerierungshierarchie 256
Nutzenbogen 371

O

Oberer Zellenversatz 284
Objekt
   addieren 81
   anordnen 100
   ausrichten 79, 101
   ausstanzen 81
   Gruppe bearbeiten 105
   gruppieren 147
   hinteres subtrahieren 82
   in Gruppe verschieben 105
   mehrere in Auswahl einfügen 104
   Nächstes auswählen 147
   spiegeln 96
   subtrahieren 81
   überlappende 81
   vereinen 214
   verteilen 101
Objektebenenoptionen 123
Objektformatersetzung 135
Objektformatsuche 134
Objektstil 246
   Absatzformate einbinden 249
   Absatzformate zuweisen 249
   anlegen 247
   einrichten 248
   Kontur- und Eckenoptionen 248
Objektstile-Palette 247, 307
Offenen Dateien 358
Offsetdruck
   Farbauftrag 347
Optionen für Dokumentfußnoten 316

P

Palette 15, 17
   andocken 17
   in eine bestehende Gruppe einfügen 17
   verschachteln 17
Pathfinder 178, 282
Pathfinder-Palette 78
   addieren 81
   hinteres Objekt abziehen 82
   Schnittmenge 81
   subtrahieren 81
   Überlappung ausschließen 82
PDF
   erstellen 359
   Farbeinstellungen 362
   für den Offsetdruck 360
   für Email 360
   für Tintenstrahldrucker 360
   Importoptionen 119
   in Originalgröße platzieren 120
   mehrseitiges importieren 119
   mit Marken platzieren 120
   mit weißem Hintergrund einfügen 120
   nach Export anzeigen 360
   transparenter Hintergrund 120
PDF-Ausgabe 359
PDF-Datei
   überprüfen 363
PDF-Export 359
PDF exportieren
   Hyperlinks 329
PDF platzieren
   Beschneiden auf 120
   transparenter Hintergrund 120
PDF-Präsentation 376
PDF-Vorgabe 360
   speichern 363
PDF/X-3:2002 360
PDF/X-Dateien 361
personalisierte Anschreiben 368
Perspektivische Verzerrung 218
Pfad 91
   bearbeiten 163
   Textpfad umgewandelt 186
   umkehren 83
   verknüpften lösen 82, 83, 178
Pfadkontur 188
Pfad schließen-Symbol 95
Pfadtext 185
Pfadtextoptionen 187, 192
Pfadverknüpfung
   herstellen 179
   lösen 82, 178
Photoshop-Datei
   importieren 120
Photoshop-Pfad 212
Pipette 51, 52
Plakat 153
Platzieren 115

in Rahmen 116
mehrere Bilder 126
Polygon
   erstellen 77
   Voreinstellungen 78
Polygon-Dialog 77
Polygonrahmen-Werkzeug 77
Poster 143, 153
Postkarte
   Format 73
PostScript-Font 39
Präsentation 375
Preflight 363
Preflight-Palette 137, 341
Profil
   konvertieren 356
   speichern 355
Profilabweichung 354
Prozessfarben 346
Punzen 178

Q

Qualitativ hochwertiger Druck 360
QuarkXPress 21
   konvertieren 21
   Laufweite 49
   Probleme bei der Konvertierung 21
Querverweis 326
QuickTime 381

R

Radieren-Werkzeug 90
Rahmen
   an Inhalt anpassen 145
   aufziehen 35
   in Form konvertieren 78
   Inhalt bearbeiten 117
   Kontur 85
   proportional füllen 146
   spiegeln 142
   und Inhalt wechseln 145
   Rahmeneinpassungsoptionen 125
Ränder

anzeigen 291
Ränder und Spalten
   ändern 27
   einrichten 26
Raster & Hilfslinien 27
Rauschen 210
Rechteck 35
Rechteckrahmen 35
Rechter Zellenversatz 277
Rechtsbündig 49
Reduzierungsvorschau 348
Referenzpunkt 36
Regular 39
Relativ zum Rücken 306
Relief 216
RGB 350
RGB-Farbfeld
   hinzufügen 55
Richtungspunkt umwandeln-
   Werkzeug 92
Rollover-Effekt 377
Rundung 191

S

Schaltfläche 376
   Film 382
Schatten
   Farbe mischen 218
   Rauschen 210
Schattenfarbe 209
Schatten nach innen 211, 215
Schein nach außen 215
Schere-Werkzeug 195
Schlagschatten 213
   Farbe 209
   hinzufügen 209
   Lichtquelle 209
   Rauschen 210
Schnell anwenden 228
Schnittmarken 99, 361
   drucken 61
   manuell 372
Schnittmenge

bilden 81
Schrift
   ausstanzen 81, 83
   ersetzen 47
   fehlende 47
   fehlt 47
   in Pfade umwandeln 81, 177
   Verlauf zuweisen 93
Schriftart
   auswählen 39
   fehlend 47
   suchen 47
Schriftgröße
   einstellen 40
Schriftschnitt 39
Schriftvorschau 38
Schwarz 130
Schwarzdarstellung 130
Schwerkraft 187
Seite
   aus Dokumenten einfügen 69
   einfügen 69
   geteilt drucken 99
   Maximale Größe 24
   Minimale Größe 24
   platzieren 70
   verschieben 70
   Vorschau 69
Seitenformat 23
Seitennummerierungsoptionen
   für Buch 322
Seiten-Palette 68
   Ansicht 69
Seitenverweis 325
   aktuelle Seite 326
   neu 325
Seitenverweisoptionen 329
Seitenzahl
   formatieren 312
Seitenzahlen und Abschnitts-
   nummerierung
   aktualisieren 322
Separationsvorschau 346

Farbauftrag 347
Serienbrief
   Datenzusammenführung 368
Silbentrennung 183, 238
Skalieren-Werkzeug 36
Snippet 319
Sonderfarbe
   angezeigen 346
   in Prozessfarben umwandeln 346
Spalte 26
   auswählen 270
   markieren 270
Spaltenanzahl 43
Spaltenbreite 271
   genau 279
Spaltenhöhe 276
Spaltenkonturen 295
Spaltentrennzeichen 275
Spiegeln 141
   aufheben 142
   Bezugspunkt 141
   Inhalt 142
   Rahmen 142
   Steuerung-Palette 141
sRGB 351
Stanzkontur
   anlegen 95, 96
Steuerung-Palette 15
Streifen 86
Strich 86
Subtrahieren 81
Subtraktive Farbmischung 350
Suchattribute
   angeben 134
Suchen/Ersetzen 134, 233, 261, 306
Suchen/Ersetzen-Dialog 134
Suite-Farbeinstellungen 355
SWF-Filme 381

T

Tabelle 276
   abwechselnde Flächen 276
   Außenlinien 272
   auswählen 270
   Bilder einfügen 279
   einfärben 271
   einfügen 269
   eingeben 269
   einrichten 294
   Gitternetzlinien 272
   importieren 291
   Kontur 272
   markieren 270
   platzieren 291
   Spalten 269
   Tabulator 277
   Text ausrichten 279
   Text formatieren 273
   Textrahmen 269
   verknüpfen 296
   Verknüpfung aktualisieren 297
   Zeile in Tabellenkopf 298
   zur nächsten Zelle springen 269
Tabellenformat 294
   neues 294
Tabellenformate-Palette 294
Tabellenimport 291
Tabellenkopf 276, 298
Tabellenkopfzeile 294
Tabellenkörperzeile 269
Tabellenlinie
   Kontur 272
Tabellenoptionen 276
Tabellenrahmen
   definieren 294
Tabelle-Palette 270
Tabulator 49, 277
Tabulatoren-Palette 277
Tastaturkürzel 228
Text
   auf dem Pfad spiegeln 187
   ausrichten 40, 236
   auswählen 38
   Effekt 215
   eingeben 38
   in Objekt einfügen 180
   in Pfade umwandeln 177, 305
   in Tabelle umwandeln 275
   mit Grafik füllen 176, 305
   neben Objekt ausrichten 175
   platzieren 98
   umfließt Objektform 171
   umfließt Rahmen 171
   vertikal zum Pfad verschieben 188
   verzerren 218
   zentrieren 98
Text auf Pfad 185
   Effekte 187
Text-auf-Pfad-Werkzeug 186
Textausgangssymbol 42
Texteffekte 168
Texteingabesymbol 42
Texteingangssymbol 42
Textmarker 229
Textpfad 186
   duplizieren 188
   Größe 187
Textpfadgröße
   verringern 187
Textrahmen 35
   aufziehen 42
   drehen 175
   positionieren 99
   verketten 42, 99
Textrahmenoptionen 43, 174, 325
Textrahmen-Verkettung
   aufheben 43
Textspalten 43
Textüberhang 42
Text-Werkzeug 38
Themenstufen 326
TIFF 121
Transformationen
   Abfolge 109
Transparenz 202, 204
   Anzeige 69
   mit Schlagschatten 208
   und Schmuckfarben 202
Trennstriche 238

Treppenstufe 187
TrueType-Font 39

U

Überfüllung 349
Überfüllungsvorgaben 349
   laden 349
Überlappung
   ausschließen 82, 178
Überlappungsbereiche 349
Umfließen 171
Umschlag 45
Unterstreichung 229, 259

V

Verankertes Objekt
   einfügen 306
   über Objektstil-Palette einrichten 307
Verbiegen-Werkzeug 159
Verhalten
   Film 382
   Ton 380
Verknüpfung 70
   aktualisieren 136, 139
   aufheben 82
   fehlende erneuern 136
   gehe zu 138
Verknüpfung-Palette 136, 137
Verlauf
   erstellen 55
   Kontur 93
Verlauf-Palette 55
Verlaufsfeld
   anlegen 280
   neu 55
Verschachteltes Format 242
   anlegen 244
Vertikal spiegeln 141
Verweis 315
Visitenkarte 371
   auf Nutzenbogen ausgeben 372
Vordergrund 146
Vorgabe

   speichern 23
Vorschaumodus 20

W

Weiche Verlaufskante 223
Weißmuster 96
Werkzeug
   Ellipse 35
   Ellipserahmen 35
   Fläche und Kontur 58
   Linienzeichner 47
   Polygon 35
   Polygonrahmen 35
   Rechteck 35
   Rechteckrahmen 35
Werkzeugpalette 15, 18
   anpassen 18
Wiedergabeoptionen 380
Wölbung 191
Wort
   markieren 38
Wortabstand 238

X

X/Y-Koordinaten 36

Z

Zeichen
   ausrichten mit Tabulator 277
Zeichenabstand 49
Zeichenfarbe 232
Zeichenformat 228
   anlegen 231
   anwenden 232
   Grundlegende Zeichenformate 231
   Suchen/Ersetzen 233
   Tastaturkürzel 228
   Zeichenfarbe 232
Zeichenformatoptionen 231
Zeichenformat-Palette
   öffnen 231
Zeichenstift-Werkzeug 91, 92, 95, 164
Zeile

   an Raster ausrichten 238
   auswählen 270
   einfügen 292
   markieren 38, 270
   umwandeln 298
Zeilenabstand 40, 48
Zeilenformat 259
Zeilenhöhe
   genau 279
   verändern 271
Zeilenkontur 295
Zeilentrennzeichen 275
Zeitungsdruck
   Farbauftrag 347
Zelle
   auswählen 272
   Farbe 293
   Flächen 293
   Konturen 272, 293
   umwandeln in Tabellenkopf 276
   verbinden 275
Zellenformat 292, 294
   neu 292
Zellenhöhe 293
Zellfläche 293
Zoom-Werkzeug 157
Zusammengeführtes Dokument
   erstellen 370
Zwischen Eintrag und Zahl 334

Der Name Galileo Press geht auf den italienischen Mathematiker und Philosophen Galileo Galilei (1564–1642) zurück. Er gilt als Gründungsfigur der neuzeitlichen Wissenschaft und wurde berühmt als Verfechter des modernen, heliozentrischen Weltbilds. Legendär ist sein Ausspruch *Eppur se muove* (Und sie bewegt sich doch). Das Emblem von Galileo Press ist der Jupiter, umkreist von den vier Galileischen Monden. Galilei entdeckte die nach ihm benannten Monde 1610.

Lektorat Katharina Geißler, Ruth Lahres
Korrektorat Ruth Lahres
Herstellung Katrin Müller
Einbandgestaltung Hannes Fuß, www.exclam.de
Layout Maike Jarsetz
Satz Andrea Forst, Rüsselsheim
Druck Himmer AG, Augsburg
Fotos Andrea Forst, Oliver Rößler (www.oro-photography.com) und Lizenzgeber (www.fotolia.de). Alle Rechte vorbehalten. Alle auf dem Datenträger zur Verfügung gestellten Beispielmaterialien sind ausschließlich zu Übungszwecken bestimmt. Jegliche weitere Verwendung bedarf der schriftlichen Genehmigung des Urhebers.

Dieses Buch wurde gesetzt aus der Linotype Syntax (9 pt/13 pt) in Adobe InDesign CS4. Gedruckt wurde es auf mattgestrichenem Bilderdruckpapier (115 g/m²).

Gerne stehen wir Ihnen mit Rat und Tat zur Seite:
katharina.geissler@galileo-press.de
bei Anmerkungen zum Inhalt des Buches

service@galileo-press.de
für versandkostenfreie Bestellungen und Reklamationen

julia.bruch@galileo-press.de
für Rezensions- und Schulungsexemplare

Bibliografische Information der Deutschen Bibliothek
Die Deutsche Bibliothek verzeichnet diese Publikation in der Deutschen Nationalbibliografie; detaillierte bibliografische Daten sind im Internet über http://dnb.ddb.de abrufbar.

ISBN 978-3-8362-1252-6

© Galileo Press, Bonn 2009
1. Auflage 2009

Das vorliegende Werk ist in all seinen Teilen urheberrechtlich geschützt. Alle Rechte vorbehalten, insbesondere das Recht der Übersetzung, des Vortrags, der Reproduktion, der Vervielfältigung auf fotomechanischem oder anderen Wegen und der Speicherung in elektronischen Medien.

Ungeachtet der Sorgfalt, die auf die Erstellung von Text, Abbildungen und Programmen verwendet wurde, können weder Verlag noch Autor, Herausgeber oder Übersetzer für mögliche Fehler und deren Folgen eine juristische Verantwortung oder irgendeine Haftung übernehmen.

Die in diesem Werk wiedergegebenen Gebrauchsnamen, Handelsnamen, Warenbezeichnungen usw. können auch ohne besondere Kennzeichnung Marken sein und als solche den gesetzlichen Bestimmungen unterliegen.

In unserem Webshop finden Sie unser aktuelles
Programm mit ausführlichen Informationen,
umfassenden Leseproben, kostenlosen Video-Lektionen –
und dazu die Möglichkeit der Volltextsuche in allen Büchern.

www.galileodesign.de

Know-how für Kreative.